王玉德 ◎ 著

中国传统家庭文化概论

中州古籍出版社
·郑州·

图书在版编目(CIP)数据

中国传统家庭文化概论 / 王玉德著. —郑州：中州古籍出版社，2023.12
ISBN 978-7-5738-1348-0

Ⅰ.①中… Ⅱ.①王… Ⅲ.①家庭文化-中国-通俗读物 Ⅳ.① D669.1-49

中国国家版本馆 CIP 数据核字（2023）第 257253 号

ZHONGGUO CHUANTONG JIATING WENHUA GAILUN
中国传统家庭文化概论

策划编辑　杨天荣
责任编辑　杨天荣
责任校对　高雪薇
美术编辑　王　歌

出 版 社	中州古籍出版社（地址：郑州市郑东新区祥盛街 27 号 6 层 邮编：450016　电话：0371-65788693）
发行单位	河南省新华书店发行集团有限公司
承印单位	河南瑞之光印刷股份有限公司
开　　本	710 mm×1000 mm　1/16
印　　张	20.25
字　　数	340 千字
版　　次	2023 年 12 月第 1 版
印　　次	2024 年 6 月第 1 次印刷
定　　价	69.00 元

本书如有印装质量问题，请联系出版社调换。

序　言

　　每个人都有家庭，家庭就在我们的生活中。不论是凡夫俗子，还是伟人圣贤，都有家，都离不开家，都对家庭有自己的眷恋，有故事，有认知，有悲喜，甚至有个人的家庭观。

　　家庭是历史发展到一定程度的产物，每个时期有每个时期的家庭文化。革命导师恩格斯著有《家庭》一书，全称《家庭私有制和国家起源》。恩格斯研究了家庭的起源、演变和发展，指出一夫一妻制家庭的产生和最后胜利乃是文明时代开始的标志之一。家庭发展的决定性因素是生产力，家庭制度受到所有制支配。家庭是社会的细胞，家庭关系的发展与社会关系的发展同步。这些理论对我们研究传统家庭有重要的指导意义。

　　中国人长期以家庭为本位，对家庭有很强的依赖性，把家庭当作个人的根本。个人的生活、人生价值取向都从家庭利益出发，时时处处考虑家庭的影响。中国人的幸福，在于家庭；中国人的不幸，也在于家庭。中国人最美好的憧憬莫过于成家立业、家给人足、全家欢乐、诗礼人家、发家致富、阖家团聚、家庭兴旺。中国人最悲惨的事情莫过于家庭贫困、家道中衰、家徒四壁、无家可归、家人互斗、家破人亡。在汉字中，许多词都与"家"有关。丧妻为鳏，丧夫为寡，没有了父母为孤，绝了后人为独。鳏、寡、孤、独、病、穷，这是家庭中最不愿意出现的情况。人们无不希望出生在一个健康、富裕、和谐、完整、充满爱意的家庭，无不希望有良好的家庭教育、家庭氛围、家庭经济、家庭前景，无不希望自己能给家庭带来帮助、快乐、荣誉、幸福，无不希望自己受到家人的爱护、重视或称赞。个人的荣辱、悲欢、苦乐、顺逆，都与家庭紧密联系在一起。

　　家庭是社会最基础的单元，中国人的家庭与中国人的文化与社会有非常密切的关系。中华文明有五千多年的历史，家庭文化是中华传统文化的基础，是社会文化的细胞与缩影。了解中华文化，最重要的窗口，莫过于家庭。中国文化的进步，在于家庭。中国文化的阻滞，也在于家庭。换言之，欲了解中华传统文化，必须先了解中国传统的家庭文化；欲解读中国社会，就要解读中国的家庭观念。特别是在21世纪，在传承中华优秀传统文化的过程中，非常有必要全面了解中国传统的家庭文化，了解当今的过渡形态的家庭文化，才可能认识中华文明演进的特征，认识社会与时代的任务，认识我们所在的位置与努力的方向。因此，了解中国文化、中国社会、中国现状的关键，莫过于家庭。

中国人的家庭与外国人的家庭有同有异。地球上的人都有家庭，各个地区和国家都有家庭文化。世界上其他国家与地区，特别是西方国家，其人民也重视家庭，也有强烈的家庭观念，家庭在社会中占有非常重要的地位。但是，由于西方的家庭制度早在文明初始阶段就已随着氏族制度的瓦解而有所消解。他们的个人不是很依赖家庭，家庭对个人的约束要少得多。人们对家庭的观念要淡薄一些，个人对家庭的责任要轻得多。社会对人的影响，远远大于家庭。人活着属于社会，社会规制着人的行为与发展。

中国学术界关注家庭问题，已有不少硕果。社会学领域已把家庭作为一门分支学问开展研究，如陈东原著的《中国妇女生活史》，陈顾远著的《中国古代婚姻史》，等等。此外，20世纪以来，巴金、老舍等文学家创作了《家》《四世同堂》等经典小说，生动而深刻地揭示了中国传统家庭文化，绝不亚于有关家庭的理论学术成果。

民国年间，有一本翻译的《家族制度史》，其中对原始时期的家族，希伯来、希腊、罗马的父权家族，中古时期、文艺复兴时期英国、美洲殖民地的家族进行了研究，对家族的现状及改造也有专章论述。作者顾索尔博士在美国哥伦比亚大学师范学院从事教育学，书名直译是"为社会机关和教育机关的家族的历史"，叙述了由古及今家族的历史与改造家族的学说。译者黄石从1923年开始翻译此书，用八年时间，几易其稿才译出此书。他之所以要译出此书，是因为他受过旧家族的迫害，对旧家族有强烈的反抗决心。他在后记中说："要改造社会，非从社会的基本制度入手不可；而要改造家族制度，更非明白家族制度的历史不可；欲女子解放成功，更非首先推翻家族制度不可。"① 这本著作没有涉及中国传统家族的内容，但通过反思西方的家族历史，对研究中国家庭史也是有借鉴意义的。

西方经济学家贝克尔著有《家庭论》。贝克尔是1992年诺贝尔经济学奖获得者，《家庭论》是他的代表作之一，书中主要从经济学角度对家庭开展研究。贝克尔认为家庭是人类社会生活的最基本的细胞，尽管千百年来社会、经济、文化环境已经发生了巨大的变化，但家庭依然保留了对全部制度的最大影响。在包括现代市场经济在内的一切社会里，家庭对一半或一半以上的经济活动都承担着责任。家族之所以会亘古绵延，原因在于家庭生产以明确细致的分工协作为基础，一个完全家庭的生产效率要比不完全家庭的生产效率高。有的学者认为，贝克尔对经济分析的最大贡献在于他在家庭范畴的研究上全面应用了传统上只用于研究企业及消费者的分析框架，从而完成了一项革命性的突破。②

美国加州大学圣地亚哥分校历史系周锡瑞教授是研究中国农村和民众运动的专家，晚年重视近代以来的中国家庭变迁，为其妻子的家族撰写了家族史《叶：百年动荡中的一个中国家庭》，由山西人民出版社2014年出版。为了写这本书，周锡瑞与太太叶娃在中国农村调查，找到了叶家祠堂，还找到了一部从元末明初开始修的叶家族谱。周锡瑞又做了大量访谈，记录了一百多个小时的口述内容。以历史学方法，回顾了叶氏一门六代人自晚清以来近二百年的历史，还原了一个个有性情的人物。周锡瑞的家庭史研究，是一个典范。2021年周锡瑞获得第六届世界中国学贡献奖。

本书不是介绍个案家庭，而是宏观的叙事，旨在全面论述中国传统文化中的家庭。所谓传统，是相对现代而言。传统是人类社会的文化属性，有知识系统、心态系统、民俗系统、价值系统、道德系统，这些可以统称为文化传统。

---

① ［美］顾素尔著，黄石译：《家族制度史》，开明书店1931年版。
② ［美］加里·斯坦利·贝克尔著，王献生、王宇译：《家庭论》，商务印书馆2005年版，第2页。

家庭传统，包括称谓系统、关系系统、家风系统、教育系统、世谱系统、民俗系统、人伦系统、不同行业的类别系统等。所谓家庭，是因血缘、出生、生活而组成的人与人的社会单元。家庭可以分为传统家庭与现代家庭，在各种家庭中，凡是中华传统文化要素占其主体的家庭，都可以称为中国传统家庭。

当下，中国由来已久的传统家庭，作为特别的文化形态，已经伫立在中国与世界之间、传统与现代之间，面临着抉择、调适、传承、更新。家庭面临的时代变化，将是不以人们的意志为转移的。中国人要么主动、理性地传承、发展家庭文化，要么被动、任意地改变家庭文化。我们当然应当选择前者。

本书具体内容如下：

第一章介绍中国传统家庭的基本常识，诸如家庭文化的关键词、家庭中的姓氏、家庭中的各种称谓、家庭中人与人的关系等，全面叙述了家庭的基本要素。

第二章介绍中国人的家庭史，按时间顺序，突出各时期的家庭及特色，并且介绍了个案家庭——孔子的家庭史。

第三章论述传统家风，先分析了传统社会与优秀家风的关系，然后把中国传统优秀家风分为八个方面：以德为纲，以孝为先，以和为贵，以礼为大，以诚为本，以勤为乐，以善为崇，以爱为尊。

第四章论述传统家庭的教育，强调之所以要重视教育，是人性使然。教育要从胎教开始，良好的习惯要从小养成，养成好的习惯绝非易事。教育要有多种路径，贵在持续。教育的宗旨是立德树人，为社会培养更多人才。

第五章介绍中国传统的家规与家谱，分别介绍了《诫伯禽书》《孔子家语》《命子迁》《诫子书》《诫外甥书》《颜氏家训》《家范》《朱子家训》《示宪儿》《朱子治家格言》《弟子规》等影响很大的经典文献，并介绍了家谱的历史、内容、编纂等。此章还介绍了方志，并以《房县志》为个案展开论述。县志是了解传统家庭的渊薮。

第六章论述传统家庭中的两性，介绍了《周易》对两性关系的抽象概括，分析了古代的男女之防、闺门女子、婚娶、妇女本分、"三从四德"观念，对传统女性的评价作了再评价，并作了比较研究。

第七章论述传统家庭的经济，分析了古代的小农经济，介绍了新式的经济生活，还论述了传统家庭与商业。

第八章论述传统家庭的居住，分析了居家的外环境元素，论述了"桃花源式的居住"模式，指出中国人在选择房屋新址、家园建设、环境改造等方面会因地制宜，多元构筑，精心规划，并介绍了诸多样板式的家居文化。

第九章指出传统家庭的民俗历史悠久，有时令习俗、家庭卫生、家庭养生、家庭休闲、家庭惩罚、丧葬传统等。

第十章论述了家与国的关系，考察了中国历史上家国观念的演迁，肯定了先民报效国家、以忠为荣的精神，讨论了近代转型与家庭文化变迁，介绍了传统家庭的荣光与衰落。

第十一章论述了中华民族有史以来八种不同类型的传统家庭，先对家庭分类做了说明，然后依次介绍了农耕家庭、游牧家庭、学者家庭、官宦家庭、手工家庭、商贾家庭、军武家庭、医药家庭，重点介绍了岳飞、戚继光、李时珍、沈万三、曾国藩、雷发达、义门郑氏与陈氏、张谷英、钱基博等若干个家庭的文化。

第十二章是对传统家庭文化的转型进行反思，论述了家庭存在的意义，指出了传统家庭文化的弊端，分析了传统家庭观念的歧见，提出了传统家庭面临的挑战，议论了当下家庭出现的新问题，强调家庭文化要向感恩文化引领，要用马克思主义的家庭观研究中国传统家庭。

从以上章节不难看出，虽然时下已经有一些关于家庭或传统家庭文化的书籍，但本书所论述的内容拓展了一些新的层面。这本小书，意在用现代眼光，回望历史上的中国家庭，总结中国传统家庭的文化。从中华农耕文明的视野审视中国传统的家庭，并尽量从历史文献中查找一些资料，为后人提供进一步研究的基础。希望这个初衷在这本书中能够得到体现，也希望读者能够喜欢这本书。

目 录

第一章 家庭释义 ... 1
一、家庭文化的关键词 ... 1
二、家庭中的姓氏 ... 7
三、家庭中的称谓 ... 13
四、家庭中的关系 ... 20

第二章 中国人的家庭史 ... 30
一、先秦时期的家庭 ... 30
二、汉代到清代的家庭 ... 34
三、传承几千年的孔家 ... 50

第三章 传统家风 ... 59
一、传统社会与优秀家风 ... 59
二、以德为纲 以孝为先 ... 61
三、以和为贵 以礼为大 ... 66
四、以诚为本 以勤为乐 ... 72
五、以善为崇 以爱为尊 ... 76

第四章 家庭教育 ... 83
一、人性使然 胎教开始 ... 83
二、从小养成 绝非易事 ... 86
三、多种路径 贵在持续 ... 89
四、提倡读书 学有所成 ... 94

五、家庭兴旺　系于教育 …………………………………… 98

第五章　家规家谱与方志　103
　　一、家规的训示 …………………………………………… 103
　　二、家谱的修订 …………………………………………… 115
　　三、方志的人文 …………………………………………… 121

第六章　家庭中的两性　129
　　一、《周易》的两性哲理 …………………………………… 130
　　二、对两性的约束 ………………………………………… 132
　　三、婚姻与家庭宜忌 ……………………………………… 140
　　四、对妇女的苛求 ………………………………………… 150
　　五、对女性的评价与审视 ………………………………… 157

第七章　家庭生活与经济　162
　　一、与小农经济并行 ……………………………………… 162
　　二、新式农业拓展 ………………………………………… 167
　　三、依工商经济求存 ……………………………………… 169

第八章　家庭的居住　177
　　一、居家环境　桃源模式 ………………………………… 178
　　二、选择新址　改造家园 ………………………………… 184
　　三、多元形式　务实创新 ………………………………… 189
　　四、憧憬人文　各有颐情 ………………………………… 192

第九章　家庭的民俗　197
　　一、时令习惯 ……………………………………………… 197
　　二、家庭卫生 ……………………………………………… 200
　　三、家庭养生 ……………………………………………… 204
　　四、家庭休闲 ……………………………………………… 207

五、传统家庭的惩罚 ………………………………………… 210

　　六、丧葬传统 ………………………………………………… 212

第十章　家庭与国家　214

　　一、家国观念有正轴 ………………………………………… 214

　　二、忠心报国耀家族 ………………………………………… 223

　　三、家庭文化受挑战 ………………………………………… 227

　　四、家庭荣衰随潮流 ………………………………………… 229

第十一章　传统家庭的类型与实例　232

　　一、农耕家庭 ………………………………………………… 234

　　二、游牧家庭 ………………………………………………… 247

　　三、学者家庭 ………………………………………………… 251

　　四、官宦家庭 ………………………………………………… 260

　　五、手工家庭 ………………………………………………… 263

　　六、商贾家庭 ………………………………………………… 267

　　七、军武家庭 ………………………………………………… 271

　　八、医药家庭 ………………………………………………… 275

第十二章　家庭文化转型的反思　280

　　一、人生的意义与家庭的意义 ……………………………… 280

　　二、传统家庭文化的弊端 …………………………………… 283

　　三、传统家庭观念的歧见 …………………………………… 288

　　四、传统家庭面临的反思与挑战 …………………………… 294

　　五、当下家庭出现的新问题 ………………………………… 298

　　六、家庭文化要向感恩文化引领 …………………………… 301

　　七、用马克思主义的家庭观研究中国传统家庭 …………… 304

后记 …………………………………………………………… 311

第一章　家庭释义

中国传统家庭是很基础、很复杂的文化系统。围绕家庭，有许多基本常识，有许多名词或关键词，需要认真界定。家庭中的成员有纷繁而严格的称呼，不能丝毫出错，出错就会贻笑大方或酿成人际矛盾。家庭中人与人之间有严格的礼仪关系，时刻都要遵守。这些都是了解中国传统家庭的门径与锁钥，有必要解释清楚。

一、家庭文化的关键词

1. 家

在中国古代，家是社会的最小单位。考古发现六千年前的氏族村落就有一家一户的房屋。

甲骨文有"家"字，字形的上面是"宀"，表示与房屋有关。最早的房子是用来祭祀祖先或家族开会。"宀"的下面是"豕"字，即猪，代表了财富。先民以猪作为祭祀品，经常供奉在家中的神台前。

"家"字有本义：屋内，住所。

家有许多引申词，如：老家或家乡，即自己出生的地方；积小家而组成的大家——国家；离开俗世，称为出家；学术界有经史百家，人有独到观点称为一家之言。

每个人都有家。人生不可能没有家。人有父母，就有家。人有配偶，就有家。人有子女，就有家。一般而言，家是两个人以上的人的聚合，是按血缘或情感而共同生活的单位。家是人生活的地方，人在家里生息。

对于家，从不同的角度有不同的理解：有人际关系的家，体现的是人；有精神层同的家，体现的是亲情；有物化存在的家，体现的是房屋、陈设等。唐代大诗人白居易在《种桃杏》中对家有这样的描述："无论海角与天涯，大抵心安即是家。路远谁能念乡曲，年深兼欲忘京华。忠州且作三年计，种杏栽桃拟待花。"在白居易看来，只要内心平静，就能把所居之地当作自己的家。这是精神层面的家，家庭不是比奢侈之地，而是精神颐养之处。

从某种意义而言，单身的人也有家，其居住处就是其家。

家，存在于社会之中。家是社会的基本细胞、单元结构。家是人生的依托，是驿站、港湾。每个人对家都有责任和义务。

家，这个词既简单，又复杂，包含的意思太多太多，也许谁也无法准确地说清楚家的定义。

2. 家庭

家，又称为家庭。庭，汉语常用字，最早见于西周金文，本义指房屋的正室，强调的是空间属性。《论语·季氏》："尝独立，鲤趋而过庭。"这段话说孔子曾经一个人站着，孔子的儿子孔鲤轻步从院庭中走过。

家庭，通常由一对夫妇组成，或父母和子女两代人组成，或父母和一对已婚子女组成，或父母和多对已婚子女组成。有两对夫妇以上（含两对）的家庭可称为联合家庭。几代人组成的多个人口家庭，可以称为大家庭。在现代社会，也有一人的家庭，即单身家庭。在现实生活中，一个人的家庭也可以单独有户口簿。

家庭的核心是夫妇，夫妇家庭亦称为核心家庭。夫妇和一对已婚子女所组成的家庭称为主干家庭。主干家庭是包含处在两代人位置上的两对夫妻，一般包含三代人。

家庭是人类以婚姻和血统关系为基础的生活单位，核心有三要素：婚姻、血缘、生活。家庭成员包括父母、子女和其他共同生活的亲属。家庭也有以收养关系为纽带的人员（如养子、养女），家庭成员彼此依赖。说到家，就会想到亲人和亲情，就会感受到温暖和依靠。

家庭有原生家庭和新生家庭之分。原生家庭和新生家庭是一组相对的概念。原生家庭是父母的家庭，儿子或女儿并没有组成新的家庭。新生家庭是夫妻自己组建的家庭，这样的家庭不包括夫妻双方父母。原生家庭对新生家庭有很大的影响。原生家庭是指自己出生和成长的家庭。家庭的气氛、传统的习惯、原生家庭成员的习性都是子女在家庭角色上传承、学习、效仿的对象。家人之间的亲密接触与互动关系，都会直接影响子女日后在自己新家庭中的表现。

每个家庭在历史的传承中都有自己的传统，称为家庭传统。家庭传统是传统家庭的内核与发展趋向，是由家庭的精神起主导作用，涉及人生观、群体观、经济观、生死观等，体现在家庭的日常生活之中。

家庭的生活与仪式是家庭传统外在的体现，诸如人们的起居、人情的往来、礼节、祭祀，无不内含了由来已久的家庭传统。传统家庭对人的约束性较强，群体意识重于个人意识。与现代家庭相比，传统家庭缺少宽松与自由的氛围。在三代人及三代人以上共同生活的家庭中，传统特色更加凸显，长辈会自上而下地约束着家庭成员。

家庭是人们生存需求的必然载体。成年男女组织成家庭，有相互依赖的需求，有生理吸引的需求，有传承子嗣的需求，有继承财产的需求，有心理安慰的需求，有社会交往的需求。家庭是人类生理、心理、传续的产物。

家庭的作用在于家人可以共同生活、相互支撑、能力互补、人口繁衍、血缘传承、文化存续、精神慰藉。

中国人的幸福感，主要来自于家庭。如"吃妈妈做的菜"，"洞房花烛夜"，"老婆、孩子、热炕头"，"儿孙绕膝"。民国年间的文化人林语堂曾说：人生幸福，无非四件事：一是睡在自家床上，二是吃父母做的饭菜，三是听爱人讲情话，四是跟孩子做游戏。这四方面的幸福都体现在家庭之中。

中国人之所以喜欢家，是因为自己是家里的主人，在家中可以"当家做主"，甚至可以像皇帝一样支配家庭。著名作家苏雪林写了一篇文章《家》，其中有诙谐的描述，她说："你虽则是丝毫没有做统治者的思想，但是在家里，你的统治意识却非常明显。这小小区域便是你的封邑、你的国家。你可以自由支配，自由管理。你有你的百官，你有你的人民，你有你的府库。你添造一间屋，好似建立一个藩邦；开辟一畦草菜，好似展拓几千里的疆土；筑一道墙，又算增加一重城堡；种一棵将来足为荫庇的树，等于造就无数人才；栽一株色香俱美的花，等于提倡文学艺术。家里几桌床榻的位置日久不变，每易使人厌倦，你可以同你的谋臣——你的先生或太太——商议，重新布置一番。布置妥帖之后，在室中负手徐行，踌躇满志，也有政治上除旧布新的快感。或把笔床茗碗的地位略为移动，瓦瓶里插上一枝鲜花，墙壁间新挂一幅小画，等于改革行政，调动人员。也可以叫人耳目一新，精神焕发。怪不得古人有'山中南面'之说，人在家里原就不啻九五之尊啊。"[①] 这段话是对于一家之主而言，自尊而自乐。

3. 家族

所谓家族，概念比家庭要大，家族是泛指几代人的大家庭。同一家族的人，就是具有血缘关系或婚姻关系的人组成一个社会群体。家族实际上是后世所说的扩展式家庭。

先有小家庭，再才有家族。家族是若干个小家庭的叠加，是几代或数代人的总和。家庭是以夫妻关系与子女关系构成的最小的社会单元，家族是有一定的时间积累、有多个家庭单元且在社会中延续的生活共同体。

家族一词，在实际的运用中有具体的评判标准。事实上，许多家庭都有代与代的连续，但不一定都被称为家族。能够被称为家族的，多是其几代人在社会上形成了一定的影响，就自然而然地被称为家族。同一家族的人，都具有维持共同生计与共同名誉的使命。历史上，同一家族的人，往往在同一区域，同吃、同住、同劳动，同传习俗。家族的成年人生儿育女，维持家族的延续和扩大；家族的主事者要管理、约束、调整家族内部成员的关系。每个家族以血统为划分标准，以同一祖宗为关系，奉祀同一宗庙。每个家族，子孙传承五代就要另外建宗，即"五世而迁"，重建家族的分支。家庭的传承模式类似于大树的树枝状，有根系，也有不断蔓生出来的分枝。大树的果实成为种子后，把种子撒在大地上，又可生长出成片的树林。家族的繁衍与植物的生长颇有相似性。

自然界有许多大树，人类社会有许多家庭或家族。中国古代有许多大家族，特别是魏晋南北朝时期，当时有门阀世族，门阀世族又称为士族、势族、

[①] 张胜友、蒋和欣主编：《中华百年经典散文·吾国吾民卷》，作家出版社2004年版，第177页。

望族，他们以家族为基础，以门第为标准，拥有大量土地和依附人口，参与社会政治。由于社会动荡，北方一些家族迁移到南方，抱团合族而居。如山东金乡大族郗鉴迁到广陵（今江苏扬州）；山东诸城大族徐澄迁到京口（今江苏镇江），宗族中出了许多大官。侨居南方的士族盘根错节，琅琊王氏、颍川庾氏、谯国桓氏、陈郡谢氏等从中原迁来之后，在东晋轮流执政。东晋时期的琅琊王氏家族与当时皇室司马氏力量势均力敌，人称"王与马，共天下"。唐宋以降，门阀士族文化逐渐弱化，但家族现象与古代社会共始终，有政治影响的大家族在古代社会每个时期人每个地区都普遍存在。

4. 宗族

宗族，是拥有共同祖先的人群集合，通常由同一聚居地的许多家庭组成。同宗之人共同认定其宗族，宗族是有一定范围的。

宗，会意字。甲骨文"宗"字的上部像房屋的侧视形，下部是"示"字，像祭台，表示祖先的牌位。"宗"的本义指宗庙，引申出了祖先、祖宗的意义。

古代，同姓曰宗。《诗·大雅》："宗子维城。"注："同姓也。"《论语·子路》记载：子贡问曰："何如斯可谓之士矣？"子曰："行己有耻，使于四方，不辱君命，可谓士矣。"曰："敢问其次。"曰："宗族称孝焉，乡党称弟焉。"可见，春秋末期人们评论宗族，以孝悌为标准。

"宗族"和"家族"这两个词，在古代经常互相使用，但一个宗族可以包括多个家族，其人口可能成百上千。宗族一词的外延大于家庭，强化"宗"的概念。

宗族有三个显著标志：祖宗、宗祠、宗谱。同一宗族的人，认同自己的祖宗，按规制祭祀祖宗，深情感恩列祖列宗；修建祠堂，祠堂神圣不可侵犯，各种活动在祠堂开展，以各种仪式凝聚宗族；定期纂修族谱，以文本的形式传承本宗的文化。

宗族在文化上有鲜明的导向，几乎所有的宗族都提倡慎终追远，孝顺父母，尊敬长辈，和睦宗族，友善邻里，造福社会，遵纪守法，勤劳节俭，耕读持家，自强自立，勿胡作非为，等等，这些理念都是向善，都有积极的思想取向，因而是有生命力的，能够得到广大民众的认同，并自觉遵守。

古代中国的社会底层是宗族，宗族与宗族之间、宗族内部之间构筑了中国古代的宗法社会关系形式。对于族人来说，宗族提供了多方面的功能。如：人际关系上的依赖、经济上的支持、文化上的熏陶、精神上的依托、社会上的影响力。宗族是维系中国古代社会结构的纽带，是中华文化的承载者。无数宗族，构成了中华文化的大网，错综复杂，牢不可破。这种宗族或宗法大网，有极大的弹性与韧性，修复能力极强，这是中华文化没有中断，没有被外来势力颠覆的根本原因。

近代社会转型以来，随着工业的出现、城市的发展、行业的增多，依附于农业的宗族文化式微，宗族的社会作用逐渐减小。虽然农村的乡民们仍然生活在宗族的大网之中，修家谱，订族规，建宗祠，祭祖宗，这只是传统文化的余绪，是农耕文明发展的延续，是作为惯性的力量存在，而不是时代的主潮。随着工业化的推进，小农经济生活方式的改变，古村庄的衰落，大量村民流向城市，必然加速宗族文化的解体。

在近代社会，宗族是固守传统文化的堡垒，是顽强守旧的社会底层势力。同时，宗族又是团结人群、凝固民心的基础。对于文明的前行，宗族有负面作用，也有积极作用。孙中山在《三民主义》中论述民族主义时说，中国人最崇拜的是家族主义和宗族主义，传统的宗族观念对于重新构建民族主义有积极作用。中国有很坚固的家族和宗族团体，中国人对于家族和宗族的观念是很深的。我们要结成大团体，便先要有小基础，彼此联合起来，才容易做成功。我们中国可以利用的小基础，就是宗族团体。此外还有家乡基础，中国人的家乡观念也是很深的。如果是同省同县同乡村的人，总是特别容易联络。恢复民族主义比外国是容易得多。在进行民族主义宣传时，使人们认识到中国如果受到列强的压迫，中华民族就有可能灭亡。如果民族灭亡了，家族也就不能存在了。把我们家族、宗族的力量凝聚起来，成为一种合力，共同抵抗外国的敌对势力，我们中华民族才不会灭亡。

5. 家庭文化

何谓家庭文化？文化是体现人们思想与行为的现象。家庭文化是指家庭价值观念及行为形态的总和。说通俗一点，家庭文化就是人们有关家庭的思想与实践的总称。它包括婚姻、生育、教养、生活习俗、经济、人际关系与活动等现象。

有人，就有文化。对于传统的中国人来说，人离不开家，家就是每个人的全部。家庭是人们安身立命的根基，是个人情感的依托。家庭是文化的集合体，将传统的礼俗与日常生活融为一体，承载着家庭成员的寄托。良好的家庭文化有利于熏陶人们的亲情、培养人才、稳定社会。

在中国传统社会，家庭中的人是一个一个地存在，但家庭中的文化却是血水交融的整体。中国古代家庭文化有浓厚的宗法血缘特征，据此，有人认为中国传统家庭文化就是封建文化。我们认为，这个观点欠妥。按照五种社会形态观点，中国古代社会经历了奴隶社会和封建社会。两千多年的封建社会中家庭当然具有封建社会的文化因子。然而，是不是所有的家庭就是封建家庭呢？何谓封建社会？何谓封建家庭？如何定义封建家庭？这些理论问题还值得研究。宗法文化不等于封建文化，宗法关系早于封建关系。传统家庭在封建社会之前就已存在，在封建社会消灭之后也还存在，传统家庭的历史比封建家庭的历史要悠久，因此，我们不能简单地认定传统家庭文化或宗法文化就是封建文化。

我们观察家庭文化，要从家庭的历史、家庭的硬件、家庭的人员、家庭的风貌、家庭的社会关系、家庭的作为与影响等方面入手，不断构建与时代潮流相适应的崭新的家庭文化。

二、家庭中的姓氏

有家庭就有姓氏，姓氏是传统家庭的标识。世界上的各国各地区各民族，家庭姓氏各有不同。中国人的姓氏与外国人的姓氏，在文化习惯上大不相同。中国古代与中国现代的姓氏习惯也有一些变化。在现代，中国人的姓与氏是一回事，如王氏、李氏就是王姓、李姓。然而，先民的姓与氏是有区别的。中国古代少数民族的姓氏很复杂，有文化多元性，我们不甚了解，此处不敢随意谈论。

1. 氏族社会与姓氏

说到家庭的姓氏，一定要从史前的氏族社会说起。

先民最初是按照氏族或部落居住的。人们为了辨别不同的氏族或部落，就给氏族或部落起名称。这些名称主要依据于氏族或部落首领的名字。

姓的产生，由母系氏族公社而来，是代表有共同血缘关系种族的称号。太古时期实行群婚，知其母不知其父，子女跟母亲姓，因此古姓不少从女旁，如姚、姜、姬。"姓"是源于同一始祖母的族属共有的符号标志，一个"姓"分化出若干个"氏"。

氏是由姓衍生出来的分支。由于社会和人口的发展，原有氏族领地的资源不能满足生存的需要，于是氏族分成若干支外出寻求出路，形成多个新氏族。一个新氏族为区别于同姓的其他氏族，就对本氏族重新命名，这就是"氏"。

氏是后来出现的，受各种历史条件的影响不断出现变化。母系氏族一族分成若干支，散居各地，每支有特殊称号，这就是氏。如商人祖姓子，后分为殷、宋、时、来等氏。

氏族或部落的首领的名字主要是依据于图腾。所谓图腾，就是崇尚的自然物，有飞禽走兽，也有其他现象。当氏族或部落的人对某种自然物有特别的认识或情感，就往往以这种自然物作为图腾。先民的古姓大多是图腾的遗留，原始图腾崇拜是中华古姓的根源。

可见，姓氏与母系社会有关，与图腾崇拜的自然物有关。氏族或部落的名称，就是最早的姓氏。"姓"是血缘群体的标志，"氏"体现氏族的变化与社会地位。在史前时期，从自然物到首领名称，再到氏族或部落的名称，然后就演变成了姓氏。

2. 姓与氏

姓是一种族号，氏是姓的分支。姓者，统其祖考之所自出；氏者，别其子孙之所自分。姓产生之后，世代相传，一般不会更改，比较稳定。

进入文明门槛之后，氏族社会向国家形态过渡，许多分支氏族的标号成为后代之姓。根据《春秋》记载，秦汉以前有 22 个姓：姬姓（周、鲁、晋、郑、卫、燕、虞、虢、吴、随、马）、姜姓（齐、申、吕、许）、嬴姓（秦、徐）、芈（楚）、子（商、宋）、姒姓（越）、妫姓（陈、虞舜后裔）等。

夏商周时期，社会分化出不同的群体或阶层，每个人根据不同的传承而有不同的姓。有的以社会地位为姓，如王、侯、将、相等；有的以国家或封邑为姓，如齐、鲁、楚、秦、燕、郑等；有的以官职为姓，如史、司、司马、司空；有的以统治者的赏赐为姓，如汉朝有国姓刘、唐朝有国姓李、明朝有国姓朱。

起初，广大平民无姓，贵族有姓。随着时间的推移，广大劳动人民也有姓了。农耕民族的生存对自然有很大的依赖性，人们热爱自然，关注自然。有的以地理环境为姓，如江、池、田、丘、水等；有的以动物为姓，如龙、马、熊、牛等；有的以植物为姓，如杨、柳、李、柏等；有的以工作与特长为姓，如烧制陶瓷的陶、杀牲畜的屠、占卜的巫。

姓是人的标识。有了姓，就可以区别人与人的关系、地位、身份，还可以避免他们的后代出现族内通婚的情况。汉代班固在《白虎通义》中说："人所以有姓者何？所以崇恩爱，厚亲亲，远禽兽，别婚姻也。故纪世别类，使生相爱，死相哀，同姓不得相娶者，皆为重人伦也。"这句话可理解为三层意思：①分别族类，即"纪世别类"。②使同姓不婚，"别婚姻"。《左传·僖公二十三》记载："男女同姓，其生不蕃。"③区别贵贱，"崇恩爱，厚亲亲"。

在古代，姓很重要，代表了身份。贵族女子有姓，出嫁时再加排行，如孟姜、伯姬、仲子；或加国名，如齐姜、晋姬、陈妫；或加氏或邑，如嫁给别国卿大夫的赵姬（赵衰妻）、棠姜（棠公妻，棠邑）；或加谥号，如武姜（郑武公妻）、齐姜（鲁桓公妻）。

先秦时期，姓和氏是分开的，男性贵族有姓也有氏，但通常不称其姓，平时都是用氏。

历代统治者在坚持大一统政治的同时，对姓氏采取多元观点，主张尊重各族人民的习惯，不得强行统一姓氏。清初的顾炎武在《日知录》卷二十三对姓氏有详细的考述，他说："男子称氏，女子称姓。氏一再传而可变，姓千万年而不变。"他接着又说："洪武元年，禁不得胡姓者，禁中国人之更为胡姓，非禁胡人之本姓也。三年四月甲子，诏曰：'天生斯民，族属姓氏，各有本原。古之圣王尤重之，所以别婚姻，重本始，以厚民俗也。朕起布衣，定群雄，为天下主。已尝诏告天下，蒙古诸色人等皆吾赤子，果有材能，一体擢用。比闻入仕之后，或多更姓名。朕虑岁久，其子孙相传，昧其本原，非先王致谨氏族之道。中书省其告谕之，如已更易者，听其改正。'可谓正大简要。"

3. 字与号

人在成年之后，有的人取"字"，用于他称。《礼记·曲礼上》："男子二十，冠而字……女子许嫁，笄而字。"有了字，就便于平辈或晚辈称呼，以避讳原来的名。字，是成年的标志。

人们在取"字"时，往往与"名"联系，二者具有相应的关系。《白虎通义》记载："闻名即知其字，闻字即知其名。"如，屈原，名平，字原；又自云名正则，字灵均。① 宰予，字子我。冉耕，字伯牛。诸葛亮，字孔明。岳飞，字鹏举。从名字中甚至可以了解历史，如，司马耕，字子牛，可见春秋有牛耕。孔子，名丘，字仲尼，据《史记·孔子世家》，孔子父母祷于尼丘（山名）后才生孔子。

古代，有些才女或名女也有字。如西汉王嫱，字昭君；班昭，字惠班。字，是用来表达思想取向的。《颜氏家训·风操》记载："古者名以正体，字以表德。"

有的人还有号，号有自号、尊号、赠号、谥号、绰号、代号。先民的字，一般是由尊辈代取，而号是自取。有的文人以居住地名或个人志趣为自己取号。号可以取一个或多个。"号无定法"，不受家族、行辈的限制。如：陶渊明，号五柳先生。李白，号青莲居士。陆游，号放翁。章炳麟，号太炎。范蠡，号陶朱公。苏轼，号东坡居士。黄庭坚，号山谷道人。别号往往比字更常用，如：陆放翁、章太炎。

明代施耐庵根据宋代农民起义撰写的《水浒传》，其中的人物个个有诨号或绰号，读来特别有趣味，如：

有根据自然现象取的：及时雨—宋江、轰天雷—凌振、霹雳火—秦明。

有根据动物现象取的：白花蛇—杨春、两头蛇—解珍、金眼彪—施恩、青面兽—杨志、白日鼠—白胜、豹子头—林冲、锦豹子—杨林、金钱豹子—汤隆、金毛犬—段景住、出洞蛟—童威、翻江蜃—童猛、病大虫—薛永、母大虫

---

① 男子有名也有字，出生时取名，成年后取字。春秋时期，楚武王熊通的儿子封在"屈"这个地方，叫屈瑕，其后代便以"屈"为氏。当时，男子称氏，女子称姓。屈原，芈姓，屈氏，名平，字原。后世流行以氏为姓，把"氏"和"字"组合起来，便有了"屈原"的称呼。

—顾大嫂、九尾龟—陶宗旺、通臂猿—侯健、鼓上蚤—时迁、扑天雕—李应、双尾蝎—解宝、玉麒麟—卢俊义、井木犴—郝思文。动物中，以龙虎为多，如：九纹龙—史进、入云龙—公孙胜、混江龙—李俊、出林龙—邹渊、独角龙—邹润、跳涧虎—陈达、笑面虎—朱富、插翅虎—雷横、青眼虎—李云、锦毛虎—燕顺、矮脚虎—王英、花项虎—龚旺、中箭虎—丁得孙。这说明先民崇尚龙虎精神。

有根据人相貌取的：白面郎君—郑天寿、鬼脸儿—杜兴、没面目—焦挺、美髯公—朱仝、赤发鬼—刘唐。

有根据人精神现象取的：急先锋—索超、智多星—吴用、打虎将—李忠、小霸王—周通、短命二郎—阮小五、拼命三郎—石秀。

有根据人特异神功取的：神行太保—戴宗、黑旋风—李逵、浪里白条—张顺、双鞭—呼延灼、金枪将—徐宁、玉幡竿—孟康、玉臂匠—金大坚、铁臂膊—蔡福、八臂哪吒—项充、双枪将—董平、没羽箭—张清、铁扇子—宋清、大刀—关胜。

有根据民俗现象取的：立地太岁—阮小二、活阎王—阮小七、操刀鬼—曹正、催命判官—李立、混世魔王—樊瑞、丧门神—鲍旭、险道神—郁保四。

这些名号，颇有人文个性，说明中华文化内容极其丰富，也很诙谐。

4. 百家姓

中国的家庭有许许多多的姓氏。在现代，姓氏已合称为固定的词组。

先民使用过多少个姓？只有一百个姓吗？"百"只是完整数字的说法，言之多也。

先民的姓，时常有改变。有的避讳改姓，有的避难改姓，有的是皇帝赐的姓。

先民的姓氏有单姓，如张、王、李、赵等；少数人有复姓，如诸葛、皇甫、司马、欧阳、长孙、万俟（莫其）、宇文、贺兰、慕容、拓跋、尉迟、呼延等，多是对少数民族语的译音。一些少数民族有多字姓，如满族有爱新觉罗、钮祜禄和乌雅等。

唐太宗贞观十二年（638年），吏部尚书高士廉奉命撰成《氏族志》，按官爵与名望定出上上至下下共九等姓。以皇族李姓为上之上，第一等；以外戚之姓为上之中,第二等;以崔、郑等大姓为上之下,第三等。于是,唐代形成五大姓,李(陇西、赵郡)、崔(清河、博陵)、卢(范阳)、郑(荥阳)、王(太原)。武则天临朝称帝后,改国号为周,下令修《姓氏录》,列武氏为第一等,并曾将儿子李旦改姓武。

北宋时,有佚名者编了《百家姓》。《百家姓》以权贵为尊,第一句的"赵钱孙李","赵"是宋朝皇帝之姓,"钱"是五代十国时期吴越国的国王姓,"孙"是宋朝皇族妻妾的姓,"李"是南唐李后主的姓。①

《百家姓》有不同的版本,其通行本四字一句,隔句押韵。其中有504个姓,单姓444个,复姓60个字。如"赵钱孙李,周吴郑王,冯陈褚卫,蒋沈韩杨"。先民对宋代的《百家姓》多能朗读成诵,是传统家庭必备的知识系统。

明洪武年间,翰林院编修吴沈奉旨编《千家姓》,收录了1968个姓。第一句是"朱奉天运,富有万方"。朱姓荣升为明代第一姓。明代万历年间,有人编出《古今万姓统谱》。姓氏由百而千,由千而万,说明中华民族人口众多,文化多元。

清朝康熙年间编的《御制百家姓》472字,以孔子的"孔"姓为首,"孔师阙党,孟席齐梁。高山瞻仰,邹鲁荣昌"。这是将文化人列为首位。

有人统计,见于历史文献的姓有5652个,《现代汉语词典》收录现代汉族姓氏大约930个。汉族人的姓,可能容易统计。少数民族(含一些已经同化了的少数民族)的姓,因发音不同,是很难统计的。因此,中华民族的先民用过多少姓,不可能有一个确切的数字答案。

5. 名字的习惯

人有了姓,还得有名。人们生活在社会中,相互之间要称呼,于是有了"名"。名有俗名,也有学名。学名是上学时用的,如张学儒,王成仁。俗名即小名,即出生之后被人们(家长或亲朋好友)呼喊的名,如小胖、九斤、小红等。

如果家里的孩子很宝贵,为了养育无虞,家长就给孩子取个听起来很

---

① 李思默编著:《百家姓氏》,吉林文史出版社2011年版,第102页。

"贱"的名字，如三兄弟叫大狗、二狗、三狗，或者叫石头、黑娃、丑货。有的家长希望有无形的力量护佑孩子，就到寺庙里请法师取个出家的名字，定期给寺庙送点香油。人们认为佛法无边，希望有无形的力量护佑孩子健康成长。

许多女孩有姓没名，出嫁之前就叫大妞、二妞等。女子出嫁之后，随婆家姓，在娘家时姓张，到姓王的婆家时叫王张氏。

儿子要上学了，或要进入社会了，家长就给他取一个正规的名。

旧时的人们，都喜欢在名字中用吉祥的文字，如表示兴旺的文字：洪、发、富、贵、荣等，做人品德的文字：仁、义、德、忠、孝等。也有采用出生时间或季节的文字，如春生、秋生等。

民俗认为，取名字要好听，念起来响亮，听起来吉祥，并便于记忆，且不能犯忌，更不能冲了长辈。虽然中国的汉字特别多，但重名的现象仍然普遍存在，几乎每个名字都有重名的情况。

传统家庭一般在姓名中嵌有辈字，显示家庭中人际的先后次第，这样可以区分世系。皇帝的家庭、孔子的家庭、平民百姓的家庭都有辈字，辈字都是寄托着希望的字，如山东峄县王楼三槐堂王氏字辈（十七世至五十二世）：道统广运，纯正自励，粹豫巽丰，百儒伟昌，成宪贻续守，鸿业振衍长，耀宗宜向盛，荣来启智生。许多传统家庭的辈字，先起16个或20个，用完了再不断地续编。有的家族的辈字轮回使用。

有的辈字经常以五行相生的顺序来命名。如朱熹，从他父亲朱松开始，一门五代依次以木、火、土、金、水作为名字的偏旁，以应和五行相生之寓意。明朝皇帝的名字之中也有五行顺序，如元璋、允炆、棣、高炽、瞻基、祁镇、祁钰、见深、祐樘、厚照、厚熜、载垕、翊钧、常洛。

三、家庭中的称谓

家庭成员的称谓是指大家庭之间由来已久的人与人之间的称呼符号。中国人家庭成员的称谓特别复杂，且有内涵。

中国历史悠久，文化传承由简单到复杂，家庭成员称谓由简到繁，也是一种趋势。历史越往前推，先民的称谓越简单。

中国人认定多子多福。先民崇尚生育，不知道如何避孕，一个女子一生生育十几个孩子不足为奇；一个男人，娶三妻四妾，一生有几十个孩子也不足为奇。因此，中国人家庭中的称谓必然复杂。

中国人讲究礼制。先民有三代同堂的，有四代、五代同堂的，大家族几十人或上百人住在一起，相互称呼时要体现血缘关系、尊卑关系、亲疏关系，必然发明许多称谓，得到互相认同，并逐渐流传开来。

因此，有必要梳理中国传统家庭的成员称谓。

1. 宗法系统的称谓

祖宗

中国人崇敬祖宗，民间常说不忘祖宗十八代，并经常祭祀列祖列宗。祖宗都是已经去世的人，活着的人不被称为祖宗。祖宗是一种尊称。在甲骨文中，示+且＝祖，祖表示父之父。大+示＝宗，宗代表大示。

中国古代，把始祖庙叫作"祖"，始祖之后历代先人的庙叫作"宗祠"。祖在前，宗在后。每个朝代的第一个皇帝都称为祖，其后称宗。如唐高祖、唐太宗、宋太祖、宋太宗。每个家庭的祭祀牌位都有祖宗，每年的重要节日或活动，都要敬祭祖宗。

在传统家庭之中，凡同一祖宗所出的男性亲属及其配偶，以及未出嫁的女子，都可以称为宗亲，都有共同的祖宗。相近的亲人有外亲，即女系血统的亲属，如母亲、祖母、姑母、姐妹、侄女、孙女之血亲。男女有别，体现了男权独尊的文化现象。

三族

中国古代有三族之说。对于三族，有多种解释。如：父族、兄族、子族，父族、兄族、妻族，父族、母族、妻族。《大戴礼记·保傅》："三族辅之。"卢辩注："三族，父族、母族、妻族。"秦汉时有夷三族的刑名。一人有罪，延及三族。犯罪者是成年人，必然有父族、母族、妻族。通过扩大惩治的范围，达到威慑的作用。三族，亦有说是父族、子族、孙族。《周礼·春官·小宗伯》："掌三族之别，以辨亲疏。"郑玄注："三族，谓父、子、孙。"

九族

中国古代有九族之说。《尚书·尧典》："克明俊德，以亲九族。"对于九族，往往有两种解释。

九族，一是指纵向的亲属，即高祖、曾祖、祖、父、己身、子、孙、曾孙、玄孙。九族即九代，己身与前四代与后四代都有某些联系。"九族"的说法出自《三字经》，《三字经》曰："高曾祖，父而身。身而子，子而孙。自子孙，至玄曾。乃九族，人之伦。"

九族，一是指横向的亲属关系，如父族四、母族三、妻族二。父族四是指姑之子（姑姑的子女）、姊妹之子（外甥）、女儿之子（外孙）、己之同族（父母、兄弟、姐妹、儿女），母族三是指母之父（外祖父）、母之母（外祖母）、从母子（娘舅），妻族二是指岳父、岳母。

中国古代，如果有人犯了大罪，就要株连九族，这九族多指横向的亲属，不可能指纵向的九族。纵向的九族，在己身之上四代，在己身之后四代，前后一百多年的人不可能都活在世上，谈不上株连。明朝初年，燕王朱棣以靖难之名，夺得帝位，是为明成祖。大臣方孝孺认定朱棣为"燕贼篡位"，不肯降服，于是触怒了朱棣。朱棣说："难道不顾及你的九族吗？"方孝孺回答："不要说九族，诛十族也不怕。"朱棣一气之下杀了方孝孺的十族，即九族之外，加上门生弟子。

文学作品中经常讲述"株连九族"。如，元代以来流行的戏曲"赵氏孤儿"，故事围绕着春秋时期的大夫程婴救孤展开。赵氏孤儿的母亲（晋灵公的女儿）把孤儿托付给经常出入驸马府的民间医生程婴，然后自缢身死；程婴把赵氏孤儿藏在药箱里，带出宫外。恶人屠岸贾得知赵氏孤儿被带出宫后，竟然下令杀光全国一月以上、半岁以下的婴儿，违抗者杀全家、诛九族。

古代流行宗法制。在这种制度下，不论是家，还是国，都奉行嫡长子继承制，嫡长子享有建立、奉祀历代宗庙的特权，被称为"宗子"。嫡长子之外的次子或其他儿子，都被称为"别子""支子"或"庶子"。

房头

中国传统家庭有房头说。各个兄弟的家庭与他们的父亲构成"房"的关系。大儿子成婚之后，是大房；二儿子成婚之后，是二房。依此类推，有三房、四房等。不同的房头，随着岁月的流逝，不断发枝。儿子多的家庭，房头就发得多；没有儿子的家庭，房头就断了。这种房头，形成了宗族中的香火，香火即连续的宗族文化。显然,房头的多少意味着香火的盛衰。家庭以血缘为纽带,一代一代相传。嫡长子继承家庭的主要家业。一个儿子组成一个家。儿子生得多,家庭的分枝就繁茂。没有儿子,家庭就没有传承。一般说来,有钱人家的房头,因为儿子结婚早,所以辈字走得快;家穷的房头,儿子娶不了媳妇,或者很晚才结婚,所以房头的辈字走得慢。例如,孔子家族中有的家庭的辈字还是七十几代,有的已经在八十几代了。

2. 不同辈分的称谓

每个人都有长辈、平辈、晚辈。从家庭成员的角度审视,以某人为中心,不难发现,其家庭相关的成员有以下这些。

(1) 长辈

人生在世,长辈有父亲(爸爸)、母亲(妈妈)、祖父(爷爷)、祖母(奶奶)、外祖父(姥爷)、外祖母(姥姥)、伯伯(父亲的哥哥)、叔叔(父亲的弟弟)、舅舅(妈妈的哥哥、弟弟)、姑妈(父亲的姐妹)、姨妈(母亲的姐妹)等。

爷爷、奶奶作为祖父、祖母,这是唐宋以来才有的现象。爷,古代是广义的尊称;奶,是由奶媪、奶母、奶婆演变为祖母。

用来形容亲戚关系的"七大姑八大姨","七""八"无实意,泛指有很多的女性亲属。父亲的姊妹为姑,母亲的姊妹为姨。如果父母的姊妹有许多,又喜欢说话管事,人们就称她们为七大姑八大姨,有厌烦之意。

父亲

俗称爸爸。中国北方的平民百姓称父亲叫爹。有人叫父亲为父亲大人,王孙贵族叫父亲为父王。有学识的人称父亲为家君、家大人、家严、家尊。

父亲死后称先父、先严、先考、皇考、先府君。

清代著名的学者王引之在《经义述闻》每一篇的开首都要冠上一句话:"家大人曰。"清人陈梦雷在《绝交书》中云:"先慈恐不孝激烈难堪,遣人呼入。家严出,以婉词相讽。"

母亲

俗称妈妈。中国北方的平民百姓称母亲叫娘。

对别人称自己的母亲,叫家母、家慈。

称已去世的母亲为先母、先慈、先妣、皇妣。

称别人的母亲为令堂或令寿堂。

称自己的父母为高堂、双亲、二老、亲闱。

称妻子的父母为老丈人、丈母娘。究其缘由,可追到汉代,汉朝的公主嫁给匈奴的单于,单于称汉朝的皇帝为"丈人",民间沿用下来。

尊称妻子的父、母为岳父、岳母,为泰山、泰水。岳是高山,泰山是"五岳之首",最受尊崇,人们就把泰岳的意思借用到父辈中。

大大:"大"是"爹"的俗字。在方言中,指与父亲同胞同辈或同族且比父亲年幼的男性长辈,后引申到其他非同族的长辈以示亲近。从网上查到:西北民俗中,大,是父亲,大大是叔父。比父亲大的长辈一般不称呼大或者大大,而称呼伯。北方人称父为爹。山西人称爹时,发音读 dǎ。在山东滨州的方言中,"大大"用来称呼比父亲年长的男子,是大爷的意思。在山西介休的方言中,"大大"就是姐姐的意思。在山东某些方言中,"大大"是"大娘"的亲切叫法,大娘指大伯的妻子。

对于长辈,中外家庭在称谓上有很大的差异。西方人,子女称呼父母,可以直呼其名,体现了一种平等,这在中国传统社会是绝不可以的,即使现代中国人也不允许下辈对上辈直呼其名。在家庭是这样,学校也是这样,学生不可以对老师直呼其名,否则为犯上。在单位,对领导也不能直呼其名,否则就是不尊重领导。犯上之人,是不讲文明的人,也是没有礼貌的人,是要受鄙视的或挨批评的。

对于长辈,中国家庭的习惯比西方家庭要复杂一些。西方称呼父母的亲兄弟,英语只有"uncle"一词而已,中文称呼却有伯伯、叔叔、姑父、舅舅、姨父等,"内亲"与"外戚"非常分明。

(2) 平辈

人生在世,平辈的人有丈夫、妻子、哥哥、嫂子(哥哥的妻子)、姐姐、姐夫(姐姐的老公)、弟弟、弟媳(弟弟的妻子)、妹妹、妹夫(妹妹的老公)、内弟(妻子的弟弟)、小姨子(妻子的妹妹)、小姑(老公的妹妹)等。

人们对自己的兄妹雅称家兄、舍妹,兄弟为昆仲、手足。对别人的兄妹尊称令兄、令妹。

平辈中，婆家的媳妇之间有妯娌关系，但相互之间不称妯娌。

岳父家的女婿之间有连襟（亦作联袂，衣襟相连，用以比喻极亲昵）。

丈夫

俗称老公。丈夫一词的来历，有一种解释：先民选择夫婿，要有一定的高度。一丈约等于七尺，一尺相当于现在的六寸多。

丈夫，本指成年男子，《穀梁传·文公十二年》："男子二十而冠，冠而列丈夫。"后来约定俗成，妻子称自己的男人为丈夫，或夫婿、郎君、良人，或当家的、官人、郎君、孩子他爸。

妻子

俗称老婆。古代对妻子还有许多别称，如内室、内人、拙荆、贱内、内子、内助、内政、中馈、内馈、主馈、内箕帚、箕帚妇、箕帚之使、宫室、内舍、内、房内、弱室、室、中壶、内壶、堂客、房屋、家里、屋里的、屋里人、发妻、初妻、本适、元妻、原配、结发、本妻、亲妻、头妻、荆布、糟糠。

对于小老婆，古代称为妾、小妻、下妻、傍妻、小妇、旁妇、属妇、左夫人、如夫人、偏房、侧室、次室、别室、扫除、少房、后房、二房、姨太太、姨娘。

这些称呼，有的是谦称、贱称，有的是区别性的称呼。

夫妻之间是配偶，因爱而组成家庭，相互称为爱人，或称老公、老婆。年老时，互称为老伴。

明代于慎行在《谷山笔麈》卷十三论述了避讳、冠服，还专列"称谓"一节，叙述中国人的称谓，指出不同的时期称谓有不同变化，也有传承。如北齐时"宫中呼嫡母为家家，乳母为姊姊，呼妇为妹妹"。现在，我们不再称呼嫡母为家家、乳母为姊姊了，但称女子为妹妹的情况仍然存在。

（3）晚辈

晚辈有儿子女儿、孙子孙女、外孙外孙女、侄子侄女（兄弟的孩子）、外甥外甥女（姐妹的孩子）、重孙重孙女等。

令郎，是对别人儿子的称呼。

儿子，民间常贱称儿子为犬子、小儿。

女儿，民间常称女儿为千金、小女。千金，意为尊贵。有句俗语为：穷养儿富养女。女儿要贵养，儿子要贱养。贵养出来的女儿出嫁之后懂事、能干、贤惠，受婆家的尊重。

姑爷

从字面而言，祖父的姊妹是为姑奶，她们的老公就被称为姑爷。

实际生活运用中，姑爷是指姑妈的丈夫，中国南方各省普遍是这样称呼。爷字的本义指父亲或父亲辈男子。

在中国北方，姑爷多指女儿的老公，即女婿。岳父与岳母，习惯称女婿为姑爷，这是依据小孩的地位尊称女婿。孙子称姑妈的老公为姑爷，老人就顺着孙子这样喊。

姑爷，与姑娘一词有关。过去，大户人家的女孩年岁稍长，家里的女佣就称主人家的女孩为姑娘。娘是尊称，缘于主人的地位高。姑娘出嫁之后，她的老公就被称为姑爷。在古代，女子常称自己的丈夫为"夫婿"。父母管自己的女儿叫"姑娘"，管女儿的丈夫自然为"姑爷"。

有少数情况，称女婿为东床。典故源于晋代书法家王羲之坦腹东床的传说。在中国古代文化中，"东"一般含有"主"的意思，如东家、做东等；而"西"一般含着"客"的意思，如西宾、西窗（客居之所的窗）等。

媳妇

媳妇，南方人称儿子的妻子为媳妇；北方人称自己的妻子为媳妇。社会上常泛称已婚妇女为媳妇。

以上这些复杂的称谓，有敬称、尊称、平称、贱称，体现了先民的传统文化。如"令"字是美好的意思，对别人家庭的人称令尊、令堂、令阃、令郎、令爱、令妹，表示尊重。或者，直接用"尊"字，称尊府、尊上、尊公、尊堂、尊亲。

中国的传统称谓，对于中国人来说，也许再普通不过了，但对于外国人来说，无不感到是很复杂的家庭符号，特别"烧脑"。这就是中西文化的差别，中华是礼仪之邦，礼仪决定了中国人称谓的复杂性。

中华先民重视礼仪，以避讳的方式称呼自己尊敬的人。常见的方式还有以下这些：以籍贯称人，如，张之洞是直隶南皮人，称张南皮；以官名称人，如，杜甫曾任工部员外郎，称杜工部；以任所称人，如，柳宗元是河东（山西永济）人，贬任广西柳州别史，人称柳河东；以住所称人，如，杜甫曾住长安南郊少陵，称杜少陵；以隐语称人，如，左宗棠，因姓左，人称"太冲"（晋左思字太冲）或"咏史"；以室名称人，室本是文人墨客书斋的名称，后来成为书斋主人的代名，如，"阅微草堂"代称纪昀。先民还流行一些尊敬的称谓，如：巾帼、红袖，是称妇女。须眉（古男子的须眉稠秀为美），称男子。

今人袁庭栋长期研究传统的姓氏名号，著有《古人称谓》（山东画报出版社2007年版），内容丰富，考证扎实，值得参考。

四、家庭中的关系

1. 悠久的家庭关系传承

传统的中国人以礼为大，讲究规矩。这是由农耕民族的经济生活所决定的。人们定居，人与人的关系紧密联系，相互之间必然有礼数，必然要遵守规矩。

中国人的关系礼数，早在周代就有一套系统的观念，在当时流行的《礼记》《仪礼》《周礼》等书籍中就有明确的记载。

《礼记·礼运》记载人伦关系是相互的，不仅强调下对上，还强调上对下，"何谓人义？父慈、子孝、兄良、弟弟、夫义、妇听、长惠、幼顺、君仁、臣忠，十者谓之人义"。这段话有一定的积极意义。在中国人的大多数实践中，都是主张一方对另一方的服从，强势一方可以掌控弱势一方。这段话强调：人际关系是互相的，父亲慈，子才孝。君主仁，臣才忠。每个人的地位不同，德行的要求就不同，每个人做好自己，才可能要求别人有良好的德行。

从周代就确定的家庭人际关系，在后世一直被奉为准则，许多家庭都自觉遵守。明代佚名氏的《训子语》记载：（大意）凡是尊卑、大小、亲疏、内外都不可混淆。我有德于人，无论大小都不可忘；人有德于我，虽小不可忘。居家有四条要则：亲亲、尊贤、敦本、尚实。父子、兄弟、夫妇是家中最重要的纲常关系，而父子关系最为重要。天下哪有父子反目而能保全其名节的？父慈、子孝、兄友、弟恭、夫唱、妇随是家庭的"六顺"。父慈以善教为大，子孝以承志为大。子女孝敬父母，可用"生事尽办，死事尽思"概括。

夫妻关系是家庭的核心与基石。宋代朱熹《家训》提出："夫之所贵者，和也；妇之所贵者，柔也。"夫和、妇柔是夫妻相爱的关键。和者，不走极端。柔者，柔顺温和。做到夫和、妇柔，出现矛盾时就很容易化解。丈夫不是刚，而是和。朱熹的这个观点比《周易》中的阳刚阴柔、刚柔相济的观点，显然要更适合家庭的夫妇之道。

宋代司马光《家范·训子孙》记载男尊女卑的夫妻思想："夫，天也；妻，地也；夫，日也；妻，月也；夫，阳也；妻，阴也；天尊而处上，地卑而处下；日无盈亏，月有圆缺；阳唱而生物，阴合而成物。"这就从自然现象论证了天经地义的夫妻关系，妻子虽然处于从属之地位，夫妻却是和谐的关系。

在传统社会，男尊女卑，人与人不平等。如果妻子生病或不能生育，在经济条件许可的情况下，丈夫可以另外娶妾。妻子的地位比丈夫的地位要低，而妾在家中的地位更低，甚至不能载录到家谱之中，死后也不能埋进祖坟陵园中。丈夫可以以各种理由，休掉妻妾。女子不能入学读书，不能参加科举考试，不能当官。古代很少有人为女子的待遇鸣不平，女子卑微被认为是天经地义的。

父子关系是家庭中很重要的轴线。家庭是按男性传系的，嫡长子传承家业，接续香火，决定着家庭的兴衰。在传统社会，家中没有儿子，意味着家庭中断。儿子多，意味着香火旺盛。父亲去世了，儿子要顶上门面，甚至要主持家里的事务。由于儿子的地位重要，民间认定多子多福。家庭之中投入精力最多的是儿子的抚养与教育。

家庭里面，从家长到其他家庭成员，对每个人都有约束。明代郑太和的《郑氏规范》规定：家长要以大公无私为根本。如果家长有过失，全家都要随之进谏，但应当恭敬孝顺。没有行冠礼、学业又无成就的子弟，不能享受肉食。结婚出嫁必须选择温厚、善良、有教养的人家，不能思慕富贵，使选择配偶的意义受到损害。子孙应当孝顺、友善，具有仁义的风范。见到尊长，应当规规矩矩地称呼。长辈不应自我称尊，不能随便打骂别人，这不合教养之道。不满30岁的子孙，不许饮酒。

家庭对人际关系的约束，体现在生活的方方面面，如生老病死、婚姻、祭奠等。在宗祠举行的活动中，最能体现家庭的人际关系。在广大农村，每年365天，家族的祠堂经常举行各种仪式，展示人与人之间的等级关系，强化宗族观念。宗族仪式源于传统，传统存在于思想之中，思想变成行动。明代许云村在《许云村贻谋》明示家训时说：大宗祠堂是一宗子孙的发祥地，拜祖时必须恭敬严肃。大宗之子如果有君王的风范，那么全族的人不论关系远近都会尊重你，年长者也会匡扶你。凡是那些受过刑的人家、乱臣逆子的人家、世人痛恶的人家等，都不要和他们议婚。凡是儿子侍奉父老，一定要站着服侍，暑天也必须衣冠整齐；父子名分不能过于亲热，但不能忽略慈恩。妇人不要听信婢女的话，男子不要被妇人的言语所迷惑。姻亲之间相互送礼，一年只送一次，再送就一定要推辞。

在近代，太平天国推进新风尚，在颁布的《幼学诗》中对家庭中的每个人都提出了极严格的要求：

父道　栋正下无歪，端严道自裁。子心休使怨，满室遍和谐。
母道　为母莫心偏，慈和教子贤。母仪堪媳学，福气达高天。
子道　子道型于妻，顺亲分本宜。妇言终莫听，骨肉自无离。
媳道　嫁出为人媳，和柔道自图。莫同姒娌辈，吵闹激翁姑。
兄道　为兄教导弟，念切是同胞。弟有些许错，含容量且饶。
弟道　长幼天排定，从兄道在恭。弟明天显则，福禄自来崇。
姊道　姊当教弟妹，炼好转天堂。有故归宁日，团圆嘱短长。
妹道　细妹遵兄姊，和情莫逞高。小心勤练正，遵守十天条。①

以上这些家规或训示的内容是人们对生活经验的总结，有利于家庭的和睦与社会的安定，在推广中有一定的作用。但有些内容值得反思，如"妇言终莫听"，明显有重男轻女的思想。

美籍华裔学者许光注重对文化与个性、国民性和现代文化的比较研究。他的代表作《美国人与中国人：两种生活方式》（1955年）、《家族、世袭阶层和自由社团》（1963年，比较中、印、美文明）、《有文字文明的研究》（1969

---

① 此诗还妻道、嫂道、婶道、男道、女道等，流传中有不同版本，文字有异。

年）等都颇有新意。他从亲属体系的不同，看中美文化的差异，认为中国人的亲属制度是以父子关系为轴心的，中国人的行为特征环绕这一轴心而展开，衍生出父子型的文化模式，美国人的亲属关系是以夫妻关系为支配原则，其社会文化即环绕夫妻轴衍生。

2. 对不同辈分关系的要求

中国传统的家庭关系，有纵向的，如父母与子女；有横向的，如夫妻、兄弟姊妹；有亲密的，如相互之间血缘最亲近的人，有三服之内、五服之内、九族关系；有外延的，如出了五服之外的亲属关系，还有一些间接的关系。

（1）*上辈对下辈要严慈*

在动物界，上对下都有养育与爱护的天性。如老鸽哺养子鸽，母猫舔乳猫之屎，都非常尽责。

在人伦方面，上辈对下辈不仅要养育、爱护，还要严格、慈爱。一般而言，父亲要严，母亲要慈。子女称家父为家严，称母亲为家慈。

唐代孟郊有一首《游子吟》："慈母手中线，游子身上衣。临行密密缝，意恐迟迟归。谁言寸草心，报得三春晖。"此诗以生动的场景描述了母亲的慈爱心声。

如果长辈不严不慈，子女又怎么可能成人成才或尽责尽孝？早在先秦，《韩非子》记载："慈母之于弱子也，务致其福。"人在年轻时重视孝，到年老时必然会重视慈。慈、孝不可分离，对老人尽孝，必然相应地会受到老人的慈待。

中国传统家庭中，父亲总是有很严厉的面孔，因此，儿子怕父亲是普遍的现象。春秋末期，孔鲤在父亲孔子的严格教训中读《诗经》；民国年间，钱锺书在父亲钱基博的管教下坚守"默存"之道。父亲之严，最为典型的例子是近代文人樊增祥的父亲樊燮，樊燮于清朝末年在湖南长沙担任总兵一职，没有文化，大字不识，颇为时人不齿。樊燮离职返乡后，在恩施老家庭院中修了一座读书楼，把两个儿子关在读书楼上读书，要他们立志超过当年羞辱过自己的师爷左宗棠。他特制了一块"洗辱牌"，重金聘请名师为两个儿子执教，不准两个儿子下楼，给儿子们穿上女人衣裤，并立下家规："考秀才进学，脱外女服；中举人，脱内女服；中进士，焚洗辱牌，告先人以无罪。"樊燮每月初

一、十五必带其二子跪拜祖先神位,在洗辱牌前发誓。如果学习放松,就要挨打。樊增祥兄长早死,为家族洗耻的重任落在了樊增祥的身上,他从不出外玩耍,闭门读书,不负其父所望,终点翰林。樊增祥历任渭南知县、陕西布政使、护理两江总督。樊增祥曾师事张之洞、李慈铭,为同光派的重要诗人,诗作艳俗,有"樊美人"之称,又擅骈文,死后遗诗三万余首,并著有上百万言的骈文,是我国近代文学史上一位不可多得的高产诗人,有《樊山全集》传世。①

1919年新文化运动中,鲁迅写过一篇杂文《我们现在怎样做父亲》,对传统家庭的父子关系作了深刻反思。他主张解放子女,认为解放子女本是极平常的事。但是,中国的传统家庭中旧习惯旧思想的毒太深了,很难改变旧观念,发悟不过来。怎么办?鲁迅倡导先从觉醒的人开手,各自解放了自己的孩子。"自己背着因袭的重担,肩扛住了黑暗的闸门,放他们到宽阔光明的地方去;此后幸福的度日,合理的做人。""子孙对于祖先的事,应该改变,'三年无改于父之道可谓孝矣',当然是曲说,是退婴的病根。假使古代的单细胞动物,也遵着这教训,那便永远不敢分裂繁复,世界上再也不会有人类了。"②

现代观念认为,父母要关心子女,理解子女,多一些爱心,气量大一些,少一点责怪。父母不宜强迫子女按自己的意志做,更不能包办子女的事情,而应与子女当朋友,做参谋。父母要做与儿女平等的父母。父母是家长,也是子女的朋友。做人不能我行我素,摆正关系最重要。

父母到了年迈时,如果有几个子女,在处理经济或大事时,容易造成家庭矛盾。如房产问题,父母重男轻女或偏爱某一子女,都有可能使子女之间反目为仇,有可能子女不认父母。父母不要认为财产都是我的,我想给谁就给谁,而应综合考虑后果。有个电视节目介绍,母亲过早地把房产给了三儿子,由三儿子负责养母,而当母亲到四儿子家里时,老四故意外出,使母亲活活冻死在老四家门外。在21世纪,中国的房价突然暴涨,房子值钱了,家庭为房子、

---

① 程翔章:《湖北近代作家研究》,华中师范大学出版社2015年版,第58—61页。
②《鲁迅全集》第一卷,光明日报出版社2015年版,第50、54页。

遗产闹矛盾就增多了，当下的许多家庭纠纷都与此有关。

父母老了，精力与智力已不如以往，能力也下降了，俗话说"老小老小"，意思是人老了就成了小孩，子女应当谅解。

（2）下辈对上辈要敬顺

在家庭里，上辈对下辈的要求总是很严格，甚至是苛刻。上辈希望下辈人听话，处处按照上辈人的要求做，敬重长者，顺从父母。有的父母，按照自己的意愿设计子女的生活与前途，下辈人或言听计从，或阳奉阴违，或敢怒不敢言，或抵触反抗。

两千年前流行的《礼记·内则》中对"子事父母"有很具体的规范："鸡初鸣，咸盥漱……以适父母舅姑之所。及所，下气怡声，问衣燠寒；疾痛苛痒，而敬抑搔之。出入，则或先或后，而敬扶持之。进盥，少者奉盘，长者奉水，请沃盥。盥卒，授巾。问所欲而敬进之，柔色以温之。"

这就是说，身为子女，要尊卑有序，按照固有礼仪，以敬顺的态度侍奉父母的日常生活起居。

在传统社会，子女几乎每天都要向父母问安，按照父母的吩咐为人处世。流传极广的《女三字经》劝告女子："每早起，问安康。语必顺，应必疾。舅姑疾，尤宜慎。病若危，求天地，祷神明，愿身替。"女子一直小心谨慎，处于卑贱非人的地位。因此，对古代的女子孝行应当重新认识。

上慈下孝，子女在长辈年老之时要尽到责任。晋朝武阳的孝子李密，父亲死得很早，母亲又改嫁了，他靠祖母抚养成人，与祖母有很深的情谊。晋武帝征用他为朝廷大官（太子洗马），他谢绝了。他上《陈情表》说：臣因为命运坎坷，出生六个月，父亲便去世了。4岁那年，舅舅逼着母亲改嫁了，祖母亲自抚养我。我小时候常常生病，9岁时还不太会走路，祖母长年疾病缠身，卧床不起，我侍奉她饮汤服药，从未间断。如果没有祖母的抚养，就没有我的今天；祖母没有我，也难以度过晚年。祖孙相依为命，我实在不能抛开祖母离家远行。我今年44岁，祖母96岁，能够报答祖母的日子不多了，因此，我以乌鸦反哺其母的私衷，请求陛下准允我养老送终……我活着将以生命奉献陛下，死后也要结草图报。李密的《陈情表》字字充溢孝道之情，读来令人感动，晋武帝应允了李密的请求，让李密在家中尽孝。

宋代朱熹在《童蒙须知》中强调下对上的规矩：凡为人子弟，须是常低声下气，语言详缓，不可高言喧哄，浮言戏谑。父兄长上有所教督，但当低首听受，不可妄自议论。长上检责，或有过误，不可便自分解，姑且隐默。若父母长上有所召唤，却当疾走而前，不可舒缓。

明代容城人杨继盛在《杨忠愍公遗笔》中告诫子女：人须要立志，发愤立志做个君子，不论做不做官，人人都会敬重你。如果我不在了，你们两个儿子要孝顺母亲，不能说母亲偏向某个儿子、某个媳妇。如果你们要惹她生一点儿气，就是不孝，不只是上天要惩罚你们，我在九泉也不会饶你们。你们同胞兄弟应当和好到老，弟弟敬重哥哥，应当像敬重我一样。每天吃饭时，你们兄弟要和你母亲一块吃，两个媳妇也要一块吃，不能够各自在自己的房里吃。你们的二姑、四姑家里都比较穷，你们要经常照顾他们，就像孝敬我一样。户族中如果有饥寒的，死了不能埋的，没钱出嫁的，你们应量力周济他们，不能忘了同出一宗。如果你姐贫穷，你母亲要给她东西，你们兄弟俩不要违阻，否则失去兄弟情分，让你母亲生气，既不友好，又不孝敬。按：杨继盛是嘉靖二十六年（1547年）进士，为了国家利益，几次冒死上书直谏，下狱3年，临死前写了遗书，朴实真切，令人哽咽。像杨继盛这样的人，在国是忠臣，在家是慈父，难得难得！他告诫子女的忠言虽然写于400多年前，至今仍然很亲切感人，丝毫没有过时的感觉。古人说："人之将死，其言也善。"

1919年10月，毛泽东的母亲文七妹去世后，毛泽东深深沉浸在悲痛之中。为了表达对母亲的深情，赞扬母亲的贤良美德，他怀着十分崇敬和沉痛的心情，写下了《祭母文》。文中写道："呜呼吾母，遽然而死。寿五十三，生有七子。七子余三，即东、民、覃。其他不育，二女二男。育吾兄弟，艰辛备历。摧折作磨，因此遘疾。中间万万，皆伤心史。不忍卒书，待徐温吐。今则欲言，只有两端。一则盛德，一则恨偏。吾母高风，首推博爱。远近亲疏，一皆覆载。恺恻慈祥，感动庶汇。爱力所及，原本真诚。不作诳言，不存欺心。……后有言陈，与日俱长。尚飨！"[①] 1944年4月，当在延安的朱德得知远在

[①]《祭母文》今刊刻于毛泽东父母合葬墓右侧的汉白玉石上。

四川仪陇老家的 86 岁的母亲病逝的消息后，写了一篇题为《回忆我的母亲》①，称："母亲是一个平凡的人，她只是中国千百万劳动人民中的一员，但是，正是这千百万人创造了和创造着中国的历史。"祭文称母亲是平凡的人，平凡人创造了伟大的历史。

(3) 平辈之间要关爱

夫妻、兄弟姊妹是平辈人，其关系好坏在家庭与社会中具有重要影响。夫妻要恩爱，兄弟姊妹要和谐友善。

在传统家庭中，当父亲、母亲已经不在人世了，而哥哥、嫂嫂、姐姐、姐夫对于弟弟、妹妹而言，就有抚养、教育的责任与义务。俗话有"长哥长嫂当爷娘"一说。举个例子：王亚南于 1901 年出生于湖北黄冈的一个农民家庭，母亲早逝，父亲在他 12 岁那年病逝，家中生活十分困苦。他姐姐照顾他，并支持他读书，他学习刻苦，手不释卷。他后来到日本留学，在经济学、教育学领域都有建树。他翻译了《资本论》，为马克思主义在中国的传播做出了巨大贡献。

从明清到民国年间，中国人会必读一本发蒙书《幼学琼林》，此书最早名为《幼学须知》，又称《成语考》《故事寻源》。《幼学琼林》是骈体文写成的，全书全部用对偶句写成，容易诵读，便于记忆。其卷二谈论到家庭中平辈的关系，如下：

兄弟：天下无不是底父母，世间最难得者兄弟。须贻同气之光，无伤手足之雅。玉昆金友，羡兄弟之俱贤；伯埙仲篪，谓声气之相应。兄弟既翕，谓之花萼相辉；兄弟联芳，谓之棠棣竞秀。患难相顾，似鹡鸰之在原；手足分离，如雁行之折翼。

夫妇：孤阴则不生，独阳则不长，故天地配以阴阳；男以女为室，女以男为家，故人生偶以夫妇。阴阳和而后雨泽降，夫妇和而后家道成。夫谓妻曰拙荆，又曰内子；妻称夫曰藁砧，又曰良人。贺人娶妻，曰荣偕伉俪；留物与妻，曰归遗细君。受室即是娶妻，纳宠谓人娶妾。正妻谓之嫡，众妾谓之庶。称人妻曰尊夫人，称人妾曰如夫人。结发系是初婚，续弦乃是再娶。妇人重婚

---

① 1944 年 4 月 5 日《解放日报》刊载。

曰再醮，男子无偶曰鳏居。如鼓瑟琴，夫妻好合之谓；琴瑟不调，夫妇反目之词。牝鸡司晨，比妇人之主事；河东狮吼，讥男子之畏妻。杀妻求将，吴起何其忍心；蒸梨出妻，曾子善全孝道。张敞为妻画眉，媚态可哂。……庄子鼓盆歌，是夫妇之死别。鲍宣之妻，提瓮出汲，雅得顺从之道；齐御之妻，窥御激夫，可称内助之贤。可怪者买臣之妻，因贫求去，不思覆水难收；可丑者相如之妻，贪夜私奔，但识丝桐有意。要知身修而后家齐，夫义自然妇顺。①

《幼学琼林》在民间很流行，影响很大。其中以自然和谐比喻兄弟之情，还引用了历史典故，让人们加深印象，先民的人际关系常识大多是从这些通俗读本中获得的。

欲了解中国传统的家庭关系，可以读读中国古代的小说。小说，《论语·子张》中记载："虽小道，必有可观者焉。"中国古代的夫妇有共荣共辱的传统，志怪小说《神异经·东南荒经》记载："东南隅太荒之中有朴父焉，夫妇并高千里，腹围自辅。天初立时，使其夫妻导开百川，懒不用意，谪之并立东南。"夫妇两人的命运相连，休戚与共。《神异经·中荒经》记载了一种不孝鸟，此鸟只知夫妇，不孝父母。不孝是一种罪名，这样的夫妇是受到唾弃的。

家庭中，人与人的关系不正，必然受到谴责，并自食其咎。署名兰陵笑笑生的小说《金瓶梅》中叙述了古代几个乱伦家庭的故事。宋徽宗时，山东省东平府清河县的武松受知县差遣去东京未归，武松之兄武大继室潘金莲与西门庆成奸，药死武大。潘金莲本是潘裁缝家的女儿，父亲早死，母亲把她卖给王招宣家里学习弹唱，王招宣死后，又转卖给张大户做丫头，张大户将潘金莲收房作妾而大妇不容，又把她嫁给了卖烧饼的武大郎。西门庆的家里在清河县城开生药铺，他不读书，好浪荡，妻室早逝，继娶清河左卫吴千户之女吴月娘，又娶得富商遗孀孟玉楼，继娶李瓶儿，大得横财，并勾结贪官蔡京。后来，西门庆因贪赃枉法、饮淫药过量，髓竭脱阳而死。西门庆一家作鸟兽散，潘金莲为武松所杀。

现代学者认为《金瓶梅》是以描写家庭生活为题材的现实主义巨著，假托宋朝旧事，实际上揭示了晚明政治和腐败社会的丑恶现象。清代《红楼梦》

---

① （明）程登吉原编：《幼学琼林》，岳麓书社1986年版，第49—53页。

深受《金瓶梅》影响，全面而深刻地写出了封建社会贵族家庭的衰败史。

家庭中的人际关系，民间有些口头禅，值得玩味与反思。如：穷在闹市无人问，富在深山有远亲。三年不上门，当亲也不亲。一辈亲，两辈淡，到了三辈不管饭。妻贤夫祸少，子孝父宽心。宁可爹娘羡儿女，切莫儿女羡爹娘。家常便饭粗布衣，知冷知热是夫妻。最亲莫如母子，最爱莫如夫妻。做官的儿子，不如讨饭的丈夫。家人说话耳边风，外人说话金字经。久病床前无孝子，久贫家中无贤妻。儿大须避母，女大不避父。妯娌多了是非多，小姑多了麻烦多。

总之，中国传统家庭成员中的名称、称谓、姓氏、关系，是个庞大的文化体系，存在于世代相传的生活中，是了解传统家庭文化的基础。由此而入门，才能真正认识中国人及中国人的家庭。

第二章 中国人的家庭史

中国人号称有五千多年的文明史,在这漫长的历史长河中,中国人的家庭有哪些变化?各时期的家庭有什么特点?有哪些有代表性的家庭?这是本章要回答的问题。

中国人的家庭史,最有代表性的是孔子家族,孔家可以上追到西周时期的宋国,下续有八十余代,长达两千多年的历史。

本书的各章内容涉及中国历史上的许多个家庭,通过介绍这些家庭,可以让我们更清楚地了解中国古代的文化和家庭文化的变迁,并形成一些启迪或反思。

一、先秦时期的家庭

家庭是个历史概念,随着社会的变化而变化。

所谓家,就是人生开始的地方,家里有共同生活的眷属和家庭财产。

人类社会何时有了家?这个问题有多种回答。有人说家起源于一万年前的母系氏族社会,有人认为家起源于五六千年前的父系氏族社会,有人认为有了小农经济才有家,分歧的原因是对家的定义。

先哲早就对家的起源有过说明。《周易·序卦传》记载:"有天地然后有万物,有万物然后有男女,有男女然后有夫妇,有夫妇然后有父子。"这就是说,有了夫妇,有了明确的父子,就有了家庭。

在没有进入到文明门槛的史前社会,先民过着氏族生活,可以称之为前家庭时期。晋代葛洪在《抱朴子·诘鲍》中有猜测性地描述:"曩古之世,无君无臣,穿井而饮,耕田而食。日出而作,日入而息。泛然不系,恢尔自得。不竞不营，无荣无辱。山无蹊径，泽无舟梁，川谷不通，则不相并兼。士众不聚，则不相攻伐。"当时的人们有简单的劳作，不竞争，不经营，不相通，不相伐，怡然自得，风俗古朴。

现代人类学的研究成果表明，家庭的产生、演化、发展，是随着社会的进化逐步由较低阶段向较高阶段发展，由较低的形式演进到较高的形式。人类的家庭演化经历了不同的阶段，有血缘家庭、普那路亚家庭、对偶家庭、一夫一妻制家庭。

原始社会的血缘家庭距今至少一万年。原始家庭与现代家庭是有区别的，现代家庭多是一夫一妻制，家庭的经济更加紧密，作为社会的基本单元更加突出。

在母权制氏族公社时期，男从妻居，流行对偶通婚，就意味着家庭历史的开始。母系氏族社会的家庭是母系家庭，父系氏族社会的家庭是父系家庭。在父系氏族社会，父权制为主，女从夫居，人们能准确地知道自己的父母，于是，家庭成员的关系很明确，家庭财产也明确，家庭成为清晰的社会单位。原始社会末期有了私有经济，相应地就有了个体家庭。个体家庭是以男权与私有经济为特征。进入到国家形态的文明社会之后，氏族解体，小家庭各自存在，成为完整的组织实体。小家庭形式，一直延续于文明社会之中。

家庭是一定条件的历史产物，随着社会的进化而演进。《礼记·礼运》记载孔子的观点："今大道既隐，天下为家，各亲其亲，各子其子，货力为己。大人世及以为礼，城郭沟池以为固，礼仪以为纪，以正君臣，以笃父子，以睦兄弟，以和夫妇，以设制度，以立田里，以贤勇知，以功为己。故谋用是作，而兵由此起。"

《礼记·月令》把太昊、神农、黄帝、少昊、颛顼作为五帝。《国语·楚语》记载：颛顼之前，民神杂糅，人人祭神，家家有巫史。在先民看来，颛顼之前是有家的。颛顼的后人有大禹。

我国的第一个朝代是夏朝。《史记·夏本纪》记载："禹者，黄帝之玄孙而帝颛顼之孙也。"史书说大禹治水，三过家门而不入。这说明大禹之时是有家的。夏朝有了定居的农业家庭，传世的《夏小正》是我国最早的农家月令历书，它被收入《大戴礼记》。其中按夏历十二月的顺序讲述每月的气象、物候、农事，间接反映了农家的经济文化生活。

夏朝之后是殷商，这时的家庭有神秘主义色彩。统治者以神道设教，巫师营造神秘氛围。《礼记·表记》称："殷人尊神，率民以事神，先鬼而后礼，先罚而后赏，尊而不亲。"殷商之人崇敬天帝、自然、祖先。自然神有日、月、风、雨，地神有山、河、社、方，最重视土地。巫在家庭中是有重要影响力的，以占卜决定家庭的大事。

商朝之后是周朝。周朝分为西周与东周。

西周流行宗法制家庭。宗法制家庭以宗子为中心，按血缘关系的远近区别亲疏贵贱、决定等级。宗法制的核心是嫡长子继承制，嫡长子是当然继承人。在统治集团，周天子是普天之下的最高统治者，姬姓宗族的大宗拥有全国的土地和人民，掌握着全国的政权和族权，祭祀自始祖以来的列祖列宗，因而是最大的宗法"家长"。周天子的其他儿子是小宗，但在所封的诸侯国中却是大宗。姬姓贵族与异姓贵族联姻，是宗法制度的组成部分。宗法制的确立，避免了家庭继承权之间的纠纷，有利于维系宗族之间的秩序，有利于巩固周朝的统治。统治者的家庭与国家利益联系在一起，制定了规范而烦琐的礼仪，对后世有很大影响。宗法制家庭贯穿于中国历史的各朝各代，流传了两千多年。

西周以农业家庭为时尚。周的始祖是后稷，得名于农作物。后稷又称弃。司马迁在《史记·周本纪》中记载："弃为儿时，屹如巨人之志。其游戏，好种树麻、菽，麻、菽美。及为成人，遂好耕农，相地之宜，宜谷者稼穑焉，民皆法则之。"周人祭祀后稷，稷是五谷神，说明当时对农业的重视。周代社会"笃仁，敬老，慈少。礼下贤者，日中不暇食以待士，士以多归之"。西周文明的主体是农业家庭，这类家庭向上可追到一万年前的石器时代，向下一直延伸到当代。

与商代家庭重神信巫不同，周代的家庭重视人文。社会上出现了"天命靡常，唯德是辅""以德配天""敬德保民"的思想。《礼记·表记》记载："周人尊礼尚施，事鬼敬神而远之，近人而忠焉，其赏罚用爵列，亲而不尊；其民之敝，利而巧，文而不惭，贼而蔽。"由这段话可知，周人尚文，多仪重礼。在孔子看来，夏文化朴实原始，商文化拘于鬼神，周文化依于礼制。文化在不断进化。因此，孔子向往周代。《论语·八佾》记载孔子语："周监于二代,郁郁乎文哉!吾从周。"中华民族重视人文,这是历来家庭的主要特征。

周代流行《诗经》,间接反映了两千多年前的家庭情况。《诗经·小雅·常棣》有一篇"和乐且孺",歌颂了家庭之和:"傧尔笾豆,饮酒之饫。兄弟既具,和乐且孺。妻子好合,如鼓瑟琴。兄弟既翕,和乐且湛。宜尔室家,乐尔妻帑。是究是图,亶其然乎?"意思是摆好碗盏和杯盘,宴饮酒足饭吃饱。兄弟亲人全团聚,融洽和乐相亲近。妻子儿女和睦处,就像琴瑟声和谐。兄弟亲人相团聚,欢快和睦长相守。你的家庭安排好,妻子儿女乐陶陶。仔细考虑认真想,道理还真是这样。《诗经·小雅·大田》也歌颂了"农家乐":"曾孙来止,以其妇子。馌彼南亩,田畯至喜。来方禋祀,以其骍黑,与其黍稷。以享以祀,以介景福。"意为:曾孙来到田间,农夫要他的妻和子,送酒饭到南亩。田官老爷来享受。曾孙到来祭四方,用牲畜,还有黍与稷,用来祭祀,用来祈神赐福。这就是农耕民族喜欢的家庭和睦。《诗经》是儒家的核心经典,早在春秋末期就受到孔子的推崇,《诗经》文化对中国传统的家庭有经久不息的影响。

先秦时期的典籍《管子》一书,出现了"家族"一词。其《小匡》记载:"公修公族,家修家族。使相连以事,相及以禄。"《管子》中的"公族"一词,指的是诸侯的宗族、君主的近亲。

东周时期,即春秋战国时期,中国人的家庭主要是农耕家庭,人们固守着土地为生,以农业为主,男耕女织,或者发展多种经营。《孟子》开篇记载孟子见梁惠王,谈到农业家庭的事情,如:"五亩之宅,树之以桑,五十者可以衣帛矣。"又说:"不违农时,谷不可胜食也;数罟不入洿池,鱼鳖不可胜食也;斧斤以时入山林,材木不可胜用,是使民养生丧死无憾也。"

周代,由于社会有不同的分工,出现不同的从业人群,必然有不同的家庭。《穀梁传·成公元年》记载:"古者有四民,有士民,有商民,有农民,有工民。"说明当时已经有了专门从事手工业或商业的家庭,并在社会上有一定的影响。司马迁在《史记·勾践世家》中记载大商人范蠡"浮海出齐,变姓名,自谓鸱夷子皮,耕于海畔,苦身戮力,父子治产,居无几何,致产数十万"。《史记·货殖列传》记载:"巴寡妇清,其先得丹穴,而擅其利数世,家亦不訾。"《史记·货殖列传》还记载:"邯郸郭纵以铁冶成业,与王者埒富。"

随着经济的发展，社会上有许多家庭定居在城市之中。如齐国的临淄城有发达的鱼盐贸易，还有冶铁与印染业，平时居民有7万户，有20多万人口，相当繁荣。

当时的人们可以离开家乡，到处流动，如秦国就有许多外来人在此生活，甚至当官，以至于后来出现了不合时宜的《逐客令》。韩国水利专家郑国人秦修建水渠，楚人李斯到秦国担任宰相，楚人伍子胥到吴国担任要职。

周代各地的文化呈现不同特点，家庭文化也有所不同。司马迁在《史记·货殖列传》中对各地的经济文化作了介绍。"楚越之地，地广人希，饭稻羹鱼，或火耕而水耨，果隋蠃哈，不待贾而足，地势饶食，无饥馑之患，以故呰窳偷生，无积聚而多贫。是故江、淮以南，无冻饿之人，亦无千金之家。"

边疆地区或少数民族地区的家庭文化发展要缓慢一些，塞外的民族被中原人称为化外之民。《论语·八佾》记载孔子语："夷狄之有君，不如诸夏之亡也。"游牧民族的家庭文化习俗与中原有较大的不同。《礼记·王制》记载："西方曰戎，被发衣皮，有不粒食者矣。"这就是说，西戎不吃五谷，穿的是毛皮。《列子·汤问》记载：秦之西有义渠国，"其亲戚死，聚柴积而焚之。熏则烟上，谓之登遐，然后成为孝子"。这说明西戎的丧葬采用火化，与中原流行的土葬不同。

秦国采用商鞅变法，对于家庭的分布提出了一些合乎生态环境的建议，《商君书·算地》主张人们的居家与土地要形成恰当的比例。"故为国任地者，山林居什一，薮泽居什一，溪谷流水居什一，都邑蹊道居什一，恶田居什二，良田居什四。"在商鞅思想指导下，秦国积极开垦荒野的田地，使山东的农耕家庭转移到秦国，促进了秦地的经济发展。秦国的不断变法或改革，为统一天下做了准备。

二、汉代到清代的家庭

中国历史上，中央集权的体制起源于秦朝，然而，秦朝仅仅只有十几年。

汉承秦制，有所拓新，以"汉"为特征的文化凸显，并影响到后世。汉代得名于楚汉之争时刘邦在汉中封为汉王，匈奴人称中原人为汉人，汉朝皇帝被称为大汉天子。汉族人的家庭文化在这一时期完成定格。

汉代时,汉语中就出现了"家庭"一词。《后汉书·郑均传》记载郑均"好义笃实,养寡嫂孤儿,恩礼敦至。常称病家廷,不应州郡辟召"。唐代刘知几在《史通·辨职》中说:"班固之成书也,出自家庭;陈寿之草志也,创于私室。"

汉代有许多大家族。大家族一般都与官方有密切往来,关系盘根错节。以东汉末年襄阳的蔡瑁家为例:刘表初任荆州刺史时,蔡瑁家帮助刘表稳定局势。《三国志·刘表传》注引司马彪《战略》曰:"刘表之初为荆州也,江南宗贼盛……襄阳人蔡瑁与谋……江南遂悉平。"刘表占据荆州,取襄阳蔡瑁之姊为后妻,又为其次子刘琮娶其后妻蔡氏之侄女。蔡瑁的两个姐姐,分别是沔南名士黄承彦妻和刘表"后妇"。黄承彦是诸葛亮的岳父,而诸葛亮就成了蔡氏姻亲。刘表是诸葛亮妻子的姨父。类似于蔡瑁这样的大家族,社会关系复杂,对政治有很大影响。

汉代外戚家庭经常干政,西汉末年王莽家族就是典型。汉成帝时,太后王政君临朝,重用外戚,王氏执掌大权。王政君是汉元帝的皇后,元帝早死,王政君的儿子继位为成帝,成帝之后的哀帝、平帝也是元帝的儿子,这就使王政君能长期以太后身份临朝听政。王政君以舅父王凤为大司马大将军,领尚书事,又赐王凤、王崇、王谭、王商、王立、王根、王逢时七兄弟为侯,形成了王氏垄断朝政的局势。

王莽是王政君的侄子,他凭借外戚身份,还有众叔伯的余荫,控制朝政长达16年之久。哀帝时,由于外戚之间的内耗,王莽一度被罢免,但平帝时又复出掌权。王莽通过一系列表现,赢得了朝野上下的好感。王莽从小有孝子的名声。他父亲与哥哥早死,他承担了家庭的责任,对母亲颇尽孝心。他执政时,多次赐布帛给各地的老人及鳏寡孤独者,对年老退休的郡太守则仍然发给原来俸禄的三分之一。王莽不像其他外戚那样贪赃,反而能广施财物。他曾捐出三十顷田地及一百万钱赈济贫民,建了两百所住宅安置无家可归的人,博得下层民众的好感。王莽生活俭朴,处事谦恭,与外戚的其他子弟相比颇为自律。王莽能"大义灭亲",他的小儿子王获杀死了一个奴隶,王莽逼王获自杀,此事使王莽赢得了好名声。此外,王莽注意与权贵保持密切的关系,因而得到太后与叔伯的赏识。平帝时,王莽的长子王宇对王莽专权不满,王莽把王宇及妻族、相关的官员统统收监,前后处死几万人。

汉代的商业家庭比农业家庭有钱,生活过得富裕。《汉书·食货志》记载晁错之语:"今农夫五口之家,其服役者不下二人,其能耕者不过百亩,百亩之收不过百石。春耕夏耘,秋获冬藏……而商贾大者积贮倍息,小者坐列贩卖,操其奇赢,日游都市,乘上之急,所卖必倍。故其男不耕耘,女不蚕织,衣必文采,食必粱肉;亡农夫之苦,有阡陌之得。因其富厚,交通王侯,力过吏势,以利相倾;千里游敖,冠盖相望,乘坚策肥,履丝曳缟。此商人所以兼并农人,农人所以流亡者也。"

汉代的家庭注重名声,并注重家庭文化传承。黄香家庭是个典型。

黄香(约68—122年),字文强,江夏安陆(今湖北云梦)人。东汉时期的官员、孝子,是"二十四孝"中"扇枕温衾"故事的主角。《后汉书·文苑列传》记载:黄香"九岁,失母,思慕憔悴,殆不免丧,乡人称其至孝……香家贫,内无仆妾,躬执苦勤,尽心奉养"。民间流行的"二十四孝"故事,赞黄香:"冬月温衾暖,炎天扇枕凉。儿童知子职,千古一黄香。"皇帝也多次为黄香做宣传。一次,千乘王刘伉行加冠礼,汉章帝在中山王府第,召黄香至殿下,对诸王说:"这就是'天下无双江夏黄童'啊!"左右的人没有不另眼相看的。

黄香的家庭可以上推下寻,黄香的父亲是曾任叶县令的黄况,况父伯良,伯良父黄嘉,嘉父黄仍,仍父仲达,仲达之父叫黄霸。黄霸是春秋楚相春申君黄歇的八世孙,幼习律令,当过小吏,勤政廉明。黄香的儿子黄琼后来也到京城当了官。黄琼当官,并不是因为有当官的父亲,而是因为黄琼读书有学识,天下的学人认可他,把他捧为社会精英。黄琼去世,天下名士郭泰等六七千人前来会葬。黄琼的孙子黄琬也是天下名士,仕途做到了五官中郎将。黄琬为人耿直,经常评论朝政,在党锢之祸中被禁,长达近二十年。

汉代在长城以外生活着游牧家庭。《史记·匈奴列传》记载这些家庭"随畜牧而转移。其畜之所多则马、牛、羊……逐水草迁徙,毋城郭,常处耕田之业,然亦各有分地。毋文书,以言语为约束。儿能骑羊,引弓射鸟鼠,少长则射狐兔,用为食。士力能毋弓,尽为甲骑。其俗,宽则随畜,因射猎禽兽为生业,急则人习战攻以侵伐,其天性也。……利则进,不利则退,不羞遁走。苟利所在,不知礼义。自君王以下,咸食畜肉,衣其皮革,被旃裘。壮者食肥美,老者食其余。贵壮健,贱老弱。父死,妻其继母;兄弟死,皆取其妻妻之。其俗有名不讳,而无姓字"。

这时期,北方气候寒冷,灾害频繁,致使游牧民族家庭由北向中原转移,中原的农耕民族被迫向长江流域迁移,社会出现大的动荡。当时长城以内有许多土地荒芜,需要有人耕种,少数民族的内迁补充了农业人口,有利于恢复生产,发展经济。游牧文化与农耕文化的融合,打破了民族地区的界限。在中原,游牧民族很快就适应了中原原有的生活方式,南朝时有一位南方人出使到中原,在洛阳亲身感受到这种变化。《洛阳伽蓝记·城东》记载其人其语:"自晋、宋以来,号洛阳为荒土,此中谓长江以北,尽是夷狄。昨至洛阳,始知衣冠士族,并在中原。礼仪富盛,人物殷阜,目所不识,口不能传。"

北魏孝文帝改革,加快了不同族群之间的家庭文化融合。孝文帝将鲜卑的复姓改为汉族的单姓,皇族拓跋改姓元,是为皇姓。丘穆陵改姓穆,步六孤改姓陆,独孤改姓刘,贺赖改姓贺,贺楼改姓楼,勿忸改姓于,尉迟改姓尉。以穆、陆、贺、刘、楼、于、尉、嵇作为鲜卑八姓。孝文帝鼓励鲜卑人与汉族人通婚,他以身作则,娶汉人女子,将自己的女儿许配给汉人。北魏以汉语作为唯一通行的语言,在朝廷中必须使用汉语,禁止用鲜卑语和其他各族的语言,否则降职或免官职。朝廷禁穿夹领小袖的胡服,改穿汉服,官员及家属必须穿汉族服饰。孝文帝命三长检查户籍,即"三长制"。北魏为了控制户籍,增加税收,规定以五家为邻,五邻为里,五里为党,分别立邻长、里长、党长,负责掌握田地数、户口数,帮助政府征收赋税,调发徭役,并维持社会治安。

北方人迁到南方,中原的家庭变成江南的家庭。东晋政权为了安置这些外来的侨人,沿用北方的行政地名称,设立了侨州、郡、县。侨人享有特权,不编入当地户籍,免除赋役。士族趁机占有山林川泽,有大量的佃客、宾客、奴婢,形成大的宗族势力。南迁的宗族大多是合族而居,逐渐在政治上有了地位。刘裕的祖先迁到京口,起初很穷,刘裕小时候砍柴、种地、打鱼,后来成了刘宋政权的建立者。

魏晋南北朝时期，许多门阀大族占有大量土地，形成庄园自然经济，在赋役与选举方面享有种种特权，还在法律上具有按品第高低占田荫客的特权。门阀大族与寒门在社会地位方面差距很大，造成家庭或家族的两极分化。陶侃、刁协、沈庆之、阮田夫、孔灵符、谢灵运的家业都很大，一座民居实际上是一处庄园，庄园内有多幢楼馆，有大片土地，有树林和水池。如谢灵运的"山居"，有水环绕着山，阡陌纵横，果树茂密，药圃殷绰，还有许多奴僮。孔灵符的庄园方圆三十多里，水陆田地二百六十五顷，果园九处。沈庆之有多处住宅，年老时把建康（今南京）的宅第还给官府，自己到娄湖去享清福。

在底层社会，从事农业的家庭仍然非常辛苦，农民一年到头都忙于农事。"夫农民之事田，自正月耕种，耘锄条桑，耕耰种麦，获刈筑场，十月乃毕。治廪系桥，运输租赋，除道理梁，墐涂室屋，以是终岁，无日不为农事也。"①

十六国时期，前燕君主慕容在位时注重安置流民，发展生产。他的臣子封裕曾上书说："自永嘉丧乱，百姓流亡，中原萧条，千里无烟，饥寒流陨，相继沟壑。"封裕认为："一夫不耕，岁受其饥。必取于耕者而食之，一人食一人之力，游食数万，损亦如之。安可以家给人足，治致升平。"他主张："寒者衣之，饥者食之，使家给人足……三年之耕，余一年之粟。以斯而积，公用于何不足？"②

南北朝时期，南方与北方的家庭文化差异十分明显。颜之推在《颜氏家训》中多次记述了当时的风俗之异，说当时在家庭的夫妻关系中，北方女子喜欢抛头露面，主持家庭事务。南方妇女则不同，较少外出。《颜氏家训·治家》记载："江东妇女，略无交游，其婚姻之家，或十数年间，未相识者，唯以信命赠遗，致殷勤焉。邺下风俗，专以妇持门户，争讼曲直，造请逢迎，车乘填街衢，绮罗盈府寺，代子求官，为夫诉屈。此乃恒、代之遗风乎！南间贫素，皆事外饰，车乘衣服，必贵齐整；家人妻子，不免饥寒。河北人事，多由内政，绮罗金翠，不可废阙，羸马悴奴，仅充而已。"如《颜氏家训·后娶》记

---

① 《三国志·魏书·司马芝传》。

② 《晋书·慕容皝载记》。

载:"江左不讳庶孽……河北鄙于侧出。"《颜氏家训·风操》记载:"江南饯送,下泣言离……北间风俗,不屑此事。"这说明北方当时的妇女比较开放,在社会上很活跃,没有太多的束缚。这也许是因为游牧民族大量进入北方所致。

因为地域不同,南北家庭的饮食文化也有区别。北人喜欢吃羊肉,喝大碗酒。南人喜吃鱼,饮茗茶。杨衒之在《洛阳伽蓝记》卷三"城南报德寺"中记载王肃"入乡随俗"的变化时说:"肃初入国,不食羊肉及酪浆等物,常饭鲫鱼羹,渴饮茗汁……经数年以后,肃与高祖(孝文帝)殿会,食羊肉酪粥甚多。高祖怪之,谓肃曰'羊肉何如鱼羹?茗饮何如酪浆?'肃对曰:'羊者是陆产之最,鱼者乃水族之长,所好不同,并各称珍;以味言之,是有优劣。'"

颜之推家庭是这一时期值得关注的个案家庭。颜家祖籍山东琅琊临沂,先世东晋时渡江。大中通三年(531年),颜之推生于江陵(今湖北江陵)。他幼承家学,六岁就能诵《鲁灵光殿赋》。大同五年(539年),颜之推的父亲颜勰去世,他接受兄长颜之仪的教养,兄弟孝悌情深。大宝元年(550年),萧绎在江陵起兵讨伐侯景,颜之推在郢州被任为中抚军外兵参军,掌管记。次年(551年)闰四月,侯景攻陷郢州,颜之推被虏。大宝三年(552年)三月,侯景叛军被击败,颜之推回到江陵。十一月,萧绎在江陵被拥立为帝。颜之推被封为散骑侍郎,奉命校书。承圣三年(554年)十一月,西魏攻陷江陵,梁元帝萧绎被俘后遇害,颜之推再次被俘,遣送西魏。开皇十七年(597年),颜之推因病去世。

颜之推希望儿辈能吸收各地的区域文化,形成多元和谐的家庭。颜之推给长子取名思鲁,给次子取名敏楚,给三子取名游秦,从名称可见颜之推的视野很开阔,认定各个地区都有优秀文化可以吸取。颜思鲁受父亲的教诫,学问广博。颜思鲁的儿子颜师古遵循祖训,整理五经,成为唐代经学大家,唐太宗的军国政务等重大诏令皆出于颜师古之手,名重当时。颜之推的第七世孙颜真卿,登甲等进士,是孝子忠臣,一代书法大家。颜之推著有《颜氏家训》传世。本书在介绍家规家训时有介绍。

唐代是中华农耕文化发展得最充分的时期,农业受到高度重视,务农的家庭受到政府的关注。《贞观政要·务农》记载唐太宗之语:"凡事皆须务本。

国以人为本,人以衣食为本,凡营衣食,以不失时为本。"《新唐书·食货志》记载:贞观时期,"米斗四五钱,外户不闭者数月,马牛被野,人行数千里不赍粮,民物蕃息"。开元盛世,"道路列肆,具酒食以待行人,店有驿驴,行千里不持尺兵"。

唐代经济繁荣,出现了一些大商家,如郑凤炽(一作邹凤炽),家产不可计数。他曾对高祖李渊夸富说,终南山上每树挂绢一匹,山上的树挂满,其绢不竭。《太平广记》记载郑凤炽"常与朝贵游"。当时,还有一位名叫王元宝的商人富可敌国,被称为唐代的第一款爷。传闻唐长安人管钱不叫钱,叫"王老"。玄宗曾说自己是天下最贵的人,王元宝是天下最富有的人。玄宗这话,些许可以当真。因为,皇帝虽然有钱,那只是国库中的,是需要维系整个国家机器运转的,还要用于救灾,经常是入不敷出的。商人有钱,都是私人的钱,是可以独自掌握的。唐代李亢在《独异志》中记载王元宝靠贩运琉璃发家:开元间,有长安贩夫王二狗者,尝往返淄郡贩丝,微利也。一日,孤馆遇盗,财物尽失。二狗叹曰:天不助我。遂悬梁欲自尽。冥冥中见一老者,锦衣玉带,头戴朝冠,身穿红袍,白脸长须,温文尔雅,左手如意,右手元宝,高祖赐封财帛星君李相公是也。星君曰:尔当大富贵,岂可轻生!不闻淄州出琉璃乎?又舍元宝一枚,乃去。二狗遂贩琉璃,成长安首富。又感念星君所赐,易名元宝。此事虽然具有传奇色彩,但与真实的情况也不会相差太远。

唐代的商人家庭虽然有钱,但社会地位很低。白居易有《朱陈村》诗云:"有财不行商,有丁不入军。家家守村业,头白不出门。"《资治通鉴》卷二〇七记载:武则天执政时,张易之侍宴禁中,招蜀商人宋霸子等数人,在宴前博戏,韦安石跪奏曰:"商贾贱类,不应得预此会。"唐太宗颁布的《官品令》记载:工商杂色之流,不得与贤士君子比肩而立,不得与士大夫同坐而食。在唐太宗颁行的科举考试条令中规定:工商不得参加科举考试、入仕为官。这就意味着唐代商人没有参加科举考试的权利,其贱民地位不可能通过读书得到改变,不能凭借自身的努力成为上流社会的成员。所谓"工商杂色",包括了商贾、手工业者,还有艺人等,他们就像是罪人一样,不能与儒士"比肩而立",也不能与官员"同坐而食",这就断绝了这些群体之间往来的可能性。

唐宋时期,农耕文明到达一个高峰。社会上有许多耕读传家的宗法家庭,几代同堂，和和睦睦。如义门陈氏先后受到唐朝与宋朝皇帝的首肯，名扬天下。义门，是对农耕家庭的高度评价。（详见后文"农耕家庭"）

宋代的小农家庭多，以世代务农的家庭为主体。人们务农，心安理得。《宋史·姚宗明传》记载：河中永乐，"姚氏世为农，无为学者。家不甚富，有田数十顷，聚族百余人。子孙躬事农桑，仅给衣食，历三百余年无异辞者。经唐末、五代，兵戈乱离，而子孙保守坟墓，骨肉不相离散，求之天下，未或有焉"。

宋代流行合族而居，在乡村有特别多的大宗族。凡同宗之人，以血缘形成一个相互帮助的共同体。范仲淹在《范仲淹全集》中说："吴中宗族甚众，于吾固有亲疏，吾祖宗视之，则均是子孙，固无亲疏也。苟祖宗之意无亲疏，则饥寒者吾安得不恤也？"① 于是，一方有难，八方相助。特别是遇到灾害时，宗族之人首先得到宗族的救助。

宋代人组织家庭，不太重视门阀，而是重视德才，流行榜下择婿，不在乎新科进士是否出身于名门望族。人们也很在意经济状况，向往富裕生活。《东京梦华录注》记载："今世俗之贪鄙者，将娶妇，先问资装之厚薄。将嫁女，先问聘财之多少。"②

宋代出现了一些文化人家庭。家长都希望儿子读书成才，参加科举，取得功名。当时的人，要想光宗耀祖，千条路万条路，读书当官是唯一有出息的路。至于其他的行业，读书人都是迫不得已才会转入。

宋人以擅长考试为荣。冯京（1021—1094年）就是一个典型，他在1048年8月至1049年3月举行的乡试、会试、殿试中，连中解元、会元、状元，是宋朝最后一位三元及第的状元。中国1300年科举史中，能连中三元者凤毛麟角，仅17位，平均百年才出一人，其中一个是冯京。《宋史·冯京传》记载："冯京，字当世，鄂州江夏人。少隽迈不群，举进士，自乡举、礼部以至廷试，皆第一。"冯京的父亲冯式是个商人，以入粟买官，40多岁仍无子嗣。

---

① （宋）范仲淹：《范仲淹全集》，中华书局2020年版。
② （宋）范仲淹：《东京梦华录注》，中华书局1982年版。

妻子金氏为他买妾，生下冯京，接续了冯家香火。冯京读书有天赋，考得功名之后，京城的达官贵人都争着向冯京提亲，后世留下了"两娶宰相女，三魁天下元"的千古佳话。可见，当时的社会风气，人们重视读书，乐意家庭中有科举成名的人。

理学家胡宏的胡氏家族是一个学术家族，他祖父胡渊开馆讲学，父亲胡安国是宝阁直学士、著名经学家（明初科举取士指定的教科书是胡安国的《春秋传》）。胡宏自幼向父亲研习儒学，有独到见识。父亲怕他刚愎自用，向他讲授自著的《通鉴举要》一书。胡宏又向当时的名贤杨时和侯师圣学习二程理学。胡宏在所撰《胡宏集·题大学》中说："夫不学，则不能有立；不能有立，虽俊而贵，将焉用之？"① 胡宏隐居衡山，先后讲学于碧泉书院、道山书院，弟子众多。胡宏著有《知言》《皇王大纪》和《易外传》等，有《胡宏集》传世。胡宏曾经撰写了《上光尧皇帝书》，对宋朝抗金提出了全面而务实的对策，是古今中外难得的爱国主义名篇，可以与诸葛亮的《出师表》、文天祥的《御试策题》、康有为的《万言书》相提并论。胡宏兄弟数人（兄弟胡寅、胡宁，堂兄弟胡宪、胡实）都是南宋著名的学者，他们构成了胡氏学群。胡宪是朱熹、吕祖谦的老师，朱熹自称是胡宏的私淑弟子。

宋代出现了一些特别富有气节的人物，如杨业、岳飞、文天祥等。岳飞在抗金斗争中，整个家庭成员都忠君爱国，敢于牺牲。本书的"军武家庭"介绍了杨业家庭、岳飞家庭。

宋代，居住在城市里的家庭增多。这是由于商品经济发展的深度和广度大大超出了以往各代。宋朝10万户以上的城市由唐代的10个增加到40个，汴京和临安继长安、洛阳和南京之后成为世界上第4、第5个超过百万人口的城市。南宋的临安曾有近12万户人家。其他城市，如今南京、成都、泉州、鄂州都是商业中心。都城东京（开封）曾有近20万户人家，按每家五口人计算，当有百万人口。张择端的《清明上河图》是了解当时京城市井文化的重要资料，城内有许多商家，有饮食店、脚铺、酒店、米店、肉店，民居采取前店后宅的格局。宋代出现了拥有巨资的徽商，祁门程承津、程承海兄弟经商致

---

① （宋）胡宏著，吴仁华点校：《胡宏集》，中华书局1987年版。

富，分别被人们称为"十万大公""十万二公"，合称"程十万"。朱熹的外祖父经营的商店、客栈占徽州府的一半，人称"祝半州"。担任过宰相的范仲淹积极倡导商业，他在《答手诏五事》一文中说："山海之货，本无穷竭，但国家轻变其法，深取于人，商贾不通，财用自困。今须朝廷集议，从长改革，使天下之财通济无滞。"

蒙元时期，各民族的家庭有不同的特点。蒙古族流行多妻制婚姻，根据家庭财产，男人有经济实力，就可以多娶妻子。蒙古人通行严格的族外婚，部族内部成员禁止通婚。贵族之间讲究门当户对，《元史·后妃表》记载："因其国俗，不娶庶姓，非此族也，不居嫡选。"

元代注重社会经济的重建。由于灾害与战争，一度导致田野空旷，人烟稀少，需要重建人类家园。《元史·刘德温传》记载：刘德温担任永平路（治今河北卢龙县）总管。"永平当天历兵革之余，野无居民，德温为政一年，而户口增，仓廪实，遂兴学校以育人材，庶事毕举。岁大旱，祷而雨，岁以不歉。滦、漆二水为害，有司岁发民筑堤。德温曰：'流亡始集，而又役之，是重困民也。'遂罢其役，而水亦不复至。"在一个"野无居民"的荒凉之地，刘德温主政一年，就形成了人丁兴旺的家园。

元代加强对家庭的管理。县邑所属村疃，凡五十家立一社，择年高晓农事者一人为社长。如果有百家为社，就可以增设一名社长。如果不及五十家，就与近村合为一社。地远人稀，不能相合，就各自为社。如有不听教导的人，就把名字报到县里，让提点官督责。王祯《农书》卷三《锄治》记载："北方村落之间，多结为锄社。以十家为率，先锄一家之田，本家供其饮食，其余次之。旬日之间，各家田皆锄治，自相率领，乐事趋功，无有偷惰。间有病患之家，共力助之，故苗无荒秽，岁皆丰熟。秋成之后，豚蹄盂酒，递相犒劳，名为锄社。"农家形成一定的组织，相互帮助，以合力从事农业生产，创造和谐的农村家园。这无疑是元代农村最美的风景线。

元代有专门的儒户。太宗窝阔台九年（1237年），派遣刘时中等人试诸路儒士，确定了4030人，把他们作为儒户。到至元二十八年（1291年），元代完成了对江南人口的调查，确定了永久性的儒户。儒户有学识，至少要精通儒家的一种经典，世代守其户籍。元朝对待儒户给予了一些优惠政策。儒户可以经商，也可以开门面。政府给予他们和僧、道、答失蛮（伊斯兰教士）、也里可温（基督教）教士类似的优待，免除其科差杂役，使他们能世袭儒业，有学问的贫寒儒士还可以从本地学田租中领得一份口粮。这比负担沉重赋役的普通民户以及军、站、匠等赋役户自然要优越得多。当时，北方儒户总共二万三千八百多户，江南三省加上河南行省南部地区的儒户数量有十万多户。大部分的儒士分布在江南，白朴、郑光祖、乔吉、钟嗣成、贾云石等晚年都曾定居江南。

元代汉族人的家庭仍然很传统，聚族而居，男耕女织，讲究孝道。《元史·孝友传》记载："张闰，延安延长县人，隶军籍。八世不异爨，家人百余口，无间言。日使诸女诸妇各聚一室为女功，工毕，敛贮一库，室无私藏。幼稚啼泣，诸母见者即抱哺。一妇归宁，留其子，众妇共乳，不问孰为己儿，儿亦不知孰为己母也。闰兄显卒，即以家事付侄聚，聚辞曰：'叔，父行也，叔宜主之。'闰曰：'侄，宗子也，侄宜主之。'相让既久，卒以付聚。缙绅之家，自谓不如。至元二十八年，旌表其门。又有芜湖芮世通，十世同居；峡州向存义、汴梁丁煦，八世同居。州县请于朝，并加旌美。"

元代出现了富商家庭。如顾瑛出身昆山旺族，16岁时外出闯荡，在京师经营商业。他为人机敏，善于交际，很快成为大富商，被时人称为江浙首富。30岁时，顾瑛回到昆山，弃商从文，建有玉山草堂，经常于园中纳友邀朋、诗酒聚会。元末商人沈万三，是江南第一富家，也是全国首富。沈万三擅长走官商勾结之路，他曾支持过平江（苏州）张士诚的大周政权，张士诚也曾为沈万三树碑立传。本书在"商贾家庭"部分中介绍了沈万三家庭。

元末出现江西填湖广的移民风潮，明末出现湖广填四川的移民风潮，清代出现"闯关东""走西口"的移民风潮。许多农民到新地方安家，形成新的村庄，沿袭到近代。如湖湘农村的许多家庭都把先祖追到江西，四川的许多家庭都追到了湖北。岳阳张谷英村就是一个典型。（详见后文"农耕家庭"部分）

明代，在一些荒山僻野出现了新的民居。由于耐旱高产的农作物玉米和甘薯从域外被引入到中国种植，不久便在全国迅速推广。粮食种类的增加，使人们利用新粮种，开发新土地。大批农民为土地兼并或租税徭役所迫而逃往偏僻的地区谋生。湖北与陕西省交界的郧阳山区，浙江、福建、江西三省交界的仙霞岭山区聚集着许多开垦土地的农民,大片的山丘冈陵和荒滩沙地被垦辟耕种。这些流民家庭成为社会不安定的因素,统治者不得不增设地方官员加强管理。

明代,许多家庭放弃农业,企图通过经商致富。明人何乔远在《名山藏·货殖记》中记载了一些这样的家庭,如常熟的穷人瞿嗣兴,不甘心贫苦,就到苏州去谋生。他"携家入苏州,诣富家贷为小贾,转息为生,乃稍裕,久之居积为中贾,又久之,则大富"。明代出现徽商、浙商、闽商,商业家庭的数量大增,并且在社会上受人羡慕。《醒世恒言·张孝基陈留认舅》记载有个尚书家庭,生了五个儿子,就让长子读书,其他四个儿子分别从事农、工、商、贾。旁人不理解,认为应当让几个儿子都去读书,而老官人则说:"世人尽道读书好,只恐读书读不了,读书个个望公卿,几人能向金阶跑。……农工商贾虽然倦,各务营生不知倦。"这个故事的真实性待考,但说明了行业之间人员的布局要平衡,从事商贾也是社会的需要。老官人是个有远见的人,不把五个儿子都押在一个"篮子"里,而是分派在五个领域,让他们各尽其力,各显神通,以实现社会生态的和谐,亦为自己多设一些退路。

明代,北方与南方的宗族状况略有不同。南方的大家族多,北方的大家族少,北方大家族内的贵贱差异大。顾炎武在《日知录·北方门族》中说:"今日中原北方,虽号甲族,无有至千丁者,户口之寡,族姓之衰,与江南相去迥绝。其一登科第,则为一方之雄长,而同谱之人至为之仆役。此又风俗之敝,自金、元以来,凌夷至今,非一日矣。"北方大族的族长大多由获得功名的秀才、举人担任,这些人欺凌穷苦的族人。北方的宗族凝聚力,要弱于南方宗族。这或许与游牧民族不断进入北方大地有关,把中原固有的大宗族都挤到了南方。

明代出现许多以医为生的世家,如万全、李时珍等,本书的"医学家庭"部分对此作了介绍。

清代,人口骤增。乾隆末年,人口达三亿,出现了人均耕地面积缩小的趋势。据有的学者统计:康熙、雍正时,人均田地在8亩以上;乾隆后期及嘉庆时，人均田地不足3亩。最严重的是南方。① 清代学者洪亮吉的《意言·生计》指出：每人有4亩地，年收四石（在当时的生产力条件下每亩收一石），方可维持生存。南方的许多县都存在土地紧缺的问题，迫使农民流动，或改行经商。北方人口流向关外或内蒙古。如山东人漂海到辽东，或垦荒，或经商。河北人到东北去开发土地，然后把粮食源源不断地运回中原。还有不少人到长城以外垦荒，康熙帝曾说过："今巡行边外，见各处皆山东人，或行商，或力田，致数十万人之多。"②

满清入关，内地增加许多旗人家庭。清朝建都北京，北京的旗人家庭骤增。湖北的荆州古城，专门辟出一大片地方供旗人家庭居住。

许多汉人在清朝做官，本书"官宦家庭"部分介绍了来自湖南的曾国藩家庭，曾家坚守传统文化，是忠君尽职的典范。

许多工匠在营建北京时发挥了重要作用，本书"手工家庭"部分介绍了来自江西的雷发达家庭，雷家在修建宫殿时出力出智，功不可没。

传统家庭仍然以读书治学为荣耀。清代中期著名的学者夏力恕就出生在这样的家庭。光绪《孝感县志》记载，该支夏氏在清朝出过进士5人、文武举人（含进士）10多人（族谱记载进士7人、举人14人）。《孝感县志》卷十五《人物·理学传》记载：夏力恕，其曾祖名元瑞，祖名光湘，父名策谦都是明朝末年到清朝前期的名人，其父曾任宝庆（邵阳，旧名宝庆）教授，卒时91岁。夏力恕三岁能以意字旁，得其音义。稍长，于书无所不读。弱冠，读宋五子书（北宋五子指周敦颐、程颢、程颐、张载、邵雍），穷日夜不倦，遂有所得。康熙庚子（1720年）中乡试第一，明年（1721年）与兄立中成进士，并选庶吉士，时号"二夏"。以掌院（明清两代翰林院掌院学士的省称）荐授编修。甲辰（1724年）充山西正考官，纂修《明史》。忽心动曰：母念我也，即日告归。居母丧，哀毁骨立。父年高，事之益谨，膳非亲尝不进。晚年布袍竹杖，往来闾里。年65，无疾卒。夏力恕著有《杜诗增注》《易说》

---

① 王育民：《中国历史地理概论》下册，人民教育出版社1990年版，第185页。

② 王先谦：《十一朝东华录》卷八十。

《四书札记》《菜根堂札记》《古文》。他又曾纂修《明史》，主修《湖广通志》。《菜根堂札记》是他在武昌书院（指江汉书院）时所作。力恕中进士时，其母沈宜人以菜羹充饥，故力恕筑菜根精舍，菜根堂系他的学堂名，其族以"菜根"为堂号。

清代，出现一些热心公益事业的家庭。如，徽州祁门县的马曰琯侨居扬州，经营盐业，为清代前期扬州的徽商的代表人物之一。马曰琯的家财很多，为人慷慨，热心地方公益事业，曾捐资开掘扬州沟渠，筑渔亭孔道等。马曰琯以商养书，喜爱收藏图书，考校典籍，家中专设刻印坊，不惜费资刻印书籍，当时称这一批书为"马版"。小玲珑山馆是马氏藏书楼名称，藏书有十几万卷。著名学者全祖望、郑板桥、陈章等都是小玲珑山馆的常客。

浙江南浔的首富刘镛（1826—1899年）喜好儒学，以儒家伦理自励。他重义轻利，乐善好施，为社会公益事业常常一掷千金。他曾说："天地之道，蓄极必泄，吾不待其泄而先自泄。……吾岁散数千金以与人，非求福也，盖以疗吾之疾也。"[①] 刘镛所说的"疗吾疾"，指的是世风日下，人们过于贪图钱财。刘镛希望通过自己的带头作用，恢复儒家的美德。本书的"商贾家庭"部分介绍了刘镛家庭。

清代，社会上有一些"贱民"家庭，他们是由奴婢、娼优、隶卒、乐户、丐户、疍民等群体组成。贱民家庭不能参加科举，不能做官，不能与一般百姓通婚。疍民以船为生，不得上岸。雍正初期，为了落实"摊丁入亩"，增加国家财政收入，监察御史年熙上请求除豁山西、陕西乐户贱籍的奏折。礼部亦认为：压良为贱，前朝弊政。我化民成俗，以礼义廉耻为先，似此有伤风化之事，亟宜革除。于是，雍正帝决定开豁贱籍，让几十万"贱民脱籍"，涉及山西、陕西、徽州、浙江、广东等地的许多家庭，解决了一千余年的家庭歧视制度。不入籍的贱民编制户籍，能够拥有土地，参与土地的开发与生产，促进了家庭与家庭之间的平等，符合了时代发展的潮流。

[①] 转引自王春霞等：《近代浙商与慈善公益事业研究（1840—1938）》，中国社会科学出版社2009年版，第399页。

中国传统家庭，有一个很好的观察"窗口"，那就是明清时期的小说。明清小说不啻千种，许多小说都涉及先民的家庭文化，有讲务农的，有讲经商的，有讲仕宦的，有讲婚姻的，有讲破落的，有讲奇闻趣事的，正可谓家庭千姿百态，极尽人世风情。在众多的小说中，脍炙人口的《红楼梦》堪称我国古典家庭小说的最高峰，全书120回，前80回为曹雪芹作，后40回是高鹗续写。通过贾、薛、史、王四个家族的衰败，揭示了封建社会晚期的世态。此外，还有《金瓶梅》《儒林外史》《警悟钟》《庸闲斋笔记》《五美缘》《意外缘》《女狱花》等都可以称为以家庭为主题的小说。如，李海观作《歧路灯》，在这部现实主义的长篇白话小说中，描述了贵族子弟的放荡堕落。《醒世姻缘传》《绿野仙踪》等也是写现实生活的家庭与人，描写现实社会的寻常生活。孔尚任作《桃花扇》，通过秦淮歌妓李香君与复社文人侯方域恋爱的故事，表现了明朝遗民的亡国情绪。明清时期的这些文学作品最大的特点是写实，把古代社会中的家庭人文、社会事情写得惟妙惟肖，扬善抑恶，反思传统，导人务正，对社会风气的改变有积极作用。

对于传统家庭的观察，还有一些口耳相传的风闻。如，晚清徽商重视功名，一手抓票子，一手争"红顶"。最典型的代表人物是胡雪岩，他本名光墉，字雪岩，徽州绩溪县人。胡雪岩足智多谋，特别善于经营官场之道，开设了阜康钱庄、胡庆余堂中药店。由于胡雪岩生前没有留下著述、日记、档案，因此，他的事迹多为传说。

清代，出现了一些武术世家，他们以家庭为单位，开武馆，收徒弟。本书的"军武家庭"部分介绍了太极拳、八卦掌的世家。这些拳术世家的资料很少，许多是传闻。

明清时期编纂了许多家谱，其中有传统家庭的资料。当时有许多人拥到荆襄郧山区种玉米、土豆、红薯，使山区人口增多。笔者在十堰市房县档案馆了解到了历史上的流民资料，注意到有一些家谱记载了传统家庭的信息，从中可知房县的许多家庭是不同时期迁来的。每个家族起初只有几个人，后来发展为几百人。如：

《房县郭氏家谱》记载，明代洪武初年，有郭元昌、郭元龙两兄弟迁到房县西郊凤凰山定居，经过五六百年，凡十八代，郭氏后人有七千多，遍及房县的军店、白鹤、城关、红塔、化龙、门古、盘水等乡镇。光绪十三年在郭氏祠堂立有石碑，取名"垂裕堂"，有"垂裕后昆"的牌匾传世，家谱记载了迁移的历史。郭家自称是中唐名将郭子仪的后人，五代时避祸于湖北黄州，韬光养晦。明初到了房县，繁衍生息。

《房县张氏家谱》记载，民国初年，张太安公携妻带子，一肩挑筐，从均县迁入房县羚羊沟，传续六代，已有近百人。其后，又有几支同宗同祖同派的宗亲先后来到房县，张家都热情接待，并安置落实，张氏人口增多。房县张氏，系出清河，根在山西。清河的地望在今河北沧河县，是汉代张良的后人。

《房县雷氏志》记载，房县城北河旁有雷家湾，湾里有雷氏宗祠，祠内碑文记载，雷家在房县的叫伴公，是元朝末期的守城武员，为追剿贼寇（红巾军）来到房县，后辞官在房县隐居，经过明清两朝逐渐兴旺。雷家传到雷子豪时，生了两个儿子，哥哥雷学讲，弟弟雷学读，生活仍然贫穷。雷学读积劳成疾，去世得早，留下两个儿子，哥哥雷公江，弟弟雷公林。雷公江有十个儿子、两个女儿，他们辛勤务农为生，重视子女的教育，子孙成群，有的经商，有的当官，有的办企业，成为房县的知名望族。民国年间，雷公江的孙子雷天明加入共产党，领导房县的革命事业，1947年牺牲。房县县城的雷天明小学就是为了纪念这位革命烈士而命名的。

当代的许多学术专著都增加了家庭史的内容，由戴逸担任学术委员会主任的《中国大通史》一书，对中国古代不同时期的家庭有所介绍。如，清代分册的主编是李世愉、王政尧，其中《社会结构编》的第二章介绍了清代前期的个体家庭、宗族家庭、亲缘关系、家庭功能、宗族结构、宗族功能，涉及一些家谱与方志，可资参考。其中指出清代家庭可分为个体家庭、直系家庭及数量不多的家族家庭。清代家庭结构的特点受到经济、伦理道德、传统习惯等多种因素的影响和制约，其家庭结构以小型家庭为主体。清朝沿袭前代，法定婚龄为男19岁，女14岁。各地仍有溺女婴的风气。[①] 如果把湖北房县的家谱与《中国大通史》相印证，中国各地的家庭情况大致相近，在工业时代尚未到来之时，全国都处在农耕时期的"耕读传家"时代。

---

① 曹大为等主编：《中国大通史》第20册，学苑出版社2018年版，第438—440页。

三、传承几千年的孔家

谈到中国人的家庭史，不能不谈孔子家庭，孔子家庭最有代表性。

孔子是儒家文化的开创者，是世界上知名度最高的圣贤级别的伟大的文化人。1982年8月27日，为纪念孔子诞辰2533周年，美国各界人士在旧金山举行祭孔大典，时任美国总统的里根先生致函说："孔子的高贵行谊与伟大的伦理道德思想不仅影响了他的国人，也影响了全人类。孔子的学说世代相传，为全世界人民提供了丰富的为人处世原则。"1984年，美国出版的《世界名人大词典》，孔子位居世界十大思想家的首位。英国出版的《人民年鉴手册》，孔子同样位居世界十大思想家和文化名人的首位。1988年1月，75位诺贝尔奖获得者在巴黎聚会，诺贝尔物理学奖得主、瑞典科学家汉内斯·阿尔文博士指出："人类要生存下去，就必须回到25个世纪之前，去汲取孔子的智慧。"1998年，全世界100多个宗教组织代表集会发表"普世伦理宣言"，将中国儒家"己所不欲，勿施于人"的思想写进宣言。大英百科全书列出了全世界的十大思想家，联合国列出了世界十大文化名人，他们都把孔子列为首位。

孔子的家庭历史悠久，从二千五百多年前到当代，孔家的家世资料很丰富，这在全中国是独一无二的，在世界也是没有第二例的。从孔家的历史，可以窥视中华传统文化，堪称是中华历史的一个缩影。孔家的成员已经不计其数，难以统计，遍布各个行业，有的务农，有的教书，有的入仕。孔子后人以姓孔而自豪。

孔子，字仲尼。孔子祖上是宋国人。这里特别要说明的是，孔子不是姓孔。孔，是孔子的氏。孔子是宋国后裔，宋国是殷商的遗民，殷商是子姓，故孔子姓"子"。《孔子家语》卷三十九《本姓解》记载："五世亲尽，别为公族，故后以孔为氏焉。"孔子的先人宋襄公时以"公孙"为氏，到孔父嘉时开始以"孔"为氏。孔子是孔父嘉的六世孙，故以"孔"为氏。

宋的始祖是微子启。微子启卒，由弟微仲即位。微仲就是孔子的远祖。自微仲到叔梁纥共计十四代。

孔子的七世祖是宋国的正考父。他连续辅佐宋国三公即戴公、武公和宣公。正考父是几朝元老，他对自己要求很严，在家庙的鼎上铸下铭训："一命而偻，再命而伛，三命而俯。循墙而走，亦莫余敢侮。饘于是，鬻于是，以糊余口。"他对工作有敬畏之心，从不懈怠；他生活俭朴，家中有一只鼎煮粥糊口就可以了。

孔子的六世祖孔父嘉，在宋国做大司马，宫廷内乱中被杀。从孔父嘉起，子孙有的就以孔为姓氏了。

孔子的五世祖木金父为避灭顶之灾逃到鲁国的陬邑，从此在陬邑定居，成了鲁国人。

孔子的父亲叔梁纥（叔梁为字，纥为名）是没落贵族，以勇猛善战闻名于诸侯之间。

公元前551年，孔子出生于鲁国陬邑昌平乡的一个山洞里，说是野合之子。

孔子的母亲颜征在（前568—前537年），被后人加封为启圣王夫人。颜征在是叔梁纥的第二任妻子，比叔梁纥小40多岁。在孔子之前，叔梁纥与前妻施氏育有9个女儿，和小妾育有一个有足疾的儿子，取名伯尼，又称孟皮。孔子在兄弟中排行第二。后世非孔者称孔子为孔老二。

司马迁在《史记·孔子世家》记载："纥与颜氏女野合而生孔子。"《孔子家语》的记载，与《史记》不同。《孔子家语》记载：叔梁纥向颜氏求婚，颜氏有三个女儿，最小的一个叫征在。颜氏问三个女儿说："陬邑大夫叔梁纥，虽然父、祖为卿士，但他是先圣王裔。此人身长十尺，武力绝伦，我很喜欢他。虽然岁数有点大，性情有些严厉，但这些都没什么问题。你们三个谁愿意做他的妻子。"两个大女儿都默不作声，小女儿征在上前回答说："一切听从父亲的安排，父亲不用再问了。"父亲听出了这话的语气，说："你能行。"于是就将小女儿嫁给了叔梁纥。

孔子3岁丧父，随母亲移居阙里，并受其教。孔子幼年，"为儿嬉戏，常陈俎豆，设礼容"。他喜欢乐器，办丧事时替人吹喇叭。他年轻时做过管理仓库的"委吏"和管理牛羊的"乘田"。《论语·子罕》记载孔子语："吾少也贱，故多能鄙事。"

孔子在 15 岁时就很清楚自己的人生努力方向，决心以学习安身立命。孔子曾对其一生进行了自我概括，《论语·为政》对内容进行了记载："吾十有五而志于学，三十而立，四十而不惑，五十而知天命，六十而耳顺，七十而从心所欲不逾矩。"

孔子 17 岁时（亦说 18 岁），母亲去世，享年 32 岁。

孔子在 18 岁就结了婚，他的妻子是宋人亓官氏之女。第二年，即公元前 532 年，他的儿子鲤出生了，鲁国国君送来一条鲤鱼，说明孔子已受到执政者的重视，他被认可为"士"之属，并成了季孙氏家管仓库的人员。

孔子年轻时创办私学，30 岁时就是受人尊重的教育家。他主张"有教无类"，先后培养了三千弟子、七十二贤人。其中有至孝至仁的颜回、有勇有志的子路。弟子们延续了孔子的学术生命，扩大了孔子的学术影响。

孔子的言行主要记录在弟子们编的《论语》中，其中有一些与家庭生活相关的资料。如：

孔子认为居住环境要有"仁"的风气，风气不好，人的行为就难守正道。《论语·里仁》记载孔子语说："里仁为美，择不处仁，焉得知？"孔子说："跟有仁德的人住在一起，才是好的。如果你选择的住处不是跟有仁德的人在一起，怎么能说你是明智的呢？"

居住不要奢华。《论语·子罕》记载孔子"欲居九夷"。有人认为这样的居住太简陋了，孔子回答说："君子居之，何陋之有？"

饮食不要铺张。《论语·学而》记载孔子语："君子食无求饱，居无求安。"《论语·述而》也记载孔子语："饭疏食，饮水，曲肱而枕之，乐亦在其中矣。不义而富且贵，于我如浮云。"《论语·雍也》记载孔子语："贤哉！回也。一箪食，一瓢饮，在陋巷，人不堪其忧，回也不改其乐。贤哉！回也。"

《论语》记载家庭中的父母与儿子的关系，孔子说："事父母几谏，见志不从，又敬不违，劳而不怨。"孔子说："父母在，不远游，游必有方。"孔子还说："三年无改于父之道，可谓孝矣。"孔子又说："父母之年，不可不知也。一则以喜，一则以惧。"

孔子希望儿子多读经典，熏陶人文。《论语·阳货》记载孔子对儿子伯鱼说："女为《周南》《召南》矣乎？人而不为《周南》《召南》，其犹正墙面而立也与!"在孔子看来,多读《诗经》中的《周南》《召南》,做人才有内涵。类似的故事,在《论语·季氏》也有记载,说的是陈亢打听孔子是如何教育儿子的,他问伯鱼:"子亦有异闻乎?"对曰:"未也。尝独立,鲤趋而过庭,曰:'学《诗》乎?'对曰:'未也。''不学《诗》,无以言。'鲤退而学《诗》。他日,又独立,鲤趋而过庭,曰:'学礼乎?'对曰:'未也。''不学礼,无以立。'鲤退而学礼。闻斯二者。"陈亢退而喜曰:"问一得三,闻《诗》,闻礼,又闻君子之远其子也。"

孔子重视《诗经》,认为这本经典对于为人处世都有益处。《论语·阳货》记载:"子曰:'小子何莫学夫《诗》?《诗》,可以兴,可以观,可以群,可以怨。迩之事父,远之事君,多识于鸟兽草木之名。"(译文:孔子说:"同学们怎么不学《诗》呢?《诗》可以激发情志,可以观察社会,可以相互切磋,可以领会婉而多讽的修辞。近可以侍奉父母,远可以侍奉君王,还可以知道不少鸟兽草木的名称。")

孔子有女儿,具体事迹不清楚。孔子的女婿公冶长,是个坐过牢的人,但孔子并不计较他过去的错误,而是在意于他现时表现。《论语·公冶长》记载,公冶长能通鸟语,勤奋好学。孔子评价公冶长时说:"可妻也,虽在缧绁之中,非其罪也!"孔子认为可以把女儿嫁给公冶长。虽然公冶长曾坐过牢,但不是他的罪过。

孔子主张维护家庭的亲情,甚至认为在一定的范围内,亲情可以高于法律。《论语·子路》记载了一个故事,叶公对孔子说:"吾党有直躬者,其父攘羊,而子证之。"孔子回答:"吾党之直者异于是,父为子隐,子为父隐。直在其中矣。"这里的党,指家乡。

孔子69岁时,独生子孔鲤死了。其后,孔子经常论述死亡。一天,子贡来看望孔子。孔子说:泰山就要崩塌了!梁柱就要折断了!哲人就要凋谢了!天下失去常道已经很久了,没有人能遵循我的主张。夏人死后棺木停放在东面的台阶,周人死后棺木停放在西面的台阶,殷人死后棺木停放在厅堂的两柱之间。昨天傍晚,我梦见自己坐在两柱之间受人祭奠,我本来就是殷人啊。

鲁哀公十六年(前479年)四月己丑日,孔子与世长辞,享年73岁。孔子生前就有知名度,孔子去世后,鲁国世代祭祀其庐冢。由于有家庭文化传承，加上孔家历来受到统治者褒奖，孔子家族的后世有不少名人：

孔鲤之子孔伋，字子思，所著《中庸》是儒家非常重要的经典。

孔子有曾孙孔白、玄孙孔求、世孙孔箕。

子思的后代子慎曾担任魏国国相，子慎的儿子孔鲋曾在陈胜手下担任博士，策划了著名的"鲁壁藏书"事件。

孔子的后人孔安国是汉武帝时的博士，他是孔滕之孙、孔忠之子，著有《古文尚书》《古文孝经传》《论语训解》等。

汉武帝时的司马迁有感于孔子的影响，破例把孔子列为《史记》中的《世家》。《史记·孔子世家》记载："孔子生鲤，字伯鱼。伯鱼年五十，先孔子死。伯鱼生伋，字子思，年六十二。尝困于宋。子思作《中庸》。子思生白，字子上，年四十七。子上生求，字子家，年四十五。子家生箕，字子京，年四十六。子京生穿，字子高，年五十一。子高生子慎，年五十七，尝为魏相。子慎生鲋，年五十七，为陈王涉博士，死于陈下。鲋弟子襄，年五十七。尝为孝惠皇帝博士，迁为长沙太守。长九尺六寸。子襄生忠，年五十七。忠生武，武生延年及安国。安国为今皇帝博士，至临淮太守，蚤卒。安国生卬，卬生驩。"

《史记·孔子世家》记载："太史公曰：《诗》有之：'高山仰止，景行行止。'虽不能至，然心乡往之。余读孔氏书，想见其为人。适鲁，观仲尼庙堂车服礼器，诸生以时习礼其家，余祗回留之不能去云。天下君王至于贤人众矣，当时则荣，没则已焉。孔子布衣，传十余世，学者宗之。自天子王侯，中国言'六艺'者折中于夫子，可谓至圣矣！"司马迁把孔子捧上了圣人地位，而《史记》是极具影响的史书，使得汉代及汉以后的人们对孔子家庭格外重视。

汉武帝罢黜百家，独尊儒术，从此，孔家受到历代王朝的高度关注，封赐特别多。

汉元帝时，孔子后代孔霸被册封为褒成侯，孔氏一门自此正式获得世袭爵位。孔霸是孔延年之子，是孔子的第13世孙。

东汉末年的文学家孔融能诗善文，为"建安七子"之一。他担任过北海国相职，修城邑，立学校，举贤才，表儒术，颇有治绩。

唐朝开元年间，唐玄宗李隆基正式册封孔子为文宣王，同时将褒圣侯改为文宣公，爵位提高一级，以孔子第三十八代孙孔惟晊承袭。

经学家孔颖达是孔安之子，孔子三十二代孙。他编纂了《五经正义》，是集魏晋南北朝以来经学大成的著作。孔颖达有儿子孔志元，有孙子孔惠元。

宋文宗时将文宣公改为衍圣公，以孔子第四十六世孙孔宗愿袭位。衍圣公的名号一直沿用到民国时期。

宋金战争期间，衍圣公孔端友追随宋高宗南渡，定居浙江衢州。金熙宗为笼络汉人，册封留居北方的孔子第四十九代孙孔璠为衍圣公，孔府自此分为南北二宗。

金朝灭亡后，北宗衍圣公孔元措归降蒙古，仍袭封衍圣公，一直到元朝统一中国后，南宗衍圣公孔洙于1282年北上大都，觐见元世祖，被委以相应职务。孔洙死后，孔府南宗不再担任衍圣公一职，着重主持衢州孔庙的祭祀活动，衢州孔庙香火一直很旺盛。

明朝规定，曲阜知县由孔氏子孙世袭，免除孔氏子孙所有徭役。

清朝，康熙皇帝亲自到曲阜祭孔，写了"万世师表"的匾额。清朝继续优待孔氏子孙。清代文学家孔尚任是孔子六十四代孙，曾修《孔子世家谱》，并撰有描写南明王朝兴亡的历史剧《桃花扇》。孔尚任的儿子有孔衍谱、孔衍志。

辛亥革命后，衍圣公一职仍被保留，直到1935年国民政府将衍圣公改为奉祀官。

现存孔氏家族的族谱是中国历史上延续时间最长、包罗内容最丰富、谱系最完整的族谱。宋神宗元丰七年（1084年），孔子的第46世孙孔宗翰担任朝议大夫，他根据社会上流行的家谱体例，创修孔氏家谱，并刊印成册，分藏族内。现存最完备的是1937年编修的《孔子世家谱》，分四集108卷，分装成154册，可见规模之大。

孔氏历代修谱都非常严格，规定详细：凡不孝、不悌、犯义、僧道、邪巫、优卒、贱役等辱祖玷宗、丧名败节的，皆不准入谱。在孔氏宗族中，大宗主衍圣公主持纂修全谱，而各户、各支派还有自己纂修的小谱或支谱。

后世的孔家文人把孔子的祖宗上推到50代，从传说中的华胥氏、伏羲、少典、黄帝、少昊到商王成汤，到宋微仲、正考父、孔父嘉、木金父、祁父、防叔、伯夏、叔梁纥，然后到孔子。严格说来，孔子的前50代，有些是附会。然而，孔子之后的世代比较清楚。社会上与学术界都盯着孔家，学习孔子编的书籍，并作为考试的依据，因此，孔子的后人实际上是在众目睽睽下生活着。

孔子家族，传到明代，根据社会习惯，确定了严格的辈字。明洪武年间确定了十个字（自56代至65代）：希、言、公、彦、承、宏、闻、贞、尚、衍。清乾隆五年（1740年）又确定十字（自66代至75代）：兴、毓、传、继、广、昭、宪、庆、繁、祥。清道光十九年（1839年）又确定十字（自76代至85五代）：令、德、维、垂、佑、钦、绍、念、显、扬。孔子76代孙、衍圣公孔令贻报当时的北洋政府批准，又续了二十字：建、道、敦、安、定、懋、修、肇、彝、常、裕、文、焕、景、瑞、永、锡、世、绪、昌。这二十个字，定下了孔子第86代孙至105代孙的行辈。

孔子家庭后世已经有80余代。孔子的后人，除了极少数家庭声称是嫡系之外，绝大多数孔子的后人就是普通的庶民。

今山东曲阜有孔府，是孔子嫡裔子孙居住的地方，是我国仅次于明清皇帝宫室的最大府第。孔府占地240多亩，有厅、堂、楼、轩等各式建筑。曲阜有孔庙，为我国最大的祭孔场所。曲阜城北有孔林，是孔子及其家族的专用墓地，也是世界上延时最久、面积最大的家族墓地。曲阜孔庙、孔林、孔府于1994年12月入选《世界遗产名录》。

了解孔子的家庭史，至少可以搞清楚中华五千年文明史中一半时间的家庭史，这是有人类社会以来绝无仅有的家庭，是最宝贵的观察对象，值得深入研究。

纵观中国家庭的历史，可以得出初步的结论：

中国人的家庭史，先民总是习惯于"高远其所从来"。把家庭的远祖附会于圣贤或名人，或者追溯到很远。如，民国年间的湖北国学馆馆长王葆心出生于罗田县大河岸古楼冲的一个耕读之家，他考证自己的家世，认定是琅琊王氏的子孙，"我琅琊临沂王氏……传至六十世训导公文遥，迁休宁；又传至五十二世江进公，迁丰城；又四传至五十六世友直公，迁罗田"。国学大师钱基博把钱氏的历史上溯至黄帝的后裔，他在《家谱》中追述："钱氏，其先祖出自黄帝。"黄帝是汉族百家姓氏公认的始祖。黄帝有子曰昌意。昌意生帝颛顼高阳，高阳生伯称，伯称生老童，老童生重黎，重黎生回，回生陆终，陆终生钱。钱得高寿，生子五十四。

名门望族的后代，经过若干代之后，逐渐失去了过去的家族光环。然而，每个名门家庭，总是希望能东山再起。如，西汉末年的刘秀，中兴了汉代。《后汉书·光武帝本纪》记载：刘秀出生于皇族，是汉高祖刘邦的九世孙，是汉景帝之子长沙定王刘发的六世孙。从世系上说：刘发生春陵侯刘买，刘买生郁林太守刘外，刘外生巨鹿都尉刘回，刘回生南顿令刘钦，刘钦生刘秀。刘秀的先世，不断地从皇权政治中心边缘化，因遵行"推恩令"的原则而从列侯递降。到他父亲刘钦这一辈，只是济阳县令这样的小官员了。传闻刘秀出生的时候，有赤光照耀整个房间，当年稻禾（嘉禾）一茎九穗，因此得名秀。元始三年（3年），刘钦去世，年仅9岁的刘秀和兄妹成了孤儿，生活无依，只好回到祖籍枣阳春陵白水村，依靠叔父刘良抚养，成了普通的平民。时逢西汉末年农民起义，刘秀利用社会动荡，把握机会，恢复刘姓王朝。

中国传统家庭的状况，大抵依人们的经济生活方式，决定着家庭的基本形态。由于生产力没有根本的改变，小农自然经济生活没有什么变化，传统家庭的宗法形态就没有什么改变。换言之，传统家庭不因朝代变更而变更，也不因时光流逝而有质的变化。从汉代到清代，历史流逝两千年，家庭状况基本没有什么变化，一直是农耕宗法家庭。以南方农村的家庭为例：人们住在土砖房或漏缝的木板房里，定时赶集，用鸡蛋、柴、菜、米等换取土布、煤油、红糖等。村里或镇上的人几乎都互相认识，或者沾亲带故。婚姻圈子很小，常常在同一乡镇里联姻。人们在河里或井里挑水，烧灶做饭，点煤油灯。妇女总有做不完的针线活，冬日，老人坐在屋檐下晒太阳，土狗相伴。夏夜，纳凉的老人给儿童讲故事。城内有菜地，城外有农田。农民依附于土地，用牛耕地，用镰收割，工具没有新样式；人们重视伦理，敬祖崇宗，循规蹈矩地传宗接代，默默无闻地过日子。

每逢大的自然灾害，游牧民族入主中原，农耕家族往往会受到冲击。随着社会的动荡，一些农耕家庭不得不迁移，北方的农耕家庭数量减少。如，南北朝时期、宋元时期，南方涌现出许多从北方迁来的家庭。与此同时，游牧民族家庭进入到农耕区后，总是迅速汉化，并转化为农业家庭。少数民族家庭在与汉族家庭通婚之后，许多民族逐渐消失，如鲜卑、沙陀、契丹、突厥等。

早在明代中晚期，随着东南沿海商业的发展、资本主义生产关系的产生，在旧式农耕社会的"母体"之中，传统家庭的结构出现了松动。逮及晚清，西方文化强势进入中国，腐朽的清朝被推翻，结束了封建帝制，民族工业得到长足发展，民主共和深入人心，人们谋生的方式不同了，就业渠道增多了，传统家庭必然发生变化。然而，由于中国长期是农业型国家，工业基础薄弱，农村人口与农村家庭仍然占绝大多数，家庭文化的变化仍然是缓慢的。

中华人民共和国建立后，国家的政治体制发生了根本的变化，人民当家做主，家庭文化才迅速出现新气象。在家庭中，每个成年人都是独立的人，受到法律保护；家庭中抛弃了旧社会的人伦礼制，社会主义的文化在家庭中伸展，传统家庭中的文化出现了"质"的变化，与流行了两千多年的家庭文化已经大不一样，这就是家庭文化的革命。

家庭文化的变迁或革命是分阶段的，中华人民共和国建立后的家庭文化也是可以分为不同阶段的。大致可以以20世纪晚期的改革开放作为分水岭，随着市场经济的发展，城乡一体化的出现，农村人口急剧减少，中国传统的家庭大面积转变为现代新型家庭，中国人处在百年未有之变局的社会中，如果当下有一个出生于清末民初的老人，他的感受一定是很深的。

传统的家庭文化对现代社会仍在发挥作用。宗族不是现代社会的对立物，而是多元文化中的软实力。在凝聚族人、振奋人心、组织人力、调适人际关系方面，宗族还可以发挥一定的作用。宗族通过血亲关系、姻缘关系，成为社会发展的积极有生力量。

第三章 传统家风

民族有性格，个人有气质，家庭有风气，此谓之文化。

家风是一种文化，体现在家庭成员的日常生活之中。人们生活中的点点滴滴，无不是家风的反映。家风，又称门风，是家庭或家族世代相传的风尚、生活作风。

"家风"一词，早在西晋文学家潘岳的作品《家风诗》中就出现了，他自述家风："绾发绾发，发亦鬈止。日祗日祗，敬亦慎止。靡专靡有，受之父母。鸣鹤匪和，析薪弗荷。隐忧孔疚，我堂靡构。义方既训，家道颖颖。岂敢荒宁，一日三省。"

一、传统社会与优秀家风

说到家风，必须说清楚中国古代社会是什么样的社会。有什么样的社会经济与社会政治，就有大致相适应的家庭或家风。任何家庭都不可能是孤立地存在，必须存在于特定的社会之中。家风是受社会制约与影响的文化现象。

中华古代文明，从整体上说是农耕社会。自然经济的农耕社会决定了家庭的文化风向。在农耕社会，先民构成的社会是以小农家庭为主体的社会，诚如《老子》一书所描述的"小国寡民，使有什佰之器而不用，使民重死而不远徙。虽有舟舆，无所乘之；虽有甲兵，无所陈之。使民复结绳而用之。甘其食，美其服，安其居，乐其俗，邻国相望，鸡犬之声相闻，民至老死，不相往来"。

在农耕社会，统治者重本轻末，重农轻商，手工业和商业不受重视，甚至受到排挤，人们不愿意选择没有出息的行业。千条路，万条路，读书当官被认为是最有出息的出路。因此，传统家庭的排列顺序是士农工商。

传统社会是宗法社会。宗法观念讲究光宗耀祖，宗族以有人当官，或当了大官而荣耀。官员可以为家族带来许多好处。大官还有可能立牌坊，对家族是很有面子的事。

传统社会是等级社会。人群被分为三六九等，人与人之间有尊卑，当了官才有地位，才不被人欺侮。在南北朝时期，社会上许多家庭合族而居，人们相互以家庭地位为标榜，有浓厚的世家门阀观念，于是特别流行"家风"一词。如，《北齐书》卷四十二记载："少而清虚寡欲，好学有家风。"

家风是一种社会文化的传承。《南史》卷二十二记载："齐有人焉，于斯为盛。其余文雅儒素，各禀家风。箕裘不坠，亦云美矣。"人们特别在意的是大家族的家风。《魏书》卷五十八记载史臣之论："杨播兄弟，俱以忠毅谦谨，荷内外之任，公卿牧守，荣赫累朝。所谓门生故吏，遍于天下，而言色恂恂，出于诚至，恭德慎行，为世师范。汉之万石家风、陈纪门法，所不过也。诸子秀立，青紫盈庭，其积善之庆欤。"

家风是评判家庭状况与管理的标准。《周书》卷三十八记载："（李）昶年十数岁，为《明堂赋》。虽优洽未足，而才制可观，见者咸曰'有家风矣'。"牛弘有声名，但他的儿子作乱，《隋书》卷四十九记载："子实不才，崇基不构，干纪犯义，以坠家风，惜哉！"

在中国古代，人们群居，社会上对相互之间的家风都有评价，并认为家风是可以改变的。典型的例子是窦燕山的家风改变，《三字经》中有描述："窦燕山，有义方，教五子，名俱扬。"窦燕山，原名窦禹钧，五代后晋时期人，老家是蓟州渔阳（今天津蓟州区）。他家较为富裕，但他为人不好。穷人找他借粮，他小斗出，大斗进。由于他做事缺德，到了30岁，还没有子女。一天晚上他做梦时，他死去的父亲对他说："你心术不好，心德不端，不仅一辈子没有儿子，也会短命。赶快改过从善，挽回天意，改过呈祥。"窦燕山在梦中大吃一惊，决定痛改前非。一天，他在客店中捡到一袋银子。为找到失主，他在客店里等了一天，终于等到失主，他原封不动地将一袋银子归还给失主。窦燕山还在家里办起了私塾，延请名师教课。他招收穷人家的孩子到私塾读书，免收学费。因为积德行善，他的妻子连续生下了五个儿子。他用良好的家风培养教育儿子，他的五个儿子先后登科及第：长子中进士，曾任礼部尚书；次子中进士，任礼部侍郎；三子曾任补阙；四子中进士，任谏议大夫；五子曾任起居郎。人们称窦氏五龙。有一位叫冯道的侍郎曾赋诗一首说："燕山窦十郎，教子有义方。灵椿一株老，丹桂五枝芳。"

清朝的康熙皇帝在康熙九年（1670年）曾经发表圣谕十六条，要求家喻户晓，强化构建良好的家风：

敦孝悌以重人伦，笃宗族以照雍睦。和乡党以息争讼，重农桑以足衣食。
尚节俭以惜财用，隆学校以端士习。黜异端以崇正学，讲法律以儆愚顽。
明礼让以厚风俗，务本业以定民志。训子弟以禁非为，息诬告以全善良。
诫匿逃以免株连，完钱粮以省催科。联保甲以弭盗贼，解仇忿以重身命。

近年，中央电视台连续播出的《记住乡愁》是由中共中央宣传部组织拍摄的系列纪录片。其中讲述了中国的乡土故事，侧重介绍了传承千百年的家风祖训，探寻了中华民族的优秀传统文化。这部多集纪录片，生动而直观地再现了传统家风，是我们全面了解中国传统文化的活教材。

中华传统家风导向，大致可以归纳为以德为纲、以孝为先、以和为贵、以礼为大、以诚为本、以勤为乐、以爱为尊。这几条可以称为善风、孝风、和风、礼风、诚风、勤风、爱风。这些风尚，都属于传统道德的范畴，有的侧重于个人与家庭关系，有的侧重于个人与国家，有的侧重于实现个人价值，有的侧重于家庭内部成员的关系，有的侧重于家庭与社会的关系，有的侧重于人与人的关系，有的侧重于生活与生产，有的侧重于整体。

二、以德为纲　以孝为先

1. 传家之风　以德为纲

传统家风的总纲是德，德是家风的统纲。中国古代儒家很重视道德，提出了"有德不可敌""德不孤，必有邻""百行以德为首"。明代洪自诚在《菜根谭》中说："德者，事业之基。"先民注重精神层面的家庭教育，即伦理道德治家，这是根本。古人云：道德传家，十代以上；耕读传家次之；诗书传家又次之；富贵传家，不过三代。老百姓常说：行善积德之家，福泽子孙，否则祸及子孙。惟德惟才积善方为根本，树木树人读书乃是家风。

德有许多范畴：仁、义、礼、智、信、忠、孝、恕、和、敬、友、爱、善、悌、宽、敏、惠、勇、廉、谦、温、良、恭、俭、让等。其中，仁是讲仁爱和教化，礼是讲待人形式，中庸是处事方法，忠是对民族和国家的态度，孝是对父母和家族的态度，廉是官吏的为政要求，信是恪守诺言，义是交友之道，智是才略，勇是胆识，贞是妇女守节，慈是父母对子女的爱护，悌是兄弟讲究情谊，恭是下人服从上人。

例如，明清时期浙江南浔镇上的人家，普遍重德，以德为上，许多厅堂都以"德"命名，如张石铭宅有懿德堂，刘梯青宅有崇德堂，张静江宅有尊德堂，金绍城宅有承德堂，周庆云宅有嘉德堂。嘉德堂的主人周庆云生前积了许多"德"，他很想知道自己死后别人如何评价他，于是在临终前对陪侍床前的儿子周健初交代后事，拟就了一份名人名单，请他们趁自己还没有断气时，先写悼词、悼诗、悼文，自己要看看，死了才放心。特别是要请国学大师章太炎写《墓志铭》，十天之内一定要办好。周健初心想，从古到今都是人死之后才写这些东西，哪有人还活着就写这些呢？但他还是遵照父嘱做了，没想到人们都很给面子，在规定的时间内都送来了写的文字，对周庆云的人生德行评价很高，他读了之后才安详地闭上眼睛。周庆云的丧事办得很隆重，民国大佬蔡元培送来了挽联，对周庆云的一生多有赞誉。章太炎写的《吴兴周君墓志铭》也很中肯，赞扬了周庆云的德行。

立德树人，使家庭有良好荣誉，甚至在社会上有口皆碑。例如，近代企业家荣德生（1875—1952年），无锡人，从小在私塾学了《幼学》《论语》《孟子》《大学》《中庸》《诗经》《礼记》等，这些中国传统文化的经典对他日后做人及做生意、办实业都具有十分重要的意义。荣德生15岁就到上海当学徒，后来从事于纺织、面粉、机器等工业近60年，享有"面粉大王""棉纱大王"的美誉。在荣德生看来，作为儒商，应当是有道德的人。他的立身治家之道就是孔子所说的"己欲立而立人，己欲达而达人"。他曾说：古之圣贤，其言行不外《大学》之明德，《中庸》之明诚，正心修身，终至国治而天下平。吾辈办事业，亦犹是也，必先正心诚意，实事求是，庶几有成。若一味唯利是图，小人在位，亦则虽有王明阳，亦何补哉？他曾经写有对联：意诚言必中，心正思无邪。发上等愿，结中等缘，享下等福；择高处立，就平处坐，向宽处行。

荣德生之子荣毅仁深受儒家文化影响。年少时，荣毅仁曾经写过一篇《自策铭》，文中他给自己立了八条"自策"，即孝悌、仁慈、立品、慎交、治事、养性、勤俭、知足。这八条"自策"显示了他对儒学与做人的独到见解，并为他后来在家族企业中崭露头角、成为中信集团掌舵人奠定了思想基础。

2. 传家之风　以孝为先

中国传统家庭重视孝道，百善孝为先，孝风是家风的先导。先民认为孝是天之经、地之义、德之本。《孝经》说："夫孝，德之本也，教之所由生也。"《增广贤文》云："千万经典，孝义为先。"

殷商时期先民创造文字时，就赋予了"孝"字的文化内涵。从字形上说，"孝"字的上部分是"老"的省略，古文字学家解释说："孝"的上面是个老人，弯腰弓背，白发飘拂，手拄拐杖，一副老态龙钟的模样，已经不能自理。"孝"的下面是个"子"，意为孩子。孩子把两手朝上伸出，托着老人，作服侍状。老人身体已融入孩子身体之中。这就是养老。人以"孝"为"教"，让人们对"孝"有很深的印象，严格保持血统关系和尊卑关系，不至于犯上作乱。

怎样才是孝？

孝，最基本的做法就是养。《尚书·酒诰》提出："用孝养厥父母。"孔子曾经议论过养老，《论语·为政》记载其语："今之孝者，是谓能养。至于犬马，皆能有养。不敬，何以别乎？"所谓养，一则是食养，二则是颜养。不仅要让老人吃饱穿暖，生活有着落，还要让老人心情愉悦，精神快乐。

赡养老人是人伦的基本职责。做人就要尽孝，否则人畜不如。明太祖朱元璋在《教民榜文》首曰：孝顺父母。一天，朱元璋在宫中看到老鸦哺乳的情景，联想到自己的父母早殁，贫不能葬，一时感慨万分，写了一首《思亲歌》："苑中高树枝叶云，上有慈鸟乳雏勤……吾思昔日微庶民，苦哉憔悴堂上亲。歔欷梦寐心不泯，人不如鸟将何伸。""人不如鸟将何伸？"朱元璋提出了这个问题，人的亲情与情商应当超过低等动物，否则，人就不如禽兽了。在动物界，乌鸦被称为孝鸟，原因是乌鸦妈妈老了之后，小乌鸦要反哺妈妈60天，作为对妈妈的哺育回报。乌鸦都知道反哺，人是有情有义的动物，更应如此，否则人不如畜。

家族是如何提倡孝道的？

每个家庭或家族的家规第一条都是讲孝。江西省大余县流传的《大余新域李氏重修族谱》第一条规定："父母，吾身之本，少而鞠育，长而教训，其恩如天地，不孝父母，是得罪天地；得罪天地，天所祷也。凡我族人，切不可失养失敬，以乖天伦。"大余古称南安，位于赣、粤、湘三省交会处，这类地区多是传统文化的保存地与融合地。

在教化中确立孝道，明代郑太和撰写的《郑氏规范》主张以孝道为学习的根本。"子孙为学，须以孝义切切为务。若一向偏滞辞章，深所不取。此实守家第一事，不可不慎。"这是说：子孙应把孝义作为学习的首务，如果只偏重言辞文章，实不足取。这是守家第一重要的事情。明代庞尚鹏的《庞氏家训》说："孝友勤俭四字，最为立身第一义，必真知力行。"清代张英在《聪训斋语》中说："但当教之孝友，教之谦让，教之立品，教之读书，教之择友，教之养身，教之俭用，教之作家。其成败利钝，父母不必过为萦心。"

父母要做好孝子角色，为子女做个好榜样，而子女要做有智慧的子女。《太平御览》五一九卷记载的一个事例很有说服力：有个中年人讨厌自己的老父，打算把老父抛弃到野外。中年人的儿子名叫原谷，原谷苦苦哀求父亲不要做这不孝之事。父亲不听，用担架把老父丢了。原谷尾随其后，把担架捡回家。父亲问："为什么要捡回这个不吉利的担架？"原谷回答："等您老了之后，以便我把您丢到野外。"父亲听了此话，面红耳赤，赶紧把老父抬了回来。原谷真是一个机智而有孝心的孩子，他的言语引起了父亲的深刻反省，敦促父亲不敢不孝。

家庭成员如何做到孝？

孝道需要后天培养。《明史·孝义传》说得很清楚："孝弟之行，虽曰天性，岂不赖有教化哉！自圣贤之道明，谊辟英君莫不汲汲以厚人伦、敦行义为正风俗之首务。"这个思想的根源可以追溯到上古，《孟子·梁惠王上》载有"谨庠序之教，申之以孝悌之义"，说的是在教育中要贯彻孝悌思想。孝悌是教育的根本内容。

孝道要有参照。宋代袁采的《袁氏世范》记载："为人父者能以他人之不肖子喻己之子，为人子者能以他人之不贤父喻己之父，则父慈而子愈孝，子孝而父亦慈，无偏胜之患矣！"又说："人之孝行根于诚笃，虽繁文末节不至亦可以动天地，感鬼神。尝见世人有事亲不务诚笃，乃以声音笑貌缪为恭敬者，其不为天地鬼神所诛则幸矣，况望其世世笃孝而门户昌隆者乎！"又说："凡人之不能尽孝道者，请观人之抚育婴孺其情爱如何，当终自悟。"

孝道要常怀思亲之情。《后汉书·袁闳传》记载：孝子袁闳想念在外当官的父亲，步行几百里路到另一个县城，探望父亲。到了衙门，他没有大声吆喝"我爸是县长"，而是在外面等着父亲出来。等了几天，才见到父亲。袁闳不以父亲当官而自居自傲，他常说："我家世代荣华富贵，我们只有用德才守得住家道。"

孝道不是盲目服从。对于父亲的话，是否应当无条件地听从，孔子曾经有过一段议论。《论语·学而》记载："父在，观其志；父没，观其行。三年无改于父之道，可谓孝矣。"这句话的意思是：当父亲活着，要观察他的志向；父亲死了，要考察他的行为。长时间不要改变父亲的行为，这就是孝。

孝道不失独立人格。《孝经·谏诤章》主张儿子有独到见解，为官的可以当诤臣。曾子曰："若夫慈爱恭敬，安亲扬名，则闻命矣！敢问子从父之令，可谓孝乎？"子曰："是何言与！是何言与！昔者天子有争臣七人，虽无道，不失其天下；诸侯有争臣五人，虽无道，不失其国；大夫有争臣三人，虽无道，不失其家；士有争友，则身不离于令名；父有争子，则身不陷于不义。故当不义，则子不可以不争于父，臣不可以不争于君。故当不义，则争之，从父之令，又焉得为孝乎？"

中国传统社会一直积极表彰孝子，把孝子作为先进人物的标杆。

徽州歙县棠樾村的鲍家，从宋代以来，以孝道闻名。南宋时，鲍荣在棠樾建房屋，鲍氏尊其为始祖公。后来，鲍氏世代居住在棠樾。到第八世孙时，鲍氏父子二人遇到强盗，父亲被执，儿子却愿代父死，父亲则以香火所系而争死，感动了盗贼，均释之。鲍家坚守孝道，后世名人辈出。

清代乾隆年间，鲍家出了名人鲍志道，鲍志道在11岁时中断学业，带着一文铜钱，到达扬州，走上经商之路。扬州所处的盐场是当时全国最大的盐场，鲍志道经过艰苦努力，成为一名大盐商，任两淮盐务总商20年。鲍志道重视儒家文化,乐善好施,尤喜于捐资助学,他捐款修建了山间书院,堪称"义商"的表率。

鲍志道的长子鲍漱芳(约1763—1807年)自幼随父在扬州经营盐业,聚资百万,不仅在家讲孝,还把孝扩大到社会,颇富声誉。清嘉庆八年(1803年),川楚陕三省平乱,鲍漱芳集众商输饷有功,被任为盐运使。嘉庆十年(1805年),洪泽湖堤涨决,淮黄继发大水,鲍漱芳集议公捐米6万石、麦4万石赈济,使数十万人获救。此外,他还先后为抢险护坝、疏浚河渠等集众输银300万两,为疏浚江都芒稻河捐银6.5万两,受到清廷的一再优叙晋级。鲍漱芳于乡里亦多施善行,兴里社,筑水坝,置义学,修道路,周济贫困、婚葬,并遗命其子鲍均捐修府学,重建忠义祠。现存歙县棠樾牌坊群之一的"乐善好施"牌坊,就是嘉庆皇帝为旌表鲍氏父子而立的。

棠樾的鲍家以儒家的孝道著称,其古民居建筑也非常有名,当代有许多人前往参观,成为旅游旺地。安徽省徽京剧院创作了大型徽剧《徽商鲍志道》,把鲍志道作为徽商的代表人物加以宣传,对社会起了积极的影响。

中国历史上,儿女对父母普遍能尽孝。清末国学大师黄侃的生母是父亲的侧室,家乡蕲春一带的习俗轻视庶出子女。黄侃少年时,每天吃过晚饭后,就牵来一头驴,让母亲横坐在驴上,在家里周围遛步,甚是孝顺。此举是为了显示他对母亲的尊重,专门做给他的旧家庭看的。

三、以和为贵　以礼为大

1. 传家之风　以和为贵

和者,和睦、中和、和合、和敬、和平、和气。《周易》中的中孚卦描述了一种和睦的状态:"鸣鹤在阴,其子和之。我有好爵,吾与尔靡之。"

战国时期的《孟子·滕文公上》倡导家庭和睦,赞赏乡村各个家庭能够出入相互结伴,做好守卫以防盗,相互帮助,有病相互照顾,即:"乡田同井,出入相友,守望相助,疾病相扶持,则百姓亲睦。"

中国传统家庭的一个显著特点,就是祖孙同居。一姓一村,或几个姓共一个村,按血缘宗法关系,世世代代住在一起,由大家长总负责,形成一个生活圈。

有的三世同堂，如东汉的樊宏、蔡邕家族。

有的四世同堂，如南朝义乌的陈元子，全家107口人。

有的五世同堂，如南朝的徐生之、范祖安家族。

有的六世同堂，《清史稿·孝义三》记载，福建连江人黄成富，"同居六世，子弟各执其业。方田作……以一妇守家，视卧儿于筐，饥则哺，不问何人子。悬衣于桁，共衣之"。

有的七世同堂，北魏李几全家98口人共住。

有的八世同堂，宋代池州人方纲全家700多人共住。

有的九世同堂，《宋史》记载江州陈兢家族，九世同居，长幼七百余口。不置仆妾，上下姻睦，人无闲言。每食必群坐广堂，未成年者别为一席。

《宋史》记载李琳家族十五世同堂。

明代郑太和，元浦人。郑家历经宋、元、明三个朝代有十五代人，同居共食达350年，最多的时候有3000人，被明太祖朱元璋赐以"江南第一家"，屡受旌表。（详见本书"耕读家庭"）

所谓同堂，虽有小家，但小家与大家紧密生活在一起，在百余年或几百年中不分家产，由"大家长"安排生活和处理各种大事，有共同的生产资料，共同劳动，共同分配，共同饮食，类似于原始的农业共产主义社会。

同堂的家族，最突出的特点就是长期的"和睦"。大家族如同一个小家，亲密无间。唐代张公艺一家以和睦闻名，唐高宗亲自到张家看望。

先民以和为贵，认为家和万事兴。家庭之中，每个人都要做到"和"。这么多男女老少住在一起，每个人都有自己的思想，每天都会发生许多事情，用什么来统一他们的思想和行动呢？那就是尚"和"。

家庭的和睦，不仅指家庭内部的和睦，还包括家庭与家庭之间的和睦。家庭与家庭之间的关系是社会的重要关系，影响到社会的安定。家庭成员的素质、家庭的荣衰、家庭的风俗，都受社会的影响，并反过来影响社会。有了家与家之间的和睦，才有社会的和睦。

家庭关系，还涉及邻里关系。邻里之间经常发生矛盾，引起纠纷。如，古代邻里之间修建房屋，难免发生地皮的纠纷，相互占了地，或者占有了公共的通道，于是引起纠纷。邻里相争，多是有地位或势力的两家，为了一尺、二尺、三尺、六尺之宽的宅基地成为仇人。最突出的例子是"三尺巷"的故事，说的是安徽桐城的张家。清康熙年间，张英在朝廷当文华殿大学士、礼部尚书。老家旧宅与吴家为邻，之间有个空地，供双方来往交通使用。后来邻居吴家建房，要占用这个通道，张家不同意，张英就写了回信，是一首小诗："千里来书只为墙，让他几尺又何妨。长城万里今犹在，不见当年秦始皇。"意思是要谦让，退一步海阔天空，不必斤斤计较几尺宽的土地。张、吴两家各自搬救兵，找当官的背景。张英不愿插手太深，不愿落得倚官仗势的骂名，采取了息事宁人的态度，落得一个儒学谦让的美名。

中央电视台为桐城张家专门制作了一套节目，宣传此事。此事传开，许多地方都说故事的原型不在桐城，而另有其事。如山东的傅家，说在聊城有个六尺巷，清代出了个状元傅以渐，在京城担任武英殿大学士兼户部尚书。家中因为宅基纠纷，傅以渐修书一封。又有福建李家，说在明万历年间，泰宁人李春烨在京城担任兵部尚书，族人建尚书第时，当地百姓不配合征地，李春烨的儿子致信父亲，希望他出面调解。不料，李春烨回信，写了这首诗。还有河南郭家，说明朝安阳的郭朴在京城当宰相，郭家与邻居因建房闹得上了公堂。郭家情急之下派人到京城求助，郭朴即刻回书一封。还有安徽余家，说清咸丰年间，在寿县淠、颍两河入淮之处的古镇正阳关出了个名人余福九。余福九在京城做官。他家与邻居周铁匠同时拆旧房盖新屋，两家都想向中间的过道扩展。双方僵持，余家派人进京送信给余福九，要他出面干涉。余福九写回信一封，并说妙计尽在其中。其他还有多种说法：在抚州临川，有王安石家；在福州孝义巷，有南宋时的陈元宰家；在甘肃河州仁义巷，有明朝兵部尚书王竑家；在河南鹿邑县城，有明嘉靖年间给事中王尧家；在河南马店老城西街仁义巷，有明成化十七年进士曹凤家；在山东掖县仁义胡同，有明嘉靖年间陕西布政使参议姜延宝家；在北京平谷仁义胡同，有明嘉靖年间尚书倪光荐家；在山东济阳仁义胡同，有清顺治年间都察院左副都御史董笃行家；在河北邯郸鸡泽县仁义巷，有康熙年间进士齐祖望家；在河南新乡延津南街，有清代禁烟先驱申启贤家。民间都流传有其家族让地的故事，有的写为："千里捎书只为墙，不禁使我笑断肠；你仁我义结近邻，让出两尺又何妨。"据此可知，民间倡导友善与礼让，家庭之间要和谐相处，官员要识大体，顾大局，社会才能长治久安。民间此类故事甚多，反映了良好的家风。许多地方争抢这一故事资源，是为了发展地方旅游，推进地方教化，无可厚非。

2. 传家之风　以礼为大

中华民族，号称礼仪之邦。国家重视礼仪，社会讲究礼仪，每个人都遵守礼仪，根基在于家庭的礼仪文化。家庭之所以重视礼仪，是由于人们的经济生活所决定的。先民从事农耕，选择地点后群居在一起，时间长达数年，人与人关系十分密切，相互之间必然要有礼数，人人要遵守规矩。这就形成了人们流传悠久的家庭礼仪。

礼，包括规矩、规范、制度、仪式、礼貌。仪是人的外表或举动。"礼仪"二字连用，始见于《诗经·楚茨》："礼仪卒度。"礼仪的践行，反映人的教养，影响人际关系。《说文》："礼，履也，所以事福致福也。"《仪礼》中的《内则》讲家礼，对后世有很大影响。

周代开始，中华就是尚礼之邦。《荀子》："人无礼则不生，事无礼则不成，国家无礼则不宁。"《管子》："国有四维，礼义廉耻。四维不张，国乃灭亡。"周代的礼可以追到夏商时期。《论语·为政》记载孔子语："殷因于夏礼，所损益，可知也；周因于殷礼，所损益，可知也。"元朝，马可波罗从欧洲来到中国，认定中国是个礼仪之邦，人人讲礼貌，个个是绅士。当时的番国朝贡，有郊迎之礼、下榻之礼、晋见之礼。

《礼记·曲礼上》记载，礼是有功能的，作用很大。礼用来确定亲疏，决断嫌疑，区别同异，明辨是非。礼不用于妄媚，不多费言辞。礼不越节度，不卑侮，不过于亲近。修身践言，称为善行。行使修身，合乎正道，是礼的本质。礼是从贤人身上取得的，不是用于制服贤人。只听说前来学礼，没听说前去教礼。道德仁义，须以礼实行。教化端正风俗，须礼才能具备。争论与辩讼，须礼才能决断。君臣上下，父子兄弟，须礼才能确定。从政和学习，须礼才能完成。朝政、治军、任官、执法，须礼才有威严。祷祠、祭祀，敬奉鬼神，须礼才能诚恳端庄。所以君子就要用恭敬、抑制、退让的精神来显示礼节。①

关于家庭的礼仪，《左传·昭公二十六年》有论述："君令而不违，臣共而不贰；父慈而教，子孝而箴；兄爱而友，弟敬而顺；夫和而义，妻柔而正；姑慈而从，妇听而婉：礼之善物也。"意为：国君发令而没有过失，臣下恭敬而没有二心；父亲慈爱而教育子女，子女孝顺而规劝父亲；哥哥友爱，弟弟敬顺；丈夫和蔼而有情义，妻子柔顺而端正；婆婆慈爱而听从，媳妇从听而委婉，这是礼中最好的现象。

汉代贾谊在《新书·礼》也有类似的话，认为有几层关系是相辅相成的，弟兄之间一定要友善。"君仁臣忠，父慈子孝，兄爱弟敬，夫和妻柔，姑慈、妇听，礼之至也。君仁则不厉，臣忠则不贰，父慈则教，子孝则协，兄爱则友，弟敬则顺，夫和则义，妻柔则正，姑慈则从，妇听则婉，礼之质也。"国君仁德，臣下就忠诚；父亲慈爱，儿子就孝顺；兄长爱护弟弟，弟弟也就尊敬兄长；丈夫和蔼，妻子就温柔；婆母慈爱，媳妇就顺从。这些是礼的根本。国君仁爱不凶暴，大臣就忠心不二；父亲慈爱教导儿子，儿子就孝顺；兄长对弟弟友善，弟弟就敬重兄长且顺从；丈夫温和而仁义，妻子则温柔而正直；婆母慈爱而听从规劝，媳妇顺从而温和地进言，这些便是礼的重要内容。

传统的家庭仪礼涉及面极广，包括人的言语、举止行为、穿着打扮、人情往来、活动程式、场景布置，哪怕一个眼神、一个面部表情，都关乎礼仪。《孟子·离娄上》记载孟子语："存乎人者，莫良于眸子。眸子不能掩其恶。胸中正则眸子了焉，胸中不正则眸子眊焉。听其言也，观其眸子，人焉廋

---

① 原文："夫礼者，所以定亲疏，决嫌疑，别同异，明是非也。礼不妄说人，不辞费。礼不逾节，不侵侮，不好狎。修身践言，谓之善行。行修言道，礼之质也。礼闻取于人，不闻取人。礼闻来学，不闻往教。道德仁义，非礼不成；教训正俗，非礼不备；分争辩讼，非礼不决；君臣上下，父子兄弟，非礼不定；宦学事师，非礼不亲；班朝治军，莅官行法，非礼威严不行；祷祠祭祀，供给鬼神，非礼不诚不庄。是以君子恭敬、撙节、退让以明礼。"

哉!"这就是说,眼睛掩藏不了人的内心世界,喜怒哀乐尽在眼神之中。

家庭之中,人与人见面,都要施礼。行不中道,立不中门,就是礼。行礼的方式有多种,如:点头、微笑、起立、脱帽、避席、鞠躬、拱手、长揖、抱拳、合十。古代还有下跪礼、叩头礼,是用于敬祖宗,拜坟墓,或宗教活动。到了清朝,官场上流行卑躬屈膝、三跪九叩、五体投地,这是专制主义极端发展的产物。中国古代少有身体接触之礼,诸如握手、拥抱等礼仪都是近代以来出现的。

家庭中的每个人实际上是礼仪的践行者。既然生活在家庭的人群中,你就得扮演好你的角色。如果你有一颗善意的心意,有过往的经验,你的表现可能就会合群一些、自然一些。在家庭稍稍正规的活动中,如果你表达出不屑一顾的眼神,或愤恨的眼神,或飘忽的眼神,都可能被视为大不敬,视为失礼,就会受指责,或有不测之虞。

每种礼仪,都可以分为三个方面:初衷、实施、效果。有好的初衷,才有好的实施;有好的实施,才有好的效果。中国传统家庭,在日常生活中,施礼和受礼的人,都特别在乎礼仪。上辈人总是要求全家人注重礼仪,养成礼仪的好习惯。在执行这些礼仪时,都要按照约定俗成的规矩来,都要听从家族中有经验有威望的老人的意见办理。礼仪做到位了,达到了预期,才算是实施了礼仪。否则,行礼与无礼、违礼无异,甚至更糟。一个不重视礼仪的人,就会被人认为没有家庭教养。

家庭礼仪的实施,关键在于细节,细节决定成败。稍有不慎,细小的礼仪出了问题,就会影响到整个大的礼节。换言之,践行传统的礼仪,丝毫不得马虎。稍有差池,轻则被认为无知,重则得罪人,甚至会影响到后面的许多事情,或许还有祸事跟着来。一旦因失礼而反目为仇,或犯众怒,家人或亲戚之间可能从此老死不相往来,过失会难以弥补。显然,在先民看来,礼仪无小事,关乎人与人的感受与感情,关乎家庭长久的社会关系,怎能不重视?

中国传统家庭礼仪的类别特别多。婚礼与丧礼最为烦琐,也最容易产生矛盾或引发后患。儿女成人了,就要嫁娶,于是有说媒礼、上门说亲礼、迎娶新娘礼、正式成婚礼、回门礼。人有生就有死,人老而去世,有报丧礼、守丧礼、出殡礼、答谢礼。此外,有宗祠礼仪、公共场合礼仪等。生活在中国,特别是生活在农村的人,在旧式的民俗中,婚丧之礼最热闹,最有乡土气,亦最有细致的规制,这是我们观察民俗文化的最佳切入点。

家庭礼仪的传承,既有在践行中耳濡目染地传承,又有在书本的字里行间中传承。在明代,稍稍大一点的家族都有家礼文献传世。如浙江海宁许家出了一名朝官许相卿(许云村),他是正德年间的进士,世宗时授兵科给事中,经常上书直谏,因不满朝纲,遂谢病归。许云村在世时编《云村文集》(《四库全书》收录),其中记载了家礼:"大宗祠堂是一宗子孙的发祥地,拜谒时必须恭敬严肃。"

家庭礼仪是中华传统文化的高度浓缩。传统文化无不体现在礼仪之中。《红楼梦》中的礼仪,就是几个大家庭的礼仪,也是中国古代社会礼仪的缩影。在广大农村,每年365天,祠堂经常有仪式,强化宗族观念,这些是接地气的礼仪。每个人都被传统礼仪包围着,时刻都在遵守着某一种礼仪。在传统家庭的礼仪中,绝大多数礼仪是合乎人们意愿的,是社会认同的。礼仪维系了社会的井然秩序,固化着人与人之间的关系,使时代沿着既定的轨道发展。从这个角度而言,中国传统礼仪是有积极作用的。但是,中国传统礼仪有很强的保守性,基本上是僵化的形式,宗法与等级尊卑观念严重,因此,其消极性也是不言而喻的。

四、以诚为本　以勤为乐

1. 传家之风　以诚为本

中国传统家庭重视诚信,这与农耕民族的自然观有关。先民主张人法天,道法自然。在大自然中,日升月落,从不失约。每年二十四节气,均按时而至,每个物候现象都会准时出现,绝不失信于人。成语"信及豚鱼",就是先民对水生物观察而总结出的现象。

大自然是最诚信的,因此,人也应该诚信。西晋哲学家傅玄在《傅子》中记载:"盖天地著信,而四时不悖;日月著作,而昏明有常。王者体信,而万国以安;诸侯秉信,而境内以和。君子履信,而厥身以立。"从事春播秋获的农民都知道,不违农时,不负天赐,就得讲究诚信。你欺天,天必欺你。你负人，人必负你。诚实是人生的命脉，是一切价值的根基。诚实守信是做人的根本。诚而有信，方为人生。诚信就像人生航船的楫桨，控制着人生的去向。

先秦时期流行的农家学派特别重视诚信。《孟子·滕文公》记载：楚国农家名士许行提倡老少无欺，"虽使五尺之童适市，莫之或欺"，"布帛长短同，则贾相若；麻缕丝絮轻重同，则贾相若；五谷多寡同，则贾相若；屦大小同，则贾相若"。许行期待的社会是"国中无伪"的诚信社会。

诚信是家庭道德的基石。没有了基石，房子就立不起来。在家庭里，你说了谎话，也许可以骗得一时，但骗不了永远。你为了圆一句谎话，就得用几个谎话来填补，导致谎话越来越多，不可收拾。"人而无信，不知其可。"人一旦被认作是个常说谎话的人，就会不被人相信，不被依靠或重用。诚如《墨子·修身》所说："言不信者行不果，行不信者名必耗。"不讲诚信的人，是可悲、可怜、可恨的，也是要为失信付出代价的。

儒家重视诚信，四书之一的《大学》记载："富润屋，德润身，心广体胖，故君子必诚其意。"《礼记·中庸》记载："至诚如神。"这就是说，最诚实的境界有如神灵，诚则致神。诚则金石为开。诚之所感，触处皆通，使人神通广大。人生在世，对人要诚，做生意要诚。诚是立人立家之本。曾子（孔子的学生）就是非常注意家庭诚信的典范。有一次，曾子的妻子准备去赶集，由于孩子哭闹不止，曾子妻许诺孩子回来后杀猪给孩子吃。曾子妻从集市上回来后，曾子便捉猪来杀，妻子阻止说："我不过是跟孩子说着玩的。"曾子说："和孩子是不可说着玩的。小孩子不懂事，凡事跟着父母学，听父母的教导。现在你哄骗他，就是教孩子骗人啊。"于是曾子把猪杀了。曾子深深懂得，诚实守信、说话算话是做人的基本准则，若失言不杀猪，那么家中的猪虽然保住了，但会在一个纯洁孩子的心灵上留下不可磨灭的阴影。

晚清民国年间，江苏丹徒人马良、尹克昌等纠集巨资，创立上海信义银行。开始时，仅发行兑换券，其后又发行公债票。马良等人把银行名称取为"信义"，是希望"以信与义昭示大众"。在经商活动之中，金融业是以钱赚钱，诚信最为重要。马良打信义牌，赢得了民心。

位于湘鄂交界的湖北赤壁市有个羊楼洞镇，是"松峰茶"的原产地，素有"砖茶之乡"的美称。这里聚集着许多从各地迁来的居民，他们以经营茶叶为生。电视纪录片《记住乡愁》第二季第 14 集《羊楼洞村——诚系百年》对羊楼洞镇的民风作了介绍,可知镇上的家庭与小业主都以诚信为立家立业之本,内不欺己,外不欺人。信于人,不欺人,诚于心,以真诚之心,行信义之事。因而,该镇在茶商中有良好的声誉。

鄂西南咸丰县唐崖司村人有个传统,那就是信守诺言。据说,村民田氏在覃鼎出征时,对夫君许下诺言:你安心在外征战,我负责为你守家!一诺千金,田氏不仅守住了城池,唐崖土司城在她的管理下,发展繁荣,达到了空前的规模。田氏看到了汉人先进的文化和生产力,专门派人前往成都等地学习汉人养猪、种桑、养蚕、刺绣等技术,并传授给当地百姓,深受人们的拥戴。在那个年代,夫为国效忠,妻为夫守家,夫妻二人的重诺守信,感召后世。电视纪录片《记住乡愁》第二季第 44 集《唐崖司村——一诺千金》对此有专门介绍。

诚信为荣,失信可耻。在湖北省武汉市黄陂区李集镇泡桐街有个老孙家,屋内摆设简朴,可以用寒酸来形容。但是,家里的孙水林兄弟信奉一句俗话:"诚信二字丢,莫在世上走。"他俩组建了一个土木工程队,他俩每年都会在年前给农民工结清工钱。2009 年底,哥哥孙水林为赶在年前给农民工结清工钱,在返乡途中遭遇车祸遇难。弟弟孙东林为了完成哥哥的遗愿,在大年三十前的一天,将工钱送到了农民工的手中,兄弟俩的诚信之举深深打动了乡民。当时的武汉市市长阮成发批示:"孙氏兄弟事迹感人。这就是典型的武汉人,信义、守诺、豪气,我为这样的武汉人而自豪。"

在家庭之中,诚信就是取之不尽的财富。有了诚信,就有了朋友,就有了前行的道路,就有了文化自信,诚信能使社会变得更美好。

2. 传家之风　以勤为乐

中华先民的民性,最大的一个特点就是特别能吃苦。先民长期从事农耕,农耕是很辛苦的工作,农田管理来不得半点疏忽与偷懒。农民必须吃苦,以苦为常,甚至以苦为乐。老百姓常说:吃得苦中苦,方为人上人。

能吃苦的人,一定特别勤劳。古代社会,农业靠天收,农业生产力低下,人们必须养成勤劳节俭的品行。勤劳,跟懒惰相对。勤劳者,必定勤快、勤奋、勤谨、勤勉、勤恳。《尚书》记载:"厥父母勤劳稼穑。"

古代许多农民家庭都贴有倡导勤劳节俭的对联，如：传家两字曰读与耕，兴家两字曰俭与勤。许多家训都倡导勤劳节俭。明代庞尚鹏的《庞氏家训》记载："孝友勤俭四字，最为立身第一义，必真知力行。"清代张英的《聪训斋语》记载："但当教之孝友，教之谦让，教之立品，教之读书，教之择友，教之养身，教之俭用，教之作家。其成败利钝，父母不必过为萦心。"

许多名言都与"勤"字相关。人生在勤，不索何获。业精于勤而荒于嬉，行成于思而毁于随。书山有路勤为径，学海无涯苦作舟。勤能补拙是良训，一分辛劳一分才。聪明在于勤奋，天才在于积累。

晚清曾国藩对"勤"有特别多的认知与论述。他认定天道酬勤，勤可养生。人生第一要义就是"勤"，"千古之圣贤豪杰，即奸雄有立于世者，不外一勤字"。他在《家书》中说："一家能勤能敬，虽乱世亦有兴旺气象；一身能勤能敬，虽愚人亦有贤智风味。"勤则无可不为，不勤则一事无成。他又说："勤俭自持，习劳习苦，可以处乐，可以处约。"用勤俭要求自己，习惯于劳累，习惯于吃苦，可以处在欢快的环境之中，也可以到简朴的环境中去。他认为："勤则寿，逸则夭；勤则有才而见用，逸则无能而见弃；勤则博济斯民，而神祇钦仰，逸则无补于人，而神鬼不歆。是以君子欲为人神所凭依，莫大于习劳也。"

民国时期的刘歆生（1857—1941年）也是这样的典型人物，他出生于汉口东西湖柏泉乡，从小受到勤劳节俭的家庭教育。他幼年时养过鸭、放过牛，还当过送奶工，饱尝艰辛。武汉作家王仁昌在小说《汉商》中曾写道，为保证奶汁新鲜，他清晨4点起床作准备，无论冬夏，无论刮风下雨，刘歆生从未耽搁。后来，刘歆生在教堂打杂，并学会了外语。不久，他通过天主教会的关系进入汉口太古洋行当练习生，后升为写字兼跑街，逐步自立门户。时逢汉口开埠，眼光独到的刘歆生敏感地预测到汉口市区必会逐步扩大，开始斥资大量购进土地，并创出了"划船计价"的房地产界奇闻，成为汉口头牌地产巨头。由他名字命名的"歆生路"，就是如今的江汉路。他先后收购了上自舵落口，下至丹水池，西至张公堤（当年还未修堤），南至租界，方圆60平方公里之内的湖荡地，几乎囊括了市区可能发展的全部土地，成为"汉口地皮大王"。刘歆生曾经对民国大总统黎元洪戏言："都督创建了民国，我创建了汉口。"

当时中国有三位地产大王：一是上海的哈同，二是天津的高星桥，三就是汉口的刘歆生。

五、以善为崇　以爱为尊

1. 传家之风　以善为崇

中国的先贤经常劝导人们要做善良人，行事要"止于至善"。人们评价人物的常用词是"善人"。《周易》云："积善之家，必有余庆；积不善之家，必有余殃。"

中国传统家庭以农耕家庭为主，人们吃五谷和疏果，很少吃肉类，对动物怜惜。有的人一生都没有杀过小动物，甚至晕血。民如果有善心，极少有恶行。

孔子的一生，就是友善的一生。他教书，有教无类。他爱学生，甚至把女儿嫁给了一个劳改释放犯公冶长。

战国时期齐国的孟尝君，是一个大善人。门客冯谖一直没有立功。因此，很多人都瞧不起冯谖，每天只给他一些粗茶淡饭吃。孟尝君认为不妥，甚至派人定期给冯谖的母亲送去衣食用度。冯谖深受感动，竭尽全力为他效力，替孟尝君收租，树立了孟尝君在人们心中的威信。

类似的故事，在湖北归州古镇民间一直流传少年屈原"藏米救人"的善事。说的是有一年归州大旱，许多家庭没了存粮，人们饥饿难活，有人发现一个山洞里流出了粮食，闻讯而来的百姓纷纷把米取回家中，饱餐了一顿。没想到第二天在洞中又发现了粮食，大家觉得很神奇，没人知道粮食是从哪里来的，直到第三天，终于揭开了谜底。发现居然是年少的屈原在夜里把家里的粮食偷偷地藏在了山洞里，救了百姓。小屈原藏米救人的故事，在归州百姓中传开，他"哀民生之多艰"的情怀，深深地感动了乡亲们。为了纪念屈原，每逢端午，归州人都要包粽子，唱粽子歌，回报屈原的恩情。电视剧"记住乡愁"第三季第25集《归州镇——舍小家　为大家》专门讲述了这个故事。

家庭要多做善事。中国古代，每当出现自然灾害，灾民可以转移到其他地方生存，没有受灾的地区民众能够接纳难民。《孟子》一书记载梁惠王说，河东有灾,我就让河西救济;河西有灾,河东人就救济。历史上,这种情况非常普遍,也很正常。没有受灾的家庭主动无偿地接受灾民,留置灾民在村里居住,让灾民安定地生活下来,给灾民提供种子,帮助灾民渡过生活难关。

做人要心存善念,少不得一个善字。汉代许慎在《说文解字》中说:"德,外得于人,内得于己也。"助人,自己也能有所得。"外得于人,谓惠泽使人得之也。""内得于己,谓身心所自得也。"清代学者段玉裁进一步解释说:"以善念存诸心中,使身心互得其益。"这就是"内得于己"。德者,助人为乐。在帮助别人的时候自己的道德在升华,并享受着快乐!

明代文士袁中道曾经为善人写墓志铭,他为徽商吴元询所写的《新安吴长公墓表》中说:吴元询生前是个有德行的善人。他们家族世世代代居住在歙县,先世以好善闻名,到了他这一代更是有良好的口碑。他们家虽然以资金丰富称雄,但是,他们有时把钱财看得不如粪土,他们经常帮助穷人,做的好事不可胜数。有个张姓友人,吃了官司,几毙杖下。吴元询捐献百余金,把他救了出来。有的人生前欠了债,吴元询就帮他还清。有的人死了不能安葬,吴元询就做善事。邻里之间有矛盾,他想方设法调解,甚得人心。袁中道感叹道:"惜其不大用,而仅用之鱼盐之市。"又说:"若其真也,即其人为真人,而予文为真文矣。"吴元询把财产看得很淡,把道义看得很高。乡亲们都感佩他,认为他是一位真正高尚的人。吴元询其人,虽然在历史上没有留下大名声,亦不见经传,但没有枉活一生,要钱有钱,要名声有名声,可以知足矣。

晚清,在上海有个著名的"经善人"经元善,经元善(1840—1903年),浙江上虞五驿乡(今驿亭镇)人。经家一直倡导做善事,经元善的父亲经纬是上海富商,因接济军饷有功,清廷授主事加员外郎衔。经纬还在上海县城创办清节堂、育婴堂等诸多善举。经元善在同治四年(1865年)继承父业经营钱庄。除了经商,经元善长期从事慈善事业。光绪年间,河南、山西等地频遭水旱灾害,灾情惨重,经元善即带着父亲死后留下的五万多元钱亲赴灾区散发赈款,救活灾民众多。经元善在《沪上协赈公所溯源记》中讲述了此事的经过:"光绪三、四年间,豫晋大祲。时元善在沪仁元庄。丁丑冬,与友人李玉书见日报刊登豫灾,赤地千里,人相食,不觉相对凄然……毅然将先业仁元庄收歇,专设公所壹志筹赈。……沪之有协赈公所,自此始也。"此外,经元善主张多办学堂以开通民智,尤其要先办女学堂。在他看来"有淑女而后有贤子,有贤子而后有人才,有人才而后可致国富强"。1897年,经元善联合上海各界创办了中国第一所女子学堂——经正女学,成为开中国女学先河的鼻祖。经元善希望通过女校改变中国过去"智男愚妇"的旧貌,提高国民素质。

1893年,卢作孚出生在一个贫寒人家,家庭没有什么背景,但家教很严。他一生信奉"兼善"二字,就是要做善人,做善事。他在长江上办有船运公司,总是亲自上船接待旅客,并提出"一切为了顾客"的口号。1930年起,他在川江航线上以民生公司为中心,开展了"化零为整"统一川江航运的活动。凡是愿意售卖轮船的公司,民生公司予以收买,凡愿意同民生合并的公司,其轮船财产均以较高价格折价,然后用部分现金偿还原公司的债务,其余作为加入民生公司的股本,人员全部接收,量才录用。如此,不到一年,即合并了重庆以上航线的7个轮船公司。他还注重社会建设,修公路、开运河、辟公园、修建体育场、改造旧城市,并在城镇中建医院、图书馆、博物馆,办了兼善学校、兼善农场、兼善企业。

2. 传家之风　以爱为尊

传统家风的范畴还有许多,如"节俭""公正"等,不可能在此书一一道来,但最核心的内容就是"爱"。"爱"是人类永恒的主题。只有人与人相互关心,相互帮助,才有温暖。汉语中的"爱"是一种感觉,是关心,是帮助。

"爱"字最早见于金文,繁体字的字形体现了用心用行,其本义是喜爱或爱好,对人或事有深挚的感情,后来引申出爱情或爱惜等意思。我国古代的先民很少说"爱"字,即使夫妻之间也很少说"我爱你",但这并不等于说先民不重视爱。事实上,在任何家庭中都有父爱、母爱,这是人世间普世的爱,也是最无私、最伟大的爱。夫妻之间也有爱,相敬如宾,如鼓琴瑟。"执子之手,与子偕老"表达的就是爱意。"一日不见如隔三秋"就是恋人之间的爱。

传统家庭成员相互之间也有爱。这种带有血缘性的爱,有生物性本原,也有后世情感的联系,是充满能量的爱。传统家庭倡导超出家庭的爱,泛爱众,广泛地爱人,这也是博大的爱、社会上倡导的爱。

儒家提倡仁爱。仁爱,就是要爱人爱民,以人为本,要尊重人的个性,对人有礼貌,对人有仁心。

先秦的墨家学派经常讨论爱,并积极倡导爱。《墨子·兼爱上》提出:"若使天下兼相爱,国与国不相攻,家与家不相乱,盗贼无有,君臣父子皆能孝慈,若此则天下治。故圣人以治天下为事者,恶得不禁恶而劝爱?故天下兼相爱则治,交相恶则乱。故子墨子曰不可以不劝爱人者,此也。"

爱人,就是爱民众。前述汉代孝子黄香之所以扬名后世,真正的原因不仅是因为他恪尽家庭孝道,而且还因为他爱护民众,报效社会。永元四年(92年),汉和帝任命黄香为东郡太守,黄香推辞说:"典郡从政,才非所宜,乞留备冗官,赐以督责小职,任之宫台烦事。"汉和帝乃留黄香为尚书令,增秩二千石,甚见亲重。黄香忧公如家,在任期间秉公执法,为政清廉。一次,东平清河地方发生了一件"妖言狱"大冤案,受牵连的有上千人,黄香负责办理此案。他明察暗访,公断了这起冤案,使那些受牵连的无辜者全部获释,人们无不感激黄香的恩德。黄香曾经担任魏郡太守,在灾年时把自己的俸禄及所得赏赐赈济贫民,孝及天下。

清代廉洁之官张伯行历任福建巡抚、江苏巡抚、礼部尚书,为谢绝各方馈赠,专门写了一篇《却赠檄文》,其中说道:"一丝一粒,我之名节;一厘一毫,民之脂膏。宽一分,民受赐不止一分;取一文,我为人不值一文。谁云交际之常,廉耻实伤;倘非不义之财,此物何来?"在张伯行看来,出仕者要严格要求自己,这不单纯是自己的事情,更是涉及周围人的事。出仕者如果成了贪腐之官,成为过街老鼠了,意味着给家庭带来不幸,给父母带来耻辱。

当官应有爱民之心。进入仕途的官员,会给家庭带来荣誉,也会给家庭带来耻辱或灾难。做官是很难的事情,当个好官不容易,许多读书人不擅长当官,还有人变成了贪官或冗官。因此,许多家庭在子孙当官之前,都会受到家庭的教育与警戒。明代郑太和撰《郑氏规范》规定:如果做官的子孙因贪赃纳贿而臭名昭著的,就应该在族谱上把名字除掉,死后不许把灵位放入祠堂。明代大臣崔铣在进京当官前,向祖宗宣誓,要力尽忠孝,不欺君父,不结私党,不受贿赂,不逢迎所好,不失贤俊。

传统家庭不喜欢打官司,认为家庭参与诉讼,表明这个家庭的是非多,不是个安逸的家庭。一旦进行诉讼时,会耗费很多时间与财力,会承受不起。参加诉讼的双方,比的不是事实与道理,而是社会人际关系,有官场背景的人大多胜算。安分守己做个良民,是最好的人生选择。一旦打起官司,就会耽误农耕正事,或许还会乱了方寸,失去仁厚包容之心,丢掉了传统美德。润州王氏族谱的家规中有"勿争讼"一条,就非常明确地表达了这几条理由。其文:"每见争是非曲直于毫厘尺寸之间,以致构讼公庭,书差需费,守候需时。况官府喜怒无常,情真受枉,理直受诬者往往有之。又且失包容之量,废耕读之业,败家积怨,莫此为甚。古云:善保国者戒用兵,善保家者戒兴讼,洵哉是言也。"①润州,今隶属于江苏省镇江市。何止润州王氏,古代天下的百姓基本上都是持有尽量不打官司的家规,有冤不伸,有理不讲,有气不出。尽量减少生活麻烦,少结对头冤家,吞声忍气地过日子。这也许是农耕民族血缘家族的一种天性,生来就喜安不喜动,喜静不喜躁。

家风是家庭的"面子",荣辱系焉。你的家庭有好的家风,人们就愿意与你家往来或联姻,反之,就会受到唾弃。家风也是家庭成员自信心的根本。生活在这个家庭之中,有由来已久的良好家风,人们感到生活有正能量,有荣誉感,也有责任心。有良好的家风,就有良好的声誉。传统家庭非常注重名声,家庭成员把名声视作生命。以胡姓家族为例:

据1987年编写的《绩溪县志》记载,入志立传的胡姓人物中有宋代监察御史胡舜陟,有编著《苕溪渔隐丛话》百卷诗论、后被收入《四库全书》的学者胡仔,有明太子少保、户部尚书胡富,有工部尚书胡松,有清代专攻礼学的祖孙三代学者胡匡衷、胡秉虔、胡培翚(号称"绩溪经解三胡"),有"茶庄世家"的创始人胡沇源,有雕刻艺人胡国宾,等等。

同治《黟县三志》卷六《人物·尚义》记载,胡姓有了自己的家族品牌后,非常珍惜自己的品牌,从不轻易地把品牌借给其他人用,担心自己的品牌被人糟蹋了。说的是有个叫胡荣命的徽州商人在吴地经营五十余年,"临财不苟取,遇善举辄捐资为之,名重吴城"。到了晚年,胡荣命准备叶落归根,回到徽州去,这时有人"以重价赁其肆名",胡荣命不同意,他说:"彼果诚实,

---

① 李学勤主编:《中华姓氏谱·王姓卷》,现代出版社、华艺出版社2000年版,第312页。

何籍吾名？欲籍吾名，彼先不诚，终必累吾名也。"意为：如果你经商一直有很好的声誉，何必还要用我的招牌？如果你以前经商不诚，用了我的品牌，必将连累我的名声了。

胡家有胡开文墨业。创始人是清代乾隆时制墨名手、徽州绩溪县人胡开文。胡开文先是在休宁、屯溪两处开设"胡开文墨店"，到20世纪30年代，又在歙县、扬州、杭州、上海、汉口、长沙、九江、安庆、南京等地或设分店，或开新店，其经营范围覆盖大江南北，后代均沿用此老字号。

胡家最有名的是红顶商人胡雪岩。人们常说："为官须看《曾国藩》，为商必读《胡雪岩》。"胡雪岩的一生，极具戏剧性。台湾作家高阳撰有《胡雪岩全传》。同治十三年（1874年），胡雪岩开办了胡庆余堂中药店，经营中药。"庆余"二字，实为儒家"积善之家，必有余庆"的引申。胡雪岩知道，任何行业都需要文化品牌支撑，药业更是如此。为此，胡氏亲书"戒欺"字匾，招牌为"真不二价"，告诫职工"药业关系性命，尤为万不可欺"，"采办务真，修制务精"。这一招，为胡雪岩赢得了同行的信任，也为胡庆余中药店树立了一种精神，有利于药店的拓展。胡氏药业以熟药局为基础，重金聘请浙江名医，收集古方，选配出丸散膏丹及胶露油酒的验方400余个，精制品牌成药。有一年，江浙出现大疫，胡庆余堂制作了针对疫情的中药，如"胡氏辟瘟丹""诸葛行军散""八宝红灵丹"，发给民众，获得了社会的好评。"北有同仁堂，南有庆余堂。"胡庆余堂现为国内规模较大的全面配制中成药的国药号，对国药事业的发展起了推动作用。

文化名人胡适认识到胡氏宗族团体的优势，他听说家乡绩溪准备编纂县志时，就说：县志应该注重县里人移动转徙经商的分布与历史，县志不能够只见小绩溪，而看不见那更重要的"大绩溪"，若无那大绩溪，小绩溪早已不成个局面。胡适所说的大绩溪实际上就是靠宗族纽带联系的散落于各地经商的绩溪人团体。

浙江浔商家族也很重视品牌，"八牛"之一的梅家重视丝的品质改良，创造了"绣麟""黑狮""飞马""蓝龙"等品牌，1910年在清政府举办的南洋劝业会上获得两项头等商勋。梅氏丝业品牌还在意大利、巴拿马等国际会展上获奖，誉满海外。清末到民初，南浔商家还曾邀请外国商团到南浔镇参观，扩大了南浔丝业的知名度。

以上所述传统家庭的优秀家风，本质是家庭人伦道德。人伦道德是社会意识形态之一，是社会调整人与人之间以及个人和社会之间关系的行为规范的总和，表现为一定的风俗或风尚，包含了善与恶、虚与实、爱与恨、好与坏、荣与辱。

传统家风的精华是要求每个人努力做个好人，具体的路径是通过一系列道德范畴，完成人的修养，如：孝忠廉勇、勤俭和睦、仁义礼智信。用儒家的话说，就是内圣外王、修身、齐家、治国、平天下。其目标是造就良好家庭、构建和谐社会。

第四章　家庭教育

家庭教育是家庭文化的重要组成部分，是家庭文化的主导与引擎。家庭教育的地位与功能，决定着家庭文化的状况。有什么样的家庭教育，就有什么样的家庭文化。因为家庭文化是在家庭教育中传承发展的，因而，剖析家庭教育必然是透视家庭文化的最好门径。中国古代有非常丰富的家庭教育经验，有必要从文化的角度对家庭教育做介绍。

一、人性使然　胎教开始

两千多年前的《诗经》多次出现"家"字，如"宜其家人""克定厥家"。《周易》有家人卦，讲家庭文化，其《象辞》说："家人有严君焉，父母之谓也。父父子子，兄兄弟弟，夫夫妇妇，而家道正，正家而天下定矣。"所谓宜家，所谓正家，都与教育有关。离开了教育，就谈不上家道，更谈不上定天下。

1. 家庭教育　人性使然

家庭是由人组成的。如何看待人性，早在两千多年前就有争执。《孟子》说："人之初，性本善。"《荀子》说："人之初，性本恶。"这个问题争了几千年也没争清楚。其实，解决这个争执的前提是要确定"善""恶"的标准，如果以是否"自私"为标准，那么可以说，婴儿为了生存，一开始就是自私的，吸吮母亲的乳汁，这是一种恶的表现。

人有两面性。人，是自然人，也是文化人，应当从两面性分析人性。

作为自然人，活下来、满足生理欲望，这是人的基本要求。因此，人性一定是自私的，不自私，人就活不下去。例如，四川汶川大地震时，有个房屋倒塌了，压在了年轻母亲的身上，母亲用身体撑着屋梁，让婴儿含着奶头。当母亲生命体能快要耗尽之时，婴儿还在拼命地吸着奶水。这就是人之初的本性，为了生存，只顾自己。这，没有是非可言，不能上升到道德层面评价。

人，不仅是自然人，还是文化人，否则人就是行尸走肉，就与其他动物没有区别。人有思想，有道德，有价值观，有行为，有知识，有能力，这就是文化。人活在社会上，一定会无意或有意地接受文化。人不论是主动地还是被动地接受文化，都会成为文化人。每个人的文化属性有差别，这个差别是后天养成的。人的语言、人的知识、人的道德、人的处世能力、人的生存技能，都属于文化，需要在学习与教育中养成。良好的文化不是先天就有的，需要后天培养。

教育的本质，是以文化人，让人尽量做到最文化，即止于至善。作为文化的人，必然接受前人传承的文化教育，把无知变为有知，把无能变为有能。以文化人，核心的内容是把无德变为有德，把性恶改为性善，让人的心中有善，有爱，有责任。教育就是因为这个使命而来到人世间，有社会教育、学校教育、家庭教育，他们各自发挥不同的作用，形成一个立体的动态的综合性的实用系统。家庭教育首当其冲，是基础的教育，最先直面人生，也是永久的教育，贯穿人的一生。

2. 家庭教育　胎教开始

家是人生开始的地方，家教始于胎教。胎教，这似乎是个很现代的词语，其实中国古代很早就有了胎教的思想，是先民对生命现象的重要认识与发明。

先秦经典《周易》中提出了先天与后天的思想，论述了先天八卦与后天八卦。这套理论从朴素的哲学层面，为胎教提供了思想基础。家庭教育方面，一定要重视人在出生之前的教育与出生之后的教育。母体受孕，腹中就有了生命。腹中的生命与出生后的生命，在体质、功能、发育等方面都有关联。在人的生命系统，先天是基础，为后天作了准备，能不同程度地影响或决定着后天。夸大一点儿说，先天提供的复杂密码，造就了后天，制约着后天，为后天提供了种种可能。因此，教育不能只注意后天，不能只从娃娃抓起，而应推及先天，从胎教开始。胎教实际上是介入性教育、提前性教育、联系性教育。孩子的适应能力、约束能力、接受能力、反馈能力、保护能力，都是从胎教开始的。

胎教的主体是怀孕中的母亲。早在西周初年，周文王的母亲就已经注重胎教了。先秦成书的《大戴礼记》记载：周文王的母亲怀孕时，每天的一举一动，都中规中矩，温文尔雅。通过个人的言谈举止，让腹中的文王受到熏陶。周文王是一位明君，一生的言行都非常得体，他的人生近乎完美。文王之母，或许是中华胎教的第一人，或者说是统治者中成功进行胎教的典范。

到了汉代，胎教的内容更加具体化。汉代流行的《列女传·母仪传·周室三母》中详细记载了周文王母亲的胎教："太任者，文王之母，挚任氏中女也。王季娶为妃。太任之性，端一诚庄，惟德之行。及其有娠，目不视恶色，耳不听淫声，口不出敖言，能以胎教。溲于豕牢，而生文王。文王生而明圣，太任教之，以一而识百。君子谓太任为能胎教。古者妇人妊子，寝不侧，坐不边，立不跸，不食邪味，割不正不食，席不正不坐，目不视于邪色，耳不听于淫声。夜则令瞽诵诗，道正事。如此，则生子形容端正，才德必过人矣。故妊子之时，必慎所感。感于善则善，感于恶则恶。人生而肖万物者，皆其母感于物，故形音肖之。文王母可谓知肖化矣。"文中的太任，为季历之妻、姬昌（周文王）之母。她聪慧善良，性格温顺典雅，在怀孕时，眼不看恶色，耳不听秽声，口不说狂语，让胎儿受到良好的孕育。

西汉政治家、文学家贾谊（前200—前168年）在《新书》卷十列有《胎教》，其中明确提出"胎教"，说："故凤凰生而有仁义之意，虎狼生而有贪戾之心，两者不等，各以其母。呜呼，戒之哉！无养乳虎，将伤天下，故曰素成胎教之道，书之玉版，藏之金柜，置之宗庙，以为后世戒。"

南北朝时期流行的《颜氏家训·教子》，在家规家训中强调胎教："上智不教而成，下愚虽教无益，中庸之人，不教不知也。古者，圣王有胎教之法：怀子三月，出居别宫，目不邪视，耳不妄听，音声滋味，以礼节之。书之玉版，藏诸金匮。"在颜之推看来，先圣在胎教方面已经做出了榜样，普通百姓应当跟进，大凡怀孕者，都要实行胎教。

宋代，不仅学者，还有医家，都重视胎教。朱熹在教育专著《小学》中，以"胎孕之教"为首论，依据《礼记》，认为人受教育应从胎内开始。宋代名医陈自明在《妇人大全良方》中就立有"胎教论"，对胎教进行了专篇论述，指出："胎教产图之书，不可谓之迂而不加信。"

明代，胎教逐渐成为普通百姓的共识，许多家庭在教育中贯穿胎教。据《云村文集》记载，明代宣德进士许云村倡导胎教："教子宜自胎教始，妇妊子者，戒过饱，戒多睡，戒暴怒，戒房欲，戒跛倚，戒食辛热及野味。宜听古诗，宜闻鼓琴，宜道嘉言善行，宜阅贤孝节义图书，宜劳逸以节，动止以礼，则生于形容端雅，气质中和。及婴孩怀抱……毋太饱暖，宁稍饥寒，则肋骨坚凝，气岸精爽。"

清代，胎教的信息很多，有了集大成的文献汇编。陈梦雷等人在编辑《古今图书集成·医部全录》时，把历代关于胎教学说的内容汇集在一起，立为"小儿未生胎养门"，列入儿科分卷之首。清末康有为在《大同书》中，主张建立胎教院，以培养出聪明后代，提高人口质量。

可见，我国先民一直流行胎教思想，从三千年前的西周到近代百年，普遍认定人的生命是从怀孕开始的，母体不仅对婴儿体质有决定性作用，而且对婴儿的未来气质、兴趣、德行都有一定影响。各种古籍中有关胎教的记载和论述，初步形成了胎教学说。胎教学说，是中华先民智慧的体现，也是生活经验的总结，是传统家庭教育的宝贵财富，是先民对人类社会的一个贡献。

二、从小养成　绝非易事

1. 家庭教育　从小养成

每个人的观念、德行，都是后天形成的。家庭是每个人最早的"学校"，直接承担了教育孩子的责任。孩子能否有良好的品性，取决于家庭，并决定了家庭的状况与未来的发展。蔡元培在《中国人的修养》（中国工人出版社2008年）一书中说过："家庭者，人生最初之学校也。一生之品性，所谓百变不离其宗者，大抵胚胎于家庭中。"

孩子出生之后，生命来到了母体之外的世界，即家庭与社会。孩子开始认识周围的环境，从牙牙学语到举止言谈，从吃喝拉撒到喜怒哀乐，无不受到家庭文化的熏陶，这就是家庭教育。有计划的家庭教育，至少应当从三岁开始，俗话说：三岁看到老。人的品行胚子坏了，以后就难以扶正了。诚如当下流行的一句话，第一粒扣子要扣好。扣不好第一粒扣子，最终还得返工，并且很误事。

《汉书·贾谊传》载录有贾谊的《治安策》，其中说周代设置的官员，与教育有关。"昔者成王幼在襁褓之中，召公为太保，周公为太傅，太公为太师。保，保其身体；傅，传之德义；师，道之教训：此三公之职也。"三公是周代最高级别的官员，其重要职责就是教育襁褓中的太子。贾谊又引孔子语"少成若天性，习惯如自然"，认为应该从襁褓中的孩子开始教育，养成自然天性，一生就可以走正道了。

家庭教育，是"齐家"思想的实践。中国古代的儒家倡导修身齐家治国平天下，简称"修齐治平"。其中的齐家思想是传统家庭的理论基础。《礼记·大学》："欲齐其家者，先修其身。"齐家，即家族成员齐心协力、和睦相处，共同维系家庭良性发展。"齐"字有治理、整理的意思。在《大学》中，齐家是文化链中的一个环节。其文："古之欲明明德于天下者，先治其国；欲治其国者，先齐其家；欲齐其家者，先修其身；欲修其身者，先正其心；欲正其心者，先诚其意；欲诚其意者，先致其知；致知在格物。"要治好国家，一定会先从家庭着眼，把家庭治理好。要治理好家庭，一定会先从自己做起，成为一个具有良好德行的人。

孩子从小对父母就有依赖思想。有些子女有一种很不健康的观念，认为依赖或索取父母，是天经地义。你生我就得养我，我不必回报。显然，这是一种自私自利的表现，如果全社会每个人都这样想，人与人之间的爱就会越来越少。如果子女使父母伤心过度，父母的爱心也会逐渐减少。

需要反思的是，有些父母期待子女多一些回报，认为子女就是应当听自己的话，无私奉献一切，这是天经地义。我养了你，你就得回报我。其实，这似乎也不太现实。殊不知：人伦之间，有一个严峻的事实，那就是子女往往不对父母负责，子女对待亲生父母不可能有对自己的儿女那么细致、那样用心与上心，这也是天性。俗话说"水往下流"，子女对父母的回报是通过将自己的后代养育成人来实现的，这是家庭延续的定则。一般而言，任何一位正常的年轻母亲，都会义不容辞地把全部精力放在自己生育的孩子身上，倾尽一切，亲切无比。这就是母爱，是母爱的伟大，是自然之理。因此，我们劝那些总是希望子女回报的老年人放弃天真的想法，自己照顾好自己，不要对子女期待太多。当然，家庭不应放松孝道的熏陶，要以身作则，成年人对年迈的老人要恪尽孝道，以实际行动教育年少的子女将来照着自己的孝行做。同时，父母在子女婚前就要灌输尊老养老的思想，强化子女的责任感，使他们成家之后对父母更加尽心一些。须知，孝心是后天培养出来的，是潜移默化出来的，是表率的作用带出来的。后天不培养子女的孝心，孝心就不能生成。子女不讲孝，家长有责。《三字经》说"子不孝，父之过"，道理就在于此。

2. 家庭教育　绝非易事

在传统社会，在父权观念的作用下，父母对子女的教育比较容易进行。子女从小依偎父母，害怕父母，不敢有违忤之举，家庭教育相对容易推行。然而，家庭教育，也有为难之处，严格的教育与血缘溺爱，容易形成一对矛盾。哪有父母不爱子女？爱子女是有度的，如果过分溺爱子女，就容易放纵子女，就容易宽容子女，容易由爱致恨。历数那些坐牢的人，父母的溺爱是其犯罪的根源之一。因此，家庭教育绝不是容易的事。

明代吕得胜的《小儿语》记载："家教宽中有严，家人一世安然。"

明清之际的学者孙奇逢认为治家比治国更难，他在《孝友堂家规》写了一段对话，大意是这样的：客人问：治家比治国难，可是，家比国小，怎么会治理更难呢？主人回答：因为家人的亲情太近，太近则容易出现偏差。家里应当父慈子孝，兄友弟恭，夫健妇顺。反之，则父子伤害，夫妻反目，兄弟不和，不受法律约束。读了孙奇逢这段话，我们不难理解，为什么自古以来有那么多纨绔子弟，有那么多坑爹的不肖之子。哪个父母不希望子女成人成才？子女没有出息或出现问题，不是父母所能把控的。

家庭的教育，之所以说绝非易事，一方面是因为长辈有时溺爱子孙，特别是爷爷奶奶心疼孙辈，而母亲比父亲更加心软，很难对儿孙采取严格教育。特别是独生子女，更难严格施教。另一方面是因为子女有自己的天性。俗话说：龙有九子，各不相同。一妈养九子，九子九个样，虎父未必无犬子。子女的天性，有先天因素，也有后天因素。有的子女，天生就倔强，就淘气，就好动，如果父母没有良好的教育方法，子女的教育就难以有效地进行，甚至出现偏差，或欲速则不达。

子女是否成才，不要全怪父母的教育，也不能把问题看得非常简单。子女成人，关键还在子女自己。有些家庭的孩子从小就自觉学习，从不要家长督促，也不参加培训班，父母也不辅导学习。他们一直很勤奋，在学业上不断取得成就。然而，有些孩子从小就不喜欢读书学习，注意力不集中，或是有其他偏好。因此，家庭教育必不可少。

家庭教育是要讲究方法的，长辈的水平决定着教育成功与否。不是每个父母都擅长家教的，粗暴的家长、无知的家长、武断的家长、偏执的家长、任性的家长，在在有之。这样的家长在进行家教时，采取的是不合理的或不科学的家教，于是适得其反，造成子女身心不健康，或者有抵触情绪，或者失去自我。在民间，经常看到有孩子与父母作对，互为仇雠。有的孩子被逼得神经错乱，恍恍惚惚。

历史上有许多家长溺爱子女，或者袒护子女，还有许多官员护犊，如唐代两税法的创始人杨炎的儿子多次犯法，触动众怒，杨炎百般袒护，杨炎的声誉扫地。还有官员谋私，如西汉改革家桑弘羊倡导盐铁专卖，但为兄弟谋取官职，败露而亡。显然，不是每个家长都能做好家庭教育。

三、多种路径　贵在持续

1. 家庭教育　多种路径

家庭教育，没有捷径，没有一种绝对成功的模式，只有因人因时因家而宜的不同路径。

《周易》对家教有探讨，主张启发孩子的内在需求心。《周易》蒙卦，卦形坎下艮上。卦辞云："《蒙》：亨。匪我求童蒙，童蒙求我。初筮告，再三渎，渎则不告。利贞。"（蒙卦：亨通。不是我去求蒙昧的幼童，而是幼童求教于我。初来时诚恳施以教诲，如果接二连三地滥问，就是亵渎了，如此则不再施教。利于守正。）《象传》说："不是我去求蒙昧的幼童，而是幼童求教于我。"授受之道，是由于志趣相应。"初来时诚恳施以教诲"，这是因为心存求知欲望，符合师道尊严。启蒙是为培养纯正无邪的品质，这是造就圣人的成功之路。《象传》说：高山下流出清泉，象征着渐启蒙昧。君子因此果断决定自己的行动来培育美德。

对子女的培养，不能完全依赖"本本主义"。子女一般对家规家训的文本不感兴趣，不喜欢家长板着面孔说教，甚至讨厌无休止地唠叨。许多老师教不好自己的孩子，哪怕教育家也未必能把自己的孩子教好。笔者认识一位从事教育心理学的大学老师，她做过许多好事，帮助过许多失足的青少年，但是，她始终教不好自己的孩子，对孩子爱莫能助。相反，笔者学校有一个"大字不识几个的"理发员，她说她从不刻意教育孩子，孩子却很自觉，竟然考取了清华大学。

家庭教育，有人主张易子而教。许多父母认为，教别人的孩子比教自己的孩子容易。易子而教，最早的事例，可以推溯到夏朝建立之初。传闻尧的儿子朱丹是个不肖之子，流放到秦岭东南的大山中，在当地民风的熏染下，朱丹改变了恶劣的德行，浪子回头，成为有用的人。在今湖北保康县有个尧治村，那里自古就有朱丹改变品性的传说。古代有许多家庭教育问题，有许多不肖子孙、劣子、顽子、败家子、浪子。一般说来，孩子在受教育时，对家庭之外的老师更加害怕与敬畏，易子而教则更容易收到实效。大学者钱锺书从小是跟着伯父长大的，受到伯父的严格教育，打下了良好的学术基础。

家庭教育要于无声之处或细小的地方着手。南宋理学家朱熹《童蒙须知》强调从读书写字入手，做好家庭教育。他列举了一些注意事项：凡读书，须整顿几案，令洁净端正。将书册整齐堆放，正身体，对书册，详缓看字，仔细分明读之。须要读得字字响亮。不可误一字，不可少一字，不可多一字，不可倒一字，不可牵强暗记。只是要多诵遍数，自然上口，久远不忘。古人云：读书千遍，其义自见。谓熟读，则不待解说，自晓其义也。余尝谓读书有三到，谓心到、眼到、口到。心不在此，则眼不看仔细。心眼既不专一，却只慢朗诵读，绝不能记。记，亦不能久也。三到之法，心到最急。心既到矣，眼口岂不到乎？凡书册，须要爱护，不可损污绉折。

教育，不能完全依赖学校教育、社会教育，而应特别重视家长在生活中的教育。父亲是最好的老师，母亲也是最好的老师。父母的言行，无时不在教育着孩子。家庭即生活，生活即教育。家庭教育是无形的，是其他教育所不能取代的。教育需要潜移默化，不能把责任交给家庭之外的人，不能完全依赖学校的老师。把教育寓于每时每刻的生活之中，最有效果。

对子女的教育要讲究方法与内容。父母要经常讲人生艰辛，讲贫寒的往事，讲哺育儿女的艰辛，久而久之，子女就会变得懂事，会珍惜生活。子女从小就知道父母养育不容易，就会想着要为父母分担忧愁，就会主动地尽孝。俗话说，家贫出孝子。为什么穷人的孩子最懂事？穷人的孩子早当家？家里灾难多的孩子更加珍惜生活？全在平日的感化。艰难困苦，玉成其人。

道教有一篇文献《太上老君说报父母恩重经》，专门讲述如何感化孩子，要从母亲的怀孕到分娩，从父母的生活艰辛教育孩子。其文：

> 夫人生世，父母为亲，非父不生，非母不养。……怀娠十月，蒙妊胞重，坐卧失常，岁满月充，诞育之候。其母恐怖性命，慅然恻怛，心神忧丧，产孕之日，内触外触，苦痛交切，失声号叫，受大苦恼，匍匐战惧，骇愕惊嗟。及至生已，手摩其顶，堕于草上，呱呱号啼，安藏被褥，侧身三月，常畏邪魔之所侵害。饥时须饭，非母不哺；渴时须饮，非母不乳，计饮母乳八斛四升，千日提携，遮盖尘垢，推干就湿，咽苦吐甘……父母年老，气力渐衰，终朝至暮，不来省问，独守空房，犹如外客，少衣少食，饥冻切身，手脚胼胝，耳聋眼暗，单床飘薄，度日如年。身既尪羸，多饶虮虱，蚊虻嘬体，通夕不寐。长吟叹息：何罪之有，生此不孝之子。……如何长大，忽成冤对，今虽有汝，不如本无，付之于天，幽冥当鉴。愿我早过，与你相离，奈何奈何！

子女读了这样的文献，怎能不感恩父母？怎能怠慢父母？此外，家庭教育，民间经常采用一些物化的形式，诸如牌坊、碑刻等宣教物，让村民或宗族的人都时刻能够看到或感受到教育，从而加强教育功能。

例如，古代徽州潜口镇蜀源村鲍氏家族，为了宣传家族的德行，教育后人，在村里立有三座牌坊。一座牌坊"赞宪坊"，乃明代嘉靖四十年（1561年）为旌表蜀源人鲍镇的政绩而建。当时，广西田州土酋作乱，鲍镇为粤西观察检校，他不以武力打压为主，而是以招安慰抚为先，从而使得田州重归安宁。另一座牌坊是"贞寿之门"，是为旌表鲍德成孝行及妻方氏贞孝。鲍德成听闻父亲客死河南,便一人徒步千里,将父亲灵柩带回故里安葬。后来,他的母亲卧病在床,鲍德成亲自侍奉母亲、煎药调羹,直至母亲病逝。鲍德成乐善好施,村中的雁塔桥与德安桥就是他出资兴建的。鲍德成之妻方氏,同样乐善好施,常常于村头施茶。还有一座牌坊是"节孝坊",清代乾隆三十九年(1774年)为旌表村人鲍光绩妻许氏节孝而立。许氏19岁嫁入鲍家,但24岁便成了寡妇。她一边侍奉继母,一边教养孤子,使之成人成才,以此度过数十年的守节生涯。村里有一块烈女碑。碑文内容为《鲍孝妇贞烈吴氏传》,记述了元至正十六年(1356年)蜀源鲍氏十一世鲍琪妻吴氏,为孝敬婆婆外出采苋,遇游卒,拒奸被杀的事迹。现碑为清乾隆六十年(1795年)重刻。《棠樾鲍氏族谱》记载,鲍家的源头可以追溯到东晋鲍弘,鲍弘由山东青州来新安任太守,定居歙西鲍屯。宋代时,鲍氏因葬母而庐墓于蜀源村,后代繁衍成村。① 蜀源村在明嘉靖年间建有"孝徽祠",两进三间砖木结构。祠堂为祭祀蜀源鲍氏十六世孝子鲍钊而建,门罩嵌有青石匾额书"明孝子钊公支祠"。鲍钊被称为皖南第一孝子,他的父亲生病,卧床不起。他就不远千里、不畏艰难地到深山中为父采药。此祠堂现为鲍氏宗族敬祖崇宗、商议家族事务之场所。

家庭教育,可以利用身边的环境作为知识的灌输。国学大师张舜徽先生在七十岁时写了一篇《自强不息,壮心不已——略谈我在长期治学过程中的几点体会》,回忆他的童年时代,他的父亲教他读《步天歌》,并摹绘《三垣图》,弄清楚星宿的部位。时值盛暑,白天讲解歌辞,督他熟诵,夜间带他到院外乘凉,仰观天象,背诵歌辞,一一指点星宿之所在。这样,经过一个暑天的目验,于是满天星斗,尽在胸中。②

家庭教育,最好的方式就是浸润在日常生活之中。父母的每一件事、一段话、一个眼神、一个表情,都有教育的作用。长篇的训斥是教育,无言的情绪也是教育。许多成才的孩子,都是在父母的无言之中形成了自己的思想。有时

---

① 谢安琪等:《安徽蜀源村调查报告》,载于王玉德等主编的《长江流域耕读文化调研报告》(安徽师范大学出版社2019年版)。

② 浙江日报编辑部编:《学人谈治学》,浙江文艺出版社1983年版。

候，无胜于有。"有"多了，或许适得其反。"有"与"无"的度，需要家长在调适中把握。梁启超给儿女们写过许多家书，他在1927年2月6日告诫子女："将来能否大成，大成到什么程度，当然还是以天才为分限。我平生最服膺曾文正两句话：莫问收获，但问耕耘。将来成就如何，现在想它作甚？着急它作甚？"①

家庭教育，有一般的路径，也有特殊的路径，有书本上的方法，也有实践中的特别方法，还有不同阶段的方法，这都需要在摸索中调适。

2. 家庭教育 贵在持续

家教要终身，人不仅从小要受教育，到了中年还需要不断学习，做到活到老、学到老。

这里讲一个楚国的故事。《吕氏春秋·直谏》记载：楚文王小的时候，他的父亲武王给他请了一位叫葆申的师傅。因武王在位51年，文王继位时已人到中年了。一次，楚文王得到了茹邑出产的良犬、宛邑制作的利箭，就喜不自胜地去云梦泽打猎，三个月不回都；还得到了被称为"丹之姬"的一位美女，宠爱逾常，一整年不上朝。葆申对文王说：先王命臣做大王的师傅，现在大王有罪，臣请大王受罚。文王说：寡人不是小孩子了，已经与诸侯同列了，寡人可以改过，请师傅免罚。葆申说：臣受命于先王，承诺要当好师傅，不敢食言。大王如不受罚，就违先王之命了。臣宁开罪于大王，决不开罪于先王。文王无奈，只好趴在席上，表示"敬诺"。葆申先把50根细荆条扎成一捆，自己先跪下，然后轻轻地落在文王背上。文王觉得无关痛痒，便说受罚不受罚一个样。葆申听了深感痛心，便要投水以请死罪。文王这才醒悟认错，并杀死了那只良犬，折断了那些利箭，还放逐了"丹之姬"这位美女。文王后来成为有作为的国王，而葆申因坚持督促文王而成为名臣。

人到成年，思想并不一定成熟，德行不一定完美，需要坚持接受教育与帮助。据《晋书·周处传》和《世说新语》记载，西晋时期有个叫周处的浪子，父亲死得早，母亲过于溺爱他。他小时候力气过人，性情暴烈，平时骑马射猎，并骚扰百姓，横行乡里。当时南山有猛虎，水下有蛟龙，并经常危害百

---

① 详见《梁启超家书》（中国青年出版社2009年版）。

姓,人称猛虎、蛟龙和周处是家乡三害。后来,周处经当时著名学者陆云的教诲,痛改前非,上山杀死猛虎,下江斩了蛟龙,刻苦学习,终于成为一个知识渊博、很有修养的人,最后为国光荣战死。这个故事说明,人孰无过,朝闻夕改,就是好人,浪子回头金不换。人不仅自己要优秀,还要勇于帮助其他人共同优秀。

明代,程白庵幼年时在父母督促下读书,深谙为儒之道,后来他随着乡族人到苏州经商。在苏州期间,程白庵坚持学习,举止言谈有儒者风范,下同工商百姓,上同官僚士大夫,无所不交,俨然成为当地商人的首领。苏州的士大夫们都喜欢和程白庵交游。苏州都太仆先生喜爱他为人淳朴,为他住所题词为"白庵",他也因此被人亲切地称为"白庵翁"。苏州文豪归有光与程白庵有很深的交情。在程白庵80大寿的时候,程白庵请归有光给他写寿序。归有光在寿序中赞扬程白庵说:程氏子孙散居徽州休宁、黟县、歙县之间,户口繁衍达到几千家。在这个大家族之间,他们喜好读书,重视教育,常常以诗书酬答往来,这样的家族是值得赞许的。

家庭教育,家庭中的主人要起好表率作用,以身作则,子女才可能跟着正道走。民国年间南开大学的校长张伯苓一生节俭。他每日三餐吃的是家常便饭,偶尔包饺子,就算是奢侈。家里从不雇仆役,夫人亲自下厨房,几十年如一日。他穿的是布衫,夏天单穿,秋天用来罩夹袍,冬天用来罩棉袍。张伯苓有八个子女,还有许多学生,都受到了张伯苓节俭思想的教育。

四、提倡读书　学有所成

1. 提倡读书

家庭教育,最重要的就是读书与学习。书本是传承文化的载体。在民间广为流传的书籍,大多是得到民众认可的书籍。家庭教育之中,多读有益的书,让子女养成良好的读书习惯,是最好的家教之一。

中国古代重视基础的学习,即家庭中的学习。许多家庭或家族有私塾。《礼记·学记》记载:"古之教者,家有塾,党有庠,术有序,国有学。比年入学,中年考校。一年,视离经辨志。三年,视敬业乐群。五年,视博习亲师。七年，视论学取友，谓之小成。九年，知类通达，强立而不反，谓之大成。夫然后足以化民易俗，近者说服而远者怀之，此大学之道也。"古代五百家为党，党有庠。庠与序都是比塾高一级的乡学。《孟子·滕文公上》记载："庠者养也，校者教也，序者射也。夏曰校，殷曰序，周曰庠。"

传统社会是自然经济的农耕社会，手工业和商业受排挤，人们不愿意选择没有出息的行业。在广大城乡，经常可以看到民居厅堂挂着一副对联："几百年人家无非积善，第一等好事只是读书。"这副对联体现了家庭的文化导向，反映了宅主的人生价值观，读书学习是家中最重要的事情。类似的对联还有许多，如"黑发未知勤学好，白头始觉读书甜"，"学优才赡凭修炼，海阔天空任展为"。

传统社会是儒家思想占据统治地位的社会，儒家主张学而优则仕，以读书为进阶的途径。万般皆下品，唯有读书高。读书使人明智，使人受到文化的熏陶，使人具有不同的知识和思想，使人与人之间拉开了涵养的距离，形成不同的群类。传统家庭无不希望子女多读书，读书才有出息。所谓出息，就是获得功名利禄，就是成为人上人。

在传统社会，家庭成员都要致力于学习。务工的要学工，务商的要学商，务农的要学农，俗话说："三年可学个手艺人，十年难学个庄稼汉。"不论是当个手工业者、商人，还是当个农民，都是需要向前辈学习，在实践中学习。家庭中的男孩与女孩，都要从小学习，但学习的内容与目标有区别。女孩学习礼仪、手工，学习如何将来操持家务。男孩子学习四书五经，目标是科举上取得秀才或举人之类的功名，然后当官，做一番光宗耀祖的事业。家风中的学风，主要是为男孩子设定的。

古代的家学是很严格的，需要读大量的经典著作。南宋学者王应麟编的《三字经》开篇讲"人之初，性本善"，后面却讲了许多读书的内容，从中可见古代少年儿童读书的情况，"小学终，至四书。《论语》者，二十篇。群弟子，记善言。《孟子》者，七篇止。讲道德，说仁义。作《中庸》，子思笔。中不偏，庸不易。作《大学》，乃曾子。自修齐，至平治。《孝经》通，四书熟，如《六经》，始可读。《诗》《书》《易》，《礼》《春秋》，号六经，当讲求。有《连山》，有《归藏》，有《周易》，三易详。有典谟，有训诰，有誓命，书之奥。我周公，作《周礼》，著六官，存治体。大小戴，注《礼记》，述圣言，礼乐备。曰国风，曰雅颂，号四诗，当讽咏。《诗》既亡，《春秋》作，寓褒贬，别善恶。三传者，有《公羊》，有《左氏》，有《穀梁》。经既明，方读子。撮其要，记其事，五子者，有荀杨，文中子，及老庄。经子通，读诸史"。这段话有大量的书名，提供了读书的信息。

散文家周作人（1885—1967年）在《我学国文的经验》中说：乡间六岁上学，用几年时间就读完了《论语》《孟子》《诗经》《易经》，还有《尚书》的一部分。至于《水浒》《西游记》《三国演义》《聊斋志异》都是要读到的书籍。11岁到三味书屋附读，先是读《中庸》，全天就是背书、读书、写字，在13岁时读完了五经。后来，读了《纲鉴易知录》。最喜欢读的是《儒林外史》等小说。文化人曹聚仁（1900—1972年），著有《中国学术思想史随笔》等书。他4岁开始读《大学》《中庸》《纲鉴易知录》《近思录》。小时候，《诗经》背诵过九次，《礼记》《左传》念过两遍。他读书三十年的体会是：时时怀疑古人和古书，有胆量背叛自己的父师，组织自我的思想系统。

2. 学有所成

通过读书学习，使家庭成员有知识，有内涵，有能力，有造化。

（1）读书使人脱颖而出

每个人都是平凡的普通人，通过读书，脱颖而出，成为知名人物，甚至是人上人、座上宾。

战国时期的张仪就是一个典型的例子。《史记·张仪列传》记载，张仪当初没读多少书，家道贫寒，邻居有人丢失了一块璧，首先就怀疑穷小子张仪偷了。邻居看不起张仪，社会上的人也看不起张仪。张仪突然觉悟了，发奋读书，学富五车，满腹韬略。他两度出任秦相。诚如《后汉书·党锢列传序》所说："至有画半策而绾万金，开一说而锡琛瑞。或起徒步而仕执珪，解草衣以升卿相。"张仪凭着知识与能力而居高官，通过外交活动而在社会上有一番作为。

东汉胡广是南郡华容（今湖北监利北）人。他从小家贫，自学成才，27岁时举孝廉，被南郡太守法雄的儿子法真推荐到京城考试，不负期望，获得第一名，被汉安帝任命为尚书郎。胡广历事六帝（安帝、顺帝、冲帝、质帝、桓帝、灵帝），久任三公，成为一代名臣。他坚守传统的中庸之道，处事公允，符合了古代的文化礼制，在社会上有很好的口碑。

宋代有宋庠、宋祁兄弟，祖籍河南雍丘（今民权县双塔集）。宋仁宗天圣二年（1024年）宋氏两兄弟，同举甲子科进士。礼部奏宋祁第一，宋庠第三，章献太后不欲以弟先兄，乃擢宋庠第一，而置宋祁第十，故有兄弟"双状元"之称。宋庠在乡试、会试、殿试中均第一，连中三元，官至兵部侍郎同平章事，与宋祁并有文名，时称"二宋"。他俩做官时，尽心尽力，名声颇佳。

清末民初的杨守敬11岁时，由于生计而辍读，开始习商，白天站柜台，晚间在灯下苦读，常至鸡鸣才就寝。18岁时参加府试，因答卷书法较差而落榜，于是他发奋练字，写得一手好书法。他能写楷、行、隶、篆、草诸书法，撰有《楷法溯源》《评碑记》《评帖记》《学书迩言》等多部书论专著。在日本期间，杨守敬以精湛的汉字书法震惊东瀛，日本书道界刮起了一股"崇杨风"，至今仍有影响。杨守敬从24岁至48岁，先后七试进士，终因时运不济而落榜。他一生勤奋，是杰出的地理学家、金石文字学家、目录版本学家、书法艺术家、藏书家，有83种著作传世。

（2）读书使人扬名于后世

读书治学，光宗耀祖，扬名后世。儒家倡导著书立说，认为高官厚禄都是过眼烟云，生不带来，死不带走，唯有著述是真正属于自己的。所以，传统的家庭都希望子女读书写书，把学术传给后世。当代许多学者都是以写书读书为人生一大乐事，把写书出书当作一种精神追求，把传播文化当作人生的寄托，这正是一种高尚的家风。

汉代司马迁出生于史学世家，他父亲司马谈博学多识，有《论六家要旨》传世。司马谈生前有个很大的愿望，要写一部宏大的历史著作，然而，他不幸得了重病，后身亡。司马迁秉承父志，研究历史，完成的《史记》是一部承前启后的大型通史，"通古今之变，成一家之言"，为中华民族留下了一份宝贵的学术遗产。

当代新儒学的开山祖师熊十力是黄冈县上巴河人，父亲是一位塾师。因家贫，熊十力少年时帮邻居放牛，有时随父到私塾听讲。13岁时父母双亡，长兄将其送入乡村学校读书，半年即退学了。熊十力自幼自尊自信，曾口出

"狂言"道:"举头天外望,无我这般人。"十六七岁时,他四处游学,当读到陈白沙的"禽兽说"时,说"顿悟血气之躯非我也,只此心此理,方是真我"。1911年,他参加武昌起义,任湖北督军府参谋。辛亥革命后,他随孙中山参加护法运动,护法运动失败后,熊十力专心于"求己之学"。1920年,熊十力进入南京支那内学院研习佛学,师从欧阳竟无,学习了三年。1922年,受梁漱溟等人的举荐,被蔡元培聘为北京大学讲师。他采取古代书院式的教学方法,力主道德与学问并重,主讲《唯识学概论》。

教育家余家菊是湖北黄陂大余湾人,生于1898年。余家菊有良好的家学,9岁时写了《人皆可以为尧舜》,12岁时写了《若夫豪杰之士,虽无文王独兴》,可见余家菊在家塾时就受到胸怀天下的教育。余家菊13岁在高小,以一篇《荆轲刺秦王论》获得老师的好评:"韶龄有此,此才何可度量。"1912年,余家菊就学于武昌文华书院,不久考入私立武昌中华大学预科班学习。1920年,余家菊考入北京高等师范学校教育研究班,1921年以教育部公费生身份赴英国留学。1924年,余家菊回国,任武昌高等师范学校系主任。余家菊是中国现代最先注意到乡村教育问题的代表人物。1919年冬,余家菊发表《乡村教育的危机》一文,率先提出了乡村教育这一概念。余家菊教育思想的核心是国家主义教育。在《余家菊景陶先生回忆录》之《秘密志愿》的开篇,余家菊就说:"我提出国家主义,纯然是站在教育的立场,我要唤起青年以国家为至上,为国家而努力。"1949年,余家菊去台湾,寓居台北,他始终热爱祖国,热爱传统文化,坚持学术研究,保持了知识分子的人格品性。1976年,余家菊在台北逝世。

总之,学风是家风不可或缺的风气。家庭之中如果出现有学养的人、有成就的人,家庭中就不可能没有良好的学风。学风是家风的先导,是先决之风。读书是治学的基础,也是成人的基础。家庭教育,不能不读书。

五、家庭兴旺　系于教育

当代中国的传统家庭,仍然重视家庭教育。这里列举一个实例加以说明。湖北省黄冈市罗田县三里畈镇新铺村有个丁氏家族,被称为"荆楚家学第一村",一直把读书学习作为家族兴旺的命脉。

丁家原为江西丰城大族,元至正元年(1341年),因此地战火频仍,丁氏一世祖、黄州中宪大夫丁公明甫自江西迁至湖北新铺村。这里地处大别山南麓,巴水上游河畔,远离都市的喧嚣。丁氏家族在这一方净土繁衍生息,至今已历25代。

丁氏家族把读书看作是家族的头等大事。在《丁氏宗谱·家训》中介绍指导幼儿读书的要求,如:"教子弟其在五六岁,方离襁褓、未脱孩心时,令识字第一,读书次之。不可拘之太严,如其放纵无度,亦当略示辞色。稍改即止,切不可故为呵斥,以恐其心。教子弟自六七岁至八九岁时,其聪明渐开,当随其每日所读之书,即兴逐句讲解。天资最高者,一讲可明。即其未敏者,日与讲论,久之亦可渐明。小儿六岁入学读书不可贪多,且读两三句教以识字为上。若识字,则可令其自读,若未能尽读四句,且读两句。教小儿可令日记所读书上训释字三两个。"在教育子弟时,应在不同年龄段安排不同的内容进行识记,宽严得法,以激发子弟的学习积极性。

丁家一直有私塾,清代命名为苍葭书院。苍葭书院入学的第一天,都要进行开笔礼。学童在开学的第一天早早起床来到学堂,由启蒙老师讲授人生最基本、最简单的道理,并教其读书、写字,然后参拜孔子像,才可以入学读书。

丁氏族人修建了家学展馆。家学展馆原为丁氏一族的公屋,于2017年5月重修完工并对外开放。家学展馆门外有一副对联:"示儿孙两条正路惟读惟耕,继祖宗一脉真传克俭克勤。"馆内的展板上书写着先祖的事迹,正中央陈列着丁氏族人重新整理撰修的家谱。家学展馆内还陈列着一本《家书》,该书是由丁际儒通过前辈老人的讲述以及本人的亲身经历所撰写的关于丁氏家族的书籍。在书中,他回忆了先祖言传身教的事情,展示了丁氏家族由小到大、由衰落再到逐渐兴盛的过程。

丁氏家族重视修建祠堂。建有周南祠,高悬"昆义堂"三字的巨匾悬于正堂上,以示后昆睦义之意。丁氏十世文俊公支下的族祠——珞公祠已有四百年,祠堂中间的匾额上刻着"光前裕后"四个大字,旁边的对联上则写着"明德惠人蔚英良而济世,修身培德广贤哲以兴家"。珞公祠中刻有珞公教育族人的乡规民约——《十约》。《十约》全文:"一不许违逆父母、伯叔、兄弟劝诫之言，取马牛襟裾之诮。二不许伯叔兄弟重财轻义，计较锱铢，乘天性怡怡之爱。三不许伯叔兄弟各逞臆见，互相疑忌，致谊同秦越。四不许游手浪荡，不思先业之艰，不耕不读，好赌倾家，漂泊无依。五不许家长无政，卑幼专行，甚者妇人亦预外事大乘家法。六不许妇女朝山拜庙，亵近僧尼，有失闺门严肃之体。七不许子弟身近非分，行事不轨，鼠窃狗偷有干法纪。八不许恶言伤人或鞭笞他人奴仆，不自尊重致小人唾訾相加。九不许纵仆违礼，不认上下，肆横鸮悍，残伤族人。十不许拖欠官银，不遵国法，受吏拘捕，牵连户众。"

村里有一个"五常亭"。相传明嘉靖年间，丁氏十世祖馥芳公在河边义务摆渡，一日在渡口拾得一个钱袋，里有很多银子。面对巨额财富，馥芳公并未据为己有，而是在那等失主归来寻找丢失的财物，他苦等三日，未有失主前来寻找所丢的银两，于是馥芳公便捐出这笔钱款，在渡口处建了一个凉亭，以供路人休息乘凉。族人为使后代永承家风，牢记"仁、义、礼、智、信"，便将凉亭命名为"五常亭"。此亭已历经400余年，是张家冲传承仁义家风的重要标志，是教育子孙后人重视儒家传统美德的活教材。

丁氏家族注重修谱。丁家明代之前的家谱因战乱已丢失，十二世祖北山公以及仲誉祖在康熙年间广泛搜集资料，对资料重新加以整理，编纂而成。至2012年家谱进行了八次修订。最新的家谱除将部分族人写入家谱之外，还对族谱的部分体例进行了改编，对于丁氏家族的家规、家训、先祖传记、诰封墓图、族谱均进行了详细的介绍。丁氏以"芳尚文自世盛，学道名时维国，际显猷宏光大，克绍封锡遐昌，祚永泽裕从天，保定恒生茂至"为排行。《丁氏宗谱·家训》中，开篇便告诫子孙："贫贱生勤俭，勤俭生富贵，富贵生骄奢，骄奢生淫逸，淫逸生贫贱。此循环之理，凡有生者不可不念。"对于不守族规的人驱逐出家族，规定："一户下有不肖子所当逐者……户长仍要按问情实，果系当逐，必其人父兄自书逐条，或本户房长代书，父兄出押亦可至。犯法私自逃亡者，必须秉公法处。"

因为丁家重视教育，始终秉持诗礼传家、耕读继世的传统，家学传统历明、清、民国，经久不衰。据不完全统计，丁氏家族中至少出现了3名进士、14名举人及百余名秀才。中华人民共和国成立以来，冲内上大学的有200多人，其中博士有 6 人，硕士有 20 人，本科生有 60 多人。现在，罗田县三里畈镇新铺村成为一个文化教育的场所，许多人前往参观学习。丁家所在的村子称为张家村，其实没有一个姓张的人，全是姓丁的人。①

紧邻罗田县的蕲春县在民国年间号称教授县，该县之所以教授多，原因在于当地重视基础教育，有读书的传统。有关资料介绍，明代，蕲春有 41 人中进士，有 491 人中举人，其中解元 4 人、亚元 1 人、武举人 8 人。清代有进士 24 人（其中探花 1 人）、武进士 7 人、举人 148 人、武举人 42 人。蕲春的东长街，原来叫三里冈，明末清初时，这里聚集了很多读书之家，最有名的有：顾家，有名人顾锦星；李家，有《本草纲目》的著者李时珍；陈家，即陈诗。此外还有冯家、王家等。王氏家族注重读书，为鼓励后人在乡村中认真读书，将自己的堂屋命名为"锄经堂"。《颜氏家训·勉学》中有"锄则带经，牧则编简"两句，意思是一边种田，一边读书，一边放牧，一边读书。②

最后要说明的是，中国古代的家庭教育不是尽善尽美的，它有缺陷，有教训，有问题，有值得反思的地方。古代，君权、神权、父权笼罩的家庭教育，培养的子女，多是顺从的，缺少个性与创新，甚至人性被泯灭。愚蠢的孝子唯父命是从，是会受到落后思想的羁绊的。

中国传统的家庭教育正在面临转型，教育观念、教育方式、教育内容、教育目标都在更新。除了父母作为家庭教育的主导人，还将有职业的家庭工作者主导其事。2022 年 6 月 14 日，中华人民共和国人力资源和社会保障部向社会公示"家庭教育指导师"等 18 个新职业。这些新职业将被纳入新版职业分类大典。所谓家庭教育指导师，就是从事家庭教育知识传授、家庭教育指导咨询、家庭教育活动组织等人员。其工作任务为：开展家庭教育法律法规及政策宣传，传授立德树人的家庭教育科学理念、知识和方法；指导家长履行家庭教

---

① 武超、张美琳等：《罗田县张家冲调研报告》，载于王玉德等主编的《长江流域耕读文化调研报告》（安徽师范大学出版社 2019 年版）。

② 顾久幸、刘晓成：《蕲春耕读文化社会调查报告》，载于《炎帝神农与耕读文化学术研讨会论文集》（武汉出版社 2018 年版）。

育的主体责任,进行家庭教育规划并开展家庭教育;指导家长树立和传承优良家风,指导其他家庭成员协助和配合家长优化家庭教育环境;提供家庭教育问题解决方案和咨询建议;策划、组织开展家、校、社协同育人的实践活动。我们相信,随着国家对家庭教育的高度重视,随着一大批专职家庭教育工作者活跃在社会上,中国的家庭教育必将开创新的时代!

第五章　家规家谱与方志

国家有国法，地方有政策，家庭有家规。家庭由人组成，是社会中需要不断传承的最小文化单元，必然需要约束，于是形成了约定俗成的家规。历史上，有的家庭还有家谱，家谱全面记载了家庭的传承、人物世系等，是家庭文化的集中体现。浩瀚的方志，是区域性的文献，亦是"家谱"的放大，其中有丰富的人文资料。

一、家规的训示

人生在世，家庭至关重要。家庭状况及兴衰由多方面因素决定的，如家世、家庭的亲戚关系、家庭的社会条件、家庭的人口及其素质和结构、家庭的基业和财产收入，其中很重要的因素之一就是家庭文化，核心是思想，思想往往体现在家规或家训之中。

家规是家庭或家族里所有人的行为规范，是世代相传的做人准则，也可称为家法。

家训是家庭对所有成员特别是子孙立身处世、持家治业的教诲，亦是家规的训示。家训还称为家诫、家诲、家约、遗命、家规、家教。

家规与家训对家庭中个人的教养有指导性的作用。如："百善孝为先"，"吃得苦中苦，方为人上人"，"儿孙自有儿孙福，莫为儿孙作马牛"。

清代林则徐有训子联："子孙若如我，留钱做什么？贤而多财，则损其志；子孙不如我，留钱做什么？愚而多财，益增其过。"林则徐对子女"薄钱财而重德才"的训导，具有辩证法思维，对今人有深刻的启示，得到许多有识之士的欣赏与转引。

1. 家规文献

我国一直有总结与宣传家规的传统，产生了许多经典的文献。如：3000年前有姬旦的《诫伯禽书》，2500年前有《孔子家语》，2000年前有诸葛亮的《诫子书》，1500年前有颜之推的《颜氏家训》，1000年前有司马光的《家范》，500年前有《王阳明家训》，其后，与家规相关的文献越来越多，如明代有《朱柏庐治家格言》、方孝孺的《宗仪》等，清代有《弟子规》、孙奇逢的《孝友堂家规》、曾国藩的《家训》等。在农村，经常可以看到农民私藏的各种家规家训文献。这些文献，有的已经印刷，有的已经失传，有的只是手抄本。

（1）姬旦的《诫伯禽书》

周公旦，姓姬名旦，称周公。他制礼作乐，建立典章制度，是周礼的奠基人。周成王亲政后，将鲁地分封给周公之子伯禽。传闻周公作《诫伯禽书》，完整的文本今已不复见，只有零星的只言片语，如：

> 故旧，无大故则不弃也，无求备于一人。
> 君子力如牛，不与牛争力；走如马，不与马争走；智如士，不与士争智。
> 德行广大而守以恭者，荣；聪明睿智而守以愚者，益。

这三段话大致可译为：亲戚故人没有发生严重过失，就不要抛弃他。不要对某一人求全责备。有德行的人即使力大如牛，也不会与牛竞争力的大小；即使飞跑如马，也不会与马竞争速度的快慢；即使智慧如士，也不会与士竞争智力高下。德行广大者以谦恭的态度自处，便会得到荣耀；聪明睿智而用愚陋的态度处世，你将获益良多。

《诫伯禽书》实际上是周公对儿子的教诲，从这三段话可知：周公主张对亲朋好友要宽恕，不要求全责备。但是，对很大的过错，不能轻易原谅与放弃。周公强调做人要有自知之明，应处处谦让、时时蓄备。真正的君子，哪怕与对方势均力敌，也不要轻易暴露自己的实际能力，也不要拼命地耗尽自己的一切。在周公看来，已经获得很大的赞誉，但还要坚持恭让，才能保持荣光。

具有高智商的人，仍要表现出欠缺，才能得到收益。这些观点，在家庭中很有必要，用在公共事务中也是实用而有益的。

（2）《孔子家语》

《孔子家语》是一本有关孔子家庭的书，更是一本儒家文化的书，记录了孔子及孔门弟子的思想言行，凝结了先哲智慧。原书27卷，今本为10卷，共44篇。

《孔子家语》对婚姻有规定，如三去、七除等。（本书的其他章已作介绍）

书中主张做人要以玉比德。其中的《问玉》记载，子贡问于孔子曰："敢问君子贵玉而贱珉？何也？为玉之寡而珉多欤？"孔子曰："非为玉之寡故贵之，珉之多故贱之。夫昔者君子比德于玉。温润而泽，仁也；缜密以栗，智也；廉而不刿，义也；垂之如坠，礼也；叩之，其声清越而长，其终则诎然，乐矣；瑕不掩瑜，瑜不掩瑕，忠也；孚尹旁达，信也；气如白虹，天也；精神见于山川，地也；珪璋特达，德也；天下莫不贵者，道也。"

书中主张家庭要择邻而居。其中的《六本》记载孔子语："不知其子，视其父；不知其人，视其友。不知其君，视其所使；不知其地，视其草木。故曰：与善人居，如入芝兰之室，久而不闻其香，即与之化矣。与不善人居，如入鲍鱼之肆，久而不闻其臭，亦与之化矣。丹之所藏者赤，漆之所藏者黑。是以君子必慎其所与处者焉。"

《孔子家语》，最早著录于《汉书·艺文志》。其书在汉代曾经一度失传，汉末的经学大师王肃声称自己从孔子的后人孔猛那里获得这部古籍，并为之作注，书后附有王肃的《序》和《后序》。古代有人认为是伪书，1973年在河北定县八角廊西汉墓出土的竹简《儒家者言》，内容与今本《家语》相近，学术界逐渐确信为先秦旧籍。

（3）《命子迁》

《命子迁》是西汉司马谈对儿子司马迁的临终遗言。

原文：余死，汝必为太史，为太史，无忘吾所欲论著矣！且夫孝始于事亲，中于事君，终于立身，扬名于后世，以显父母，此孝之大者！夫天下称颂周公，言其能论歌文武之德，宣周召之风……幽厉之后，王道缺，礼乐衰，孔子修旧起废，论《诗》《书》，作《春秋》，则学者至今则之。自获麟以来，四百有余岁,而诸侯相兼,史记放绝;今汉兴,海内一统,明主贤君,忠臣死义之士,余为太史而弗论载,废天下之史文,余甚惧焉!汝其念哉!

这段文字大致的意思是:我死了,你必将接任我的太史令一职,成为太史令的你,切勿忘记我渴望完成的著述啊。谈起"孝道",基点和起点是奉敬亲人,过程中的目标是效力于君主,最高的人生意义和终极的追求,则是使自己成为社会的栋梁之材,扬名后世,彰显父母的美好名声,这才是最大的孝。天下人称颂周公,都说他能够品评讴歌文王武王的德政,传播弘扬周召的美好风习……自从周幽王周厉王之后,人间王道不再,礼乐衰微。孔子修复残破的周礼,钩沉废弃的王道,编著《诗》《书》并给出评价,执笔写《春秋》,天下的学者至今都奉为榜样和楷模。自从孔子绝笔于获麟,四百多年间,诸侯忙于火拼兼并,对历史的书写就此中断。当下汉王朝崛起,海内一统,那些贤明君主,忠诚臣子和舍生取义的英杰,我身为朝廷的太史令,却还未能加以记叙和评述,天下历史文化记载留存了空白,将会被弃置和遗忘,我内心为此极度忧惧恐慌!你要理解我并铭记我的未了之愿啊!

正因为有这一段嘱托,司马迁决心继承父亲的遗志,虽然受到了奇耻大辱的宫刑,但仍然完成了彪炳千秋的《史记》,并践行了父亲所要求的"立身扬名显亲"之"孝"。

(4)《诫子书》与《诫外甥书》

《诫子书》是三国时期诸葛亮(181—234年)对儿子的教导文献。诸葛亮是"聪明智慧"的化身,他47岁得子,以毕生的经验告诫儿子如何为人处世,阐述了修身养性、治学做人的道理。

然而,诸葛亮的儿子诸葛瞻始终碌碌无为,诸葛亮辅佐的刘备之子也是扶不起来的阿斗。尽管如此,《诫子书》的名言警句在社会上仍然很流行。如:夫君子之行,静以修身,俭以养德。非澹泊无以明志,非宁静无以致远。夫学须静也,才须学也,非学无以广才,非志无以成学。淫慢则不能励精,险躁则不能冶性。

诸葛亮还写了《诫外甥书》。其文:"夫志当存高远,慕先贤,绝情欲,弃凝滞,使庶几之志,揭然有所存,恻然有所感;忍屈伸,去细碎,广咨问,除嫌吝,虽有淹留,何损于美趣,何患于不济。若志不强毅,意不慷慨,徒碌碌滞于俗，默默束于情，永窜伏于凡庸，不免于下流矣！"大意是说：人应该树立远大理想，追慕先贤，节制情欲，去掉郁结的俗念，使几乎接近圣贤的志向，在身上体现出来，使内心震动。要能适应曲折，摆脱琐碎，广泛请教，根除怨情。做到这些，哪会损毁自己高尚的情趣，何必担心事业会不成功呢？如果志向不坚毅，思想境界不开阔，沉溺于世俗私情，碌碌无为，永远混杂在平庸中，就难免沦落到下流。

诸葛亮的这两篇文献中有许多名言警句，传统家庭把他们作为座右铭，这些名言警句深深地影响着中国人。

(5)《颜氏家训》

《颜氏家训》是南北朝时期颜之推编撰的家训。在本书家庭史一章中，已经对颜之推作了介绍。

《颜氏家训》是体系宏大且内容丰富的家训。颜之推根据个人经历与学识，告诫子孙如何做人与治家，主张把爱护子女和教育子女结合起来，倡导父母对子女要起示范作用。全书有7卷、20篇，与家教密切相关的篇名有教子、兄弟、治家、风操、慕贤、勉学、文章、名实、养心等。

教子：慈威并济方得良子，妇人之仁终败儿，父子间亲密有度，溺爱等同于戕害，气节尊严不可失。

兄弟关系：兄弟分形连气如手足；妯娌相处贵在恕己而行；千经万典，孝悌为先。

治家：教化须自上而下；宽严贵在恰到好处；赏罚有度，不可苛责；妖妄之事勿沾染。

交友：与善人居，如入芝兰之室，久而自芳也；与恶人居，如入鲍鱼之肆，久而自臭也。

风操：言谈举止有礼有致，避讳不当贻笑大方，取名起字有讲究，嬉笑言谈不当招恶，待客之礼贵在真诚，闲聊之中慎谈家世，长幼内外宜法属辞严，家族命运损荣相连。

勉学：官宦子弟也要学习，藏器于身待时而动，治一经可弘圣人之道，尽信书不如无书，谈玄说妙不可取，勤奋好学方成大器，独学无友易孤陋寡闻。观天下书未遍，不得妄下雌黄。积财千万，无过读书。

《颜氏家训》的信息量大，内容接地气，在古代社会影响很大，至今还有许多积极的思想性值得传承。

(6)《家范》

宋代司马光撰《家范》。司马光以《资治通鉴》称誉后世，他不仅精于治国，还对治家有独到见解。《家范》分成治家、祖、父母、子、女、孙、伯叔父、侄、兄弟、姑、姊妹、夫、妻、舅甥、舅姑、妇、妾、乳母等十九篇，系统地阐述了家庭的伦理关系、治家原则，以及个人修身养性和为人处世之道。其中主张：

> 为人母者，不患不慈，患于知爱而不知教也。
>
> 为人祖者，莫不思利其后世。然果能利之者，鲜矣。何以言之？今之为后世谋者，不过广营生计以遗之。田畴连阡陌，邸肆跨坊曲，粟麦盈囷仓，金帛充箧笥，慊慊然求之犹未足，施施然自以为子子孙孙累世用之莫能尽也。然不知以义方训其子，以礼法齐其家。自于数十年中勤身苦体以聚之，而子孙于时岁之间奢靡游荡以散之，反笑其祖考之愚不知自娱，又怨其吝啬，无恩于我，而厉虐之也。始则欺绐攘窃，以充其欲；不足，则立券举债于人，俟其死而偿之。观其意，惟患其考之寿也。

意为：作为先辈，没有人不希望能造福后代。可真正能造福后代的人，却少之又少。为什么？今天那些为后代谋利的人，留给后代的田地接连不断，店铺遍布街市，粮食丰盈仓库，钱物充塞箱子，以为这样子孙世代就会享用不尽。但他们却不懂得将做人的道理传给子孙，不懂得循用礼法管理家庭。先辈们辛勤劳作几十年所积累起来的家业，却被纨绔子孙在短时间内就挥霍殆尽。然而，子孙们却讥笑祖辈们愚昧无知，不知道享受生活。一旦不够，就向别人立券借债，打算等到先辈死后再来还债。仔细观察这些不肖子孙的心思，就会发现他们只怕先辈们寿命太长！

司马光是《资治通鉴》的作者，也是古代很有名的官员。他主张做官先做人，官清先家清。家庭之中，父母要知道如何爱子女，前辈人为子孙要留美德，而不是只留财产。因此，《家范》在社会上流行普遍，对民间的教化发挥了作用。

(7)《朱子家训》

宋代朱熹撰《朱子家训》。朱熹是南宋著名理学家，著述宏富，其家训集中而通俗地反映了治家观念。

朱熹重视家教，他有三个儿子（朱塾、朱野、朱在），一直有严格的家教。他曾经把儿子朱在叫到面前，严肃而亲切地说："恐汝在家汩于俗务，不得专意。又父子之间，不欲昼夜督责。及无朋友闻见，故令汝一行。汝若到彼，能奋然勇为，力改故习，一味勤谨，则吾犹可望。不然，则徒劳费。"在朱熹看来，儿子已经长大，总待在家中是不行的，应该离家到外地访求名师，以便使自己的学问更有长进。

《朱子家训》涉及家庭的内容比较丰富，其中论述了"日用常行之道"，如：

> 父之所贵者，慈也。子之所贵者，孝也。兄之所贵者，友也。弟之所贵者，恭也。夫之所贵者，和也。妇之所贵者，柔也。事师长贵乎礼也，交朋友贵乎信也。
>
> 见老者，敬之；见幼者，爱之。有德者，年虽下于我，我必尊之；不肖者，年虽高于我，我必远之。慎勿谈人之短，切莫矜己之长。仇者以义解之，怨者以直报之，随所遇而安之。人有小过，含容而忍之；人有大过，以理而谕之。勿以善小而不为，勿以恶小而为之。人有恶，则掩之；人有善，则扬之。
>
> 处世无私仇，治家无私法。勿损人而利己，勿妒贤而嫉能。勿称忿而报横逆，勿非礼而害物命。见不义之财勿取，遇合理之事则从。诗书不可不读，礼义不可不知。子孙不可不教，童仆不可不恤。斯文不可不敬，患难不可不扶。守我之分者，礼也；听我之命者，天也。人能如是，天必相之。此乃日用常行之道，若衣服之于身体，饮食之于口腹，不可一日无也，可不慎哉！

《朱子家训》强调家庭中的每个人都要有德行，要读有益的书，做有益的事。子女对父母要尽孝。"子之所贵者，孝也。"子女要善待父母，父母在世，子女要奉养、尊重，报答父母的养育之恩而心甘情愿地付出。

朱熹在哲学思想、教育、文学等方面有很高的成就，是古代里程碑式的硕儒，他的《家训》用简浅的语言表达了精深的思想，是古代家庭文化的瑰宝。

(8)《示宪儿》

王守仁，字伯安，别号阳明，明代的儒学大师，有《王阳明全集》传世。王阳明到44岁时，妻子一直没生育，遂由父亲做主，过继了王阳明堂弟守信的8岁儿子正宪。王阳明54岁时，得一子，取名正聪，后改名正亿。《示宪儿》收录在《王阳明全集》的《赣州诗》中，三字一句，共三十二句，一韵到底，朗朗上口。其文：

幼儿曹，听教诲：勤读书，要孝悌；学谦恭，循礼仪；节饮食，戒游戏；毋说谎，毋贪利，毋任情，毋斗气，毋责人，但自治。能下人，是有志；能容人，是大器。凡做人，在心地；心地好，是良士；心地恶，是凶类。譬树果，心是蒂；蒂若坏，果必坠。吾教汝，全在是。汝谛听，勿轻弃。

王阳明思想的核心是"知行合一，致良知"，家训提倡"凡做人，在心地；心地好，是良士；心地恶，是凶类"，强调了"心"之重要性。

王阳明的名句还有：

破山中贼易，破心中贼难。夫万事万物之理不外于吾心。心即理也。心外无理，心外无物，心外无事。人心之得其正者即道心，道心之失其正者即人心。

无善无恶心之体，有善有恶意之动，知善知恶是良知，为善去恶是格物。

圣人与天地民物同体，儒佛老庄皆我之用，是之谓大道。

天地虽大，但有一念向善，心存良知，虽凡夫俗子，皆可为圣贤。

王阳明的《传习录》主张："心即理。"他的思想不仅影响中国人，还对日本、韩国等汉文化圈的东亚地区有广泛影响。蒋介石年轻时在日本学习，看到车上很多日本人都在读王阳明的《传习录》，看一会儿，闭目沉思一会儿。他大为震惊，于是开始注意《传习录》。在台湾时，蒋介石改落草山为阳明山，以示对王阳明的崇敬之情。

(9)《朱子治家格言》

即《朱柏庐治家格言》，是清初朱柏庐所撰。朱用纯，号柏庐，明末清初江苏昆山县人，著有《治家格言》《愧讷集》《大学中庸讲义》《毋欺录》。朱柏庐与归有光、顾炎武为"昆山三贤"。清顺治二年（1645年）其父在守昆山城抵御清军时遇难。朱柏庐侍奉老母，抚育弟妹，播迁流离，备极艰辛。局势稍定，返回故里。因敬仰晋人王裒"攀柏庐墓"（含有不忘杀父之仇的意思）之义，故自号柏庐。他坚辞不应康熙朝的博学鸿儒科，又坚拒地方官举荐的乡饮大宾，居乡教授学生，潜心治学，以程、朱理学为本，提倡知行并进，躬行实践。

《朱子家训》全文500余字，从治家的角度谈了安全、卫生、勤俭、有备、饮食、房田、婚姻、美色、祭祖、读书、教育、戒性、体恤、谦和、无争、交友、自省、向善、纳税、为官、顺应、安分、积德等方面的问题。《朱子家训》简明赅备，通俗易懂，读起来朗朗上口，有清一代家喻户晓。

黎明即起，洒扫庭除，要内外整洁。既昏便息，关锁门户，必亲自检点。一粥一饭，当思来处不易。半丝半缕，恒念物力维艰。宜未雨而绸缪，毋临渴而掘井。自奉必须俭约，宴客切勿留连。器具质而洁，瓦缶胜金玉。饮食约而精，园蔬胜珍馐。勿营华屋，勿谋良田。

三姑六婆，实淫盗之媒。婢美妾娇，非闺房之福。奴仆勿用俊美，妻妾切忌艳妆。祖宗虽远，祭祀不可不诚。子孙虽愚，经书不可不读。居身务期质朴，教子要有义方。勿贪意外之财，勿饮过量之酒。

与肩挑贸易，勿占便宜。见贫苦亲邻，须多温恤。刻薄成家，理无久享。伦常乖舛，立见消亡。兄弟叔侄，须多分润寡。长幼内外，宜法属辞严。听妇言，乖骨肉，岂是丈夫。重资财，薄父母，不成人子。嫁女择佳婿，毋索重聘。娶媳求淑女，毋计厚奁。

见富贵而生谗容者，最可耻。遇贫穷而作骄态者，贱莫甚。居家戒争讼，讼则终凶。处世戒多言，言多必失。毋恃势力而凌逼孤寡，勿贪口腹而恣杀生禽。乖僻自是，悔误必多。颓惰自甘，家道难成。狎昵恶少，久必受其累。屈志老成，急则可相依。轻听发言，安知非人之谮诉，当忍耐三思。因事相争，安知非我之不是，须平心遭暗想。施惠勿念，受恩莫忘。凡事当留余地，得意不宜再往。人有喜庆，不可生炉忌心。人有祸患，不可生喜幸心。善欲人见，不是真善。恶恐人知，便是大恶。见色而起淫心，报在妻女。匿怨而用暗箭，祸延子孙。

家门和顺，虽饔飧不继，亦有余欢。国课早完，即囊橐无余，自得至乐。读书志在圣贤，非徒科第；为官心存君国，岂计身家。守分安命，顺时听天。为人若此，庶乎近焉。

朱柏庐其人在社会中影响不大，但其治家格言在民间有广泛的影响。其中有一些警句，如"一粥一饭，当思来处不易；半丝半缕，恒念物力维艰""宜未雨而绸缪，毋临渴而掘井"等，在今天仍然具有教育意义。

(10)《弟子规》

《弟子规》是清代李毓秀以学规形式编写的童蒙读物。李毓秀，秀才，乡村教书匠，教学之余编写《童蒙养正李氏家训》，并将抄写的书免费赠给前来学习的学生，进行道德教育，成为清代后期广为流传的儿童读本。《弟子规》有360句，1080个字，易读、易记，朗朗上口，涉及在家、出外、待人、接物与学习上应该恪守的规范和规矩。

《弟子规》内容涉及三个方面，一是传统道德的孝、悌、谨、信、爱、仁，二是家庭中应注意的事项，三是读书学文。

《弟子规》以《论语·学而》中"弟子入则孝，出则弟，谨而信，泛爱众，而亲仁。行有余力，则以学文"为总纲目。其开篇云："弟子规，圣人训。首孝悌，次谨信。泛爱众，而亲仁。有余力，则学文。"

《弟子规》多处引用《论语》。如：《论语·为政》："色难。有事，弟子服其劳；有酒食，先生馔，曾是以为孝乎？"《弟子规》讲："怡吾色，柔吾声。"《论语·为政》："人而无信,不知其可也。"《论语·学而》："与朋友交,言而有信。"《弟子规》讲:"凡出言,信为先,诈与妄,奚可焉。"《论语·学而》记载,子贡曰:"贫而无谄,富而无骄,何如?"子曰:"可也。未若贫而乐,富而好礼者也。"《弟子规·泛爱众》讲:"勿谄富,勿骄贫。"

《弟子规》的《谨篇》集中叙述了理想中的家庭规则:

> 朝起早,夜眠迟。老易至,惜此时。晨必盥,兼漱口。便溺回,辄净手。冠必正,纽必结。袜与履,俱紧切。置冠服,有定位。勿乱顿,致污秽。衣贵洁,不贵华。上循分,下称家。对饮食,勿拣择。食适可,勿过则。年方少,勿饮酒。饮酒醉,最为丑。步从容,立端正。揖深圆,拜恭敬。勿践阈,勿跛倚。勿箕踞,勿摇髀。缓揭帘,勿有声。宽转弯,勿触棱。执虚器,如执盈。入虚室,如有人。事勿忙,忙多错。勿畏难,勿轻略。斗闹场,绝勿近。邪僻事,绝勿问。将入门,问孰存。将上堂,声必扬。人问谁,对以名。吾与我,不分明。用人物,须明求。倘不问,即为偷。借人物,及时还。后有急,借不难。

《弟子规》文末讲到读书,说:"读书法,有三到:心眼口,信皆要。……工夫到,滞塞通。心有疑,随札记。……勿自暴,勿自弃。圣与贤,可驯致。"作者给弟子们指出了一条人生通途:读经典,长知识,懂礼仪,成为有出息的人。

2. 与家规家训相关的蒙学文献

中国历史上,还有许多与家规家训相关的国学发蒙的书籍,如"三百千千",即《三字经》《百家姓》《千字文》《千家诗》。

(1)《三字经》

《三字经》,相传为南宋学者王应麟作。王应麟曾编有《姓氏急就篇》《小学讽咏》《蒙训》。《三字经》全文356句,先说学习的意义,次叙学习的内容及次序,分别介绍名物常识、历史沿革、伦理道德,再列举前人勤学范例,最后归结于学习目的:报效君王,造福民众,同时又扬名声,显父母,垂范后世。《三字经》很像一篇通俗的劝学诗,虽不大讲究押韵,但三字一句的形式读起来朗朗上口，易于记诵，如"人之初，性本善。性相近，习相远。苟不教，性乃迁。教之道，贵以专"，因此成为元代以后最为通行的蒙学课本。1928年，章太炎作了《重订三字经》的工作，说："其书先举方名事类，次及经史诸子，所以启蒙稚者略备。"中国人的为人处世，大多以《三字经》为准则，其在家庭文化中具有不可低估的影响。

《三字经》在宋末元初就传到日本、韩国。1990年，联合国教育、科学及文化组织把《三字经》列入《世界儿童道德丛书》，成为人类的共同文化遗产。广东省委宣传部曾经编了新《三字经》，作为精神文明建设的读本。2007年11月，《光明日报》等单位组织修订《三字经》，在2008年4月28日公布了《三字经》（修订版），由人民教育出版社出版。

(2)《千字文》

《千字文》是家庭识字的最初读本。从自然讲起，开篇"天地玄黄，宇宙洪荒，日月盈昃，辰宿张列……"。然后是道德与社会，如："祸因恶积，福缘善庆……孝当竭力，忠则尽命……治本于农，务兹稼穑。"传统家庭之中，人必诵之。在认字的程中，构建了家庭文化。特别是儿童一边识字，一边受到了家庭文化的熏陶。

(3)《千家诗》

明清时流传的《千家诗》，是由宋代谢枋得的《重订千家诗》（皆七言律诗）和明代王相所选的《五言千家诗》合并而成，是带有启蒙性质的诗歌选本。因为它所选的诗歌大多是唐宋时期的名家名篇，易学好懂，题材多样，包括山水田园、赠友送别、思乡怀人、吊古伤今、咏物题画、侍宴应制等，较为广泛地反映了唐宋时期的社会。如孟浩然的"春眠不觉晓，处处闻啼鸟。夜来风雨声，花落知多少"。

在传统社会，稍有文化的家庭都会让子女从小背诵《千家诗》中的诗句，并作为家庭教化的一部分。《千家诗》是中国古代诗歌的精华，也是文人学养的奠基石。

此外，还有一些广为流传的文献，如：《增广贤文》，又名《昔时贤文》《古今贤文》，书名最早见之于明万历年间的戏曲《牡丹亭》，其中集结先民实用的格言与谚语。作者不详，清代同治年间儒生周希陶进行过重订。其中有许多脍炙人口的句子,受到百姓喜欢。如:观今宜鉴古,无古不成今。知己知彼,将心比心。读书须用意,一字值千金。长江后浪推前浪,世上新人赶旧人。近水楼台先得月,向阳花木早逢春。莫道君行早,更有早行人。三思而行,再思可矣。人而无信,不知其可。天时不如地利,地利不如人和。《增广贤文》对中国传统家庭的影响,远远大于家谱家训。一些不识字的孩子或妇女,都能背诵其中的句子,将其奉为立身处世的座右铭。①

近代学术大家梁启超著有《论幼学》《新民说》。《梁启超家书》与《颜氏家训》《曾国藩家书》《傅雷家书》被称为我国四大家教范本。

以上所列家规家训以及相关文献,不过是中国历史上家庭文化的冰山一角、九牛一毛,但却是精华。正因为是精华,所以才流传百年千年,为人们津津乐道,并极有传世价值。虽是精华的,却也是普通、大众、至关重要的。因为,翻检任何一部家规家训,内容大抵相同,无非是好好做人、好好做事、好好持家,无非是勤俭友善、忠孝仁爱、修身齐家、做个完人。家规家训是中国传统家庭文化的载体,它呈现在文献里,牢记在人们心中,活化在日常的生活中。它是文化万花筒,是自照的镜子,是束人的"大法",是人行的篱笆。中国先民正是在家规家训中谨慎地生活,严格地做人,中华古典文明才妥妥地走了五千多年。

二、家谱的修订

国有国史,地有地志,家有家谱。

家谱,又称宗谱、家乘、通谱、统谱、世谱、支谱、房谱等,是记载家族的世系繁衍及重要人物、事迹的文献,是家族生命史的档案,是家族的百科全书。

何谓谱?南朝时的学者刘勰在《文心雕龙》的《书记》中叙述了谱的性

---

① 以上蒙学读物,参见曹黎光、姚芳注析的《蒙学六种》(山西古籍出版社 2004 年版)。

质、主要内容及其功能，云："总领黎庶，则有谱籍簿录。""故谓谱者，普也；注序世统，事资周普。"

谱有不同的类别。有限于一个家族的一个支派房系或世系的支谱、房谱，有记载一个大家族各世系的宗谱，有将分散于各地的同族各支派统编的总谱（又称统谱、大成谱），还有几个姓氏联宗的合谱，如《罗陈文安竹庭公族谱》就是七个姓氏合编的合谱。古代称专门记录皇帝世系的文献为玉牒。清代皇室的玉牒很完整，二百年间修了28次谱。

1. 家谱的历史

先民重视宗法血缘关系，不仅口耳相传，而且以文本的形式记载下来。家谱的源头可以上追到先秦时期的《世本》一书。《世本》又称《世》《世系》《世纪》《世牒》《牒记》《谱牒》等，其中有《帝系》《王侯世》《卿大夫世》《氏族》《作篇》《居篇》《谥法》等篇目，此书久佚，清人有辑本。

汉代司马迁在撰写《史记》时，取材于谱牒之类的文献。他在《史记·太史公自序》中说："维三代尚矣，年纪不可考，盖取之谱牒旧闻，本于兹，于是略推，作《三代世表》第一。幽、厉之后，周室衰微，诸侯专政，《春秋》有所不纪；而谱牒经略，五霸更盛衰，欲睹周世相先后之意，作《十二诸侯年表》第二。"

到了魏晋南北朝时期，选官要考察门第，门第决定着选官，朝廷重视谱牒，家谱成了世族间婚姻和仕宦的主要依据。社会上有许多与朝廷关系密切的门阀世族，大家族为了维护门第，证明世系的高远，确立在社会上的地位，并保持族门的高贵，积极修谱。晋太元中，贾弼撰《姓氏簿状》，子孙相传，号称为贾氏谱学。南朝梁王僧儒沿袭贾弼旧本，改撰为《十八州谱》等书，又号为王氏谱学。刘孝标为刘义庆的《世说新语》作注，引用晋代谱录类文献达四十六种，如《傅氏谱》《谢氏谱》《杨氏谱》等家谱，时限在晋代以内，一般记了十二代以内的人物。

唐朝盛行官修家谱，政府设立专门机构组织编修大型谱牒著作。唐、五代之后，修谱之风从官方流行于民间，遍及许多家族，形成了家家有谱牒、户户有家乘。修谱成了大家庭或家族的必备文献。《旧唐书·经籍志》将史类分为十三目，其"十二曰谱系，以纪世族继序"。其著录"谱牒五十五部，凡千六百九十一卷"。其中有新增的《褚氏家传》《殷氏家传》《裴氏家记》《孙氏谱记》《明氏世录》《裴氏家牒》等名目。

唐末及五代十国时期由于连年战乱和社会动荡,许多家族衰败,世系中断,家谱失传。

宋代时,很少能见到旧谱。宋代选官不太考虑门第,官府也不太关注家谱,私人自行修家谱。《宋史·艺文志三》记载:"司马光《宗室世表》三卷,《臣寮家谱》一卷。"宋人修家谱,主要的目的是以保持家族内部的联络与互助。《四库全书总目·史部总叙》记载:"旧有谱牒一门,然自唐以后,谱学殆绝。玉牒既不颁于外,家乘亦不上于官,徒有书目,故从删焉。私家记载,惟宋明二代为多。"

明清时期,普遍流行编修家谱。大多采用"大宗之法",按姓氏把许多家庭收入到一个谱中,收录本姓的名人,时间追溯到几十世,从而证明自己的家族历史悠久,名人辈出,从而增强家庭的自信,并作为家庭传承的资本。

当代的许多家谱都是明代开始编修的,把元代中断的文化接续起来,各种历史传说纷起,文化得到重建。

修家谱是中国文化的传统,饮水思源,不忘祖训。慎终追远,民德归厚。俗话说"三世不修谱为不孝"。先民认为不修谱,就是忘记祖宗,是不孝的行为。

通过家谱,人们可以了解自己的家庭从何而来,家族的历史沿革、世系的繁衍、居地的变迁、人与人之间的关系、家人的事迹,会激励族人见贤思齐,继承家庭的优秀传统,敦亲睦邻,光大族荣。

2. 修谱过程

修谱是家庭的大事,是光宗耀祖的行为,是传承家庭文化的重要工作。

在战乱或社会动荡时期因没有条件编修家谱,修谱往往会中断数年。但是,只要社会有一点安定,家庭有一点资金积累,家庭中的长者或家族的族长就会动议,联合家庭成员商议修谱。

修谱一般由族内有威望的人物主持,各家提供资料,有的家庭还提供资金,族内文人商量着编修。

从明清时期开始,有些文人以编修家谱为业,以此谋生,人称谱匠。在修谱的过程中，都是男性在主导与参与，似乎与女人无关。

家谱编修之后，印成若干份，分别存放在支系家庭之中。过了几十年（20—60年），支系家庭的老人去世了，儿子、孙子又成家立业了，分支发脉了，分头分地发展，需要把新的信息记录下来，就要续修家谱。在原来家谱的基础上，增加或扩充内容，形成新的版本。祖谱一般存放在族长或有威望的老人家中，支谱分别保存在家庭中。

3. 家谱的内容

修谱的目的是别世系、序长幼、辨亲疏、尊祖聚宗、睦族收族、倡导良好家风。

每一部家谱的内容都会有目录、凡例、历代谱序、像赞、迁徙源流、祠堂图、里居图、姓氏来源、世系、世德、规范、文献、遗事、丘墓、祭田、修谱衔名、修谱总论、后序、跋等内容。各部家谱的内容不同，但体例大同小异。

家谱内容最大的一部分是人物世系，按照辈分排列人物，以区分家族成员血缘关系的亲疏远近。家谱中有先世考、世系图、迁徙图、房派图、支派分布图。

家谱通常用简洁的文字，记录家庭成员的字、号、功名、官爵、生辰年月日、葬地、功绩等。这被称为牒记式方法。

为了立体表达世系，有些家谱用表格方法或图示法，这样能一目了然地看清楚家庭成员在整个家族中的关系与地位。北宋文学家欧阳修倡导的世系表：世代分格，由右向左横行，五世一表。每个人名左侧都有一段生平记述，介绍该人的字、号、功名、官爵、生辰年月日、配偶、葬地、功绩等。后世称这种方法为欧式方法。北宋文学家苏洵倡导的世系表：世代直行下垂，世代间无横线连接，全部用竖线串联，图表格式由右向左排列，显现宗法关系。后世称这种方法为苏式方法。

此外，还有家谱把世代人名排列成宝塔格式，由上向下，横竖线连接，竖线处在横线的中间。

家谱介绍家族的人物，为有功绩的男子与有品行的女子作传记，诸如人物的生平事迹、行状、墓志、年谱。

家谱中的传记有时分为三类：列传记载家庭中男子的事迹，内传记载家庭中女子的事迹，外传记载家庭中出嫁女子的事迹。

家谱还"高远其所从来"，附会或拉扯历史名人，甚至攀附帝王或名臣作为自己的先祖，以增加家庭的荣誉度与自信心。如刘姓家谱介绍刘备，李姓家谱介绍李世民。这种溢美之风在家谱中普遍存在。

家谱会津津乐道地列举族人中的科举人才，如某某中了举人，某某成了进士，某某担任了重要官职，某某有政绩。这都是为了光耀门庭，并鼓励后人读书成才。

家谱中列有家规家训，要求家人传承良好的家风，孝敬父母、和睦夫妇、勤劳节俭、读书成才。其中有家礼，诸如婚礼、葬礼、祭礼等。

家谱体现了乡土教化。清朝的顺治皇帝曾经发表乡谱诏：敦孝悌以重人伦，笃宗族以昭雍睦，训子弟以禁非为，明礼仪厚风俗。

家谱列有家族的财产，如祠田、坟田、庄田、山林等，还有财产管理制度。

此外，家谱记载了地理环境、人物事迹、诗词文章、坟墓，还有书信、经籍、画像等。

家谱是数典认祖，是了解或研究家族历史、地理环境、人文社会、民俗习惯的资料。有了家谱，人们能够明根本而浚其源，尊祖敬宗，知道自己家庭的来龙去脉，亲疏不遗。

也许是民间有隐恶溢美的传统，家谱中基本上不记载家庭的诉讼，不记载受过刑罚的族人，不记载家族的劣迹。

4. 与家谱相关的堂号

每个家族都有堂号，家谱上会标注出堂号。堂号是宗族的标志。

堂号，最初是指各分支宗祠的专用名词、名号。

许多堂号都直接取自郡望。郡望，又称地望、族望。一是发祥之郡，一是望出之郡。郡是古代的行政区划，朝廷在郡中的大族中选拔人才，形成文化传统。古代著名的郡望有陇西李氏（陇西又称陇右，泛指陇山以西，今甘肃省东部。飞将军李广出自此支）、弘农杨氏（弘农郡治所位于今河南灵宝境内。汉代杨震以"四知"而著称）、太原王氏（始祖太子晋）、清河崔氏（起初食采于崔邑，今山东章丘县西北）、范阳卢氏（范阳属今河北，有汉代的卢植、唐代的卢照临等名人)。诸望族中,陈郡谢氏有十二代百余人,见之于史传。唐代诗人刘禹锡有诗云"旧时王谢堂前燕,飞入寻常百姓家"。"谢"指的就是谢安家族。"王"指的是山东琅琊王氏,王氏从三国到唐代都是天下望族,在东晋司马睿的政权中有极大势力,称为第一望族。

历来的堂号,有的以血缘命名,如闽越一带的六个姓氏(洪、江、汪、龚、翁、方)有共同的祖先,于是合在一起称为六桂堂。

有的以地域命名,如颍川堂、东海堂、西河堂。

有的以先辈功业命名,如马家以东汉名将马援为荣,马援被封为伏波将军,故堂号为伏波堂。

堂号最多的是以嘉言懿行命名,如四知堂、清白堂、务本堂、百忍堂、居廉堂、敦伦堂、爱莲堂、承志堂、孝思堂,以之表达家族的文化导向,对后人进行家风教育。"世德堂""崇本堂"等堂号展示出家族的价值取向,家族的世世代代要重视道德,慎终追远,崇尚根本。

许多堂号都有典故,同族的人共同遵之。如赵氏"半部堂"等。传闻宋代宰相赵普以"半部《论语》治天下",于是赵家就以"半部"作为堂号。杨氏的"四知堂",寓意"天知、地知、我知、子知"的为人慎独风范。

这里说说王家三槐堂的由来。三槐堂是堂号。王家是中国的大姓,王姓之中有许多家谱都自称是三槐堂一系。王姓追本溯源,声称是"帝王之裔"、黄帝后裔。王姓自称得姓始祖是太子晋,为周灵王姬泄心的太子,姬姓,名晋,字子乔。王子晋约生于公元前565年,幼有成德,聪明博达,温恭敦敏。他15岁以太子身份辅佐朝政,灵王重之,诸侯从之。传闻太子晋因直谏而触怒了灵王,被废为庶人,英年早逝,后来上天成仙。王子晋的后人避乱于晋阳,世人以之为王者之后,呼之为"王家",遂以王为姓,是为太原王氏之始祖。屈原在《远游》诗中对太子晋很仰慕:"轩辕不可攀援兮,吾将从王乔而娱戏。"李白亦写道:"吾爱王子乔,得道伊洛滨。"王氏传十八世到王翦,是为秦之名将。到了宋初,王祐在宅院内手植槐树3棵,说:"吾子孙必有为三公者。"他以三槐比拟三公,他的儿子王旦在宋真宗时果然做了宰相。于是,三槐堂成了王祐一支的堂号。

绝大多数姓氏家族都有自己的郡号、堂号。堂号,一般题写在宗祠及厅堂的匾额上，也记载于族谱、住宅门楣和日常用具上，也有豪门大族写在灯笼上以炫耀家世，又称灯号。

堂号与祠堂有关。大一点的家族，都会集资共建祠堂。祠堂有多重功能，一是置放祖先牌位，祭祀先人。二是族人召集会议，商议宗族大事。祠堂是宗族最严肃的地方，在祠堂确定的事，有一定的权威性。三是举办丧事的场所。四是唱社戏。祠堂的场子大，便于开展宗族活动。

宋代特别重视祠堂与修谱。朱熹撰《家礼》，把祠堂列为首要地位，设计祠堂要供奉高、曾、祖、祢四龛，后世多遵守之。族人定期到祠堂中享祀，敦行孝道。宋代文人欧阳修撰《欧阳氏族谱》，苏洵撰《苏氏族谱》，对社会上家族修谱起了表率作用。宋人认为，三世不修谱，则同小人矣。

民间修家谱，在家谱前要冠以地名、郡望、堂号和几修，如《汾湖柳氏第三次纂修家谱》《黄山王氏辅德堂家谱》。有些家族迁到外地了，仍然袭用原来的郡望，以区分地区与世系。这有利于后人认祖归宗，也有利于朝廷重视族属并起用人才。在长江流域，许多古代从北方迁来的族属都顽强地保持原有的地望观念，哪怕在南方生活了一千多年，但人们仍然坚持认定自己是河洛人家、陇上人家、三晋人家、关中人家，不忘自己的祖籍源自华夏文明核心圈。

家谱是传承家庭文化的载体，家规是家庭文化的"大法"，是家庭思想的集中表现。家谱与家法是认识传统家庭的窗口，是有积极价值的。[①]

三、方志的人文

中国古代有丰富的方志，方志是地方文献，有县志、府志、省志等。在历代县志中，都记载了传统家庭的史实，内容之丰富，超过家谱。与家谱不同的是，方志着眼于区域性的各种信息，是家谱在空间上的"放大"。欲了解中国传统家庭，不能不读方志。从特定的区域了解特定地区的家庭和家族，方志无

[①] 徐建华著的《中国的家谱》（百花文艺出版社 2010 年版），书末列有《常见中文家谱网站简介》，可参考。

疑是渊薮。

试以同治本《房县志》为例。

房县位于秦岭东南的大山之中,是湖北历史上的千年古县,传统文化尤其深厚。同治年间修纂的《房县志》有12卷,首1卷,25门,17万字。有星野、疆域、形胜、沿革、山川、形胜、城池、关隘、津梁、铺递、公署、赋役、学校、秩官、兵政、事纪、祀典、古迹、选举、人物、列女、风俗、特产、侨寓、杂记等内容。《房县志》载有数百家的事迹,对符合传统道德的人物大加彰扬。[①]

1. 善行人文

《房县志·人物》记载了"善行"类人物的事迹,他们做了许多慈善之事,造福于社会。如:父子慷慨救灾;或把地租给农民,数年不长租;或见人有困难,主动放弃债务;或长期做好事,几十年不间断。这些实例,即使在当代也是极为难得的,令人敬佩。

善行类人物的史实:

王元龙,邑市人,饶于资,喜施予,营卒某负元龙三百余金,不尝,元龙亦不索,寻合他券,尽焚之。家落,然其施粥,舍衣,捐棺,修桥,惜字纸,点夜灯,诸善意事,四十余年如一日。知县钟梦瀛、张宏俱奖曰"实力行善"。

朱瑟和,亲亡,兄欲析产。和推与兄,自居积而兄渐消乏,和量为分给,兄不以为足也。一日醉,持刀往索。和笑迎之,仍厚觊归。未几,兄破额鸣之官,系和于狱,及鞫,族邻娓娓言之。兄坐诬,官为扑之。和叩头曰:兄年衰不任刑,愿代。伏地不起,官义释之。遂为兄弟如初。和年九十,子二,孙瑄庠生,五世同堂。当事请旌赐帛肉如例,匾曰"赐庆延齿"。

庠生车瑗生,子武庠世遴,家饶。嘉庆甲戌春大饥。知县何巡乡劝赈,瑗父子欣然捐米二百石,活贫民甚众,父子俱七十余终。知县何以诗美之:甲戌岁之春,贫民嗟星留。鄙哉素封者,闭仓不即售。待价欲居奇,鲜食那可奏。澥堰与白土,土田称沃厚。中有车秀才,先畴食德旧。即使复好义,树德闾里

[①] 李诗咏校注:《(同治)房县志》,长江出版社2021年版。

素。父为倡其前，子即步其后。尽出其赢余，按户给口授。穷农给籽种，饿莩予粟豆。古道独照人，张生言岂谬？予尝谕各乡，分多润邻右。吾民不受饥，我貌何妨瘦。好义尽如斯，何愁弗仁寿。

西关杨保元家裕，宅心仁厚，赈贷急困，不吝金资。嘉庆十九年荒歉，捐谷平粜，尤重于待师，礼节优厚。其地佃有三代而不增其租稞，不摘其田，以遵祖命而不忘遗训焉。

贡生袁纪，家富，慷慨好义。道光五年，输金修西河堤。七年，重修郧郡考棚桌橙，今赖焉。又修校士馆，卖北乡义地葬无归者。十三年大饥，出谷赈饥不足，又禀知县刘建勋，愿以己产契约为质，买常平仓谷，平粜济民。刘却质，出仓谷二千余石，减价以售，全活甚众。途有抛弃婴孩，令人收至家，觅乳妇哺之。思来春荒，买菜籽十余石，撒各姓田，待菜生以充民饥。刘县旌之。

陈善全，性朴厚，与酒肆陈村结契，频年积负全钱三十余千，某不能尝。病嘱侄曰："吾负全多矣，殁后汝当设法赏之。"其侄措资，述叔语。全曰："叔何欠于我。"侄曰："叔言犹在耳，无辞。"全曰："债已楚，病中语不可听。"众哂之。

北乡廪生曹良材，年二十八，失偶，人劝复娶。材曰："业有二子，何娶焉？且幸妻亡而吾存，不幸吾亡而妻存，必将望吾妻为节妇，吾岂不能为义夫哉！"终不娶。

生员谢炳南，与异母兄析居立契。南曰："兄多疾，吾入学费多资，愿以分内水田二斗让兄。"兄不肯，南曰："不肯即不分。"陈百龄曰："吾与人分家多矣，但见有争未闻有让。"

西乡监生陈世常，家饶尚俭，积余资以修庙、建桥、施寒衣、修险路，不吝惜。

西乡庠生陈润藻，性好义。咸丰六年除日，有佃户袁发科贫甚绝粮，侍母而哭。藻闻恻然，给资营贩，遂致小康。藻殁，科不忘其德，逢节祭其墓焉。

2. 书香人文

《房县志·人物》，特别重视宣传读书人或以教育为业的人物，认为这些人物能引领社会风气。在传统儒学的影响下，志同道合的学人，形成学友圈。

谁有学问，有才华，读书人就跟着他相处。教书者有责任心，有独立的情操。他们专心学术，做人有自己的原则。虽然有学生在衙门任职，但他们不托他们办事，不搞个人关系，不影响公务。从事教育的人，还在社会上从事调解工作。

此类人物尚多，如：

王以禄，贡生，有宿学，教授生徒多知名士，居城中，从不入公门。

毛瀚儒，贡生。与彬儒孪生，面貌如一，虽家人莫能分。伯仲均宿学，为一邑望人，称为"花萼同辉"。

陈正国，贡生，性嗜学，穷年下帷有文誉。省试屡荐未售，生平矩步方行，不入县署门。

丘方泰，贡生，性恬静，能终日坐，学术根柢六经，尤工诗。其咏《七夕》有句云："千年会合千年好，一度相逢一度秋。"从游者甚众，寿八十有六终。

卢秉乾，贡生，家富饶，以教育为乐事，从游者不责修金，园疏薪木不吝取与。

郭建勋，贡生，髫年嗜学，颖悟过人，屡试冠军，文章本六经，为房道学。目瞽，犹口授生徒不倦。

汪世槐，贡生，有逸才，俯视一切，潜心经史，为人排解，不烦言立辩。子孙相继读书，有出仕者。

雷英贤，贡生，工文艺，善教诲，设教一生。

戢有绅，南乡贡生。聪颖嗜读，书作俱佳，性孝友。母年八十余岁，寝褥溺污，虽寒夜，必与妻刘氏至寝躬亲易之。母九十余终。葬后余资，商议侄嫂，以三弟贫，悉给之。闭户教读数十年不预外事，年七十六终。

以上每个人物，都有一段历史与故事，以戢有绅为例，他深受儒学影响，重视孝道。一边教书，一边侍候老母，不嫌其累。父母的遗产，主动提出给家里经济情况不太好的三弟。他是孝道的楷模，修身齐家成为表率。

根据戢有绅的事例，我们查得：戢家是房县的一个知名家族。《房县志·人物·忠勇》记载了戢玥、戢珏、戢时鉴、戢有节的感人事迹。传闻戢姓起源于春秋，楚国庐邑大夫戢黎以戢为姓，为戢姓之始祖。汉时戢鉴为长沙太守，后遂居于此，为戢姓入湖广之始。唐朝武则天时，戢天成协助薛刚护唐反周，被武则天灭族，戢氏家族为避祸，有改姓翟者。房县戢氏鉴公派字辈：大公单翼，遴选嘉祥，宇宙至圣，威武克扬，乾会运世，阴阳太极，宗祖子孙，炳朗赫奕，仁德继永，仕茂从昌，礼东文章，忠孝显邦，荣华富贵，元亨利贞，锦绣英豪，玉圭瓒金，光前裕后，流芳百代，昆绪先锡，久远万载。

清末到民国年间，戢家产生了一文一武的双子星座（戢翼翚、戢翼翘）。

戢翼翚（1878—1908年），字元丞，房县城关人。父为湖广总督督标属下的守备（五品官），举家迁武昌。光绪二十二年（1896年），经总理各国事务衙门选拔，戢翼翚被派往日本，成为首批留日学生之一。戢翼翚到日本后，入亦乐书院学习。光绪二十五年（1899年）毕业后，进入东京专门学校学习，同年孙中山到达东京，戢翼翚与沈翔云、吴禄贞往访，共谋治国方略，深得孙中山赞赏，吸收为兴中会会员。1900年春，戢翼翚在日本东京与沈云翔等人创立中国留日学生第一个爱国团体"励志会"（又称"励志社"），创办中国最早的留学生刊物《国民报》。7月，戢翼翚奉孙中山之命回武昌策划长江流域革命，成为孙中山派入长江运动革命的第一人。8月初赴汉口，设机关于英租界宝顺里，密谋起事。事泄，唐才常、林圭等20余人遇害，戢化装为驿客逃往上海，与秦力山结伴亡命日本。12月，与杨廷栋等创办《译书汇编》月刊，译载欧美政治名著，宣传民主思想，被称为留学界杂志之先祖。

戢翼翘（1885—1976年），字劲成，房县城关人。早年入武昌农务学院和上海育才学校读书。1905年考入天津北洋大学，攻读土木工程专业。后东渡日本，1909年入日本陆军士官学校步科学习，这期间加入同盟会。辛亥革命中，参加上海光复之役，任沪军先锋队参谋长。民国元年任第二师第四旅旅长，授陆军少将军衔，年仅27岁，为民国成立后的第一批将官。1935年，中华民国南京政府授予其陆军中将衔。1936年西安事变之后，积极活动，主张保护张学良。戢翼翘是国民党元老级高级将领，曾参加过辛亥革命、二次革命、护国运动、直奉大战、中原大战、讨伐石友三部等重大战事。台湾"中央研究院近代史研究所"曾对戢翼翘进行采访，李毓澍访问，陈存恭记录，编成《戢翼翘先生访问记录》。书中的第一篇《家世与教育》是了解房县历史的资料。九州出版社 2013 年出版了此书。

3. 女性人文

房县民风淳朴,女子有坤德。

《房县志》记载了许多女子的感人事迹。受传统伦理观念影响,女子结婚,恪尽妇道,地方官员多次旌表。有教子有方的,有勤俭持家的,有孝养翁姑的,有寡育遗孤的,有捐资行善的,有大义为公的,有壮勇殉节的,有贤淑智慧的,她们在平凡中铸就了不平凡。如:"戴风之妻莫氏,于乾隆五十八年夫故,时莫氏年二十四岁,守节家贫,事老抚幼,教子勤耕,至今五代未析居,现年九十六。"这位老太太,在七十余年中主持戴家事务,五代同堂没有分家产,显然是一位很能干又受到尊重的人。还有为社会做公益的女性典型,"孀妇阮蔡氏,家贫乏嗣,纺绩度日,积有百金,垂老病笃。邀街邻至嘱曰:我有百金,以五十金修南街踊路。及工竣而氏殁。邻人为勒碑土地祠左"。

《房县·列女》记载:"妇女节义有三:未嫁丧夫,誓死不字曰贞。夫亡孀守,奉亲抚孤,茹苦终身曰节。夫死而愤烈捐躯,乱世而慷慨殉难曰烈。"

这方面的史料特别多,如:

车李氏,车兰妻,年十五婚,甫百日,兰故。翁姑怜惜其少,令再醮。氏断发自誓,请以夫从子之准为嗣。薄田三亩,耕耘纺织,养亲课子。

徐刘氏,徐崇荣妻,荣六世同居,故时,氏年二十七。三子,长成章七岁,次德化、观化。氏与夫兄崇隆、弟崇爵共爨,和睦一堂,从无间言。二十余年理家教子不倦,成章官安徽霍邱知县。

张毛氏,东乡张镇妻,年二十一,镇故。家贫,遗二子,在襁褓。嘉庆元年,教匪乱,氏携二子避难险峻,采蕨以食。十九年大饥,有匪入,嗾二子行劫掠事,氏唾出。闭户,守饿无怨言。

饶方氏,饶某妻,生一女。某故,氏矢志不改,勤俭治生,年七十,谓族人曰:老身五十年辛勤,积数千金,今付宗祠为祀田,愿诸族世守之。

昝绳氏,庠生昝履中妻,年二十七寡,抚遗孤安位,娶程氏,寻俱故,遗三子一女。氏抚成立,四世同堂,年七十犹理家政。其从娣妇吴氏,昝学宪妻也,年二十五守节,子夭,抚继子,生三孙,以耕读教家。

侄媳杨氏，咎安寿妻，年二十二，寿故，抚夫兄安富子荣乾为嗣，寻富亦殁，妻某氏偕杨氏苦守，杜门纺织，庭除肃然，一门四节，里党贤之。

李王氏，李宗福妻，年二十九，福故。矢志茹苦，教子荣身。置功过格册，日以红圈记功，黑圈记过。学师以苦节申详，有"以闺行而励士行，不愧女中君子；以母职而兼父职，俨然巾帼丈夫"等语。学政王赠芳奖以"砥节怀清"。

张章氏，张宏经妻，乾隆时翁患喘，氏奉汤药，洁涤髓，数十年不懈，乡里称其孝。

王吴氏，东关王六义妻，年二十七，义故。家贫，纺绩抚孤成立。道光十二三年，连岁荒，氏丐食无所，匍匐至夫墓前，缢死，年六十八。

刘毛氏，刘玉贵妻，年二十二，贵故。氏守志十七年。嘉庆元年春，贼焚掠村落，氏虑逼污，投缳死。

我读《房县志》，见到许许多多贞节女子的事迹，不忍卒读。她们，年纪轻轻就死了丈夫，矢志守节，不论怎么劝告，也不愿再婚，似乎再婚就是入虎穴。然后，一辈子抚养子女，照顾老人，纺纱织布，操持家务，不辞劳苦，默默无闻，奉献一生。地方乡绅或家族长辈向县里汇报，核实情况之后，政府旌表，有的赐匾，有的入祠，有的建坊，有的写入县志，这是对她们最大的褒奖，是她们用一辈子的辛劳换来的荣誉，家庭共享。这种情况，成为一种普遍的风尚，有伦理道德支撑，得到传统社会的认同。

在古代还有一些妇女没有地位，在家中受虐，甚至被不良的丈夫卖掉。同治本《房县志·杂记》记载："李张氏，李传绪妻，张克勤女。绪荡无行检，家窘甚，意鬻妻以偿博饮债。妻泣曰：'我来汝家，忍饿受冻，昼夜纺织，佐饔飧为人作乳媪，得资悉归汝，吾何咎而忍割我母子爱，我死不得，遂汝也。'绪逼之，凌辱百端。氏携子，就夫姑顾姓家，针术度活。"李传绪又来到顾家，"竟杀妇死，掷子于塘"。此事惊动了县官，"验得实，系绪狱"。

如果以今人的眼光看清代房县的女性风尚，笔者我只有同情与遗憾，我尊重她们的选择，但我认为时代限制了她们，误导了她们，她们没有爱情，没有独立的人生，没有个人的享乐，是牺牲的一个群体。

总之，方志是记载家庭史的宝贵资料，其重要性不比家谱差。家谱只重视一家之史实，方志重视一地区之史实，且重视风气之导向。感谢先哲，给我们留下了浩瀚的方志，得以全面了解中国传统的家庭！

第六章　家庭中的两性

天上有日有月，阴阳变化构成自然的现象。家庭有男有女，两性关系是家庭的主线，牵动着家庭所有的神经。

汉字中，有许多代表女性的偏旁部首，女字偏旁的字多与女性有关。商代甲骨文中多次出现与女相关的文字。"妇"字，甲骨文像一个人跪着拿一把笤帚。"好"字，甲骨文像半跪的女子胸前抱一个婴儿，有"子"为"好"。"安"字，房中有女，平安舒适。

东汉许慎著《说文解字》，其中的女部有 258 个字。"女"字，本义是女子两手交叉于胸前，屈膝跽坐。与女字偏旁相配的字，涉及姓氏、婚姻家庭、容貌品性、亲属称谓、工作职能、名字等。分析这些女字偏旁的汉字，可以透视中国的女性文化。例如，"娲"字。娲，又称女娲氏、娲皇，是中国传说时代的母系氏族首领，所处时代约为旧石器时代中晚期。在神话中，女娲人首蛇身，是伏羲的妹妹和妻子。女娲的主要功绩为抟土造人，以及炼石补天，是人类始祖和婚姻之神。

汉字中，似乎没有专门代表男性（类似于女旁）的偏旁字。一种解释是无胜于有。汉字中，除了女旁字，其他与人类相关的字大多与男性有关。另一种解释是文字创始于母系氏族社会，男性没有受到应有的重视。

甲骨文中有"男"字，本义指男人，与"女"相对，但汉字中很少用"男"字作偏旁部首，这是一个很奇怪的现象。按说，创字之时正是男性在社会中起着重要作用之时，许多事情都是男性承担的，而文字中很少体现男权意识。"男"字是个会意字，从田，从力，反映了农耕社会在农田中干活的人多是男性。"力"，是古农具"耒"。耕作是男人的一项主要职责。《说文解字》说："男，丈夫也……言男用力于田也。"

一、《周易》的两性哲理

中国传统家庭的两性关系，在先秦的经典《周易》一书中已经得到体现。《周易》从朴素哲学的高度对中国传统家庭中的两性关系做了抽象的概括。其主要内容如下：

宇宙间有天地，家庭中有男女。《周易·序卦传》云："有天地然后有万物，有万物然后有男女，有男女然后有夫妇。"万物有阴有阳，有刚有柔；人类有男有女，有夫有妇。《周易》八卦的乾卦象征父亲，坤卦象征母亲。乾坤生出其他六个卦，易理表述为：震，一索而得男，故谓之长男。巽，一索而得女，故谓之长女。坎，再索而得男，故谓之中男。离，再索而得女，故谓之中女。艮，三索而得男，故谓之少男。兑，三索而得女，故谓之少女。子女的性别是依一定的元素而决定，后嗣的数字有均衡关系，且暗含了特别的规律。

天地之间，乾坤为主导。在家庭系统之中，父母是主导。"乾道成男，坤道成女。""有亲则可久，有功则可大。可久则贤人之德，可大则贤人之业。""继之者善也，成之者性也。""亲"，我们亦可理解为家庭中的父母双亲，因为他们的良好关系，才成就了持续的家业。

天地乾坤之间的关系，也可以用来说明父母夫妻之间的关系。"夫乾，其静也专，其动也直，是以大生焉。夫坤，其静也翕，其动也辟，是以广生焉。""阖户谓之坤，辟户谓之乾，一阖一辟谓之变，往来不穷谓之通。"《周易·乾卦》云："《象》曰：大哉乾元，万物资始，乃统天。云行雨施，品物流形。"《周易·坤卦》云："《象》曰：至哉坤元，万物资生，乃顺承天。坤厚载物，德合无疆。含弘光大，品物咸亨。牝马地类，行地无疆，柔顺利贞。"这段话，对于成年夫妇来说，可以引申出丰富的想象，不用笔者在此展开叙述，言不尽意，无声胜于有声。

天地乾坤之间既然有主次的关系，那么，夫妻之间也有主次的关系。乾、天、父为主，坤、地、母为次。大地从属于天穹，像月亮跟着太阳一样，妻子也应处理好与丈夫的关系。《周易·坤卦》云："阴虽有美，含之；以从王事，弗敢成也，地道也，妻道也，臣道也，地道无成而代有终也。"夫妻之间，因为身体与能力的原因，女性与男性各自应当做好本分的事情。在社会上，男性应当起主导作用，女性做好辅导作用。在家庭中，女性应当发挥坤德，而男性也不能缺位。谋大事，拿主意，由夫妻共同决策，而男性应当更有主见，并勇于承担责任。

在《周易》六十四卦中，许多卦都与家庭文化有关，并或多或少涉及家庭婚姻中的一些现象。《周易·杂卦》云："《家人》，内也……《讼》，不亲也……《颐》，养正也……《归妹》，女之终也。《未济》，男之穷也。"

关于女子出嫁。《周易·屯卦》六二爻辞云："女子贞，不字，十年乃字。"女子守贞，不愿出嫁，过十年才嫁。贞，守正。字，出嫁。这句话是对女性的要求，守贞守正而不嫁，待时而嫁。

《周易·姤卦》记载："女壮，勿用取女。"这句话是说女性不能太强势，太强势就难以有人聘娶。作为家庭中的一个角色，女子还是应以温柔为美，如果性格太强，男性很难适应，男性有可能越变越弱，夫妻关系不容易相处。

在易理之中，阴阳相配，是正道。同性婚姻，受排斥。《周易·睽卦》记载："二女同居，其志不同行。"这是讲同性相斥。两个女的住在一起，最终是走不到一起的。先民不赞成同性恋，认为这违背自然发展规律，没有后嗣的社会是绝种的社会。

《周易·损卦》六三爻辞记载："三人行则损一人，一人行则得其友。"这里，讲的是男大当婚，女大当嫁，"一人行则得其友"。古人提倡一夫一妻制，实行对偶婚，反对第三者。如果有人插足到别人的婚姻中，会很容易导致别人的家庭破碎。宇宙间是两两相对，家庭是由一对一对的夫妇组成，排列组合以偶数为吉。

婚姻的年龄，《周易·大过卦》记载："枯杨生稊，老夫得其女妻，无不利。"《大过卦》讲男女年龄应当相近，否则是"枯杨生华"。不过，男女双方如果自愿，年龄虽然悬殊，也没什么不好。人老了，如果有意愿找个生活伴侣，也未尝不可。

婚姻有突发事件，也有悲伤。《周易·屯卦》记载"乘马班如，泣血涟如"，"匪寇婚媾"。这是讲情感方面的事情，伤心至极。古代有些地方流行抢婚，颇为野蛮，甚至酿成殴打、流血、死人的惨剧。婚姻本是很美好的事情，突然受到袭击,寇盗凶狠,强迫成婚,流泪如血。

夫妇两人组成了一个小家庭,难免产生一些矛盾。《周易·小畜卦》记载:"夫妻反目。"这里讲的是家庭矛盾,夫妻也有不和睦的时候,这是常态。然而,碰到灾难,丢失了妻子,这就很糟糕了。《周易·系辞》云:"困于石,据于蒺藜,入于其宫,不见其妻,凶。"

夫妇之间要长期互守道德,以便保护家庭的稳定性,否则就会受到羞辱。《周易·恒卦》记载:"不恒其德,或承之羞。"《周易·序卦》云:"夫妇之道不可以不久也,故受之以恒。"

女子结婚,要尽量走到底。《周易·恒卦》又记载:"妇人贞吉,从一而终也。夫子制义,从妇凶也。"女子出嫁,就应从一而终。夫妇之间,男性要拿出原则性的意见,如果仅仅听从妇人的意见就有凶险。

先民把《周易》奉为神一样的存在,在处理两性关系时把它作为准则。战国时期流行的《荀子·大略》引用过《周易》,其文:"《易》之《咸》,见夫妇。夫妇之道,不可不正也,君臣父子之本也。咸,感也,以高下下,以男下女,柔上而刚下。"这说明,《周易》中的两性关系,在战国的文献中已经作为经典的论述。

《周易》是儒家的重要经典,文字深奥,但流传很广,其阴阳思想、两性关系,对先民有极重要的影响,值得深入探讨。

二、对两性的约束

1. 男女之防

家庭是两性的组合体,有夫妻,有兄妹,有兄嫂,有翁媳,有母子,在多元的男女关系中,先民强调要有两性区别,有禁忌,有约束,男女之间的关系要有大防。男女之间不杂坐,七岁不同席。男不入,女不出。《礼记·郊特性》记载:"男女有别,然后父子亲;父子亲,然后义生;义生,然后礼作;礼作,然后万物安。"《礼记·丧服》记载:"男女之有别,人道之大者也。"

人类的男女两性,天然就相互吸引。早在氏族社会,先民就在仲春之月、万物萌动的时候,男女自由相会,尽情欢娱。在一些少数民族地区,一直有

"女儿会"之类的民俗，如鄂西南的土家族，每逢女儿会，青年人相互接触，表达爱慕，甚至偷情，抒发身体的躁动。

进入到文明社会之后，国家或社会的稳定是建立在家庭稳定的前提之下，只有家庭稳定，社会才安定。于是，社会必然产生管控思想，必然要求男女之间的接触有所约束。男女之间保持距离，特别是非夫妇关系的两性不能有过多的接触，不允许有婚外情与性关系。家庭婚姻是两个人的事，不能有第三个人。

春秋末期，儒家创始人孔子有重男轻女的思想倾向，《论语·阳货》记载他的感叹："唯女子与小人为难养也。"孔子把女人与小人放在一起，作为鄙夷的对象，引得后世对孔子产生了争议。孔子果真重男轻女吗？如何理解孔子"唯女子与小人为难养也"这句话？这话是他说的吗？是在什么样的语境说的？学术界有诸多质疑。

战国时期，男女之间的关系已经有严格规定，士人们经常讨论这些规定。如《孟子·离娄上》记载：齐国的辩士淳于髡说："男女之间不能亲手递交东西，是礼法的规定吗？"孟子说："是礼法的规定。"淳于髡又问："如果嫂子落水了，那么能用手拉她吗？"孟子说："嫂子落水了而不去拉，这就如同豺狼了。男女之间不亲手递交东西，这是礼法的规定；嫂子落水而用手去拉，这是对礼法的变通。"淳于髡说："现在，天下的人都掉落水中了，您不去救，为什么呢？"孟子说："天下的人都落水了，要用王道去救；嫂子落水了，要用手去救。你难道想用手去救天下的人吗？"（《孟子·离娄上》原文："淳于髡曰：男女授受不亲，礼与？"孟子曰："礼也。"曰："嫂溺，则援之以手乎？"曰："嫂溺不援，是豺狼也。男女授受不亲，礼也；嫂溺，援之以手者，权也。"曰："今天下溺矣，夫子之不援，何也？"曰："天下溺，援之以道；嫂溺，援之以手。子欲手援天下乎？"）

两晋时期，社会上仍流行男女之防。葛洪在《抱朴子外篇·疾谬》中说："在礼，男女无行媒不相见，不杂坐，不通问，不同衣物，不得亲授。姊妹出适而反，兄弟不共席而坐。外言不入，内言不出。妇人送迎不出门，行必拥蔽其面。道路男由左，女由右。此圣人重别杜渐之明制也。"可见，男女大防的观念，上升到圣人的要求，人们都得自觉遵守。

五代十国时期，对女性的虐待，出现了束脚的风气。据《南村辍耕录》记载，南唐后主李煜的嫔妃窅娘美丽且擅长歌舞。李煜别出心裁地让窅娘用布帛缠住脚，把她的脚缠成小巧弯曲的新月形。窅娘套上白袜子，在六尺高的金质莲花上回旋起舞，李煜借以欣赏所谓的仙子"凌云之态"。上有好者，下必效之，南唐的女子"人皆效之，以纤弓为妙，以不为者为耻也"。李煜后来成为亡国之君，而束脚成为一种陋俗。

为了防范女性走出家门，有违所谓的"妇道"，宋代社会上继续流行缠足的陋习，《宋史·五行志》记载："理宗朝，宫人束脚纤直。"直到民国初年，民间还有缠足的情况，即用布将小女孩的双脚紧紧缠裹，使之畸形变小，直到成年骨骼定型后方将布带解开，也有终身缠裹者。笔者的外婆就是"三寸金莲"，脚的背部呈躬形状，步子走不快。缠足陋俗是对女性身体的极大摧残，却得到社会的普遍欢迎，这真是古代社会畸形变态的表现。

宋代流行的理学对女性的束缚特别严格，甚至走向了极端。在一些所谓有教养的富贵人家，女子终日关在深宅大院，不能轻易与外面的男人谋面，也不允许对话或传递物品。宋代的程颐曾经提出"饿死事极小，失节事极大"。这是对女性的虐待，是不用刀子的残杀。

宋代司马光在《涑水家仪》中有详细规定：凡为宫室，必辨内外。宫门内外不共井，不共浴室，不共厕。男治外事，女治内事。男子昼无故，不处私室；妇人无故，不窥中门。男子夜行以烛，妇人有故出中门，必拥蔽其面。男仆非有缮修，及有大故，不入中门，入中门，妇人必避之，不可避，亦必以袖遮其面。女仆无故，不出中门，有故出中门，亦必拥蔽其面。《涑水家仪》的这一套家仪，实为男女之大防，过于严苛！

宋代是传统伦理的分水岭。宋代以前，女子改嫁是习以为常的民俗。宋代以后，女子嫁鸡随鸡，嫁狗随狗，如果改嫁，就被认为是奇耻大辱。女子被约束，妇女的道德绳索加剧。清人钱泳曾说："宋以前不以改嫁为非，宋以后则以改嫁为耻。"[①]

因为重男轻女，歧视女性，有的地方流行溺死女婴的习俗。针对这种减少

---

① 钱泳：《履园丛话》卷二十三。

人口、灭绝人性的行为，古代有良知的官员实在看不下去，试图改变这种不良的民俗。例如，明代冯梦龙就做过一些移风易俗的事情。冯梦龙是文学家，以传世的《喻世明言》《警世通言》《醒世恒言》称誉，他在61岁时担任了福建寿宁县知县。寿宁有个陋习，就是一定要生男孩，如果生了女孩就会扔掉。冯梦龙见到这种现象，非常生气，就在县上的凉亭里贴了《禁溺女告示》，大意是说男人女人都一样，你的母亲就是女人，没有你的母亲哪有你。不允许溺女，否则要严惩。由于知县亲自移风易俗，使溺女现象大有好转。但是，要完全改变当地溺女陋习也不是一朝一夕的事情。因此，在冯梦龙离开寿宁县时，留下一本书《寿宁待志》，表示还有许多事没做完，需要后人继续去做。

一直到明清时期，先民都普遍存在重男轻女的思想。古代的家庭是以男性传承香火的，男性在从事农耕生产中发挥的作用比女性更大，男性在社会的交往上比女性更加方便，因此，人们必然重男轻女。

除了男女在家庭中的实际作用因素外，社会观念因素也是影响人们重男轻女的原因。先民认为养女儿责任大，麻烦多，而女儿总是要出嫁的，是别人家里的人。养男孩可以光大家门，娶妻生子，添人进口，家门兴旺。这种重男轻女的行为，与家庭中的传宗接代观念有关，与光宗耀祖观念也有关。其实，光宗耀祖是个伪命题。所谓光宗耀祖，就是人们通过实现功名，使宗族光荣，祖先荣耀。然而，人们通过科举实现功名，果真宗族光荣吗？否！宗族的穷人还是穷人，富人还是富人。祖先早就作古，哪里能享受什么荣耀？当官是个风险职业，时常有诛灭九族之祸，一人当官，全家遭殃的事情不在少数。

2. 闺门女子

中国古代对不同层次的女性有不同的要求。不论是婚前的女性，还是婚后的女性；不论是穷家的女性，还是贵族家的女性，都有具体的要求。有些要求，是维系了当时社会的安定，有些要求具有很大的约束性，失去人道。

每个女性的一生，都有几种身份在转换。因对象不同，身份亦不同，有时是女儿，有时是妻子，有时是母亲，有时是祖母。传统文化要求女性做好自己在不同背景中的角色。家庭中在众目睽睽之下，女性时刻受到品评。

女儿要做好闺秀。"闺秀"一词，在特别重视门第的南北朝时期就流行了，成语有"大家闺秀"。刘宋的刘义庆在《世说新语·贤媛》记载："顾家妇清心玉映，自是闺房之秀。"由此可见，闺秀起初是指世家望族中有才、品行优良的女子，后来泛指一直深养在家中的待字闺中的女孩。

女子在结婚之前，要谨守闺道，养身养性，固步于深闺庭苑，不出门户，大门不出，二门不迈，随时准备以玉洁之身出嫁。宋代司马光在《涑水家仪》中说："女子年及八岁者不许随母到外家，余虽亲之家，亦不许往，违者重罚其母。"

古代的女孩子深居闺房，为的是避免男女之间不必要的麻烦。宋代袁采创作的童蒙读物《袁氏世范》记载："圣人云，不见可欲，使心不乱。此最省事之要术。盖人见美食而必咽，见美色而必凝视，见钱财而必起欲得之心。苟非有定力者，皆不免此。"先民认为，女色是祸，避免人们的色欲，就可以减少家庭的是非。

女子要做好女子的本分。古代家庭中的女孩过了女婴期，至少三岁，就要自觉不自觉地受到做好女儿的家教。最早的家教是父母口耳相传，是言传身教，是潜移默化。

女儿稍长，就要学会侍奉父母，有严格的规范。许多书籍都不厌其烦地讲述女儿应当如何孝敬父母及长辈，此不赘述。

汉文帝时，社会上出现了一位为父亲分忧的女儿缇萦。《史记·扁鹊仓公列传》记载，缇萦的父亲淳于意担任太仓令，被人诬告受了贿，要接受刑罚。缇萦上书皇帝，为父亲鸣不平，讲述父亲为官的清廉、公平，并主张改变刑罚。缇萦还自请舍身做官府中的女仆，来赎父亲的罪过。汉文帝看了缇萦的书信很感动，于是重新审核了案子，并废除了肉刑法。缇萦敢于伸张正义，据理力争，甚至愿意替父亲受过，以法理与情义感动了执政者，为历代女儿做出了楷模。

东汉班昭对女性文化颇有自己的见解。[①] 她撰写的《女诫》是一篇教导班

[①] 班昭是我国历史上第一位女历史学家。班昭，字惠班，又名姬，家学渊源，尤擅文采。她的父亲班彪是汉代的大文豪，班昭本人常被召入皇宫，教授皇后及诸贵人诵读经史，宫中尊之为师。班昭十四岁嫁给同郡曹世叔为妻，所以人们又把班昭叫作"曹大家"。《女诫》的版本多，文字多歧异，此处引自徐少锦等主编的《中国伦理文化宝库》（中国广播电视出版社1995年版，第722页）。

家女性做人道理的私书。该书奠定了为女之道，影响中国女性文化近两千年。其中的内容主要有以下这些：

在《卑弱》中，班昭认为女性生来就不能与男性相提并论，必须恪守妇道，"晚寝早作，勿惮夙夜；执务私事，不辞剧易"。

在《夫妇》中，班昭认为丈夫比天还大，须敬谨服侍。妇不贤则无以事夫，妇不事夫则义理坠废，若要维持义理之不坠，必须使女性明晰义理。这样的观点，是重视夫权时代的男子最乐意听的，这似乎是维系家庭安定的一个准则。

在《敬顺》中，班昭主张："男以强为贵，女以柔为美。"家庭中阴阳和谐，一刚一柔，才能并济，才能永葆夫妇之义。然而，如果无论是非曲直，女子无条件地顺从丈夫，则失偏颇。

在《妇行》中，班昭设定了妇女的四种行为标准："清闲贞静，守节整齐，行己有耻，动静有法，是谓妇德；择辞而说，不道恶语，时然后言，不厌于人，是谓妇言；盥浣尘秽，服饰鲜洁，沐浴以时，身不垢辱，是谓妇容；专心纺绩，不好戏笑，洁齐酒食，以奉宾客，是谓妇工。"妇女恪守德、言、容、工四行，方不致失礼。

在《专心》中，班昭强调贞女不嫁二夫，丈夫可以再娶，妻子却绝对不可以再嫁，事夫要"专心正色，礼义居洁，耳无淫听，目不邪视"。

在《曲从》中，班昭告诉女子要逆来顺受，一切以谦顺为主，凡事应多加忍耐。

在《叔妹》中，班昭说明与丈夫兄弟姐妹相处之道，端在事事识大体、明大义，即使受气蒙冤也是天经地义的事情，万万不可一意孤行而失去彼此之间的和睦气氛。

班昭是一位女性，而《女诫》却充满男权思想，真不知道《女诫》是不是班昭所作，抑或托乎其名？抑或班昭的思想男权化。

女子如何侍奉父母？唐代宋若华在《女论语》的《事父母》中这样记载：

> 女子在堂，敬重爹娘。每朝早起，先问安康。寒则烘火，热则扇凉。饥则进食，渴则进汤。父母检责，不得慌忙。近前听取，早夜思量。若有

不是，改过从长。父母言语，莫作寻常。遵依教训，不可强梁。若有不谙，细问无妨。父母年老，朝夕忧惶。补联鞋袜，做造衣裳。四时八节，孝养相当。父母有疾，身莫离床。衣不解带，汤药亲尝。祷告神祇，保佑安康。设有不幸，大数身亡。痛入骨髓，哭断肝肠。劬劳罔极，恩德难忘。衣裳装殓，持服居丧。安理设祭，礼拜家堂。逢周遇忌，血泪汪汪。

对于长辈，《女论语》要求女子都要耐心照顾，如《事舅姑》记载：

敬事阿翁，形容不睹，不敢随行，不敢对语。如有使令，听其嘱咐。姑坐则立，使令便去。早起开门，莫令惊忤。洒扫庭堂，洗濯巾布。齿药肥皂，温凉得所。退步阶前，待其浣洗。万福一声，即时退步。整办茶盘，安排匙箸。香洁茶汤，小心敬递。饭则软蒸，肉则熟煮。自古老人，齿牙疏蛀。茶水羹汤，莫教虚度。夜晚更深，将归睡处。安置相辞，方回房户。日日一般，朝朝相似。传教庭帏，人称贤妇。

从明代开始流行一本《女儿经》，作者不详，是对女子进行品行教化的教材，有多个版本。有个版本的内容如下：

女儿经，仔细听。早早起，出闺门。烧茶汤，敬双亲。勤梳洗，爱干净。学针线，莫懒身。父母骂，莫作声。哥嫂前，请教训。火烛事，要小心。穿衣裳，旧如新。做茶饭，要洁净。凡笑语，莫高声。人传话，不要听。出嫁后，公姑敬。丈夫穷，莫生瞋。夫子贵，莫骄矜。出仕日，劝清政。抚百姓，劝宽仁。我家富，莫欺贫。借物件，就奉承。应他急，感我情。积阴德，贻子孙。夫妇和，家道成。妯娌们，要孝顺。邻居人，不可轻。亲戚来，把茶烹。尊长至，要亲敬。粗细茶，要鲜明。公婆言，莫记恨。丈夫说，莫使性。整肴馔，求丰盛。著酱醋，要调匀。用器物，洗洁净。都说好，贤惠人。夫君话，就顺应。不是处，也要禁。事公姑，如捧盈。修己身，如履冰。些小事，莫出门。坐起时，要端正。举止时，切莫轻。冲撞我，只在心。分尊我，固当敬。分卑我，也莫陵。守淡薄，安本分。

他家富，莫眼热。行嫉妒，损了心。勤治家，过光阴。不伶俐，被人论。
若行路，姊在前，妹在后。若饮酒，姆居左，妯居右。公婆在，侧边从。
慢开口，勿胡言。齐捧杯，勿先尝。即能饮，莫尽量。沉醉后，恐癫狂。
一失礼，便被谈。肴面物，先奉上。骨投地，礼所严。动匙箸，忌声响。
出席时，随尊长。客进门，缓缓行。急趋走，恐跌倾。遇生人，就转身。
洗锺盏，轻轻顿。坛和罐，紧紧封。公姑病，当殷勤。丈夫病，要温存。
爷娘病，时时问。姑儿小，莫见尽。叔儿幼，莫理论。里有言，莫外说。
外有言，莫内传。勤纺织，缝衣裳。烹五味，勿先尝。造酒浆，我当然。
无是非，是贤良。姆婶事，决莫言。若闻知，两参商。伯叔话，休要管。
勿唧唧，道短长。孩童闹，规己子。是与非，甚勿理。略不逊，讼自起。
公差到，悔则迟。里长到，不可瞋。留饮酒，是人情。早完粮，得安宁。
些小利，莫见尽。论彼此，俗了人。学大方，人自称。晒东西，也莫轻。
秽污衣，寻僻静。恐人见，起非论。他骂我，我不听。不回言，人自评。
升斗上，要公平。买物件，莫亏人。夫君怒，说比论。好言劝，解愁闷。
夫骂人，莫齐逞。或不是，陪小心。纵怀憾，看你情。祸自消，福自生。
有儿女，不可轻。抚育大，继宗承。或耕耘，教勤谨。或读书，莫鄙吝。
倘是女，严闺门。训礼义，教孝语。能针业，方成人。衣服破，缝几针。
鞋袜破，被人论。是不是，自己寻。为人母，所当慎。奴婢们，也是人。
饮食类，一般平。不是处，且宽忍。十分刻，异心生。若太宽，便不逊。
最难养，是小人。再叮咛，更警心。妯娌多，都一心。本等话，莫生瞋。
同茶饭，莫吵分。一闹嚷，四邻听。任会说，非为能。吵架的，个个论。
公姑闹，不安宁。各自居，也要命。命不遇，只是贫。那时节，才理论。
这等事，当自忖。管家娘，更须听。赶捉牲，莫纷纷。动宰割，忌刀声。
亲锅厨，休铮铮。最不孝，斩先脉。夫无嗣，劝娶妾。继宗祀，最为切。
遵三从，行四德。习礼义，难尽说。看古人，多贤德。宜以之，为法则。

《女儿经》是约束女子言行的紧箍咒，在古代社会很流行，以之作为女性的为人处世准则，影响极大。不过，其中的有些内容还是值得肯定和赞扬的，如提倡敬老爱幼、勤俭节约、珍惜粮食、讲究卫生、严于律己、宽以待人、举止得体、注意礼貌等。

三、婚姻与家庭宜忌

婚姻是家庭中最核心的内容，婚姻状况影响着家庭。本书中的婚姻内容，本可以放在"两性关系"一章讲述，也可以放在"民俗"一章讲述，但婚姻内容太重要，故单独论列。

1. 成婚的年龄

古代，"婚"亦作"昏"，指男女结合成为夫妻。《诗经·小雅·我行其野》云："昏姻之故，言就尔居。"

说到婚娶，《孔子家语》有一些论述。其中的《本命》记载了婚姻。男子20岁，女子15岁，就可以组成家庭。"夫礼言其极，不是过也。男子二十而冠，有为人父之端；女子十五许嫁，有适人之道。于此而往，则自婚矣。"

《明史》卷五十五记载："凡庶人娶妇，男年十六，女年十四以上，并听婚娶。"对于统治者而言，社会的繁荣取决于人口的增多，让年轻人早结婚早生子，可使劳动力增多，亦使赋税增加，国家的财富也相应地增加。因此，历来的统治者都是鼓励早生早育的。

事实上，婚姻不是随便的事情，年轻人难以按时结婚。古代的穷人多，生活困苦，男人没有条件娶妻生子。富人家的女儿，需要门当户对，不可能随意嫁人。因此，人们难以到了法定年龄就成婚，有人甚至终身没有成婚。

2. 娶去的原则

《孔子家语》的《本命》记载，孔子曾经论述了不能娶的女子与必须休掉的女子，有一些基本的原则："女有五不取：逆家子者，乱家子者，世有刑人子者，有恶疾子者，丧父长子。妇有七出，三不去。七出者：不顺父母出者，无子者，淫僻者，嫉妒者，恶疾者，多口舌者，窃盗者；三不去者：谓有所取无所归，与共更三年之丧，先贫贱后富贵。凡此，圣人所以顺男女之际，重婚姻之始也。"

这段话与儒家的另一本经典《大戴礼记》记载的内容大致相同。

所谓五不娶，即男人对五种女人不宜娶：一是不娶性格刚烈的女子。二是不娶逆家女子。三是不娶拜金女子。四是不娶没有修养的女子。五是不娶不孝敬父母的女子。

所谓七出，即休妻的七种理由。其中，不孝顺父母、淫乱、偷盗，这三条理由，似乎还有一定的道理。至于妻子不孕、妻子患了严重的疾病、妻子的话太多、妻子忌妒人就休掉，就未免过分了，完全是大男子汉主义，是对女性的不尊重。

所谓三去，就是有三种情形，即使是妻子符合于七出的条件，丈夫也不能任意要求离婚。三不去，即妻子曾经帮舅姑服丧、娶妻时穷休妻时富有以及"有所受无所归"。妻子的父母家族散亡，被休后可能无家可归，不能休。

男的有五不娶，而女的有六不嫁。女人不嫁好吃懒做的，不嫁胸无点墨的，不嫁拈花惹草的，不嫁心胸狭隘的，不嫁有不良嗜好的，不嫁家暴成性的。这六条原则，是对男人的基本要求，在家庭的日常生活中是必须坚守的，否则家庭很难维持下去。试想，作为一家之长的丈夫不勤劳，不开阔，不守家道，不务正业，不讲礼仪，如何养儿育女？家庭怎么可能安定富裕？

3. 各种婚姻形式

古代婚姻的构成，有各种各样的形式。普遍的情况是，儿女的婚姻大事，要听从父母的安排，要有媒人介绍，"父母之命，媒妁之言"。不论男青年，还是女青年，在古代社会中几乎没有婚姻的自主权。民间婚姻，有以下形式：

指腹婚，婚姻一方尚在母亲胎中，即由其父母为其缔结婚约；或预定一方生男、一方生女而缔结婚约。一般而言，这两家的关系较好，希望通过下一代延续友好关系。

童养婚，女方在幼年时即被夫家收养，长大后成婚。自家有了子嗣，买进或抱养别人家的幼女作为养女，即童养媳。童养媳都是穷人家的孩子，生活有窘境，到了夫家低人一等，每天都要承担各种家务，有时还受未来婆婆的虐待。等到"媳妇熬成了婆"，有了儿子，媳妇才在家里有了地位，然后又可以名正言顺地虐待未来的媳妇。这种情况，在传统家庭中司空见惯。

入赘婚，又称"招养婚""从妻居"。女方家庭经济较为殷实，没有儿子，女子不出嫁，招男方入女家为婿，传承香火。传统中国男人一般不愿意做上门女婿，认为自己依靠女方家而成婚，被人看不起。女方有的家庭，还要求孩子要跟着女方姓，这也是男人不情愿的。《元典章·户部四·嫁娶》记载："民间召婿之家，或无子嗣，或儿男幼小，盖因无人养济，内有女家下财，召到养老女婿，图籍气力；及有男家，为无钱财，作舍居年限女婿。"所谓年限女婿，是指入赘有年限。

交换婚，两家互以其异性家属交换婚配，互换其姐妹为妻，或互换双方女儿为媳。这种婚姻大多是姑表舅婚，又称为"姑表婚"和"舅表婚"，由兄弟的子女与姊妹的子女之间形成的一种婚姻关系。发生婚姻的两个家庭亲上加亲，从而增加家族的凝聚力。但是，近亲往往导致生育质量下降，甚至出现一些残疾人。在鄂西南地区长期流行姑舅表婚，即姑家之女嫁舅家之子。舅家对姑家之女的婚姻有优先权，以之作为出嫁女对娘家的一种补偿，这既是对劳动力的补偿，也是氏族血缘关系延续的补偿。

冲喜婚，当公婆或未婚夫处于病危之际，女子嫁往男家。用"喜事""冲"掉不好的运气，以期达到治疗疾病或转变家运的效果。

冥婚，即为死了的人找配偶，或让活人与死人婚配。这一般是有钱人家的做法，认为儿子来到世上没有享受婚姻就去世了，通过冥婚来弥补遗憾。

转房婚，指兄亡后嫂嫂可转嫁给弟弟、弟亡后弟媳转嫁给兄长、姊亡后妹续嫁给姐夫，使家族内财产和劳力不外流，节省举办婚姻的开销与活动。

传统家庭长期流行包办婚姻，以说媒决定姻缘，不能自由恋爱，不能选择自己喜爱的人成亲。走进婚姻的一对年轻人，之前基本没有接触，谈不上有感情。有的青年顺从父母的包办婚姻，与自己不爱的人组合成家庭，使得家庭空有其外壳，甚至酿成人生的悲剧。子女按照陈规陋习，讲究一时的孝道，盲目听从父母，最终却害了自己，而父母也只能喝到一杯苦酒。不过，绝大多数年轻人在成婚后，在共同的生活中，逐渐建立了感情，成为恩爱夫妻，携手走完了人生之路。

4. 婚姻的宜忌

中国古代的儿童读物《幼学琼林》卷二谈论了婚娶的常识：

> 良缘由夙缔，佳偶自天成。……女嫁曰于归，男婚曰完娶。婚姻论财，夷虏之道；同姓不婚，周礼则然。女家受聘礼，谓之许缨；新妇谒祖

先,谓之庙见。文定纳采,皆为行聘之名;女嫁男婚,谓了子平之愿。聘仪曰雁币,卜妻曰凤占。成婚之日曰星期,传命之人曰月老。下采即是纳币,合卺系是交杯。执巾栉,奉箕帚,皆女家自谦之词;娴姆训,习内则,皆男家称女之说。绿窗是贫女之室,红楼是富女之居。桃夭谓婚姻之及时,摽梅谓婚期之已过。……架鹊桥以渡河,牛女相会;射雀屏而中目,唐高得妻。至若礼重亲迎,所以正人伦之始;诗首好逑,所以崇王化之原。

从中可知,先民认为婚姻靠的是缘分,凤缔而天成。婚礼有一些特定的用语,如许缨、庙见、雁币、凤占、纳币、交杯。我们现在通常说的"星期"二字,在古代是个大吉日。桃夭、摽梅,表示婚姻的时间,出自《诗经》。《诗经·周南》有"桃之夭夭,灼灼其华。之子于归,宜其室家"。《诗经·召南》有"摽有梅,其实七兮;求我庶士,迨其吉兮"。

婚姻是人生大事,需要有一定的质量。明代的法律禁止血缘近亲的男女结婚,禁止娶亲属的妻妾,对辈分不同的表亲结婚也予以限制。男女订婚之初,必须通报是否有残疾、庶出、过房、乞养等情况,以免婚后发生纠纷。如果女方以残疾女子欺骗男方,则要杖责女方家长。如果男方隐瞒实情,则男方家长罪加二等。

古代的婚姻经常要看八字,分析命理吉凶。根据男女双方的出生年、月、日、时的干支,推算阴阳五行及其生克,预测未来的命运。针对这种迷信,清代李汝珍在《镜花缘》第十二回中进行了批判。他说:婚姻一事,关系男女终身,理宜慎重,岂可草草。既要联姻,如果品行纯正,年貌相当,门第相对,即属绝好良姻,何必再去推算?左氏云:"卜以决疑,不疑何卜。"若谓必须推算,方可联姻,当日河上公、陶宏景未立命格之先,又将如何?命书岂可做得定准?那推算之人,又安能保其一无错误?尤可笑的,俗传:女命北以属羊为劣,南以属虎为凶。其说不知何意?至今相沿,殊不可解。人值未年而生,何至比之于羊?寅年而生又何至竟变为虎?且世间惧内之人,未必皆系属虎之妇,况鼠好偷窃,蛇最阴毒,那属鼠、属蛇的,岂皆偷窃、阴毒之辈?龙为四灵之一,自然莫贵于此,岂辰年所生,都是贵命?此皆愚民无知,造此谬论，往往读书人亦染此风，殊为可笑。总之，婚姻一事，若不论门第相对，不管年貌相当，惟以合婚为准，势必将就勉强从事，虽有极美良姻，亦必当面错过，以致日后儿女抱恨终身，追悔莫及。为人父母的，倘能洞察合婚之谬，惟以品行、年貌、门第为重，至于富贵寿考，亦惟听之天命，即日后别有不虞，此心亦可对住儿女，儿女似亦无怨了。①

以八字确定婚姻的宜忌是完全没有科学道理的。古代农历的年月日时与大自然的日月时光只是相对的对应，总是处在变动之中，先民用"十九年七闰法"调整。因此，八字中的五行（金木水火土）的生克制化也是辩证的，不是僵化和固定的。如果过于拘泥于八字，就是陷于迷信之中了。

古代的婚姻经常要看男女各人的生肖。在中国民俗文化中，每个人都有生肖。生指出生年，肖是肖似、类似、相似。说媒者以生肖转化为十二地支，再对应五行，从生克之理论宜忌，这也是没有科学道理的。

生肖宜忌的观念，还源自于先民的动物崇拜。原始社会的先民常用某种动物、无生物或自然现象的图形作为本氏族的保护神和标志，即图腾。于是，人们就选取了动物作为生肖。

先民注意到阴历年月亮的盈亏周期十二次正好一岁。数字十二是个完整的系统。《左传·哀公七年》记载："周之王也，制礼之物，不过十二，以为天之大数也。"于是，先民经常取十二作为计数单位，如地支有子丑寅卯辰巳午未申酉戌亥，中医解读的人体有十二经脉，音乐乐律有十二律。先民选了十二个动物配地支，形成十二生肖，即子（鼠）、丑（牛）、寅（虎）、卯（兔）、辰（龙）、巳（蛇）、午（马）、未（羊）、申（猴）、酉（鸡）、戌（狗）、亥（猪）。

1975年，在湖北云梦睡虎地发掘了两批秦代竹简，其中有："子，鼠也，盗者锐口，稀须……丑，牛也，盗者大鼻长颈……寅，虎也，盗者状，希须，面有黑焉。卯，兔也，盗者大面头。辰，盗者男子，青赤色……巳，虫也，盗者长而黑蛇目。午，鹿也，盗者长颈小骭，其身不全。……未，马也，盗者长须耳。申，环也，盗者圆面……酉，水也……戌，老羊也……亥，豕也。"由此可知，生肖文化在中国历史悠久，至少在战国秦朝之时就流行开来。

---

① （清）李汝珍：《镜花缘》，北京教育出版社2017年版，第61页。

汉代时，社会上就流行生肖之间的宜忌。先民把生肖与十二地支相配，地支与五行相配，于是生肖有了生克关系，进而认为人与人之间也有生克关系。婚姻中，男女的生肖被赋予五行迷信，女命不能克男命，否则被认为婚姻不合。针对这种迷信，东汉无神论思想家王充提出了批评，他在《论衡》卷三《物势》中说："午马也，子鼠也，酉鸡也，卯兔也。水胜火，鼠何不逐马？金胜木，鸡何不啄兔？亥豕也，未羊也，丑牛也。土胜水，牛羊何不杀豕？巳蛇也，申猴也。火胜金，蛇何不食猕猴？"

生肖文化虽然被先民附加了迷信的色彩，但是，生肖文化自有其存在的合理性。

生肖文化是一种文化现象、文化记忆、文化符号、文化身份。每年，每个人都在同一生肖之中（即年之生肖），且都有自己的独特生肖。自己的生肖是不变的，而每年的生肖是在变化的。人人以不变应新变，这种文化无疑具有神秘感，促使人们主动调适自己。

生肖文化也是一种大众文化，其作用在于帮助人们进行顺序的记忆。属相每十二年轮回一次，称为一巡。人的出生年，即人的本命年。生肖文化有助于先民亲和动物，把动物当朋友，强化"物我同胞"的观念。人与动物之间有联系性，共同构成生命世界。每种生肖动物都体现了个性与趣味性，先民喜闻乐见其文化魅力，丰富了文化的多样性。

5. 再婚

中国古代有个不成文的规定，女方不能再婚。女事二夫，有失贞节，甚至很丢丑。因此，许多女子遇到了人生中很可恶的丈夫之后，只好自认倒霉，甘吞苦果。有的女子失去丈夫之后，一生不再嫁人，终其一生为遗孀。

其实，强迫女子空守婚姻的死牢，或者在死牢中坚守，这是很不人道的，是对女子的虐待。许多花季女子结婚不久就成了寡妇，一生中从来不敢设想再次嫁人。其中，有子女抚养者，生活还有些盼头；没有子女的，真是坐以待毙。这样的婚后生活，无疑是扼杀女子的自由与人性。相反，男人的妻子去世了，许多媒人很快就上门说亲，称为"续弦"，迅速重新组织家庭，这被认为是天经地义的事情。然而，极少有人为年轻守寡的女子说媒。这，就是中国古代社会的特有现象，在宋元明清时期特别普遍。

翻检历史文献，注意到战国时期的开明思想家管子关心鳏寡，主张执政者让鳏寡们重新组织家庭。《管子·入国》记载，齐国采取了"九惠之教"：一曰老老，二曰慈幼，三曰恤孤，四曰养疾，五曰合独，六曰问疾，七曰通穷，八曰振困，九曰接绝。"所谓合独者，凡国、都皆有掌媒，丈夫无妻曰鳏，妇人无夫曰寡，取鳏寡而合和之，予田宅而家室之，三年然后事之。此之谓合独。"在城邑和国都设有掌媒，让鳏寡配合，给予田宅而使之有家室，这就叫作合独。

执政者之所以关心鳏寡，一方面出于人道，另一方面是为了社会能增加人口。有婚才有育，人丁是社会繁荣的基础。如果人们都不结婚，或者婚后不生育，生产力必然弱化，政府没有税收，何谈国力强盛。

有人认为宋代理学扼杀女性，限制了女性的婚姻。但是，也有人认为宋代女性不乏再婚的情况。有人研究宋代《夷坚志》，注意到其中有 55 例妇女再嫁的故事，还有 6 例三嫁，这要多于《太平广记》所载唐代妇女改嫁的事例。①

这里特别需要说明的是，中国是个民族众多的国家，少数民族的婚姻形式与汉族有所不同。以西南地区为例，当地的少数民族在婚姻方面没有太多的约束，《元史·赡思丁传》记载："云南俗无礼仪，男女往往各相配偶。"《元一统志》记载湖广行省山区的岑溪之民，"每月中旬，年少女儿，盛服吹笙，相召明月下，以相调弄，号曰夜泊以为娱。二更后，匹偶两两相携，随处即合，至晓则散"。这种野合的行为颇有史前的遗风，人们习以为常。

6. 婚礼

在家庭中，最大的喜事莫过于婚礼；对于男女而言，"洞房花烛夜"无疑是人生最大的喜事。因此，民俗对婚礼特别讲究。

传统家庭的男女婚姻，主要是通过媒妁。"媒"指谋合二姓，"妁"指斟酌二姓。另一种解释为男为媒，女为妁。"媒妁"一词，合起来就是媒人，即婚姻介绍人。

---

① 张邦炜：《宋代妇女再嫁问题探讨》，邓广铭等主编：《宋史研究论文集》，浙江人民出版社 1987 年版。

民间婚俗有六礼，指婚礼从议婚到完婚的六道礼节。依次为："纳采""问名""纳吉""纳征""请期""亲迎"。纳采即男家请媒人至女家提亲，如果女方同意议婚，则男家派人前往女家行聘。问名：男家托人备礼前往女家询问女子的排行、出生年月日时等。问清后男方即卜其吉凶。纳吉：男方把占卜认为男女可以合婚的吉兆派人通知女家的礼节。这是订婚阶段的主要礼仪，一般都把它看作婚姻成功与否的关键。纳征：男女两家缔结婚约后，男家将聘礼送往女家谓之"纳征"。纳征又称"纳币""大聘""过大礼"等。请期，指男方备礼去女家告知具体成婚日期的仪式，也称"提日子""送日头""告期"等。亲迎，也称"迎亲"，是六礼中最后一道礼节，也是最隆重的一环。新郎亲自去女家迎娶新娘。

男家在娶亲时用花轿迎接新娘。迎亲队伍挑着礼物担子，挑头担的一般是本村结婚生育并有一定声望的男性，新郎则随同着迎亲队伍，一路伴随着爆竹声鼓乐声走向女方家。新娘上轿之前，新娘子及亲人要哭唱，表示依依不舍。新娘上轿后，轿夫口念诗词，要讨利市酒钱，不给则不起轿。

接亲队伍即将到达男方家里时，门口燃爆竹迎接。新娘进男方家前，村民邻居拦路不让花轿进门，索取吉利钱，称作"拦门"。新妇入门时双脚不可着地，新郎用"公主抱"或用背在背上的方式把新娘迎进家，新娘前面挂着镜子以驱邪，并由牵新娘的人撑着伞，并且在门口的地上通常放一堆烧着火的秸秆，让新郎跨过，寓意烧去不吉利的东西，让以后的日子过得红红火火、平平安安。

新婚拜堂时，新人各执由红绿彩锦贯成的同心结的一端，相向相牵而行，以象征男女恩爱。喜宴一般在自家房子的院子或客厅里摆设。宴席上，一般为九菜一汤，寓意一生长久。

结婚仪礼的最后一个程序就是闹房，洞房里面的家具都是新的，衣柜、窗户、床头柜等处都贴有红色的喜字剪纸。新婚夫妇并坐床沿，由妇女各以金钱彩果散撒，寓意"早子""早立子"。其后，人们聚于新房中对新郎新娘进行祝贺，同时嬉戏打闹，了无禁忌。

新婚之夜，新郎、新娘的侄子、小叔及儿童躲在墙外偷听新婚夫妇的悄悄话，称为听房，也称"听墙根"。结婚的第三天上午，新郎会陪同新娘回到娘家，俗称"回门"（又称"回红"）。

民俗认为，婚礼之时不应当冷冷清清，而应当热热闹闹，越闹家庭越发旺。正因为有这种嬉闹的观念，使得婚礼有时闹得场面失控，有时会发生一些不愉快的事情。新婚夫妇即使不愉快，也得忍受着。农耕民族的民众一年四季都在辛勤地忙碌着，家族之中好不容易有了释放心情的一天、大吃大喝的一天、特别喜庆的一天，新婚夫妇只能配合着亲朋好友们，耐心而充满智慧地完成嬉闹的一天。

7. 生子

传统中国人认为，结了婚就得生孩子。家里添人进口，表示兴旺，是最大的喜事。

在古代，中国人基本上不懂得生育的科学原理。虽然社会上有一些性方面的书籍，但流传甚少，何况这类书籍不是医书，而是文学性质的色情小说，不可能给年轻人普及科学的生育常识。许多年轻夫妇进了洞房之后，有性冲动，但不知道如何做爱，不知道如何怀上孩子。即使是皇帝，有三宫六院七十二妃，在怀孕方面也没有科学常识，不知道女性怀孕的最佳时间，只是"瞎猫碰到死老鼠"，生育全靠运气而已。女性怀孕的科学道理，是近代科学的一部分，不能苛求于先民。

在传统的中国家庭，特别照顾怀孕的妇女，因为孕妇的身体发生了生理性的变化，有些人身体不适，会有各种各样的反应，还有心理方面，要照顾她们，关心她们，这是应该的。孕妇受苦受累受折磨，将为家庭添人进口做贡献，当然应当受到特殊的待遇。临近产期时，让孕妇喝鸡汤，不让她们干重活，这些人道主义关爱，在每个家庭之中是普遍的。不过，由于医学不发达，孕妇不可能定期体检身体，只能依赖年长的妇女传授一些经验给孕妇，让孕妇度过最艰难的时段。

我国古代医学没有产科，更没有专门的医院，女子生育，只有民间的接生婆，在接生时全靠经验。因此，妇女生产，危险系数极大，许多产妇就死在产床上。民间说：分娩是"儿奔生来娘奔死，生死只隔一层纸"。中国古代的人口繁衍不快，与生育时的死亡有很大关系。许多十几岁女子的生命就终结于产床上。作为女人，这是很悲惨的。许多妇女年复一年地怀孕，但并不是每个婴儿都能存活下来，能活一半就不容易了。

由于先民不懂得生育知识，许多人认为生男生女取决于女性。女子决定着生育，决定着生男生女。家庭之中有没有子嗣，是女人的责任。如果结婚几年，夫妇还没有孩子，那一定是女方有问题。如果没有孩子，男方甚至可以找理由休掉妻子。其实，夫妇能否有孩子，原因是复杂的，男女各有责任。古代把责任都推在女方，是对妇女的冤枉，是一种无知，是对女性的歧视。在一些大家族，断了香火的媳妇极受鄙视，经常被冷嘲热讽，在家庭之中没有地位，其名氏甚至不能记录在家谱之中，死后不能葬在家族的坟园之中。

在一些富裕人家，由于有家产，有社会影响力，增添男丁的心情非常急迫。热播的电视剧《中国家庭》，讲述了严川与米佳这对年轻夫妻在婚姻生活中的艰难。第一集就是讲述家庭冲突，出身一般家庭的米佳嫁到豪门严家，结婚三年而没怀孕，婆婆认为她是不能生蛋的鸡，逼着严川与她离婚。大年三十，米佳一气之下跑回了娘家。母亲赵彩霞得知情况后火冒三丈，大骂严家"狗眼看人低"，拉着女儿去评理，却引爆了"家族战争"。

在传统家庭之中，每当有孩子出生，全家欢喜。民间称生男为"弄璋"。"璋"指圭璋，即宝玉，就是祝其长大后成为王侯执圭璧。人们称生女为"弄瓦"。"瓦"即古代陶制的纺锤，意为女子生来只配做纺织活。小孩出生后第三天，舅家要送红鸡蛋、十全果为婴儿祝福。同时还由一位儿女双全有威望的老太太主持"洗三"仪式。其后，为庆祝添子，要做满月礼、百日礼、周岁礼等。孩子满一周岁时，父母在孩子面前陈列各种玩具和生活用具，任他抓取，以此来推测孩子将来的志向和爱好。婴儿诞生后，孩子的亲友向四邻逐户乞讨红、黄、白、青、黑、紫等各色零碎布块，缝制成"百家衣"，愿孩子消病祛灾，顺利成长。然而，在一些穷苦人家，每当出生孩子，虽然有喜悦之情，但多了一张嘴巴要吃饭，想到孩子要饿肚子，于是难免着急。夫妇每天忙碌于生活，哪有心情实行生子的民俗之礼。

古代，在湖北武昌一带，因人们生活贫穷，存在有不得不杀死女婴的情况。宋代文学家苏轼在黄冈生活过一段时间，他目睹了这个风俗，给地方长官写信，请求发动富户救济穷人，制止杀婴之风气。他在《与朱鄂州书》中说："岳鄂间，田野小人，例只养二男一女，过此辄杀之。尤讳养女，以故民间少女，多鳏夫。初生辄以水浸杀，其父母亦不忍，率常闭目闭面，以手按之水盆中，咿嚶良久乃死。愿使令佐，各以至意，诱谕地主豪户，贫甚不能举子者，薄有以赒之。但能初生数日不杀，虽劝之使杀，亦不肯矣。"①

四、对妇女的苛求

妇女，一般指已婚女子，有时也指成年女子，有时泛指女性。在司法解释中，14岁以上的女性称为妇女，未满14岁的男女称为儿童。在中国古代，妇女是受歧视的，比男子地位要低。这种现象，直到中华人民共和国成立才得到改变。《中华人民共和国宪法》明确规定：妇女在政治、经济、文化、社会和家庭生活等各方面享有同男子平等的权利。

1. 做好婆家的媳妇

女子出嫁，成了媳妇。媳妇要处理好全家人的各种关系，特别要尊敬婆婆。

媳妇之中，童养媳地位最低。女孩子之所以离开娘家到婆家去当童养媳，那一定是家里十分贫穷，已经容不下吃饭的这一张嘴。加上女孩家有严重的男尊女卑思想，认为女孩终归是别人家的人，早点送出去比晚点送出要好。童养媳在男方家长到十四五岁，身体发育了，就简简单单地与丈夫成婚。作为男方，拣了个便宜媳妇，不用彩礼，也不必大操办，于是完成了"儿大当婚"的一家大事。

家里娶了新媳妇，原来的媳妇升格为婆婆，新婆婆用老婆婆的一套方法对付新媳妇，周而复始，形成了家庭里的婆媳之道。古代的家训，对婆婆几乎没有什么要求，婆婆的人品素质各不相同。绝大多数婆婆都有慈爱、善良之心，但处理婆媳关系时总是有点强势。在少数家庭里，婆婆时常欺侮媳妇，指使媳妇做繁重的活，并在语言上压制着媳妇。

媳妇初为人妇，一不小心，就容易产生婆媳矛盾。新媳妇有自己的人生观，有自己的个性，在一个新的家庭环境中生存，要做许多的家务事，与婆婆本来就没有什么感情，一时间受婆婆约束，听婆婆的训斥，是难以适应的，需

---

① 胡朴安：《胡朴安中国风俗》，吉林人民出版社2013年版，第174页。

要学会沟通，学会调适。

2. 做好妻子

家庭中的核心关系是夫妇关系。女子结婚，身份从女儿突然变成了妻子，这是一个很大的变化，如何做好妻子？中国古代有许多论述，也有一些传统的习惯。

前述，古代的男人可以有三妻四妾，而女子则不得再婚。早在春秋时期，息国国君被楚国俘获，楚王逼息夫人改嫁，息妇人以死相拒，她成为史书表彰贞节的模范。这样的例子有许多，《后汉书·列女传》记载：东汉末年，皇甫规去世，他的妻子不畏董卓的威逼，不为钱财所动，不肯屈从于董卓，竟然被活活打死。东汉班昭编写《女诫》，完全是站在男性的立场，强调女性对男性的责任，妻子要敬谨地服侍丈夫，处处忍让。

西汉刘向撰有《列女传》七卷，记叙了105名妇女的故事。妻子要做好贤内助，哪怕是当了君主的妻子，也要努力摆正位子，做好本分。《列女传》记载了楚国樊姬相夫的故事：楚庄王喜欢打猎，影响了政事。夫人樊姬看在眼里，急在心上，多次劝阻楚庄王，可是楚庄王始终不听，于是樊姬就不吃禽兽肉。樊姬的意志和行动感化了楚庄王，不再惦记打猎之事，把主要精力用于处理国事，楚国逐渐强大起来。当时，虞丘子担任楚国丞相十余年，重用的人物是自己的子弟和同族的兄弟，没有推荐贤人。樊姬批评了虞丘子，楚庄王于是起用了孙叔敖为相，孙叔敖"为令尹，治楚三季而庄王以霸。楚国史书曰：庄王之霸，樊姬之力也。此之谓也"。

《列女传》还记载了乐羊子之妻相夫的故事。羊子在路上捡到一块金子，回家给妻子。妻子说："我听说有志气的人不喝'盗泉'的水，廉洁方正的人不吃别人丢弃的食物，何况是捡拾别人的失物、谋求私利来玷污自己的品德呢！"羊子听后十分惭愧，就把金子扔弃到野外，然后到远方拜师求学去了。一年后羊子回到家中，妻子问他回来的缘故。羊子说："出行在外久了，心中想念家人，没有别的特殊的事情。"妻子听后，就拿起刀，快步走到织机前，说道："这些丝织品都是从蚕茧中生出，又在织机上织成。一根丝一根丝地积累起来，才达到一寸长，一寸一寸地积累，才能成丈成匹。现在如果割断这些正在织着的丝织品，那就无法成功（织出布匹），荒废时光。你积累学问，就应当'每天都学到自己不懂的东西'，以此成就自己的美德；如果中途就回来了，那同切断这丝织品又有什么不同呢？"羊子被他妻子的话感动了，重新回去修完了自己的学业。

女性受欺侮，不能受到社会的保护。清代的方志记载了一些实例，如同治《建始县志》卷七《人物志》记载："黄烈女，邑南三百里茶蓼河人，性贞静，习女仪，家贫，父母早逝。年弱冠，有邻村恶少窥女少艾，屡欲调戏未果。一日，适家人皆外出田作，潜入室中强污之。女悲愤莫释，即不欲生，惟念沉冤未白，一死不甘，乃不辞劳瘁，登山涉水赴城鸣官。恶少闻风远飏，案悬未决。氏抑郁计穷，遂赴城南漩龙滩投水身死。此嘉庆二十一年事也。"

女子不得在丈夫面前动粗动怒。民间流行的成语"河东狮吼"，告诫女子不要太凶狠。这个典故出自鄂东的新洲，说的是北宋时期工部尚书陈希亮有一儿子叫陈慥，与苏东坡是好友。陈慥的妻子柳氏，性情暴躁，拿着木杖大喊大叫，用力捶打墙壁。苏东坡写了一首诗取笑陈慥："龙丘居士亦可怜，谈空说有夜不眠。忽闻河东狮子吼，拄杖落手心茫然。"河东是柳氏的郡望，暗指柳氏。"狮子吼"一语来源于佛教，意指"如来正声"，比喻威严。后来这个故事被宋代的洪迈写进《容斋三笔》中，广为流传。河东狮吼的典故从此确立，至今仍然是凶悍妻子的形容词。

由河东狮吼的故事可知，虽然女性在社会上没有地位，但在家庭之中还是能做主的。家中的事，主要由女性承担；家中的许多事，是由女性拿主意。儒家经典《周易·家人卦》说得很清楚："女正位乎内，男正位乎外。"《礼记·内则》亦云："男不言内，女不言外。"家庭之中，男性负责社会上的事务，女性负责家内的事务。男女有分工，男性一般不过问家中的琐事。正如皇朝之中，内宫之事由皇后处理，宫外之事由皇帝决断一样，百姓家庭之中的事都是由当家的女性全权处理，《红楼梦》中的贾母、王熙凤就是这样的人物角色。

现实社会中，男人主外，女人主内，这就决定了子女对母亲有更大的依赖性。母子关系更加亲密。父亲与子女的思想交流少一些，亲情要弱一些。当然，这丝毫不影响父亲在家庭中的权威地位。男性与女性相比，女性比男性更眷恋家庭。"男主外"，男性外出多，承担社会交往。"女主内"，女性负责家务，乐意主持后勤。这是由身体状况决定的。在许多情况下，女子不方便出门，不能随意与外人打交道。女子对家庭有特别的感情，孩子们是她生的，她育的，她必然更愿意持之以恒地为这个家付出。在中国人看来，一个长期窝在家里的男人，是没有出息的人；一个没有社会朋友、没有社会交往的男人，一定被人看不起。但是，这并不是说男人就不顾家了，男人把家当作生命所在，对家的爱护与依赖甚至超过自己的生命。

古代有句名言"妻贤一半福"，这对于每个家庭的男主人而言都适用。家中有个好的妻子，是丈夫的福，也是全家的福。家庭的管理，主要是妻子。家中的兴衰，在很大程度上取决于妻子。"相夫教子"是已婚女子最重要的职责。有的家庭把夫妻关系作为第一关系，有的把亲子关系作为第一关系。如果夫妻关系是第一关系，丈夫和妻子对待子女的态度往往是一致的，距离是等同的。如果把亲子关系作为第一关系，家庭中的女性就特别重视子女，母亲对孩子很亲，忽略丈夫的存在与感受，子女第一，丈夫第二，常为小事与丈夫争吵，导致家庭矛盾不断扩大，甚至出现家庭裂痕或离婚。

3. 做好母亲

女子出嫁，为人之妻。女子生子，为人之母。一个完美的女性，不仅要做好女儿，做好妻子，还要做好母亲，做个成功的母亲。

古代家族的分工，母亲在家庭中实际处于当家的地位，对子女的哺育、培养起至关重要的作用。在中国人的传统观念中，母亲总是特别的伟大，母亲受到尊重。这是因为，中国传统家庭，母亲总是起着极其重要的作用。作为母亲，不仅要承担家务，还要担任子女的教育工作，子女的成才主要依靠母亲。

战国时期孟子的母亲，为了使孟子有良好的学习环境，三次迁移住址，全方位创造优良的人文环境，使孟子终成儒家亚圣。

三国时大孝子孟宗的母亲是一位慈母，也是一位严母。她总是激励孟宗做人要大气。《吴录》记载，孟宗年少时到南阳求学，母亲专门缝制了一床很大的被褥，让孟宗与其他没有被子的贫寒学生一起盖大被子。她鼓励孟宗处事要有自信心，有一天晚上下雨屋漏，孟宗起身向着母亲哭着谢罪。母亲说，男儿要自强勤勉，不要轻易哭泣，哭有何用？做人要坚强。她要求孟宗做官清廉，典故"还鲊"即出自孟母。孟宗担任管渔业的官，他捕鱼烹制送给母亲，孟母却退还了，并责之以道。在孟母看来，孟宗作为管鱼的官员，就不应当把

"鱼"送回家，这容易引起别人的误会。这些事例说明孟母确实是一个有严格操守的贤母，对孟宗做人做官有很好的教诲。

据《晋书》卷九十六《陶侃母湛氏传》记载，东晋名将陶侃的母亲湛氏教子有方、宽厚待人。有一天，陶侃的好友范逵等数人途经新淦，见冰雪封道，且天色将晚，特来陶侃家借宿。可是，陶家贫穷，没什么东西能够招待客人。陶侃手足无措，范逵也显得尴尬。湛氏趁客人们闲坐寒暄之际，毫不犹豫地将青丝剪下，编成假发卖与邻人，换回了米油酒菜，还有柴薪、马料，使范逵等人深为感动。侃母截发延宾，被后世传为佳话。

清初理学名臣熊赐履之所以成才，是多亏了母亲的教育。熊赐履出生于孝感的一个书香之家。父亲熊祚延是个秀才，以教书为生。母亲李氏知书达理，勤劳持家。熊赐履8岁时，流寇作乱，熊家险遭灭门之灾，父亲死了，熊赐履被母亲抱着藏匿在荆棘中得以保全。其后，母亲靠织布为生，养育熊赐履长大。家中剩下孤儿寡母，经济又不宽裕，时常用野菜充饥。母亲每天施以慈爱教育，使得熊赐履一心想着读书成才，焚膏继晷，连夜苦读。他的孝行，使母亲得到了很大的心理安慰。母子相依为命，称誉乡间。顺治年间，熊赐履连续考中了秀才和举人。顺治十五年（1658年），熊赐履带着母亲的期望进京赶考，一举考中进士。由于基本功扎实，得到了会试主考官、清朝第一位状元傅以渐的赏识，熊赐履被幸运地留在了翰林院，担任庶吉士。

这里要专门说说继母。中国的古书中，总是说继母不好。最早可以追溯到夏朝之前，舜的继母虐待舜。西周太师尹吉甫的儿子尹伯奇也是深受继母追害。传闻西周时，尹伯奇的母亲早死，父亲尹吉甫娶了个不贤惠的后妻，后妻欲将其所生子立为继承人，后妻对尹吉甫说："伯奇见妾美，有邪念。"尹吉甫不相信，后妻就弄个蜂放在自己的衣领上，叫伯奇替她捉，让尹吉甫在远处看着，尹吉甫误认为伯奇行动不轨，就把伯奇放逐出去了。伯奇蒙冤被放逐，但他并没有怪罪父亲。他流浪在外，时常唱着自己编写的《履霜操》："朝履霜兮采晨寒，考不明其心兮信谗言，孤恩别离兮摧肺肝，何辜皇天兮遣斯愆，痛殁不同兮恩有偏，谁能流顾兮知我冤。"汉代刘向《列女传》记载："尹吉甫子伯奇至孝，事继母，母取蜂去毒，系于衣上，伯奇前欲去之，母便大呼曰伯奇扑我，吉甫见疑，伯奇自死。"

按：社会的舆论有偏见，总是夸大继母的不好，有些误解或有不实之情。一般说来，继母与丈夫及其前妻所生的子女是不容易处理好关系的。这是因为，没有血缘关系，半途进入家庭，感情的构建需要时间。子女往往对继母有排斥心理，继母往往觉得自己已经做得很好了但却没有得到认同。作为人之常理，继母对亲生子女一般会更加爱护，认为亲生子女更可依赖。继母与丈夫及其前妻所生的子女在心理上普遍存在隔阂与障碍，为人处世要格外小心谨慎。在现实社会中，也有许多继母能处理好丈夫及其前妻所生的子女的关系，她们尽心尽力，堪称贤妻良母。

中国古代的母亲，普遍都是家庭中最优秀的角色。她们默默奉献，任劳任怨，吃苦在前，享受在后；她们养育子女，教育后代，是子女的第一任老师、第一位启蒙者。她们是普通的人，又是了不起的人。许多子女称自己的母亲为"伟大的母亲"。

4. 三从四德

中国古代女性的地位低下，社会对女性的要求严苛而烦琐，最突出的就是要求女性"三从四德"，这种观念几乎成为主流的社会观，长期流行而被称为天经地义，人们对此没有多少抵触。

所谓三从，就是女性要从父、从夫、从子。早在先秦的《仪礼》中就有记载，其《丧服·子夏传》记载："妇人有三从之义，无专用之道。故未嫁从父，既嫁从夫，夫死从子。"《孔子家语·本命》也记载了三从，"女子者，顺男子之教而长其理者也，是故无专制之义，而有三从之道。幼从父兄，既嫁从夫，夫死从子，言无再醮之端，教令不出于闺门"。

三从，是古代"三纲"思想的具体化。三纲，就是君为臣纲、夫为妻纲、父为子纲。所谓"纲"，就是依从，臣子要依从君主，妻子要依从丈夫，儿子要依从父亲。国家的成员、家庭的成员，有主有次，有尊卑贵贱，这些形成古代社会的礼制秩序。

依照三从原则，女性在家庭中与丈夫之间是没有平等地位的，妻子对于丈夫就像臣子依从君主、儿女依从父母一样。日常生活中，妻子要侍候丈夫，听丈夫的话。这种关系是由于女性的社会生存能力低于男性，绝大多数女性没有文化，加上长期的习惯势力所造成的。女性不论是在家庭中还是在社会上，都是弱者,家庭中受到父权与夫权的双重压迫,社会上还有君主的压迫。显然,女性是传统社会中受压迫最深的人。

女儿在出嫁之前,没有夫君,就要"不违父命"。除了日常照顾好父母,还要在父亲遇危难时挺身而出,如东汉时曹娥为救落水的父亲被淹死。

所谓四德,就是妇德、妇言、妇工、妇容。妇女要注意自己的品德、辞令、仪态、女红。《周礼·天官·九嫔》记载:"九嫔掌妇学之法,以九教御:妇德、妇言、妇容、妇功。"

妇德的核心是贞顺。"贞"是坚守节操,守身如玉,对丈夫忠诚不贰;"顺"就是听从,对丈夫及家族所有人谦恭有礼。清末蓝鼎元《女学》对"妇德"有详细说明,提出:身为正妻,还要"去妒",帮丈夫纳妾;身为母亲,要会"教子";若为继母,则要"慈爱前子";为人和睦,安贫恭俭。

妇言,就是要求女性在家中能勉励丈夫、教训孩子,平时说话要得体,不伤人,不抢话,不多言。

妇容,就是要勤于洒扫,服饰整洁、按时沐浴、讲究卫生。汉代的班昭认为妇容不是指颜色美丽,而是在日常生活中做到盥浣尘秽,服饰鲜洁,沐浴以时,身不垢辱。

妇工,泛指妇女在家中做的一切事务,诸如做饭、纺织、奉养家人、生养孩子、招待宾客。

古代,四德是女性必须具备的内涵与修养,是农耕民族生活经验的总结与要求。三从四德的社会功能有两面性。一方面,三从四德是约束女性的绳索。女性只能服从,不能不服从。女性为别人而活,处处是忍让与奉献,没有独立自主的地位,没有自由。在精神教条的大山压迫下,过着低人一等的生活。另一方面,三从四德是传统家庭形成共识的行为准则与道德规范,对于维系家庭有一定的作用。要求女性摆正自己的位置,做好本分的工作,讲究文明礼貌,提高语言水平与表达能力,培养持家与生存的才能,注重整洁与修饰,展示女性的魅力。

三从四德的内涵,在当代社会正在拓新。有人提倡新的三从四德。新的三从是指从世界、从爱、从己,新的四德是指文德武德、言娴淑德、品学兼德、修身立德。不过,这种用"旧瓶装新酒"的观点,很难广泛传播。

五、对女性的评价与审视

1. 对女性的评价

历代由皇帝钦定的二十四史，其中有后妃或烈女的传记，罗列了许多女性人物。汗牛充栋的方志文献，记载了成千上万的女性姓名，实是嘉奖的名单。在广大乡村，一直有许多烈女祠、烈女牌坊、烈女匾额，这都是民间或官府树立模范女性的标识。这些文献、实物、民俗，反映了先民对女子评价的标准，并以之作为女人的示范。如，《后汉书·皇后纪下》记载：顺烈梁皇后"常以列女图画置于左右，以自监戒"。

先民评价女性，有一套专门的词汇。如《幼学琼林》谈论妇女：贤后称女中尧舜，烈女称女中丈夫。曰闺秀，曰淑媛，皆称贤女；曰阃范，曰懿德，并美佳人。

依据品性，古人把女性分为孝女、贤女、烈女、节女、才女、贫女、妒女、淫女、丑女，各有代表性的人物。如：缇萦上书而救父，卢氏冒刃而卫姑，此女之孝者；倪母截发以延宾，村媪杀鸡而谢客，此女之贤者；韩玖英恐贼秽而自投于秽，陈仲妻恐殒德而宁殒于崖，此女之烈者；王凝妻被牵，断臂投地；曹令女誓志，引刀割鼻，此女之节者；曹大家续完汉帙，徐惠妃援笔成文，此女之才者；戴女之练裳竹笥，孟光之荆钗裙布，此女之贫者；柳氏秃妃之发，郭氏绝夫之嗣，此女之妒者；贾女偷韩寿之香，齐女致祆庙之毁，此女之淫者。东施效颦而可厌，无盐刻画以难堪，此女之丑者。

此外，大家闺秀、小家碧玉、贤淑知礼、和睦忍让、吃苦耐劳、善良温柔、通情达理、才思聪慧、重义轻生、自持节操、贞洁自爱、厚德载物、品行优良，都是古代评价女性的常用词汇。

在诸多的评价词汇之中，中国女性最乐意得到的评价是"贤惠"二字。所谓贤惠，就是会做人，对上能敬老，对下能育小。相夫旺家，待人接物，在亲戚与街坊邻里有好口碑，就是贤惠的女人。如，唐代的长孙皇后辅助唐太宗，实现了贞观之治，被称为贤惠的皇后。

中国古代有许多表彰的烈女烈妇。例如，由于徽商长期外出，使得徽州留下了许多守着活寡的女性。她们刚刚嫁到商人家里，商人就外出了，一年或十多年都不回。当地流传这样一个故事，说的是一对年轻夫妇，新婚刚三个月，丈夫就要远出经商。从此，妇人独守空房，以刺绣为生，到每年年底，就将日常辛苦积攒下来的积蓄，换回一颗珠子，用以记岁。后来丈夫还乡，妇人已经死了三年。打开妆匣，里面已积聚了二十几颗珠子。这类悲惨的故事颇多，反映古代社会之中，商人的女眷是十分孤独的，就像是在冷宫中生活的囚徒。

为了安慰商人的女眷，徽州境内曾建有 1000 多座牌坊，现存 100 多座。其中，妇女贞节牌坊是徽州现存牌坊中最多的一种，占现有牌坊总数的三分之一。康熙《徽州府志》中有言"节妇烈女惟徽最多"。民国《歙县志》十六卷，其中列女传就有四卷之多，可见明清时期徽州节妇烈女之众多。1905 年，徽州人在今歙县县城为徽州府的节烈妇女建了一座总坊，上镌刻着"徽州府属孝贞节烈六万五千零七十八名"。这些女子为徽州文化做出了贡献，虽然留名于后世，但只不过是留了一个符号而已。她们生前的生活受到封建伦理的约束，根本享受不到人生的幸福！

晚清，随着社会的开化，约束女性的行为逐渐得到改观。1896 年 8 月，《万国公报》发表了一篇化名作者写的《缠足论》，痛斥缠足陋俗，倡导女子自尊，社会应当从根本上改变虐待女性的制度。1897 年，上海成立了不缠足会，梁启超等社会贤达呼吁女性拥有受教育的权利，支持办女学，实现男女平等。1905 年，《新小说》第二卷发表了一部反映妇女问题的小说《黄绣球》，讲述女主人公黄绣球创办女学，鼓励女性走向新生活的故事，在当时有一定的影响。

民国年间，中国社会产生了一些杰出女性，如秋瑾、王桂荃、林徽因、张爱玲、萧红、丁玲、杨绛、冰心等，受到世人的好评。她们是不同类型的优秀女性。本书限于篇幅，不能一一介绍，此处特别介绍善于做人妻、善于持家的王桂荃。她的人生很有故事性，故多用一些笔墨，如下：

王桂荃是国学大师梁启超的第二位妻子。1889 年，17 岁的梁启超考中了举人，主考官李端棻很欣赏梁启超，把堂妹李蕙仙介绍给梁启超。1891 年，梁启超与李蕙仙成婚，带了陪嫁丫头王桂荃。王桂荃出生于四川广元的一户穷苦人家，4 岁时父母皆亡，被人贩子在 6 年间转卖 4 次，最后，陪嫁到了梁家。李蕙仙体弱多病,因此,家中大小事务,都由王桂荃操持。王桂荃聪明勤快,深得梁氏夫妇的喜欢。戊戌变法失败后,朝廷捉拿维新党,梁启超东逃日本,王桂荃也跟着前往避难。在这期间,她很快学会了一口流利的东京话,担负起了对外联络的工作。1903 年,她成为梁启超的侧室,取得了妾的身份。李蕙仙给梁启超生了 3 个子女,即梁思顺、梁思成、梁思庄。王桂荃给梁启超生的孩子中,有 6 个长大成人,即梁思永、梁思忠、梁思懿、梁思达、梁思宁、梁思礼。由于纳妾这一举动违背了梁启超自己定下的"一夫一妻制",他就要求孩子们叫王桂荃为"王姑娘"或者是"王姨",而王桂荃一直默默忍受着。王桂荃对每个孩子都视如己出。梁思庄 10 岁时染上"白喉",为了避免传染给更多的人,王桂荃坚持由自己一个人照顾梁家所有患病的孩子,最终是梁思庄活了下来,王桂荃 9 岁的女儿却病逝了。

梁思成对王桂荃十分敬重。有一次梁思成考试成绩不好,李蕙仙气急了,用绑了铁丝的鸡毛掸子抽他。王桂荃把梁思成紧紧地搂到怀里,李蕙仙不小心把鸡毛掸子抽在了王桂荃的身上。事后,王桂荃拉住梁思成,用很温和的话教育他:"成龙上天,成蛇钻草,你看哪样好?不怕笨,就怕懒。人家学一遍,我学十遍。马马虎虎,不刻苦读书,将来一事无成。看你爹很有学问,还不停地读书。"短短几句话,让梁思成铭记了一辈子。

1924 年与 1929 年,李蕙仙与梁启超先后病逝。梁启超在临终前,将 9 个孩子托付给了王桂荃,而她不负嘱托,挑起了这个大家庭的重担。王桂荃为了维持全家的生活,将气派的旧楼卖给了天津富商,自己打零工补贴家用。抗战爆发后,王桂荃将梁家的新楼出租给横昌绸布店做账房和库房,仅留下梁启超的书房保存书籍,自己和孩子则住进后院的小楼。

梁启超有子女 9 人,被誉为"一门三院士,九子皆才俊"。长女思顺,诗词研究专家,曾任中央文史馆馆长;长子思成,建筑学家、中国科学院院士;次子思永,考古学家、中央研究院院士;三子思忠,西点军校毕业,参与淞沪抗战,25 岁英年早逝;次女思庄,图书馆学家;四子思达,经济学家;三女思懿,曾任中国红十字会对外联络部主任;四女思宁,早年就读南开大学,后参加革命;五子思礼,火箭控制系统专家、中国科学院院士。

梁家子女的成人成才,王桂荃功不可没。1995 年,梁家后人在梁启超墓前，种下一棵白皮松，命名为"母亲树"，树旁立有王桂荃纪念卧碑，碑文由林徽因的女儿梁再冰撰写："在家庭中，她毕生不辞辛劳，体恤他人，牺牲自我，默默奉献；挚爱子女且教之有方，无论梁氏生前身后，均为抚育子女成长付出心血，其贡献于梁氏善教好学之家良多。缅怀音容，愿夫人精神风貌长留此园，与树同在，待到枝繁叶茂之日，后人见树，如见其人。"人们称王桂荃为民国母亲，这是对她的最高称誉！

2. 比较中的审视

中国传统家庭的两性关系，如果与现代社会相比，有几个明显的特点。

第一，先民羞于谈性。人们对房事的乐趣知之甚少，并缺乏生育质量与计划生育的知识。虽然社会上有《金瓶梅》之类的小说，但流传极少。许多人缺乏性知识，特别是女性在婚前根本就不知道性的基本常识。青年男女在婚前很少交往。不像现代社会，恋爱中的男女，婚前已经同床共枕，有的还是奉子成婚，并引以为荣。

第二，先民重男轻女，男尊女卑，有浓厚的男权观念。女子特别重视所谓的贞节，守内惧夫，依附于男性。女性在家庭中任劳任怨，有极多的付出，但在家族中的议事权始终不如男性。不像现代社会，女性地位日益提高，甚至超过男性，家庭中流行女权主义，女人当家做主。

第三，婚姻是家庭的大事。人到了成年，就得成家。男大当婚，女大当嫁。除非家庭特别贫穷，人们都不愿意单身。人们愿意生育，认定多子多福，特别喜欢儿子。不像现代社会，单身的男女多，不生育的丁克家庭多。

第四，先民的婚姻圈子小。人际关系方面有近亲结婚现象，如姑舅老表可以结亲。由于人群较少流动，因而婚姻在地域空间上交流不够。民族与民族之间、中国人与外国人之间的婚姻少。不像现代社会，夫妇分别来自不同的省份，甚至还有异国婚姻。

第五，婚姻对人性有制约。传统家庭的结婚是一锤定音的终身之事，不论夫妇二人是否情投意合，都得勉强维持一生的婚姻关系。传统家庭对新式恋爱与婚姻是极大的障碍，导致青年人的极大不满，民国年间这种状况特别突出。巴金的小说《家》，控诉了四川成都一个封建大家庭用礼教杀人。高家有三个年轻人（高觉新、高觉民、高觉慧），都处在自由恋爱中。然而，高家的高老太爷一人说了算,擅自包办儿孙们的婚姻,逆来顺受的长孙高觉新被迫接受了以抽签的方式为他选定的李家小姐瑞珏,失去了初恋,带来一生的痛苦。高觉民正与姑妈的女儿琴表妹相爱,高老太爷却催着觉民和冯乐山的侄孙女结婚。高觉慧与丫鬟鸣凤自由恋爱,而高老头把丫鬟鸣凤强行送给孔教会的老头子冯乐山,鸣凤悲愤,跳水自尽。觉慧觉得祖父不像祖父,倒像是敌人,义无反顾地从封建大家庭中出走。其中,女性最悲惨,梅郁悒致死,瑞珏命运惨痛,鸣凤投湖,婉儿被逼出嫁,传统家庭礼教扼杀了她们的幸福和生命,这令人不能不起来抗争。到了现代社会,自由恋爱已经成为时尚,并受到法律保护,每个人的婚姻由每个人做主,虽然受到社会方方面面的制约,但终究是新式的恋爱与婚姻了。

以上,先是介绍了先秦经典《周易》中关于两性关系的观点,又介绍了古代的男女之防与闺门女子,重点介绍了传统的婚姻与相关文化,分析了古代对女性的要求及评价,并从中西文化的角度进行了比较。总体说来,中国家庭的两性关系一直停留在相对传统的层面,女性的解放、女权的增强、女性政治地位的提高都还有待于不断地推进。只有男女完全平等,女性的作用充分发挥,才是文明社会应有的状态。

第七章　家庭生活与经济

存在决定意识，经济基础决定上层建筑。中国传统家庭模式，是由特定的社会经济形态及其发展水平决定的。农业是中国古代的主体经济，农耕经济决定了人民的生活方式，亦决定了家庭的模式。人们依附于土地，全家人都在共同的土地上春播秋收。

中国地域辽阔，"千里不同风，百里不同俗"。许多家庭的经济生活是不同的。以清代广东廉州为例，在同一块地面，有的务农，有的经商，有的打鱼，生活资源完全不同，方言发音亦不同。《清一统志》记载："俗有四民，一曰客户，居城郭，解汉音，业商贾。一曰东人，杂居乡村，解闽语，业耕种。一曰俚人，深居远村，不解汉语，唯耕垦为活。一曰蜑户，舟居穴处，亦能汉音，以采海为生，性俭朴，词讼简稀。"此地的社会经济落后，有集市，没有医技。"土地硗确，无有田农。夷人多采珠，以亥日聚市，黎蜒壮雅，以荷叶包饭而往。谓之趁虚。病不求医，唯事巫觋。"[1]

一、与小农经济并存

在中国古代的农业社会中，传统家庭经济与小农经济并存，先民生活在自然经济和个体经济之中。人们以血缘关系生活在一个家庭之中，依靠自己的劳动，满足自身消费。

小农经济的劳动，主要是男耕女织。人们种田、栽树、纺织，靠着每年微薄的收入，过着简单而朴素的生活。《孟子·尽心上》记载了孟子的一段论

---

[1] 胡朴安：《胡朴安中国风俗》，吉林人民出版社2013年版，第308页。

述:"五亩之宅,树墙下以桑,匹妇蚕之,则老者足以衣帛矣。五母鸡,二母彘,无失其时,老者足以无失肉矣。百亩之田,匹夫耕之,八口之家足以无饥矣。所谓西伯善养老者,制其田里,教之树畜,导其妻子使养其老。五十非帛不暖,七十非肉不饱。不暖不饱,谓之冻馁。"小农对土地有很强的依赖性,土地多的家庭,生活就富裕一些,可以多养一些人。反之,土地少的家庭,生活就困难一些,只能少养活一些人。五亩地的房屋,在墙边栽桑,妇女养蚕,老年人就足以有丝棉穿了。百亩的田地,农夫耕种,八口之家足以吃饱。

传统家庭的经济是私有经济。家庭财产归全家人所有,由家长支配。除了妻子从娘家带来的财物外,家人没有私人财产。全家人共同劳动,共同享用家庭财产。家长在世时,一切听家长的,不得分财独立。家长离世了,按传统规制分配财产,由儿子继承财产,嫡长子继承的财产要多一些。

在家庭经济中,男性以耕耘为主,是主要的劳动力,在家中必然拥有主要的话语权。女性在家中相夫教子,做一些手工(纺织、缝纫、刺绣等),承担主要的家内劳作,并照顾老人与孩子。

传统家族多是以农业为主,少数家庭兼营其他行业,多种经营,经济状况较好。《后汉书·樊宏传》记载:南阳人樊宏,他的父亲樊重善于经营农业,又善于做买卖。一家三代共同享有家产,经营产业,各尽其用,各得其宜,人尽其才,以至广开田产,有三百多顷。他想做家具,就预先种树。他家产积万计,总是赈济赡养同族的人,施恩于乡间邻里。他的外孙何氏兄弟争夺财产,他就拿出二顷田给他们,平息了纠纷。他临终时,他嘱咐家人将借贷文契削去姓名,统统烧掉。借贷的人听说了这件事,都很惭愧,争先恐后地到樊家还债,而他的儿子们遵从父亲的遗嘱,始终不肯接受。他为人谦恭谨慎,经常告诫孩子:"大富大贵财禄盈溢的人家,没有几个能有好结果的。天理憎恶骄满而喜好谦恭,以前那些贵戚的下场都是明显的警诫啊。"

古代的小农经济家庭,在小块土地上进行分散经营,生产力水平低,家庭一般都不富裕。例如,北魏太武时期,担任中书博士的高闾曾经在安定临泾造访胡叟(字伦许)家,正值胡叟拖着木柴,从田里归来,便为高闾摆上浊酒,端上菜食,都是他亲自动手操办。胡叟家的房子又小又旧,周围也很狭小⋯⋯他的两个妾都上了年纪,脚微跛,眼偏斜,衣着破旧。高闾见其贫穷如此,便拿了能买十匹布的东西送他……住在密云附近的人，都仰慕其德行，在每年的收获季节都给他送来麻布、谷子、麦子。胡叟将这些东西分发给别人，家里没有多余的财产。① 传统的小农经济很脆弱，农业靠天收，自然环境条件决定了粮食的丰歉。遇到好的年成，农民生活就能维持。如果国家的税收低一点，减免一点，农民的日子就好过一点。如果发生大的自然灾害，农民颗粒无收，家里没有积蓄，就只能背井离乡，到其他地方讨生活。中国大地的北方多是平原，生活资源单一，遇到灾年，灾民就向鱼米之乡的南方转移。长江中下游的居民，追溯其先辈，发现许多都是在灾年从北方转移到南方来的灾民。

在中国古代社会，家庭财产两极分化。最富有的家庭莫过于天子或皇亲国戚，他们是最大的地主，古书云："率土之滨，莫非王土；率土之人，莫非王臣。"还有达官贵人的家庭，都有大量的家财，甚至出现"朱门酒肉臭，路有冻死骨"的现象。

绝大多数富人的生活是奢侈的，但也有少数富人过着节俭的生活。开明的统治者倡导节俭，反对奢侈。唐太宗李世民主张生活要有节制，他在《诫皇属》一文中对家庭成员说："朕即位十三年矣，外绝游览之乐，内却声色之娱。汝等生于富贵，长自深宫，夫帝子亲王，先须克己。每著一衣，则悯蚕妇；每餐一食，则念耕夫。至于听断之间，勿先恣其喜怒。朕每亲监庶政，岂敢惮于焦劳。汝等勿鄙人短，勿恃己大，乃可永久高贵，以保终吉。先贤有言'逆吾者是吾师，顺吾者是吾贼'。不可不察也。"这段文字成为后世富贵之家的重要训典。

先民随遇而安，一般都满足于小富即安。南宋词人辛弃疾《村居》："茅檐低小，溪上青青草。醉里吴音相媚好，白发谁家翁媪？大儿锄豆溪东，中儿正织鸡笼。最喜小儿亡赖，溪头卧剥莲蓬。"这首词颇有画面感与幸福感，表

---

① 《北史·胡叟传》记载："高闾曾造其家，遇叟短褐曳柴，从田归舍，为闾设浊酒蔬食，皆手自办。然案其馆宇卑陋，园畴褊局，而饭菜精洁，醯酱调美。见其二妾，并年衰跛眇，衣布穿弊。闾见其贫，以衣物直十余匹赠之……密云左右皆祇仰其德，岁时奉以布麻谷麦，叟随分散之，家余无财。"

现出南宋时期的农家生活,表现一家五口人(夫妇与三个儿子)的平时生活状态。大儿子在溪水东面豆田锄草,二儿子正忙于编织鸡笼,最令人喜爱的是淘气的小儿子,他正横卧在溪头草丛,剥着刚摘下的莲蓬。

宋代袁采注重家庭的经济与管理,他在《袁氏世范·治家》中有72则内容,提出:置办田产要公平交易;经营商业不可掺杂使假;借贷钱谷取息适中;兄弟亲属分割家产,要早印阄书,以求公正免争;田产的界至要分明;税赋应依法及早交纳等。其中有一些精彩的论述,如:"人有田园山地,界至不可不分明。异居分析之初,置产制卖之际,尤不可不仔细。人之争讼多由此始。""池塘、陂湖、河埭,蓄水以溉田者,须于每年冬月水涸之际,浚之使深,筑之使固。遇天时亢旱,虽不至于大稔,亦不至于全损。""贫富无定势,田宅无定主。有钱则买,无钱则卖。买产之家当知此理,不可苦害卖产之人。盖人之卖产,或以缺食,或以负债,或以疾病死亡、婚嫁、争讼。""余尝劝人起造屋宇须十数年经营,以渐为之,则屋成而家富自若。盖先议基址,或平高就下,或增卑为高,或筑墙穿池,逐年渐为之,期以十数年而后成。次议规模之高广,材木之若干,细至椽、桷、篱、壁、竹、木之属,必籍其数,逐年买取,随即斫削,期以十数年而毕备。决议瓦石之多少,皆预以余力积渐而储之。虽僦雇之费,亦不取办于仓卒,故屋成而家富自若也。"

元代无名氏编《居家必用事类全集》,是一本家庭实用百科全书,内容涉及养生、禁忌、读书、行文、书法、烹饪、种植、礼仪、手工艺、民俗等,非常广泛,非常实用。书中汇编了苏东坡、朱文公等人的论述,节省了人们的查阅工夫。

元代的赵素撰《为政九要》,其中的《正农》探讨家庭贫富的原因:由人而穷,穷者有十:一要贫,学烧银。二要贫,孝空门。三要贫,好相论。四要贫,好移坟。五要贫,置宠人。六要贫,陪女门。七要贫,要宅新。八要贫,酒赌频。九要贫,宴贵宾。十要贫,好赛神。其犯一者,未有不贫也。又云:人有十可富:一可富,孝亲族。二可富,少奴仆。三可富,省追逐。四可富,效勤苦。五可富,不高屋。六可富,长忍辱。七可富,粗衣服。八可富,养六畜。九可富,多粪土。十可富,没名目。为之三五,无不可富足也。

明代时,南方有些宗族有族田。族田是宗族成员共同拥有的田产,族田的来源，有祖辈留下来的，有族人捐献的，有的是户绝无嗣的。有的是族内的官员或商人在外发了财，购置田地，交给宗族，作为对宗族的感恩。族田少则几十亩，多则上千亩，有专人管理，通过收租而实现经济价值。作为宗族的共有财产，用于族内共同赞同的事务，如祭祀祖先、赈济穷人、资助读书、做些善事。

随州市随县安居镇的潜姓家族，从江西迁到湖北，族内一直设有族田，也称祠田。族长安排专门人管理族田，族田的经济收益用来支撑宗族的日常开销，比如祭祀活动、劳动工具、人员管理等。其中还有一个重要的功能便是救济功能。救济一般分为两方面，一方面是救济族内生活贫困的农户。对于本族内因疾病或天灾等导致生产生活艰难的家户，宗族会利用祠田的一部分收益缓解其生存压力，让其维持基本的农业生产，体现了族人对宗族成员的关心和爱护。另一方面是资助族内成绩优异的寒门子弟。每年到秋收时节，祠田的管理人员都会结合本族的实际，按照粮食收成的多寡分配一定比例的粮食用于资助本族的优秀学子。①

谈到家庭的经济，晚清的王永彬在《围炉夜话》中也有一些精彩的议论，他说："家之富厚者，积田产以遗子孙，子孙未必能保。不如广积阴功，使天眷其德，或可少延。家之贫穷者，谋奔走以给衣食，衣食未必能充。何若自谋本业，知民生在勤，定当有济。家之长幼，皆倚赖于我，我亦尝体其情否也。士之衣食，皆取资于人，人亦曾受其益否也。家纵贫寒，也须留读书种子。人虽富贵，不可忘力穑艰辛。""财不患其不得，患财得而不能善用其财。禄不患其不来，患禄来而不能无愧其禄。"王永彬在序言中说："余，识字农人也。岁晚务闲，家人聚处，相与烧煨山芋，心有所得，辄述诸口，命儿辈缮写存之，题曰《围炉夜话》。"王永彬的族人一直传诵《围炉夜话》生活在湖北宜昌的一支族人几乎都会背诵《围炉夜话》，第五世孙王洪强博士撰写了《围炉夜话注评》，即将付梓。

---

① 潜环、宿党辉：《随县潜家湾调研报告》，载于王玉德等主编的《长江流域耕读文化调研报告》，安徽师范大学出版社 2019 年版。

二、新式农业拓展

在中国古代，有些家庭不是单纯地从事农耕，有的家庭会发展多方面实业，以求获取更多的经济利益。

《后汉书·樊宏传》记载，樊家不仅务农，还发展经济作物，大量种漆树，以漆获取厚利，引得邻里十分羡慕。"至乃开广田土三百余顷。……尝欲作器物，先种梓漆，时人嗤之，然积以岁月，皆得其用，向之笑者咸求假焉。"

南宋，1165年左右，安庆宿松有一个叫汪革的实业家在皖西兴建冶铁作坊一座，制作各种铁器，工匠达500人，同时出资承租70亩湖泊水面，做水产养殖，并在沿湖开发房屋900多间，开设酒肆1座。这是一个很大规模的农工商企一体化的经济实体，不仅做冶铁业，还做房地产、水产、酿酒等副业，令人惊奇。即使此事出现在当代，也是很新鲜的事情。可惜，这样的实例在古书上都没有详细记载，只有零星的只言片语，使我们无法更多地了解。同时，这类实体在古代也没有延续下来，否则，中国在宋代就已经过渡到了新的社会经济形态了。在大的社会农耕经济体制背景下，局部的"多元新经济实体"的个案只能是昙花一现。

明代中晚期，中国南方的工商经济有所发展，家庭经济开始发生变化，南方部分地区，少数务农的家庭实业由单一经济变为多种经济，人们乐意由传统农业走向新式农业。农业之外的副业多元化，养殖业、手工业、商业、服务业与农业成为传统家庭新的经济增长点。

当时，出现了生态农庄。最具典型意义的是嘉靖年间常熟县谈参所经营的庄园。当时，农民们普遍都是用传统的方法，春播秋获，人们累死累活仅维持温饱，如遇灾年，颗粒无收，妻离子散，流落他乡。有一年的大旱灾之后，谈参决定换一个思路务农。他利用灾荒的机会，廉价买下别人的弃置之地，获得了很大一片土地。他合理设计农庄，实施农业与养殖业相结合的模式，种粮食、蔬菜、瓜果，在农业产业上形成一条生态链。他雇佣百余名漂流的饥民，各用其长，有的种田，有的养鱼，有的种树。他掘土为池，既整理了地形，改良了土地，又有了蓄水池。他在水中养鱼，以剩余的粮食养家畜，以家畜的粪便养鱼,把鱼拿到市场上交易。在这个过程中,他因天道,循地利,尽人事,使得物尽其用。由于巧妙地利用了自然生态,采用了生态方法,节省了人力、物力、财力,事半功倍,全方位地发展了经济,大大增加了收入。这样的经济模式有利于安定社会、增加税收,肯定会得到地方官员的支持。谈参尝到了甜头,越忙越有劲,甚至被文人写进书里,千古扬名。

此事载于李诩的《戒庵老人漫笔》卷四《谈参传》。李诩,弘治到万历年间人。谈参,又名谭晓。清代光绪年间的《常昭合志稿》卷四十八《佚闻》把谈参写为谭晓,后世多沿用。①

明代王士性在《广志绎》中对家庭生态农业有所研究,提倡立体养殖技术。《广志绎》卷四《江南诸省》记载:鲢鱼最易长……入池当夹草鱼养之,草鱼食草,鲢则食草鱼之矢,鲢食矢而近其尾,则草鱼畏痒而游,草游,鲢又随觅之,凡鱼游则尾动,定则否,故鲢草两相逐而易肥。加上草鱼亦食马矢,若池边有马厩,则不必饲草。古文中,矢,通"屎"。这就是说,在池中养鲢鱼和草鱼,在岸边养马,使马粪养草鱼,可以降低养殖成本,提高了单位面积上的综合养殖能力。

明末有一位佚名的湖州沈氏,他不仅自己经营家庭生态庄园,还结合实践撰写了一卷《农书》。其中的"逐月事宜"是农家月令提纲,"运田地法"记载了水稻和桑树栽培,"蚕务"记载了养蚕、丝织和六畜饲养,"家常日用"记载了农副产品的加工和贮藏。《农书》涉及稻麦轮作、经济作物种植、畜禽鱼养殖等内容,从中可见其能合理地安排农业生产,提高土地利用率,形成了综合发展、相辅相成的经营机制。

稍后,张履祥据沈氏《农书》作"补遗"三十九项,题为《补农书》。此书所记太湖流域的农业生产方法和技术颇为具体,其中描述了富有地方特色的生态农业格局:浙西之利,蚕丝为大,近河之田,积土可以成地,不三四年,而条桑可食矣;桑之未成,菽麦之利,未尝无也。又载:池中淤泥,每岁起

---

① 闵宗殿:《明清时期的人工生态农业——中国古代对自然资源合理利用的范例》,《古今农业》2000年第1期。

之，以培桑竹，则桑竹茂而池益深矣；水深则用以养鱼，池水又足以灌禾；有粮桑更利于多养牲畜，令羊专吃枯叶枯草，猪专吃糟麦，则利用烧酒的下脚料又获盈利。这些记述清晰地展示了当地小农经济循环利用自然资源的新型模式。

清代，广东顺德有个环境幽雅、经济发达的乡镇——陈村，它不仅以水资源丰富闻名，还因为有经济作物——荔枝、龙眼、橄榄而闻名。在农耕时代，人们能够生活在这样的村落是十分幸福的。屈大均的《广东新语》卷二《地语》记载："顺德有水乡曰陈村，周回四十余里，涌水通潮，纵横曲折，无有一园林不到。夹岸多水松，大者合抱，枝干低垂，时有绿烟郁勃而出。桥梁长短不一，处处相通，舟人者咫尺迷路，以为是也，而已隔花林数重矣。居人多以种龙眼为业，弥望无际，约有数十万株。荔枝、柑、橙诸果，居其三四。比屋皆焙取荔枝、龙眼为货，以致末富。又尝担负诸种花木分贩之，近者数十里，远者二三百里。他处欲种花木及荔枝、龙眼、橄榄之属，率就陈村买秧，又必使其人手种搏接，其树乃生且茂。其法甚秘，故广州场师，以陈村人为最。又其水虽通海潮，而味淡有力，绍兴人以为似鉴湖之水也，移家就之，取作高头豆酒，岁售可数万瓮。他处酷家亦率来取水，以舟载之而归，予尝号其水曰酿溪。有口号云：'龙眼离支十万株，清溪几道绕菰蒲。浙东酿酒人争至，此水皆言似鉴湖。'又云：'渔舟曲折只穿花，溪上人多种树家。风土更饶南北估，荔枝龙眼致豪华。'"

三、依工商经济求存

任何社会都有商业，也有经商的家庭。中华先民不仅擅长农业，还擅长商业，商家利用物产的地域差价以及吃苦耐劳的精神获取利益。许多传统家庭在务农的同时，还在商业或手工业中求生存。

明清时期流行的文学作品，间接反映当时民众的经济生活。《醒世恒言》卷十八《施润泽滩阙遇友》记载：苏州府吴江县离城七十里有个乡镇，地名盛泽，镇上居民稠广，土俗淳朴，俱以蚕桑为业。男女勤谨，络纬机杼之声，通宵彻夜。那市上两岸绸丝牙行，约有千百余家，远近村坊织成绸匹，俱到此上市。四方商贾来收买的，蜂攒蚁集，挨挤不开，路途无伫足之隙；乃出产锦绣之乡，积聚绫罗之地。这个镇上的众多家庭中，有一家的主人叫施复，夫妇二人勤劳节俭，为人厚道，拾金不昧，结果有了善报。每年养几筐蚕，经营丝织，从有一张织布机，发展成有三四十张织机的手工工场主，资本扩展到数千金。施复夫妇靠劳动致富，相互恩爱，构建出新型的家庭关系，受到人们的好评。这个故事虽然是文学叙事，但在江南地区确实有大量的原型，表明商品经济的发展，手工业技术的不断传播，改变了许多家庭的经济，也改变着家庭的文化面貌。

许多商人本是乡下的贫穷农民，他们看见别人经商致富，受到影响，于是也去经商，不畏艰辛，终于成为专一身份的商人。徽州这样的例子有很多。歙县《竦塘黄氏宗谱》卷五《明故处士黄公豹行状》记载黄豹的事迹为："（黄豹）少遭家啬，见邑中富商大贾，饰冠剑，连车骑，交守相，扬扬然，诩诩然，卑下仆役其乡人。喟然叹曰：彼之夥夥者，独非人耶？"后来，他告别家乡，以诚信公正的理念经商，"久之，一年给，二年足，三年大穰，为大贾矣"①。

商人们离开家乡，放弃了厮守家园的传统，经商到哪里，就把家安排在哪里。康熙《徽州府志》卷二《风俗》记载："徽之富民尽家于仪、扬、苏、松、淮安、芜湖、杭、湖诸郡，以及江西之南昌、湖广之汉口，远如北京，亦复挈其家属而去。甚且舁其祖、父骸骨葬于他乡，不稍顾惜。"②

商人到外面经商，长久不回，信息不通，在家乡的亲人无比思恋，于是四处寻找外出的商人。民国《婺源县志》卷二十九《人物·孝友》记载一例。婺源人詹文锡"生数月，父远游不归。年十七，誓欲寻亲，历楚蜀，入滇南，终年不遇，哀号震天。一夕梦神语曰：'汝父在贵州，速往可遇途。'急走百里许，经济渡处，有往黔商舶，附之，兀坐长吁。商疑问锡，告之故，商曰：'汝吾子也。'相持哭，自是偕眷属归。后承父命往蜀，至重庆界，涪合处有险道，名'惊梦滩'，悬峭壁，挽舟无径，心识之。数载后，积金颇裕，复经

---

① 转引自赵华富：《徽州宗族研究》，安徽大学出版社2004年版，第504页。
② 转引自赵华富：《徽州宗族研究》，安徽大学出版社2004年版，第484页。

此处，殚数千金，凿山开道，舟陆皆便。当事嘉其行谊，勒石表曰'詹商岭'"①。

在古代的各类经济活动中，虽然商人富裕，但人们普遍不愿经商。白居易有一首《朱陈村》，其诗云："有财不行商，有丁不入军。家家守村业，头白不出门。"由这首诗可知，在唐代这样的农耕社会，人们的传统是守着祖宗的家业，有资金也不经商，普遍认为经商不是正经农户所应做的事情。

农耕社会的人们之所以不愿意经商，原因在于以下几点。

1. 商家有艰险

商人漂泊，居无定所，风险很大。明代苏州人冯梦龙的《古今小说》卷十八有描述：人生最苦为行商，抛妻弃子离家乡。餐风宿水多劳役，披星戴月时奔忙。水路风波殊未稳，陆路鸡犬惊安寝。平生豪气顿消磨，歌不发声酒不饮。少资利薄多资累，匹夫怀璧将为罪。偶尔小恙卧床帏，乡关万里书谁寄？一年三载不回程，梦魂颠倒妻孥惊。灯火忽报行人至，阖门相庆如更生。男儿远游虽得意，不如骨肉长相聚。请看江上信天翁，拙守何曾缺生计。

这首诗或许是一名商人写的，或者是了解商人疾苦的人写的，写得很有真情。诗中点出了"人生最苦为行商"这个主题。商人之所以苦？是因为他们要抛妻弃子，要离开家乡，要餐风宿水，要披星戴月，要鸡犬不安。特别是在外面生病时，连书信都没办法写。人活着走出家乡，不知是否还能活着回到家里。如果有幸能回家，就如同重新获得了生命一般。在农耕时代，交通不发达，社会不安定，生命财产没有任何安全保证，"男儿远游虽得意，不如骨肉长相聚"。

唐代诗人刘驾作有《贾客词》，反映了商人的艰辛，以及商人与家属的悲欢。其文："贾客灯下起，犹言发已迟。高山有疾路，暗行终不疑。寇盗伏其路，猛兽来相追。金玉四散去，空囊委路歧。扬州有大宅，白骨无地归。少妇当此日，对镜弄花枝。"从这首诗可见，商人为了谋利，天不亮就起来赶路，还说起来迟了。钱财被抢光，客死异乡。一方尸骨已抛弃在荒山僻野，有大屋也埋不了。另一方在扬州的妻子对着镜子梳妆打扮，没有信息，还在等待贾客

---

① 转引自赵华富：《徽州宗族研究》，安徽大学出版社2004年版，第486页。

归来。这是一个多么悲惨的对照。商人客死异乡，死无葬身之地。扬州的少妇，虽然有宅有钱，可没有了丈夫，年纪轻轻就当寡妇，又有什么幸福可言？

2. 统治者轻商压商

历史上，政府经常打压商人，官员压榨商人。统治者认为，务农之人，厮守着土地，为人老实本分。务商之人，投机取巧，用尽心机，不好管理。

唐太宗颁布的《官品令》记载：工商杂色之流，不得与贤士君子比肩而立，不得与士大夫同坐而食。唐太宗颁行的科举考试条令规定：工商不得参加科举考试、入仕为官。

尽管经商不受待见，但商人的经济生活比农民要好得多。《汉书·食货志》记载晁错之语："今农夫五口之家，其服役者不下二人，其能耕者不过百亩，百亩之收不过百石。春耕夏耘，秋获冬藏……而商贾大者积贮倍息，小者坐列贩卖，操其奇赢，日游都市，乘上之急，所卖必倍。故其男不耕耘，女不蚕织，衣必文采，食必粱肉；亡农夫之苦，有阡陌之得。"从这段文字可知，尽管商人家庭受到打击，但商人是有钱人，生活较为富裕。

唐代现实主义大诗人白居易写有一首《盐商妇》诗，诗云："盐商妇，多金帛，不事田农与蚕绩；南北东西不失家，风水为乡船作宅。本是扬州小家女，嫁得西江大商客。绿鬟富去金钗多，皓腕肥来银钏窄。前呼苍头后叱婢，问尔因何得如此？婿作盐商十五年，不属州县属天子。每年盐利入官时，少入官家多入私。官家利薄私家厚，盐铁尚书远不知。何况江头鱼米贱，红鲙黄橙香稻饭。饱食浓妆倚舵楼，两朵红腮花欲绽。盐商妇，有幸嫁盐商，终日美饭食，终岁好衣裳。好衣美食有来处，亦须惭愧桑弘羊！"由此诗可知当时盐商老婆的生活：扬州平民百姓的小女子，嫁到西江大商客家，由于有钱，所以打扮得花枝招展，身边有奴婢使唤。她随老公四海为家，"风水为乡船作宅"，不属于任何一个州县管辖，只需要向朝廷交税就可以了。尽管要完税，但盐商的私利却是十分丰厚的。白居易在这首诗中对社会上的不平等现象提出了批评，"不事田农与蚕绩"的"盐商妇"，却"多金帛"。盐商的老婆靠商吃商，生活无比富裕，而农民远不如商人。

唐代的另一个诗人张籍撰写的《野老歌》，也显示了商人比农民的生活要富裕："老农家贫在山住，耕种山田三四亩。苗疏税多不得食，输入官仓化为土。岁暮锄犁傍空室,呼儿登山收橡实。西江贾客珠百斛,船中养犬长食肉。"老农一天到晚辛苦劳动,还要呼喊家里的人都到田间帮忙,但由于庄稼长势不好,加上税收沉重,生活得不到保障。相反,商贾有数不尽的金银财宝,船里面养的狗子都长年食肉,真是农不如商,人不如狗。

值得注意的是,宋代以降,有识之士不断发声,倡导经商。

宋代,范仲淹积极倡导商业经济,他在《答手诏五事》一文中说:"山海之货,本无穷竭,但国家轻变其法,深取于人,商贾不通,财用自困。今须朝廷集议,从长改革,使天下之财通济无滞。"这就是说,大自然中有无穷无尽的资源,是不会用完的,应当鼓励商人转运这些资源,使货物流通起来,这样,国家经济就搞活了。范仲淹写过《四民诗》,其中有一篇是《商》,反映了对商人的同情与理解,其文说商业是社会不可分开的一部分,对经济是极为有益的,"尝闻商者云,转货赖斯民。远近日中合,有无天下均。上以利吾国,下以藩吾身"。其文又说商人是在农村失去土地或不堪受欺压而出走的人,辛苦劳动,所得无几。"经界变阡陌,吾商苦悲辛。"其文还为商人鸣不平,"吾商则何罪,君子耻为邻"。范仲淹大声为商人疾呼,他要颠覆传统的贱商观念,驳斥那些以经商为耻辱的陈腐思想。

南宋洪迈《夷坚志·武女异疾》记载湖湘地区的商人武邦宁赚了许多钱,他是这样精心安排两个儿子的:让长子继承商业方面的事务,让二儿子读书。这样,家中就既有了钱财,又有了知识。其文:"鄂州富商武邦宁,启大肆,货缣帛,交易豪盛,为一郡之甲。其次子康民,读书为士人。使长子斡蛊(斡蛊,主事,即主办货物交易之事)。"

明代浙江余姚人王阳明主张为商业正名,认为商业至少应与其他行业一样,朝廷应给予公正的待遇。他在《节庵方公墓表》中说:"古者四民异业而同道,其尽心焉,一也。士以修治,农以具养,工以利器,商以通货,各就其资之所近,力之所及者而业焉,以求尽其心。……故曰:四民异业而同道。"在王阳明看来,士农工商在社会上是分工的不同,各有其责任,不能把商贾当作歧视的对象。虽然士农工商在行业上有差别,但都是共同遵守天下道义的。

明代中期的上海人陆楫撰写了《禁奢辨》(载于《蒹葭堂杂著》),主张发展商业,鼓励消费。

陆楫首先提出了一个讨论的命题："论治者屡欲禁奢，以为财节则民可使富也。"陆楫感叹说："噫！先正有言：天地生财，只有此数。彼有所损，则此有所益。吾未见奢之足以贫天下也。"陆楫是一个有辩证眼光的人，认为节俭固然可以减少开支，但节俭未必就能使天下富足，而奢侈也不可能使天下贫穷。

陆楫认为，奢与经济发展成正比例，"苏杭之境为天下南北之要冲，四方辐辏，百货毕集，使其民赖以市易为生，非其俗之奢故也"。"大抵其地奢，则其民必易为生，其地俭，则其民必不易为生者也"，原因何在呢？"盖俗奢而逐末者众也"。他从俭朴消费不利于发展等角度反证奢侈的益处，说：吴俗尚奢，而苏杭细民多易为生；越俗尚俭，而宁绍金衢诸郡小民恒不能自给，半游食于四方。在陆楫看来，苏杭之地的人之所以乐于经商，不是因为他们希望过奢侈的生活，而是因为这里是交通发达之地，适宜经商。正是因为特定的社会条件，使得苏杭的商业发达起来。

陆楫认为，消费可以促进生产，商贾的奢侈可以拉动其他行业活力。"所谓奢者，不过富商、大贾、富家、巨族自侈其宫室车马、饮食、衣服之奉而已。彼以粱肉奢，则耕者、庖者分其利；彼以纨绮奢，则鬻者、织者分其利，正孟子所谓'通工易事，羡补不足'者也。上之人胡为而禁之？"社会的消费是一个生态链，有消费，就能刺激生产，就有一部分生产者受益。富人消费了，就需要物品补充，社会的生产链就被带活了。

陆楫的文章是一篇思想非常超前的文献，令人几乎不敢相信明代的人能写出这样有思想的文章，即使放在现代社会，其思想也是大胆的。自古以来，中华民族就以提倡节俭著称，先秦时期的墨子就是主张节俭的代表人物。然而，到了明代，与节俭相反的倡奢观念出现了，这无疑是中国经济史的新动向，说明商业发展到了一个新阶段。时代需要扩大消费，以拉动经济的发展。任何事情都有两面性，如果一个社会一味地强调节俭，裤子补了又补，鞋子穿了又穿，破碗碎盆总舍不得扔掉，那社会就不可能实现再生产，第三产业就永远发展不起来，经济就难以实现周期性循环。因此，在适当的范围内，一定要鼓励消费，消费不等于浪费！在中华农耕民族之中，能够出现陆楫这样的主奢学者，实为难得。主奢学说，是一种商业智慧，对于推动经济发展，改变保守观念，化解经济危机，是极为有价值的。

晚清的郑观应年轻时参加过科举，多次失意，于是到上海学经商，一生从事工商业活动。他撰写了《盛世危言》，主张加快工商业发展，提出必须破除"以农为本、以商为末、重本抑末"的见解，他认为："中国以农立国，外洋以商立国。农之利，本也；商之利，末也。此尽人而能言之也。古之时，小民各安生业，老死不相往来，故粟、布交易而止矣。今也不然。各国兼并，各图利己，藉商以强国，藉兵以卫商。其订盟立约，聘问往来，皆为通商而设。英之君臣又以商务开疆拓土，辟美洲，占印度，据缅甸，通中国，皆商人为之先导……可知欲制西人以自强，莫如据兴商务。安得谓商务为末务哉？"郑观应认为：商以贸迁有无，平物价，济急需，有益于民，有利于国，与士、农、工互相表里。士无商则格致之学不宏，农无商则种植之类不广，工无商则制造之物不能销。是商贾具坐财之大道，而握四民之纲领也。商之义大矣哉！郑观应主张改变传统的贱商观念和士农工商等级结构，充分肯定商业在社会发展中的主导作用。在农耕文明向工商文明转型时期，郑观应的观点颇具世界眼光。

晚清时期，社会急剧转型，中国的传统家庭出现了千年未有之大变局。许多穷人家庭在大变局中把握机会，变成了富有的家庭。虞洽卿（1867—1945年）一家的变化就是一个典型的例子。

1867年，虞洽卿出生在浙江镇海（今属慈溪）伏龙山下一户贫苦的裁缝之家。6岁那年父亲病故，他便与母亲和3岁的弟弟相依为命。村内有一同族塾师虞民世，见虞洽卿聪明伶俐，就免费收为学生。1881年，虞洽卿经族叔虞庆尧的帮助，只身到上海瑞康颜料行学生意，他多次为老板出谋划策，使小小的瑞康颜料行在竞争中化险为夷。1894年后，虞洽卿任德商鲁麟洋行买办、华俄道胜银行买办。

1898年，虞洽卿听说英籍犹太人哈同买地造房子，"日进斗金"。于是，虞洽卿成立了华顺、顺徽两个房地产公司，涉足房地产，获得第一桶金。1903年，虞洽卿独资开设通惠银号。1906年春，虞洽卿有机会与端方、载泽、戴鸿慈、李盛铎、尚其方等五大臣赴日本考察，使他对国外的工商业有了进一步了解。1908年，他与人筹建了我国第一家私营银行——四明银行。从事商业，少不得运输。虞洽卿根据家乡土特产的运销情况，创办了宁绍轮船公司，自任总经理。其后,他独资创办了三北轮船公司,又先后创办宁兴轮船公司和鸿安轮船公司。

从事商业,少不得一些社会活动,还得打造社会形象。1911年后,虞洽卿任都督府顾问官、外交次长等职。1920年,虞洽卿与人合伙创办上海证券物品交易所,任理事长。1923年,虞洽卿当选为上海总商会会长。虞洽卿关心家乡的公益事业,曾出资创办学校,疏浚凤浦湖,兴建镇胜、镇大、镇骆等公路,受到民众赞赏。虞洽卿在二三十年间,由穷人变成上海巨富,抓住了时代的机遇,被民国年间的人们仰慕,为普通民众树立了榜样。

晚清到民国年间,中国社会动荡,许多有识之士敢于冒险,大胆开拓,改变了家庭命运。一方面是千千万万个家庭还在墨守成规地过着小农经济生活,另一方面是少数的家庭随着早期工业化的进程转变了经济结构,使得中国传统家庭的经济生活发生了历史性的转折。经济基础的变化,影响着人们的生活方式与思想观念,并导致上层建筑与意识形态发生变化,古老的中国终于进入到近代化的时代潮流之中,艰难地走向新的文明阶段。

家庭经济是国家经济的组成部分,反映了社会经济发展水平。21世纪以来的中国传统家庭经济处在了日益富裕、多元发展的阶段。随着社会的进步,传统家庭经济特征逐渐消失,代之而起的是新观念、新形式、新内涵的家庭经济。

第八章 家庭的居住

中国古代社会的主体是农耕社会。在农耕社会，人们都喜欢选择山清水秀、自成体系的自然环境中建房居住。先民积累了丰富的家庭居住经验，各地产生了不同的建筑形式。

为了方便农业劳作，农民按宗族定居，以村落为家庭的居住场所。在农村，村落是传承文化的主要场所。山东省已经统计出数千个古老的村庄，每个村庄都有连绵不绝的历史。在河南省安阳市殷墟西北22公里处，有个不足千户的村庄，在其4平方公里的土地上，有着6000年来的民众生活遗存，从仰韶文化、龙山文化、下七垣文化，到商、春秋战国，再到汉代、北朝、宋、元、明、清，乃至民国等各个历史时期的发展、演变，都能在这里找到实物和印记。据调查者说，在村庄民舍的石碑上清晰地镌刻着乾隆五十五年的标识；在村北，发现了埋藏地下的宋代的白瓷片；在村西裸露的红色烧土和黑瓦，昭示了这里曾是东魏北齐时期的一个窑场；在一个土崖上，轻易就能采集到汉代印纹陶缸残片；在路旁，捡到了两件典型的战国带把豆盘；从断崖上找到两件3000年前商王朝时代的鬲，证明3000年前这里是商王朝的辖地；在村北的漳河岸边，还找到了带花边口的下七垣时期的陶罐残片，底部有密集箅孔的龙山文化陶甑片以及典型的仰韶文化陶片。

人类学调查发现，村落的祠堂、打谷场是农村传承文化的核心场地或主要场所。在一些村落，人们为了维系宗族文化，修建了祠堂，在祠堂订立乡规民约，定期举行敬祖仪式，开展民俗活动，讨论宗族大事。在村落的打谷场上，乡民举行庙会，聚众唱歌跳舞，讲书说事。

一、居家环境　桃源模式

1. 居家的外环境

任何家庭住宅都处在特定的环境之中，有宅外环境的选择与营建，也有宅内环境的布置与追求。农耕时代的人们特别讲究室外环境，认为房屋周边的山、水、土壤、石头、植被、交通等自然元素，都关乎人的生活，关乎人的心情，关乎人的身体与健康，甚至关乎家族的兴旺。

先民安家，起初是散点式地分布，随着住户增多，形成村落。村落通常又称为塆子、屯子。平原的人多聚集在一起居住，由村子形成镇子，由镇子形成城市。

先民安家，首先考虑水环境。安家要邻水，邻水不是紧靠着长江、黄河等大河，而是小河、小溪、湖泊。有水就方便洗涤，方便灌溉，方便出行，并带来灵气。

山区居民，为了照看自己的坡地和农田，不得不分散居住。一家占一片山，一家拥有一片林，一家有一条小道延伸到家门口。人们住在山坡旁，有树木作燃料，有山珍可采摘，有动物可猎取，生活资源较为丰富。山边常有小溪，便于取水。房屋散布于半山坡上，便于管理山林与农田。

住在北方的居民，因空气较为干燥，冬天较为寒冷，所以生活资源相对要少一些。人们的经济生活要粗放一些，民性也粗放一些。相对而言，南方湿度大，气候温暖，土地肥沃，民居排列的密度大，农民精耕细作，民性相对精致。北方的民居有较大的院落，有高墙大门与影壁。南方人多地少，院子窄小，有时几家挤在一个院子里。

住宅周围的土壤，也是居家建宅必须考虑的一个重要因素。北方的土地适合种小麦或杂粮，南方的土地适合种稻谷，农民根据饮食习惯而选择区域和耕地。此外，有矿藏的土壤一般不适合耕作。土壤中含有微量元素锌、钼、硒、氟等，在光合作用下放射到空气中，会直接影响人的健康。明代王同轨在《耳谈》中云："衡之常宁，耒阳产锡，其地人语予云：'凡锡产处不宜生殖，故人必贫而移徙。'"

先民建房，讲究阴阳关系，重点在于能够对身体有益。唐司马承祯《天隐子·安处》记载："何谓安处？曰：非华堂邃宇、重裀广榻之谓也。在乎南向而坐，东首而寝，阴阳适中，明暗相半。屋无高，高则阳盛而明多；屋无卑，卑则阴盛而暗多。故明多则伤魄，暗多则伤魂。人之魂阳而魄阴，苟伤明暗，则疾病生焉。此所谓居处之室，尚使之然，况天地之气，有亢阳之攻肌，淫阴之侵体，岂可不防慎哉？……内以安心，外以安目。心目皆安，则身安矣。明暗尚然，况太多事虑，太多情欲，岂能安其内外哉？"房屋的阴阳关系，实际上是南北、冷暖、干湿、水陆、高下、明暗等两分法的辩证关系，以持中允和为宜。"阴阳"二字不过是代称符号而已。

一般而言，有水，有良田，有山，有树林，有便利的交通，有安全的屏障，有好的朝向，有美丽的风景，就是先民愿意选择安家的地点。这些外在的条件，全部具备了最好。环境不可能尽善尽美，否则求其次，或再求其次。明代文震亨《长物志》卷一记载："居山水间者为上，村居次之，郊居又次之。"这段话体现了回归自然的观念，城郊不如乡村，乡村不如山水之中。

刘宋时期，谢灵运曾出任永嘉太守。他性爱山水，注重居住环境。《宋书·谢灵运传》记载，谢灵运"称疾去职"，在会稽"修营别业，傍山带江，尽幽居之美"。对此事，谢灵运作《山居赋》并自注。他描述山居的小环境是"左湖右江，往渚还汀。面山背阜，东阻西倾，抱含吸吐，款跨纡萦"。近东之地"决飞泉于百仞，森高薄于千麓"。近南之地"会以双流，萦以三州。表里回游，离合山川"。近西之地"竹缘浦以被绿，石照涧而映红"。近北之地"引修堤之透迤，吐泉流之浩漾"。山居的大环境，"远东则天台、桐柏、方石、太平、二韭、四明、五奥、三菁"等名山，"远南则松箴、栖鸡、唐嵫、漫石"诸山，"远北则长江永归，巨海延纳"，"山纵横以布护，水迴沈而萦洄"。宅子是"敞南户以对远岭，辟东窗以瞩近田。田连冈而盈畴，岭枕水而通阡"。

这个宅子的选址与设计，都是谢灵运躬自履行。他说："爰初经略，杖策孤征。入涧水涉，登岭山行。陵顶不息，穿泉不停。……面南岭，建经台；倚北阜，筑讲堂；傍危峰，立禅室；临浚流，列僧房。对百年之高木，纳万代之芬芳。抱终古之泉源，美膏液之清长。"宅园中有许多果林，"百果备列，乍近乍远"。"桃李多品,梨枣殊所。枇杷林檎,带谷映渚。椹梅流劳于回峦,楟柿被实于长浦。"读谢灵运的《山居赋》,似曾在汉代司马相如的赋中有所相识,文辞奇丽,竭尽文才。其所述内容在一定程度上是真实的。谢灵运当时交结了许多文友和门生,间有记述,朝廷上下都知道他喜欢"凿山浚湖,功役无已"。

明代高攀龙年轻时志向很大,想要游遍天下名山,寻找一个优美的环境,寄居下来。他北方去了燕赵,南方到过闽粤,中原跨越了齐鲁殷周的故地。官场失意后,他在蠡湖边的鱼池头水中构筑了一座可人的小楼,并写了《可楼记》,其中记载:水居一室耳,高其左偏为楼。楼可方丈,窗疏四辟。其南则湖山,北则田舍,东则九陆,西则九龙峙焉。楼成,高子登而望之曰可矣!吾于山有穆然之思焉,于水有悠然之旨焉,可以被风之爽,可以负日之暄,可以宾月之来而饯其往,优哉游哉,可以卒岁矣!于是名之曰可楼,谓吾意之所可也。

徽州的乡村特别美丽。清代,王灼等文士在夏季六月到歙县西边的乡村游玩,王灼写了《游歙西徐氏园记》,描述乡村如画,有人工凿的水池,池上横石为桥,以通往来。池西有亭,池南有虚堂。田塍相错,烟墟远树,历历如画。而环歙百余里中,天都、云门、灵、金、黄、罗诸峰,浮青散紫,皆在几席。王灼等人一直游兴不减,及日已入,犹不欲归。

出生于鄂东罗田的丁凤英女士(湖北省炎黄文化研究会原会长)在一篇手稿中谈到她的家乡时说:"我的家乡湖北省罗田县凤山镇饼子铺村丁家塆,位于大别山南麓,出县城往北4公里,距巍巍大别山主峰天堂寨60多公里。西面,背靠横贯南北、绵延起伏的尖峰山;向东,面对起源于天堂寨、自北向南的义水河,沿河一条从罗田到天堂寨的公路,因此形成一条由北向南的长方形的丘陵地带。……这一带,史上称为百凤河,相传有一百座凤形的蜿蜒起伏的山头,宛如百只凤凰交织相依在一起,座座面向东方,形成一幅百凤朝阳图,故取名百凤河。凤头紧靠县城之北,凤山镇也因此而得名。……丁家塆是其中依山傍水的一个小塆子,三面环山,一面向水,十户人家,住在一张圆椅形的小山丘的怀抱里,屋前有宽敞的晒谷场,场前是口大水塘,水塘通过横穿公路的涵管与义水河相通,从而成为一口难得的既是死水又有活水的池塘。乡里人说，风水宝地有四条标准：背后有靠，左右有抱，前面有照（有水），水里起泡（活水）。丁家塆即便不是宝地，也算是个好地方。"①

2. 桃花源模式

说到桃花源，有人认为有桃花树的地方、植物茂密的地方就是桃花源。其实，桃花源是先民向往的一种风景独特的环境空间，是适宜于农耕安定生活的居家文化模式。桃花源的典故出自陶渊明的《桃花源记》，其中记载：晋太元中，武陵人捕鱼为业。缘溪行，忘路之远近。忽逢桃花林，夹岸数百步，中无杂树，芳草鲜美，落英缤纷。渔人甚异之，复前行，欲穷其林。林尽水源，便得一山，山有小口，仿佛若有光。便舍船，从口入。初极狭，才通人。复行数十步，豁然开朗。土地平旷，屋舍俨然，有良田、美池、桑竹之属。阡陌交通，鸡犬相闻。其中往来种作，男女衣着，悉如外人。黄发垂髫，并怡然自乐。

类似这段文字的住家外环境，统称为桃花源模式。这是农耕时代人们最向往的地点，其基本特征：有弯曲的小路或水路可以通达其中，妙趣横生。群山环抱，藏风得水，相对封闭，无外界骚扰之虞。群山四围之中有平坦而宽阔的土地，为农人提供了耕耘与活动空间。生活资源有多样性，沿着山脚的坡地盖房屋，有茂密的树林。

中华大地，处处都有桃花源模式。在山区丘陵地带，这类村落环境特别的多。如，徽州潜口镇蜀源村坐落在黄山南麓，四面环山，植被丰富，金带溪呈"S"穿村而过。其村口观音山上盛产桃花、昙花，故又被称为小桃花源。蜀源村整体布局在这一山间小盆地中，溪水穿村而过，可谓是背山靠水，藏风聚气。蜀源村西面有一泉，泉水四季水温均在 18 摄氏度上下。泉水中富含锶等矿物质和有益身体健康的微量元素，村民称呼其为"聪明水"。蜀源村人才辈出，长寿老人众多，据说是因为喝了泉水。

余治淮在《桃花源里人家》（黄山书社 1993 年）中论述安徽黟县就是桃花源。理由是：黟县旧时山水形胜，风情掌故，无一不似陶公笔下所描述的"世外桃源"。黟县旧时有"桃源洞"，为南向进入黟县的必经道口。洞悬于山

---

① 资料源于丁凤英同志给笔者的手稿。

崖之上，下临百尺深渊。从渔亭逆流而上的渔舟，因上游河道中乱石嶙峋，至此则难以上行。若往县城，须舍舟登岸，穿过"桃源洞"，经"浔阳台"。缘溪而上，但见两岸悬岩壁立，古木森森。令人难以置信，在这荒野僻壤的后面，会有生存的人类。不料，行数里，峰回路转，眼前突然开阔，一块方圆数十平方公里的盆地呈现眼前，其间楼房栉比，阡陌交错，使人惊异，恍若仙境。当年桃源洞旁，曾是桃林依依，桃花灼灼，有古诗为证：浔阳台下浪淘沙，风送残红水面霞；不是水深鱼不饵，溪头日日食桃花。只可惜20世纪50年代开始修筑公路，尚未懂得保护名胜古迹的黟县人，将桃源洞炸开，只在路边的山崖上勒石以存念。而那夹溪的桃花，也随岁月的流逝而消失殆尽。

　　湖北秭归乐平里就是桃花源式的地形，并且是文化名人屈原的出生地。笔者20世纪80年代参与做秭归县旅游规划时去过一次，深深地喜爱上了那个地方。沿着长江北边的一条小溪旁的小路，高低坡伏而回还的步行小道，步行半个多小时，豁然开朗，进入一片几百亩的大坪。坪周围是群山，绿山仰面朝天似敞开的胸怀，如花绽放。大坪中间有小山包，如花蕊绽放中央。农人生活在其中，怡然自乐。有趣的是，当地的耕牛全都不用上鼻栓，自觉地围着土地耕耘。在其他地方，耕牛必须上鼻栓才听农人的话，这里的牛天然就温顺。当地的农民喜欢写诗，一直有吟诵楚辞的骚坛。

　　明代的旅行家徐霞客记载了他在各地见到的许多村落。《徐霞客游记》中的《滇游日记》记载云南的一处桃花源村落，进口窄，里面宽，藏风得水：村南山坞大开，西为凤羽，东为启始后山，夹成南北大坞，其势甚开。三流贯其中，南自上驷，北抵于此，约二十里，皆良田接塍，绾谷成村。曲峡通幽入，灵皋近水高地夹水居，古之朱陈村、桃花源，寥落已尽，而犹留此一奥，亦大奇事也。

　　徐霞客在《粤西游记》中描述了广西的一处桃花源村落：有一村在丛林中，时下午渴甚，望之东趋，共一里，得宋家庄焉。村居一簇，当南北两山坞间，而西则列神洞山为屏其后，东则牛角洞山为屏其前，其前皆潴水成塘，有小石梁横其上。大寨诸村，山回谷转，夹坞成塘，溪木连云，堤篁夹翠，分墟隔陇，宛然避秦处也。这是我们了解古代聚落环境的第一手材料。宋家庄在绿色的丛林中，这个村庄的选址很注意环境，东南西北都有屏障，形成环抱，村宅自成一系。村前有水塘，人工的石梁横跨其上，周围高地的水流入水塘中，"四水朝堂"，这为人们的生活提供了方便。大寨村也是宋家庄这样的形胜，"山回谷转，夹坞成塘"，周围都是树木，参天连云，农家养有鸡群，还有小狗。这是农耕民族最喜欢的构建家园的形式。住在这样的环境里，村落之间"分墟隔陇"，各自守着田园，春播秋获，安静自逸，形成"小国寡民，鸡犬之声相闻，老死不相往来"的农耕生活。官府难以到这样的地方收取苛捐杂税。如果社会上发生了战争，或者出现了瘟疫，这样的村落很少受到干扰。历史上，人多地少，特别是山区会有一些荒无人烟之地。如果有一对勤劳的小夫妻选择在这样的空地生活，几百年间就会形成一个大村落。

明末清初的黄周星写过一篇《将就园记》，按桃花源模式提出了初步的构思：民居周围应是崇山峻岭、匼匝环抱，如莲花城。民居的两边各有一座山，右边的比左边高一些。山的外崖耸立，不可攀登，山的内面有深水为壕，山形内倾，山间有泉，四时不竭。山中宽平衍沃，广袤百里，散布村舍。凡百物之产，百工之业，无一不备其中。地气和淑，不生荆棘，亦无虎狼蛇鼠蚊蚋。山泉下注成溪沼，可以通航。溪流环绕十余里，中为平野，也有冈岭湖陂、林薮原隰，参差起伏。居民淳朴亲逊，略无嚣诈……累世不知有斗辩争夺之事。

苏州画家唐寅（字伯虎，后改字子畏，号六如居士、桃花庵主）曾经亲自选择地点，修筑了桃花庵。现存建筑面积500多平方米，坐北朝南，两路两进，有水池和殿堂。现存《桃花庵歌》石刻碑文，歌云："桃花坞里桃花庵，桃花庵里桃花仙。桃花仙人种桃树，又摘桃花换酒钱。酒醒只在花间坐，酒醉还来花下眠。半醉半醒日复日，花落花开年复年。但愿老死花间酒，不愿鞠躬车马前。车尘马足贵者趣，酒盏花枝贫者缘。若将富贵比贫贱，一在平地一在天。若将贫贱比车马，他得驱驰我得闲。别人笑我成病癫，我笑他人看不穿。不见五陵豪杰墓，无花无酒锄作田。"这首诗歌生动地反映了唐寅绝意仕途后向往的隐居生活。

二、选择新址　改造家园

1. 选择新址

农耕民族习惯于定居，喜静不喜动，不轻易迁徙。但是，如果遇到灾害或战争，社会动荡，人们不得不背井离乡，离开自己的祖籍，离开埋有宗亲先人的家乡，到另外的地方讨生活。

南北朝时，社会动荡，有大量家庭南迁：有的迁到长江下游和运河沿线，在今扬州、镇江、常州一带。有的迁至长江中游，在今襄阳、荆州、武昌一带。有的迁到长江上游，在今成都、重庆一带。流民眷恋北方故土，政府为了收税，就在南方设有侨州侨县。人口南迁，带来文化的新变化。《宋书·志序》记载："自戎狄内侮，有晋东迁，中土遗氓，播徙江外。……人伫鸿雁之歌，士蓄怀本之念，莫不各树邦邑，思复旧井。既而民单户约，不可独建，故魏邦而有韩邑，齐县而有赵民。"《通典·州郡十二》也记载："永嘉之后，帝室东迁，衣冠避难，多所萃止。艺文儒术，斯之为盛。今虽闾阎贱品，处力役之际，吟咏不辍，盖颜、谢、徐、庾之风扇焉。"

在古代家庭迁徙的洪流中，政府有时提供信息并登记人口去向。例如，山西洪洞大槐树是一个重要的出发点，在明代迁移的家庭记忆中，都有大槐树的传说。民谣有："问我祖先何处来，山西洪洞大槐树。问我老家在哪里，大槐树下老鹳窝。"元末明初，江西人迁湖广，许多家庭的记忆是江西南昌筷子街。明清时期，湖北人迁到四川，俗称"湖广填四川"，四川的许多家庭记忆中，祖先是从麻城出发的。

传统家庭的一些老人都能够讲述家族的变迁史。笔者工作的华中师范大学学生到随州市随县安居镇漂河村开展民俗学调查，当地的潜姓老人讲述了潜家从唐宋以来的变迁。

潜姓，始祖是潜估（851—919年），浙江瑨云人，出生地彭城（即今江苏徐州铜山），原姓钱。907年唐灭，梁立，建都开封。钱估仕梁，官至兵部尚书。从1174年到1274年的100年间，瑨云潜姓出了五位进士。其中的潜说友（1216—1288年）是南宋户部尚书，在位期间，他大规模建设杭州，疏浚整治西湖，铁面无私惩办贪官污吏，整肃了朝政，百姓安居乐业。1275 年，潜说友遭奸臣诬害，削职到江西偏远山区，抄没家产，官兵见潜姓便杀。潜姓人四处逃亡，纷纷改姓，有的隐居山中，与世隔绝。江西的一支潜氏家族迁到了湖北随县的山区，选择了㵐、溠二水交汇，山川秀美，土地肥沃的风水宝地，重建家园。经历了政治上的摧残，为了延续子孙后代，潜氏留下祖训："只愿子孙种地，不愿子孙做官。"潜家建有专门的祠堂，祠堂占地 300 多平方米。宗族内由族长掌管宗族内的各项事务，族长由宗族成员选举产生，族长具有绝对的权威。祠堂和私塾为潜家子孙接受教育的主要地方，在清朝出了三个秀才。每逢清明时节，全村的潜姓人都会来到祠堂祭祀，族长专门进行安排，架起蒸笼，准备好全村人一天的伙食。各家人都会早早梳洗好，带上黄纸和香在祖先的灵位上跪拜，小心地擦拭已逝亲人的灵位，祈祷一年的风调雨顺以及子孙的学业兴旺。祭祀之后，族人便会在祠堂与众多潜氏人饮茶闲谈，叙说过去一年的辛劳和收成，以及今年春季的农业播种情况，交流情感，表达愿景。这种仪式活动凝聚了宗族的情感，教育族人要铭记祖先、勤劳耕耘、团结和睦。[1]

福建的许多家族是由中原迁来的。例如，福建的漳州人对河南固始县有特别的感情。清代黄许桂主修《平和县志》，其中有《杂识志》，考证说："漳人称祖，皆云来自光州固始者。由王潮兄弟从王绪入闽，王审知因其众克定闽中，以桑梓故独优固始；而陈将军元光亦出固始，故言氏族者至今本之，而不尽然也。按：郑樵家谱后序云：吾祖本出荥阳，过江入闽，皆有源流，孰为光州固始人哉？"[2] 近代思想启蒙者严复是福建人，但严复的祖上是河南人。1768 年立的《重建阳岐严氏宗祠碑记》记载："余族世居河南光州固始县，至唐天佑年间怀英公随王师入闽，以军功晋秩朝议大夫，镇守福州，遂择闽之阳

---

[1] 潜环、宿党辉：《随县潜家湾调研报告》，载于王玉德等主编的《长江流域耕读文化调研报告》（安徽师范大学出版社 2019 年版）。

[2] （清）黄许桂主修：《平和县志》，厦门大学出版社 2008 年版，第 500 页。

岐而居焉，岐之有严氏，盖怀英公始也。"① 严氏家族在唐代进入福建，后逐渐成为名门望族，并产生了严复这样的杰出人物。

历史上，农耕家庭迁移的方向，一般是由西向东，由北向南，这是由于游牧民族从北方与西北方经常内扰所致。但是，也有反着这个大方向迁移的。华中师范大学的安娜等同学在甘肃调查了一个胡家，这个家族就是五百年前从安徽迁到甘肃的。

据《新阳胡氏家谱》记载，明成化二年（1466年），胡氏祖先胡添秩携四子从安徽绩溪经山西洪洞大槐树来新阳，途中第四子病故，幸存兄弟三人，后繁衍为胡氏三个房头。初来新阳时，胡氏先祖选择在渭河滩龙王庙一带建庄造宅，开荒造田。明朝中期，因凤凰山关门沟一带连年水患，经三房头主事人商议，决定进行搬迁，一部分人搬到现居住地建庄，大部分人仍在龙王庙周边居住。光绪年间，由于渭河频发水患，经报秦州府同意，胡家大庄整体搬迁，一部分人去了温家集、王家坡等地落户，剩下的大部分住户则迁于现址总门北侧，逐步发展到东至小十字，西至西门，形成两纵四横的村落布局，以东门、西门、总门、北门为总出入口，形成兼具防御、排水功能的堡寨式村庄。随着社会的发展，通过联姻、投靠、雇工、佃户等形式，吸引了诸多其他姓氏来胡家大庄落户（约20个外来姓氏），逐渐形成了以胡姓为主、多姓和睦相处的胡家大庄，现在是中国历史文化名村。②

北人南迁，西人东迁，使得中国大地上的某些村庄名称出现"名不符实"的现象。名叫张家村的地方，或许住的都是王家人。名叫李家村的地方，或许有许多杂姓。这些现象都是古代家庭不断迁徙造成的。

2. 改造家园

任何居家环境都有地理条件的天然缺陷。先民安家之后，因地制宜，不断

---

① 苏中立、涂光久主编：《百年严复——严复研究资料精选》，福建人民出版社2011年版，第3页。

② 安娜等：《甘肃省胡家大庄调研报告》，载于王玉德等主编的《长江流域耕读文化调研报告》（安徽师范大学出版社2019年版）。

改造环境，使居家环境更加美好。诸如修建道路，开渠挖塘，平整土地，栽种树木，都发挥了人的主观作用。

明代谢肇淛《五杂俎》卷三《地部》对福建乡民创造居家小环境的精致景观进行了记载："吾闽穷民有以淘沙为业者，每得小石，有峰峦岩穴者，悉置庭中，久之，土为池，砌蛎房为山，置石其上，作武夷九曲之势，三十六峰，森列相向，而书晦翁棹歌于上，字如蝇头，池如杯碗，山如笔架，水环其中，蚬蛳为之舟，琢瓦为之桥，殊肖也。余谓仙人在云中，下视武夷，不过如此。以一贱佣，乃能匠心经营，以娱耳目若此，其胸中丘壑，不当胜纨绔子十倍耶？"这说明普通民众对居住环境有想象力，有美好追求。

清代顺治年间的王大经写过一首《世耕庄记》，其中描述了江苏农耕社会的村庄环境，所述世耕庄，是改造环境的典范。最初，这个地方是一片荒地，豺狼野兽出没，人们不敢涉足。后来，姓蔡的一户人家开辟其地，经过几代人的努力，此地成为一方乐土。"方此地未开辟之先，庸知非榛莽灌棘之区，为鱼龙蛇虺之所，窟宅毒虫怪兽方隐匿，人之行过是者，方且畏避退缩，侧足不敢前，虽有嘉种将安用其播植？今一经蔡子区画位置，遂变为乐土，而创垂贻之业，皆于是乎存。"当王大经到达世耕庄时，俨然一处世外桃源。他记述说："由吴陵而东，百八十里为南沙，而世耕庄在南沙西南二十里。枕带长河，周以缭垣，纵横二万余亩，锦联绣错，悉皆主人二十年来勤苦经营而缔造者也。庄居土田之中央，小桥流水，舟行屈曲，透迤数里。望之巍然而特峙者，为春求楼。从外而入者，杂树丛篁，交蔽互荫，一望蓊翳，绝不知其中有室庐亭榭，恍然引人入一异境，盖至其地而后见。楼之内有隙地，长可百丈，广半之，宽平坦荡，可场，可圃，可驰，可射。入其门而左旋，回廊绕之，拾级以登，有堂翼如，哙哙其正者为世耕堂。"①

在改造环境的同时，先民非常重视环境保护。笔者在观看中央电视台《记住乡愁》第二季第43集"山林是主，人是客"的短片时，颇有感慨。短片讲述的是贵州黔东南从江县占里村的耕读文化。占里村以吴姓为主，最初只有两户人家，后来发展到一百余户。村民信奉一个理念"山林是主，人是

---

① 常康等选注：《泰州文选》，江苏文艺出版社2007年版，第63页。

客"。村民说:"人到世间,只是过客,只有大自然才是永恒的。"在人与自然之间,村民不是把人作为中心,而是自觉地把自然摆在主要的位置上。既然人是客人,就要尊敬主人"山林",不得随意破坏自然,否则,主人就要下"逐客令"了。占里村有一套约定俗成的做法值得推崇:①住房尽量不占耕地。由于占里村在山区,没有多少平地,所以村民把房子都盖在斜坡,而把平地用于耕种。②爱护树木。村民说:"占里是条船,有树才有水,有水才有村。"这就把人与植被的关系说得很清楚。森林是人们赖以生存的基础,不能因为短暂的利益破坏了基础。占里村周围全是树林,覆盖率达70%。村民不得随意砍树。每家都有自家的薪柴林,只能从薪柴林中取柴。每年都自觉地在自家的薪柴林种树,以保证来年有柴烧。村民合理利用每一棵砍下来的树:树皮盖屋顶,树干作梁柱,树叶用作肥田。村里有药师,适时到山上采药,物尽其用,村民长期用中草药治病。③爱惜水资源。在占里村山上流下来的小溪,每隔一段,就有拦水坝。村里有专门用于饮用的水井,一直有甘甜的井水。④发展生态农业。占里村种水稻。在水稻田里适时放养鱼、鸭子,形成良性生态。农田不用农药,稻米特别香,当地说"一亩稻米十里香"。每家都在村外有谷仓(架空的小楼),从没有人偷别家的粮食。⑤自觉遵守族规。占里村长期有族规,人人熟悉族规。村民之间很和睦,一家有事众人帮。寨子里时常有聚会,气氛融洽。占里村是人与自然和谐共生的一个样板,正是因为其优秀的文化内涵被发掘出来了,使得该村成为一个很好的旅游景点,农民收入大幅度提高。

湖北罗田县东北部的三省垴脚下有个明清时期修建的罗家大院,藏在湖北、河南、安徽三省交界处。这里山围水,水围塆,塆围院,院围屋,房屋群宏大,南北长168米,东西宽48米,有三十多处天井,共99间房,建筑总面积8064平方米。四百年来,不论有多大的暴雨洪涝,地面的积水都会莫名地消失,并且还未曾遭受过干旱的威胁,堪称一个不涝不旱的古宅。央视10套科教频道《地理·中国》中,科考队员进行解密,发现罗家的先人是经过精心选址的,利用地势,改造环境,巧夺天工,在大院周围建有一条护城河,山上洪水再大,水也会排到一米深的水沟中。加上当地的地质情况特别,沙土如海绵,可吸收多余水分。四周都是高山,森林茂密,能涵养水分。

三、多元形式　务实创新

先民的居住建筑形式,《墨子·辞过》已有介绍。起初,人们还不知道如何修建房屋,于是就依傍着陵阜居住,或在穴洞居住。后来因为土地湿气伤身,所以人们就修建了房屋,并总结了修建房屋的原则:高度以防止湿气为准,周围以防止风寒为准,上面以防止雪霜雨露为准,高度用以维系男女的礼节为准。仅此而已。凡是耗费财力劳力而没有益处的,全都不做。(原文:古之民未知为宫室时,就陵阜而居,穴而处。下润湿伤民,故圣王作为宫室。为宫室之法,曰:高足以辟润湿,边足以圉风寒,上足以待雪霜雨露,宫墙之高足以别男女之礼。谨此则止。凡费财劳力不加利者,不为也。)

《楚辞·湘夫人》描述了楚人对自然美的追求,其中想象的宫殿的模样为:把房屋建筑在水的环护之中,用荷叶盖在屋顶。用溪荪香草编织墙壁,用坚实圆洁的紫贝铺满庭院,用香椒涂饰四壁,用牡桂做屋架,用木阑做橡子,用辛夷做门框,用白芷做卧房,用薜荔草编大帐,用香蕙草做隔扇,用雪白的美玉做席镇,用各种香草充实庭院,到处充满沁人心肺的奇香。

中国古代的传统民居,形式多样,有单体的建筑,也有院落式的建筑群。

院落民居以"间"为单位,由"间"组成"屋","屋"围成天井。院落通常沿轴线渐次展开,以堂、院为中心分为若干进,由厅堂、穿堂、堂屋、正房构成,有天井,厅堂是传统民居中家庭生活的场所,是家庭活动的中心,也是联结全宅的中心点。

传统民居,北方有窑洞、四合院等建筑形式。窑洞分为靠崖窑、地坑窑和锢窑三类,有保温隔热、冬暖夏凉的优点。窑居形式流行于中国西北地区的黄土高原,如河南、陕西、山西、甘肃一带。

南方有徽式民居、赣式民居、苏式民居、泰式民居等。其中,徽式民居最有代表性,特色是白墙黑瓦马头墙。

笔者承担过一个项目,到江苏泰州实地调研泰式民居。调查发现:泰式民居深受南北文化影响,既有南方民居特色,也有北方民居特色,形成了独特的苏中民居特色。泰式民居有北方民居的封闭,有厚重、简朴之风,也有江南宅第的活泼、清秀、典雅之美。如，泰式民居大多为青砖、黛瓦。屋顶大多为硬山顶，檐口平直，镂空屋脊，别具北方建筑的凝重之气。同时，泰式民居又有苏州、杭州民居的小巧灵气。

泰州民居大多低调平实。青砖黛瓦，常用"冷色"。木材大多只油不漆，绝少雕梁画栋。房屋的门面较小，门庭多有退让，进去之后，空间却很大。泰式民居追求和谐。街巷拐弯处，必定折去墙角，拐角抹边，俗称"左右逢源"。拐角处上方逐步挑出，如银锭堆积，俗称"和气生财"。泰州民居对门墙的砌建很考究。门墙一般饰以砖雕，门框宽大，大门厚实。门前的屋檐下，用青砖磨成仿木椽的砖砌体，左右两边建有八字形墙，以增壮观。门对面照壁上则有较为精美的砖雕。门墙上一般为磨砖墙面。砌造时，砖面丝丝配合，砖砖之间不见灰缝，称作"干架"。泰式民居的硬山顶，一般盖灰色的蝴蝶瓦，檐口平直，硬山屋面"囊金叠步翘瓦头"，有柔和的曲线，屋脊的两端有山尖翘起，呈45度角。屋脊用磨砖垒叠成清水脊，翘起处中间留有空隙，既美观，又减轻了屋脊负荷，利于抵抗风暴袭击。屋脊的两端设鸱（俗称兽头）或雀尾，据说可以驱邪避灾。由于此物凶猛，所以巷道两侧人家除了避免正门相对，更忌讳大门与对方人家的屋山尖相对。因此，习惯将山尖顶处沿山墙向上砌一马头墙，称作"太平山"。① 有些民居的地面悬空，有透气孔，用于排湿。有些民居的墙体上有特别装饰的标志，用于提示人们要有节俭观念。

云南的民居建筑颇有特色，根据环境而有不同形式的民居。彝族民居深受自然环境的影响：高寒酷热少雨地区多采用土掌房建筑形式，多雨地区则采用草顶建筑，盛产麻的昙华山建有麻秆房，林区边缘建有井干式的木楞房。在云南靠近四川一带，由于重牧轻农，人们建有许多棚屋；在靠近贵州一带，建有

---

① 泰式民居歌诀：黛砖灰墙青砖地，前厅后堂轴线排；屋面弧弯瓦头翘，举折平缓用粗材。抱梁荷墩巧雕刻，堂屋穿斗厅屋抬；楠木柏木材质优，只油不漆色和谐。方格窗芯木柱础，落地屏门可隔开；柱头卷杀方木椽，仿木砖雕饰门外。门前石鼓八字墙，砖磨照壁显气派；封闭宁静遵定制，典雅朴素讲实在。（徐同华：《泰州名胜》，江苏文艺出版社2007年版，第105页）

较大规模的院坝。院坝往往由二幢或三幢建筑围合而成。① 徐霞客《滇游日记五》记载云南各地的民居建筑形式是有差别的,"滇西有大聚落,是为炉头。……其溪环村之前,转而北去。炉头村聚颇盛,皆瓦屋楼居,与元谋来诸村迥别"。

在生活实践中,民居为了防止地下潮湿,采取了厚垫地基的措施。如:歙县棠樾村保艾堂的地面铺设相当讲究:最下面铺一层石灰,可以防湿吸潮,其上铺细沙,沙上排列许多酒缸,缸口朝下,再用细沙垫平,上面再铺地墁砖。这样就保证了地面干燥,即使在梅雨季节也不返潮。水泼到地上,马上浸下去吸干了。住在这样的房间有益于养生。

在民居的建筑形式上,富人与穷人的住房是有差别的。唐代白居易注意到民居形式两极分化,富者高墙大院,穷者茅草盖庐。他在《伤宅》中描述了富人的住房,并建议富者关心穷人,不要把住宅修得太豪华。其文:"谁家起甲第,朱门大道边。丰屋中栉比,高墙外回环。累累六七堂,栋宇相连延。一堂费百万,郁郁起青烟。洞房温且清,寒暑不能干。高堂虚且迥,坐卧见南山。绕廊紫藤架,夹砌红药栏。攀枝摘樱桃,带花移牡丹。主人此中坐,十载为大官。厨有臭败肉,库有贯朽钱。谁能将我语,问尔骨肉间。岂无穷贱者,忍不救饥寒。如何奉一身,直欲保千年。不见马家宅,今作奉诚园。"

明代对住宅规格有严格限制。为了维系统治秩序,对住宅的规模、结构、颜色都有一定的限制。民宅不许用黄红二色,只能用黑白二色。黄红是贵色,金碧辉煌。黑白是贱色,沉闷冷淡。只有贵族和皇宗国戚才有资格用红色为墙、黄色为瓦。《明史·舆服志四》记载:"明初,禁官民房屋,不许雕刻古帝后、圣贤人物及日月、龙凤、狻猊、麒麟、犀象之形。……洪武二十六年定制,官员营造房屋,不许歇山转角、重檐重栱,及绘藻井,惟楼居重檐不禁。公侯,前厅七间、两厦,九架。中堂七间,九架。后堂七间,七架。门三间、五架,用金漆及兽面锡环。家庙三间,五架。覆以黑板瓦,脊用花样瓦兽,梁、栋、斗栱、檐、桷彩绘饰。门窗、枋柱金漆饰。廊、庑、庖、库从屋,不

---

① 郭东风:《彝族建筑文化探源——兼论建筑原型及营构深层观念》,云南人民出版社1996年版。

得过五间七架。……庶民庐舍，洪武二十六年定制，不过三间，五架，不许用斗栱，饰彩色。三十五年复申禁饬，不许造九五间数，房屋虽至一二十所，随其物力，但不许过三间。"这些规定，客观上可节省建筑材料，主观上却是为了维护封建礼制。

湖北通山县大路乡有个"大夫第"，是清末知县王明璠的府第。据王家族谱记载，王明璠在清咸丰年间中举，曾任江西武宁、瑞昌、上饶、南康、丰城、萍乡知县，为官30年，有政声。他任瑞昌知县时，"外江内湖，公倡筑长堤，以捍水患，人称为王公堤"。他任萍乡知县时，兴建了"福惠仓"以赈济灾民，"萍民歌颂，建生祠百余处"。1900年，八国联军攻占北京，"两宫西巡"，王明璠跋涉数千里面奏圣上。朝廷褒其忠义，授予"朝议大夫"封号。王明璠用一生的积蓄，在家乡修建了房屋，占地6600平方米，有28个天井，48间正房，16间厢房，有家祠、家学、马厩、碾房、织房、柴房、厨房、药房、戏楼等，一应俱全，被称为"江南第一宅""楚天第一大夫第"。"大夫第"现已成为当地的旅游景点，旧貌换新颜。

四、憧憬人文　各有颐情

家庭是中国人安身立命的场所。先民以安居乐业为憧憬，并不情愿奔波于四面八方。外出必然辛苦，出仕就有风险，悠闲地居住在一处小环境之中，享受大自然的四季恩赐与农家的天伦之乐，这是理想中最好的生活境遇。

民居的特征，不仅由环境决定，还受心理因素影响。先民希望生活得舒适一些，希望寿命更长一些，希望在精神上更快乐一些，于是他们把金钱投入到居住建筑中。从心理上说，宅主大多有光宗耀祖心、趋吉避邪心、伦理教化心。如：房屋尽可能前低后高，从入门到主楼，一个建筑比一个建筑高，步步高升，象征前途越来越好。房屋一般坐北朝南，北边建筑高，可以挡住冬天的北风，使南边这一片空间暖和，南边建筑低，夏天可以使南风吹拂到整个建筑群，如果南边的第一个建筑太高，就会挡住夏日南风。民居的房屋间数，以奇数为吉，奇为阳，阳代表男性，男尊女卑。民居布局，前设堂，后置寝，厨房窗大，卧房窗小。进门有堂，便于人际交往。卧室在宅的后半部，家眷才能安逸。卧房窗小，睡觉可少受外部干扰。厨房窗大，有利于空气流通。

汉魏六朝的习家，住在襄阳城南十里的凤凰山（又名白马山）南麓。东晋史学家习凿齿在《襄阳耆旧记》中记载：东汉初年，"习融，襄阳人，有德行，不仕。子郁，字文通，为黄门侍郎，封襄阳侯"。光武初年，习郁担任侍中，后来随光武帝刘秀到黎丘（属今宜城），被封为襄阳侯，习家从此开始显荣。习郁效春秋时越国大夫范蠡养鱼之方法，在白马山下引白马泉水建池养鱼。池中垒起钓鱼台，遍植松竹，后人称之为"习家池"。《襄阳耆旧记》卷三《山川》云："岘山南有习家鱼池者，习郁之所作也。郁将亡，敕其儿焕曰：'我葬必近鱼池。'焕为起冢于池之北，去池四十步。"习郁的五代孙习凿齿，东晋著名史学家、文学家，隐居于此。习家池现存六角亭、荷花池、溅珠池、半规池等景点。其中亭为重檐六角攒尖顶，斗拱高耸，檐角翠飞，通高6.5米，正面面阔4米，檐柱为四角方石柱，坚固厚实，古朴大方。挑檐和额枋上遍饰象征吉祥的天官赐福、万事如意、蝙蝠双至、犀牛望月、凤凰展翅等图案，形象逼真，栩栩如生。习家院子现为湖北省文物保护单位。

古代的读书人或隐逸之士对家有自己的精神追求。宋代罗大经《鹤林玉露》卷四记载自己的居家生活：家深山之中，每春夏之交，苔藓盈阶，落花满径，门无剥啄，松影参差，禽声上下。午睡初足，旋汲山泉，拾松枝，煮苦茗啜之，随意读《周易》《国风》《左氏传》《离骚》《太史公书》及陶、杜诗，韩、苏文数篇，从容步山径，抚松竹，与麋犊共偃息于长林丰草间，坐弄流泉，漱齿濯足。既归竹窗下，则山妻稚子，作笋蕨，供麦饭，欣然一饱。弄笔窗间，随大小作数十字，展所藏法帖、墨迹、画卷纵观之。兴到则吟小诗，或草《玉露》一两段。再烹苦茗一杯，出步溪边，邂逅园翁溪友，问桑麻，说秔稻，量晴校雨，探节数时，相与剧谈一晌。

浙江兰溪市西边有个诸葛镇，镇里有个诸葛村。这里的家族以三国时的诸葛亮文化与中医药文化为特色。传说五代时，诸葛亮的14世孙诸葛澜迁居于此，诸葛家族从此兴旺发达。诸葛子孙遵循祖训"不为良相，便为良医"，世世代代做药材生意，药铺遍布江浙。诸葛村的民居很有特色，俯视村落像太极八卦图。村子中间有口名叫"钟池"的池塘，半边池水，似阴阳太极图。从钟池向四周排列八条巷道，有序地排列着几十座古老的厅堂。巷道纵横，如同迷魂阵。诸葛村鼎盛时期有 45 座祠堂，最大的是丞相祠堂，它占地近 8000 平方米，五开间结构，还有钟楼和鼓楼。

明代散文家归有光，昆山（今江苏昆山）人，嘉靖进士，当过县令之类的官。他写了一篇《项脊轩志》，描述他 17 岁时苦读的条件。我们从该文可知当时的民居生活："项脊轩，旧南阁子也。室仅方丈，可容一人居。百年老屋，尘泥渗漉，雨泽下注，每移案，视顾可无置者，又北向，不能得日，日过午已昏。"归有光的小书房项脊轩仅可容一人，朝北，漏雨。就是在这种环境下，他发奋读书，后来终于考中了秀才。为了改善学习条件，归有光对项脊轩"稍为修葺，使不上漏；前辟四窗，垣墙周庭，以当南日。日影反照，室始洞然。又杂植兰桂竹木于庭，旧时栏楯，亦遂增胜。借书满架，偃仰啸歌，冥然兀坐，万籁有声，而庭阶寂寂，小鸟时来啄食，人至不去。三五之夜，明月半墙，桂影斑驳，风移影动，珊珊可爱"。事在人为，经过一番努力，陋室改为庭园，居者恬然自乐。

清代康熙年间，高士奇在浙江平湖北门外 7 里处筑有江村草堂，草堂旧址原为明代冯洪业的耘庐。草堂之所以称为江村，是因为高士奇的老家在浙江余姚的姚江，以示不忘亲情。草堂占地很大，圈有 300 亩，四周有壕沟，遍地栽有梅树，多达 3000 株。景点有 32 处，如草堂、瀛山馆、红雨山房、酣春榭、醒阁、耨月楼、岩耕堂、渔书楼，还有菊圃、红药畦等。可见，这是一个颇有规模的农庄。

江苏太湖有洞庭东山与西山两个地方，东山为伸入太湖之半岛，即古胥母山，亦名莫蔽山。洞庭东山有 90 多处明清建造的庭院宅第。西山在太湖中，即古包山。西山有个明月湾古村，依山面湖，村中道路以条石铺砌，两边有古老的民宅，有的宅子像私家园林，古树、小桥、祠庙，构成一幅幅多元的图景。西山东蔡村有春熙堂。之所以称为"春熙"，是因为《老子》一书中有"众人熙熙，如享太牢，如登春台"。书房称为"缀锦书屋"，取楹额"运生花妙笔，联词缀句而成锦绣文章"之意。书房前后都有花园。前园有黄石假山，矮墙上有透空花窗。后园有白皮松、牡丹花、湖石假山。假山有三峰，中峰似老人，称老人峰，左右两峰名为"太狮""少狮"，取名于古代高官名称"太师""少师"的谐音。

江苏扬州有片石山房。该民居临湖，三面环列湖石，湖石有玲珑之概，石峰下有正方形石室，人称片石山房。《履园丛话》卷二十记载："扬州新城花园巷，又有片石山房者。二厅之后，漱以方池，池上有太湖石山子一座，高五六丈，甚奇峭，相传为石涛和尚手笔。其地系吴氏旧宅，后为一媒婆所得，以开面馆，兼为卖戏之所，改造大厅房，仿佛京师前门外戏园式样，俗不可耐。"

　　扬州西门外有今觉楼。据石成金在《传家宝》三集卷六介绍，宅主陈正（字益庵），擅长作画。他在山岗上盖了三间朝南小屋，栽种不惹人眼的野菊、月季。柴门土墙，围成小苑，苑内有二层小楼，楼上有四面推窗，从南窗可遥望镇江、长山一带云树烟景，从北窗可见虹桥、法海花柳林堤；从东窗可见富人的花园亭阁，从西窗可见荒坟野冢。有朋友到楼上，觉得西边不吉利，陈正回答说："我之所以在荒坟边建宅，是因为看到坟冢，就想及时行乐。"他写了一联"引我开怀山远近，催人行乐冢高低"。贴在柱上。由这个事例可知，清代的一些书画家生活得很洒脱，以享乐主义处世。

　　晚清时，国学大师俞樾买了吴县潘世恩的旧第，建成曲园。这是一座小巧精致、文化内涵丰富的书斋庭园。俞樾有诗记其原委。他在诗序中说：余故里无家，久寓吴下。去年于马医西头买得潘氏废地一区，筑室三十余楹，其旁隙地筑为小园。垒石凿池，杂莳花木，以其形曲，名曰曲园。曲园虽褊小，亦颇具曲折。花木隐翳，循山登其巅，小坐可玩月。其下一小池，游鳞出复没。右有曲水亭，红栏映清冽。左有回峰阁，阶下石凹凸。循此石经行，又东出自穴。依依柳荫中，编竹补其缺。园东北有小屋称为艮宦，艮在八卦中代表东北隅，有"止"意，意为园止于此。艮宦有廊，西边有达斋。艮宦既是园中的终点，又是园中的起点，从南门可入园重游，颇有太极循环之意。

　　清代李渔对居住有综合性的研究，他的著作很多，如《闲情偶寄》有居室部（房舍第一、窗栏第二、墙壁第三、联匾第四、山石第五）、种植部（木本第一、藤本第二、草本第三、众卉第四、竹木第五）等，涉及居家的外环境元素、环境造环境、居住的建筑形式、家住生活。

　　李渔谈到房屋的向背，说：屋以面南为正向。然不可必得，则面北者宜虚其后，以受南薰；面东者虚右，面西者虚左，亦犹是也。如东、西、北皆无余地，则开窗借天以补之。谈到建筑物的高下，他又说：房舍忌似平原，须有高下之势，不独园圃为然，居宅亦应如是。前卑后高，理之常也。然地不如是，而强欲如是，亦病其拘。总有因地制宜之法：高者造屋，卑者建楼，一法也；卑处叠石为山，高处浚水为池，二法也。又有因其高而愈高之，竖阁磊峰于峻坡之上；因其卑而愈卑之，穿塘凿井于下湿之区。总无一定之法，神而明之，存乎其人，此非可以遥授方略者矣。

李渔认为房舍要适合于人，他说：人之不能无屋，犹体之不能无衣。衣贵夏凉冬燠，房舍亦然。房子应当多大多小为宜？房舍太高大，宜于夏而不宜于冬。李渔说：吾愿显者之居，勿太高广。夫房舍与人，欲其相称。……堂愈高而人愈觉其矮，地愈宽而体愈形其瘠，何如略小其堂，而宽大其身之为得乎？他倡导俭朴，居室之制，贵精不贵丽，贵新奇大雅，不贵纤巧烂漫。民居无定式，一切取决于综合因素。民居是避风雨的，实用第一，装饰第二。

晚清时，南方的民居受到西方文化的影响。扬州净香园怡性堂的建筑与陈设兼有中西韵味。清人李斗《扬州画舫录》记载怡性堂的室之中设自鸣钟，屋一折，则钟一鸣，关捩与折相应。外画山河海屿、海洋道路，对面设影灯，用玻璃镜取屋内所画影，上开天窗盈尺，令天光云影相摩荡，兼以日月之光射之，晶耀绝伦。怡性堂已采用了声学、光学之类的陈设，并且接受了西方的技巧，堪称中西合璧。

在长江流域，从上海到武汉，城市之中出现许多"石库门"形式的居家建筑。石库门采用联排式布局，外墙有西洋建筑的图案，有卫生间，这是受西方的影响。石库门采用了二层楼的三合院或四合院形式，进门有天井，天井后为客厅，两侧是厢房。这种建筑既传承了中国古代建筑的形式，又适合城市市民居住，是一种创新。

以上可见，中国的传统家庭在居家方面积累了丰富的经验，重视大环境的影响，讲究小环境的改造，追求舒适的生活意境，延续着几千年的耕读宗法文化。

第九章 家庭的民俗

有家庭就有民俗。民俗有时代性、地区性、民族性、地区差异性。

家庭民俗可以追溯到人类社会的史前时期，历史悠久，千年不变，有一定的稳定性。清代休宁人赵吉士在所著的《寄园寄所寄》卷十一《故老杂记》中记载："新安各姓，聚族而居，绝无一杂姓搀入者，其风最为近古。出入齿让，姓各有宗祠统之。岁时伏腊，一姓村中，千丁皆集。祭用文公《家礼》彬彬合度。"父老尝谓新安有数种风俗，胜于他邑。千年之冢，不动一抔；千丁之族，未常散处；千载之谱，丝毫不紊。"①

在传统家庭中，人们有自己的生活习俗，按时令起居劳作，有各种宜忌，注重趋吉避凶，四季讲究卫生，闲时享受娱乐。针对家庭成员的表现，有奖有罚。

一、时令习惯

先民的家庭，以农耕为主，重视时令，各地都有丰富的节俗，大同小异。南朝宗懔的《荆楚岁时记》按照时间顺序，对传统家庭的节令习俗进行了详细的记载，大体反映了1500年前先民的节俗观念与活动。②

一年之中，最重要的节日是春节。春节从年前半个月到年后半个月，人们都在节日的喜庆与忙碌之中。立冬后，家家户户便开始蒸糯米做水酒，腌腊

---

① 转引自赵华富：《徽州宗族研究》，安徽大学出版社2004年版，第600页。
② 参见谭麟：《荆楚岁时记译注》，湖北人民出版社1985年版。

肉，晒香肠；过小年时，对家里进行卫生大扫除，祭灶神。除夕夜，张贴春联和福字，放鞭炮，祭祖敬神，全家聚在一起吃年夜饭。家长给小孩子发红包作为压岁钱，晚上守岁。年初一，给长辈拜年；年初二，妻子和丈夫一起回娘家，祭扫祖坟，给亲朋好友拜年。

《荆楚岁时记》记述荆楚人民过春节的情景："正月一日是三元之日也。鸡鸣而起，先于庭前爆竹，以避山魈、恶鬼。"每到初一这天，家家户户争相燃放爆竹，以吓退怪兽。"正月一日，绘二神贴门户左右，左神荼、右郁垒，谓之门神。"为祈求平安，人们在门户上贴门神、挂桃符来驱逐邪恶。《荆楚岁时记》还描绘了春节隆重而欢庆的场面："长幼悉正衣冠，以次拜贺。进椒柏酒、饮桃汤。进屠苏酒……凡饮酒次第，从小起。"初一，男女老少人人穿戴齐整，到亲戚朋友和邻居家拱手作揖，相互祝贺拜年。各家还为拜年的客人准备了糖、水果、糕点、瓜子等款待品。

农历正月十五是元宵节，古称"上元节"。民间有张灯结彩、欢舞龙灯的习俗，所以又称"灯节"。应节食品为元宵（俗称汤圆）。

农历"三月三"，人们踏青春游，在江渚池沼间为流杯曲水之饮。黎、彝、布依族有跳竹竿、喝"团结酒"等活动。

农历三月十五至二十日，云南大理白族有三月街，又名"观音节"，有祭祀庄稼神的活动。

清明的前一天或两天有寒食节。为了纪念春秋时期的介子推，有的地方，人们禁烟火，吃冷食。

清明节，俗称"鬼节"。主要活动为祭祀先人，扫墓祭祖，有插柳和吃青团的习俗。清明前后，家家户户都要到墓地祭祖，为坟墓清理杂草，培添新土，燃上香烛，焚烧纸钱，表示此坟尚有后人。人们在坟前怀念逝者的事迹，感恩逝者的美行。清明节的家庭活动，体现了人们重视血缘、慎终追远、不忘亲人的家庭情感。

农历四月初八是浴佛节，又称"佛诞节"。是日，各大佛寺举行"浴佛法会"，民间还有求饮浴佛水和煎汤相遗的风俗。

农历五月初五是端午节。民间习俗有吃粽子、悬钟馗像、挂艾叶菖蒲、赛龙舟、饮雄黄酒、佩香囊等活动，相传与纪念屈原有关。民间悬艾叶于门，以避瘟病鬼邪,禳灾消毒。

农历六月有火把节。一些少数民族流行手持火把,游巡欢聚,祈求丰收平安。

农历七月七日是七夕节,又称"乞巧节""少女节""女节"。是日,女子进行对月穿针游戏,向织女乞求智巧。

农历七月十五是中元节,又称"盂兰盆节""鬼节"。是日,悼念祖先,设供祭祀祖先亡灵。

农历七八月间,内蒙古、甘肃、青海、新疆等地的少数民族有那达慕大会,举行赛马、摔跤和射箭等活动。

农历八月十五是中秋节。是日,月亮最圆,有"秋报"的遗俗。先民喜欢团圆,月圆代表了家庭的聚合。即使分散在两地的家人,在同一轮明月之下,也可以寄托对亲人的思念。应节食品为月饼。

农历九月初九是重阳节,又称"重九节"。民间有登高望山、赏菊、饮菊花酒、佩茱萸、吃重阳糕的习俗。

农历九月二十七日,贵州苗族有芦笙节,为期三天,有芦笙舞和芦笙拳等活动。

农历十二月初八是腊八节。民间有吃腊八粥的习俗。

先民的时令忌讳多。选择吉时,采用黄道吉日。选择方位,回避太岁、神煞。选择字词,用吉祥字眼,不喜欢数字4(与"死"音近)。忌讳颜色,如白、黑、灰。人生有八字、生肖之忌。忌讳送钟(终)、剪刀(一刀两断);忌讳门前栽桑,有望丧之嫌。

传统的节令民俗活动,都有驱灾祈祥的文化诉求。如民间玩龙灯就是为了趋吉避凶,徽州的许多村庄有舞草龙的传统。每到中秋节,村民用稻草捆扎草龙,长十数丈,分龙头、龙身和龙尾三部分,每隔七八尺支一粗木棍以便擎举。舞龙的队伍走街串巷,到了谁家门口,谁家就拿出一把好点的香插在草龙身上。

中国传统家庭的节日大多与农业、宗法、农历、饮食有关,如,春节是农业新周期开始的节日,清明是祭祀祖先的踏青活动,中秋节是思念亲人的节日。这些节日很重视饮食,春节时家家户户相互串门吃喝,元宵节吃汤圆,端午节吃粽子。节日的活动主要是与家族的亲人在一起，社会活动有限。相反，西方人的节日与宗教关系密切，与人的精神层面有关，如圣诞节、感恩节、狂欢节、愚人节都不在乎吃喝，而在于精神的享受。

二、家庭卫生

1. 个人卫生

甲骨文中有许多与个人卫生相关的字，如"盥"字，就是将手放在水盆里清洗的样子。《礼记·少仪》记载"凡洗必盥"，隋唐时的学者孔颖达解释说："洗，洗爵也；盥，洗手也。凡饮酒必洗爵，洗爵必宜先洗手也。"甲骨文有"沐"字，是一个人举着一个木盆，而"浴"则是一个人坐在一个器皿里。

《周礼·仪礼·聘礼》记载当时的人经常洗沐，"管人为客，三日具沐，五日具浴"。意为三天洗一次头，五天洗一次澡。

《礼传·内则》也记载："五日则燂汤请浴，三日具沐。其间面垢，燂潘请靧；足垢，燂汤请洗。"

东汉《佛说温室洗浴众僧经》记载了洗浴的方法与效果："澡浴之法，当用七物，除去七病，得七福报。何谓七物？一者，然火；二者，净水；三者，澡豆；四者，酥膏；五者，淳灰；六者，杨枝；七者，内衣。此是澡浴之法。"澡豆是洗澡去灰、增白的用品，杨枝则是刷牙用的。先民还用淘米水、皂荚、肥珠子、香料等洗头洗澡。洗澡，古称沐浴。

《淮南子·诠言训》记载，要把饮食的器具清洗干净，然后才能使用，"涤杯而食，洗爵而饮，浣而后馈，可以养老"。

先民有漱口的习惯，《礼记·内则》记载："凡内外，鸡初鸣，咸盥漱。"《弟子规》记载早晨要漱口，便后要洗手，"晨必盥，兼漱口；便溺回，辄净手"。

有的家庭用浓茶漱口，去除牙齿缝隙中的食物，增强牙齿的韧性，具有清热、解毒、祛斑的功效。北宋洪刍编撰的《香谱》记录了牙膏配方，这些牙膏是由各种天然植物制成的。宋朝的人们还制作了牙粉。1954 年，考古工作者从辽代墓葬（959年）中发现两把骨质牙刷柄，这是迄今发现的世界上最早的牙刷实物。

在人与人的交往中，先民注意到身体接触容易传播疾病，所以，一直没有握手、接吻的习惯。人们见面时作揖、打躬、点头、哈腰，以示礼节。

先民的个人卫生，北方与南方有些不同。南方气候潮湿，身体容易出汗，淡水资源丰富，人们经常洗澡，夏天有几天不洗就不舒服。北方缺水，天干气爽，人们不经常洗澡。

个人卫生，农业家庭与游牧家庭有些不同。农民白天下地干活，舍不得穿鞋，经常打赤脚走路，晚上上床睡觉，养成了洗脚的习惯。牧民随水草迁徙，放牧时经常骑马，草原缺水，没有洗浴的条件。

2. 居住卫生

人们的生活离不开水，先民重视居住地的饮用水卫生。

先秦典籍《管子》提出：春三月，要"抒井易水，所以去兹毒也"。注意疏通沟渠、水道，否则就会积累污秽之气，引发疾病。

先民在塘中、小河中、井中取水，挑水到家中的陶缸之中。讲究的家庭，在水缸中放置明矾，用于消毒。许多家庭饮用生水，不用煮沸，用瓢舀缸里的水直接饮用。先民不知道细菌的概念，当然就不会用开水杀菌。

先秦时期的典籍《韩非子·内储说上》记载："弃灰于道者，断其手。"意思是，将垃圾随意倒在道路中间的人，将会受到剁手的惩罚。

宋代之后流行饮茶，有钱的人家就用沸水煮茗。

先民注重水环境的管理与利用。湖北黄陂大余湾的余姓居民，人们用的水是从村后山南坡流下来的水，水到村子后，依次形成几个水塘。因为上游的水最干净，人们约定俗成，在最上游的水塘取水饮用，在其次的水塘洗衣裳，在最后的水塘洗农具或让牲畜饮用。

先民洗衣裳，在水边用木槌敲打衣裳，排挤其中的脏水，直至洗干净。有时，先民用草木灰洗衣，《礼记·内则》记载："冠带垢，和灰请漱；衣裳垢，和灰请浣漱。"子女要帮助父母做卫生，"父母唾洟不见，冠带垢，和灰请漱；衣裳垢，和灰请浣；衣裳绽裂，纫箴请补缀"。草木灰含有碳酸钾，能去掉衣服上的污垢。有时，先民用贝壳灰与草木灰混合在一起洗衣。

《考工记》记载："练帛，以栏为灰，渥淳其帛，实诸泽器，摇之蜃。"蜃就是贝壳灰，它与草木灰混在一起，能生成氢氧化钾，可以去掉丝织品表面附着的油脂。魏晋时的人用皂角和澡豆来洗衣物，将皂角捣烂，做成球状。

清人陆以湉在《冷庐杂识·油污衣方》中记载："油污衣，面涂法最佳。用生麦粉入冷水调匀，厚涂患处，越宿干透，以百沸热汤和皂角洗之，油化无迹。"

先民注意室内的清洁，讲究干净。儒家有句名言："一屋不扫，何以扫天下？"意为，连家里的卫生都不顾，怎么可能为社会做贡献呢？

先民在家里悬挂药草，或用药草熏染，用于驱除污秽之气。《神农本草经》记载了"味辛平，主蛊毒，逐邪恶气，杀鬼温虐，辟不祥"的女青，《本草纲目》记载了"辟恶气鬼毒"的马蹄屑。

南宋理学家朱熹在《童蒙须知》中强调洒扫卫生，说："凡为人子弟，当洒扫居处之地，拂拭几案，当令洁净。"

明代高濂在《遵生八笺·居室建置》中谈他自己的家居卫生：南方暑雨时，药物、图书、皮毛之物，皆为霉湿坏尽。今造阁，去地一丈多，阁中循壁为厨二三层，壁间以板弭之，前后开窗……又法：阁中设床二三，床下收新出窑炭实之。乃置画片床上，永不霉坏，不须设火。其炭至秋供烧，明年复换新炭。床上切不可卧，卧者病暗。

高濂在《遵生八笺·起居安乐笺》中还论云：吾生起居，祸患安乐之机也……知恬逸自足者，为得安乐本；审居室安处者，为得安乐窝；保晨昏怡养者，为得安乐法；闲溪山逸游者，为得安乐欢；识三才避忌者，为得安乐戒；严宾朋交接者，为得安乐助。他又说：居庙堂者，当足于功名；处山林者，当足于道德。……人能受一命荣，窃升斗禄，便当谓足于衣食；竹篱茅舍，苇窦蓬窗，便当谓足于安居；藤杖芒鞋，蹇驴短棹，便当谓足于骑乘；有山可樵，有水可渔，便可谓足于庄田；残卷盈床，图书回壁，便当谓足于珍宝；门无剥啄，心有余闲，便当谓足于荣华；布衾六尺，高枕三竿，便当谓足于安享；看花酌酒，对月高歌，便当谓足于欢娱；诗书充腹，词赋盈编，便当谓足于丰赡，是谓之知足常足。高濂提倡因时而宜，坐卧要讲究方向：正月（农历）坐卧当向北方，生气在子。二月卧养宜向东北，生气在丑。三月向东北方，生气在寅。四月向东方，生气在卯。其他各月依次按十二支方位变动。

明末清初的李渔在《闲情偶寄·居室部》中主张洒扫，他说居舍虽小而窄，但仍要保持干净，净则卑者高而隘者广矣。他又说：吾贫贱一生，播迁流离，不一其处，虽债而食，赁而居，总未尝稍污其座。……精美之房，宜勤洒扫，然洒扫中亦具有大段学问，非僮仆所能知也。……精舍之内，自明窗净几而外，尚有图书翰墨、骨董器玩之种种，无一不忌浮尘。……勤扫不如勤洒，人则知之。勤洒不如轻扫，人则未知之也。……运帚切记勿重；匪特勿重，每于歇手之际，必使帚尾着地，勿令悬空，如扫一帚起一帚，则与挥扇无异，是扬灰使起，非抑尘使伏也。……顺风扬尘，一帚可当十帚，较之未扫更甚。李渔是一位大学问家，而喋喋不休地饶舌"洒扫"二字，可见先贤是很重视居舍卫生的。

当时，有的民居设有废物蓄存室或垃圾箱，李渔认为这样的做法值得推广。他主张：必于精舍左右，另设小屋一间，有如复道，俗名套房是也。凡有败笔弃纸、垢砚秃毫之类，卒急不能料理者，姑置其间，以俟暇时检点。妇人闺阁亦然，残脂剩粉无日无之，净之将不胜其净也。此房无论大小，但期必备。如贫家不能办此，则以箱笼代之，案旁榻后皆可置。

清代《澄海县志》记载了广东潮州澄海县的家庭卫生风气。"望族喜营屋宇，池台竹树，精洁整齐。大宗小宗，竞建祠堂，争夸壮丽。嗜食味，锡瓶瓷碗，精洁整齐。尤重槟榔，以为礼果。"[①]

一般说来，城镇的人、家庭经济比较富裕的人，对屋前屋后的卫生都很讲究，有自觉的卫生习惯。然而，在农村，有些农民家庭不太注意屋前屋后的整洁，随意扔生活垃圾，堆放杂物。为了照顾家畜，农民挨着住房修牛棚与猪圈，使得气味难闻，滋生蝇虫。明代旅行家徐霞客在《滇游日记》中记载：云南罗平一带的家居卫生环境较差，人畜混居。营中茅舍如蜗，上漏下湿，人畜杂处。

即使是清朝的京城，人们的卫生意识也较为淡薄，随地大小便的情况随处可见。清代佚名氏撰的《燕京杂记》记载："京师溷藩，入者必酬以一钱，故

[①] 胡朴安：《胡朴安中国风俗》，吉林人民出版社2013年版，第300页。

当道中，人率便溺，妇女辈复倾溺器于当衢，加之牛溲马勃，有增无减，以故重污叠秽，触处皆闻。"该书又记载："人家扫除之物，悉倾于门外，灶烬炉灰，瓷碎瓦屑堆如山积。"

农耕民族长期不太注重修筑厕所。最古老的厕所，就是在地上挖个坑用来积粪。农村的厕所一般都很简陋，置一口缸，放一条溜屎板，围一堵半截墙，就是方便之处了。先民把厕所称为"溷藩""茅坑"。有条件的家庭在室内置马桶，晚上方便之后，白天清洗便具。民国以降，人们呼喊"厕所也要革命"，公共空间的新式厕所取代了旧式茅厕，卫生习惯大为改观。

三、家庭养生

先民注重养生，养生的本质是扶正固本，提高免疫力。人们相信"气"说，认为正气内存，邪不可干。精气神好，身体就好。古代的养生方法特别多。

战国秦汉之际流行的《吕氏春秋·孝行》提到五种养生方法："养有五道：修宫室，安床笫，节饮食，养体之道也；树五色，施五彩，列文章，养目之道也；正六律，和五声，杂八音，养耳之道也；熟五谷，烹六畜，和煎调，养口之道也；和颜色，悦言语，敬进退，养志之道也。"修建宫室，安置床铺，节约饮食，这是养身体的方法。树立五色，施展五彩，展示文章，这是养眼的方法。端正六律，和谐五声，融洽八音，这是养耳的方法。五谷丰登，蓄养六畜，调和烹饪，这是养口的方法。面色和气，语言动听，尊敬而谦逊，这是养志的方法。这五养，是一整套系统，体现了中华农耕民族的经验与智慧。

汉代皇亲国戚有优渥的经济条件，注重综合性养生。未央宫内有清凉殿、温室殿。清凉殿内有白色玉石床，床上有紫色琉璃帐，用于防蚊子。床边有鉴盘，用于盛冰块。温室殿内有壁炉，以木炭供暖。地面是紫红色，以增加暖意。地上还铺有西域进贡的地毯，门口有云母屏风，四壁涂有椒泥。人置其中，感觉到十分温暖。用椒泥涂抹，使室内不断散出清香。

魏晋时的嵇康撰写《养生论》，认为神仙是存在的。人通过导养，可以长寿成仙。人追求的境界应是旷然无忧患，寂然无思虑，无为自得，体妙心玄，在嵇康看来，活成这个样子，也就成了神仙。

晋代葛洪的《抱朴子》一书中有《养生论》，卷之二记载："且夫善养生者，先除六害，然后可以延驻于百年。何者是耶？一曰薄名利，二曰禁声色，三曰廉货财，四曰损滋味，五曰除佞妄，六曰去沮嫉。六者不除，修养之道徒设尔，盖缘未见其益。""无久坐，无久行，无久视，无久听。不饥勿强食，不渴勿强饮；不饥强食则脾劳，不渴强饮则胃胀。体欲常劳，食欲常少；劳勿过极，少勿至饥。冬朝勿空心，夏夜勿饱食。早起不在鸡鸣前，晚起不在日出后。"这是从禁忌的角度论述养生，在物欲方面、生活方面要有所克制。

南朝陶弘景的《养性延命录·教诫篇》提倡养生之契：少思，少念，少欲，少事，少语，少笑，少愁，少乐，少喜，少怒，少好，少恶。养生之要：一曰啬神，二曰爱气，三曰养形，四曰导引，五曰言语，六曰饮食，七曰房室，八曰反俗，九曰医药，十曰禁忌。又说：养性之道，莫久行、久坐、久卧、久视、久听，莫强食饮，莫大沉醉，莫大愁忧，莫大哀思，此所谓能中和。能中和者，必久寿也。陶弘景强调了"中和"的概念，养生要适度，恰到好处就是养生。

宋代朱熹在《童蒙须知》中强调要注重人的穿着，以之作为卫生与养生的事项。他把衣服冠履列为第一，说：大抵为人，先要身体端正。自冠巾、衣服、鞋袜，皆须收拾爱护，常令洁净整齐。凡着衣服，必先提整衿领，结两衽、纽带，不可令有阙落。饮食、照管，勿令污坏；行路、看顾，勿令泥渍。凡脱衣服，必齐整折叠箱箧中。勿散乱堆放，则不为尘埃杂秽所污。仍易于寻取，不致散失。着衣既久，则不免垢腻。须要勤洗浣。破绽，则补缀之。尽补缀无害，只要完洁。凡日中所着衣服，夜卧必更，则不藏蚤虱，不即敝坏。

先民注重时间养生法，认为，天道有四季气候的不同变化，地上有万物生、长、收、藏之规律，人体亦不例外。因此，古人因循自然，顺时养生。人的五脏六腑、阴阳气血的运行必须与四时相适应，不可反其道而行之。春养肝，夏养心，秋养肺，冬养肾。明代高濂在《遵生八笺·四时调摄》中提出：春夏养阳，秋冬养阴。因时制宜地调节自己的生活行为，有助于健体防病，否则，逆春气易伤肝，逆夏气易伤心，逆秋气易伤肺，逆冬气易伤肾。中国人普遍有午休的习惯。中午打个盹或睡一个小时，下午或晚上就特别有精神。在冬季,老人们在避风的屋檐下闭着眼睛晒太阳,觉得舒服。人体所需的维生素D,其中有90%都依靠晒太阳而获得。

中医一向倡导"药食同源""医养同理"。元代的《养老奉亲书》记载:凡老人有患,宜先以食治。食治未愈,然后命药,此养老人之大法也。是以善治病者,不知善慎疾;善治药者,不如善治食。

明代李时珍主张以药膳养生。药膳,就是把食物和药物按一定的比例搭配在一起,经过烹饪加工制成的一种具有食疗作用的色香味俱全的特殊菜肴。药膳通常是以蔬菜、禽兽肉类、蛋类、乳类及水产品等为主要原料,配以适当的药物。民间认同"寓医于食",既将药物作为食物,又将食物赋以药用,药借食力,食助药威;既具有营养价值,又可防病治病、保健强身、延年益寿。《本草纲目》中收载了许多药膳方,仅药粥、药酒就各有数十则。如,桃子性温和,能够活血、润肠、生津、养肝、通经络。李时珍曾说:生桃多食,令人腹胀及生痈疖,有损无益。韭,生者辛温,熟者又为甘温,补中益气,治脾胃虚寒。食物与医药同源的有芝麻、绿豆、大枣、桂圆、白果、陈皮、山楂、胡桃肉、百合、薏米、杞子、芡实、菊花、牡蛎、薄荷、沙棘、青果等,这些东西既是食物,也是药物。

几乎每个中国人,都或多或少地懂得一些中医食疗养生的常识或方法。民间常说:吃什么补什么。意为:食肉时,吃肝补肝,喝骨汤补钙。民间又说:冬吃萝卜夏吃姜。萝卜被称为土人参,而生姜是用来发汗的。

先民一日三餐或两餐,以饮食养生。人们常说:饮食养生,饮食亦害生。饮食不可过,也不可缺。食能以时,身必无灾。宁少食,勿太饱。暴食则疾。食不语。俗语还有五谷为养、五果为助、五畜为益、五菜为充。

先民养生,有静养,也有动养。静养的理论依据是乌龟之所以长寿,就是因为一动不动,消耗少就健康。动养的理论是生命在于运动,在运动中才能强筋健体。民间有静养功,如打坐、站桩。民间更流行的是动功,如各种拳术。

拳术又称功夫,是先民特别喜欢的国粹,有内家拳(包括内家拳、太极拳、形意拳、八卦掌、心意拳等)、长拳(包括少林拳、查拳、华拳、三皇炮捶、通背拳、翻子拳、拦手拳、戳脚、六合拳)、形拳(猴拳、蛇拳、鹰爪拳、螳螂拳、醉拳)、南拳(在南方各地流行的拳术)、短拳(又称短打)等。

其中，长拳姿势舒展，动作快速；太极拳舒展柔和，轻灵圆活；八卦掌势势连绵，身灵步活；形意拳动作简练，发力较刚；南拳步稳势烈，刚劲有力；通背拳放长击远，发力顺达；劈挂拳大开密合，长击冷抽；象形拳是模拟各种动物的特长和形态，以及表现某些古代人物的搏斗形象和生活形象。这些拳术有健身实效、防卫功能，还有可观赏性。在中国城乡，每天清晨就可以见到人们在广场、河边或林边打拳，古代还有一些习武世家，有以武馆营生的家族。

在当代社会，人们的健身方法，又风行跳广场舞。不论在哪个城镇，无处不有跳舞的方阵。跳舞以中老年妇女为主，乐此不疲，每天最开心的时候就是傍晚响起音乐，快乐地起舞，出一身汗，周身通泰。当然，也有一些人选择了散步的健身方法，俗话说"饭后百步走，活到九十九"。

先民的养生，涉及衣食住行，有物质的，也有精神的。无病者，要防病，要治未病。有病者，要注意四季、地理、起居、食物、情绪等对身体的作用。中医在养生方面提供了丰富的经验，从《黄帝内经》到《本草纲目》无不与养生有关。养生有不同的方法，有养神、养形、养心、养气等诸学说，从心理、运动、饮食、气功、音乐、按摩、针灸、药物、房事等方面养生，从而提高身体素质。

四、家庭休闲

先民的休闲，因地、因时、因人物群体而有所不同。

不同的职业，有不同的休闲时间。为了不误农时，确保收成，农耕家庭在农忙季节时，每天都在紧张地劳动。到了冬季，农民一般都有大量的休闲时间。经商的家庭四季都得为生意操劳，但生意也有淡季之时，可以用来休闲娱乐。从事公职的人、从事学术或艺术的人、从事手工的人，很难有大量的时间，但每天都有自己的业余时间，或许可以挤出业余时间用来休闲。

不同的地区，有不同的休闲风气。中国地域辽阔，地形多样。内地的人，生活节奏普遍要慢一些。在四川盆地，由于地偏西南，土肥水美，经济富庶，人们普遍习惯于过悠闲的生活。《隋书·地理上》记载："其人敏慧轻急，貌多蕞陋，颇慕文学，时有斐然，多溺于逸乐，少从宦之士，或至耆年白首，不离乡邑。人多工巧，绫锦雕镂之妙，殆牟于上国。家贫不务储蓄，富室专于趋利。其处家室，则女勤作业，而士多自闲，聚会宴饮，尤足意钱之戏。小人薄于情礼，父子率多异居。"这段话是对成都平原民俗的概括。蜀人满足于现状，喜欢喝茶，摆龙门阵，休闲文化发达。

先民有串门的习惯，到邻居家坐着聊天，天南海北，话题没有边际。人们喜欢讲八卦故事，议论张家长、李家短。邻居之间，往往没有什么家庭秘密，相互都很了解。在东北，天冷时，人们坐在邻家的炕上唠嗑，一聊就是几个小时；在成都平原，人们坐在茶馆摆龙门阵，人与人之间特别亲密。文人清谈，妇女说"八卦"，江湖之士侃大山，都是休闲的方式。

先民对麻将特别有兴趣，也有天赋。许多人在桌旁看几次，就会玩麻将。四人玩麻将，需要思维缜密，出牌要通盘考虑（已出、未出、上首、下端、对方、变数），考验智力。新手可能有些烧脑，具有丰富经验的老手一点都不感到累。喜欢打麻将的人，以此作为休闲放松，甚至自诩可治病。

在农村，乡镇经常有戏班子演出。有些家庭添了人丁，或给老人做寿，或红白喜事，都要请戏班子唱戏。每逢演戏，百姓如同过节，人们相聚在一起，老人相互问候，小孩子前蹦后跳，格外兴奋与快乐。孩子们的娱乐方式有捉迷藏、跳方阵、跳八关、跳皮筋、踢毽子、摆家家、打珠子、滴扣子、滚铁环、抽陀螺、斗蟋蟀、丢沙包、抓麻将、翻花绳、折纸飞机、放风筝等，大孩子带着小孩子玩，玩得特别开心，可惜现在都被"手游"取代了或已失传了。

有些乡镇有茶馆，先民在茶馆饮茶，听说书人讲故事。许多人不识字，但对《三国演义》《水浒传》《封神榜》等历史文化作品非常熟，就是在茶馆里听到的。

古代社会也有旅游休闲的情况。先民在近郊旅游，放松心情。王羲之在《兰亭集序》记载：东晋永和九年（353年），是癸丑年暮春三月初，志同道合的一群人聚集在会稽郡山阴县的兰亭，一起做修禊的事情。这个地方有高峻的山岭，有茂盛的树林和长长的竹子，又有清清的急流，似带子一样辉映环绕在左右，引来作为流觞的曲水，大家列坐在曲水的旁边，虽然没有弦乐和管乐演奏的热闹，但是饮一杯酒，咏一首诗，亦足以畅快地抒发心中的深情。这天，天气晴朗，空气清新，春风平和舒畅。抬头观看天地的广大，低头审察物类的繁盛，放眼浏览，舒展胸怀，足以尽情地享受看和听的乐趣，确实很愉快。

中国古代家庭的休闲，如果与现代休闲相比，突出的特点有以下几点。

第一，先民有较多的休闲时间。不论农耕家庭，还是游牧家庭，人们有大量的空余时间，不像工业社会的人们非常忙碌，生活节奏紧张。先民乐意去感受人气，爱凑热闹，喜欢听书，喜欢三五成群地聊天。

第二，先民的休闲与农事、时令有密切关系。农闲之时，就是休闲之时。农村赶集，其中就穿插有休闲娱乐活动，如唱社戏、玩杂艺。

第三，娱乐与体育的形式比较温和。如放风筝、跳绳、踢毽子、爬竿、荡秋千、练太极拳、拉二胡、吹笛子都很平和舒缓。人们的活动中，基本上没有刺激性的活动，即挑战性或危险性大的项目，如角斗、滑雪、潜水、攀岩、跳伞、冲浪等。

第四，娱乐与体育追求智慧。如下象棋、下围棋、下五子棋、打上大人、打麻将、打太极拳都锻炼人的智慧。还有读书、作画、写书法，雅致而有内涵，传播了各种知识。

第五，我国古代没有酒吧，只有茶馆。晚上休息得早，基本上没有现代社会的"夜生活"。

先民的闲暇业余生活，宗教色彩少，但有政治伦理文化特征。试对中国象棋与国际象棋进行比较。

中国象棋的特征：设立楚河汉界，反映了古代诸侯国林立分割的状况，也反映了南北文化分野，也反映了阴阳对立统一。设有将、帅、车、马、炮、象、士，其身份尊卑有序，等级森严，地位不可改变，功能也不能变化，"出生"就决定了一生的前途。将帅深居简出，最没本领，需要车、马、象层层保护。士、象按等级保护将帅，本领不大，级别不高，忠孝是第一使命。卒，永远是卒，熬到底就是死路一条。只能进，不能退。炮，说明古代兵家注重弩枪战术。车与马都是冷兵器时代的必然产物。棋子运作起来是千变万化，充满智慧。小小棋盘的搏击与对弈，胜似千军万马厮杀。

西方国际象棋特征：尊卑观念淡薄。王、后都有义务冲锋陷阵。女王身先士卒，自由出入。与中国象棋相比，棋子的功能发生了一些变化。卒可以长驱直入。士兵有奔头，庶人有出息。下法有直有斜，比较简单。地域没有楚河汉界，天下是大家的天下，能者占天下。

以国际象棋作为参照，不难看出中国传统文化的基本特征，这种特征在家庭文化中是有体现的。家庭成员的地位有严格规定，职责与作用都是不能变动的。

五、传统家庭的惩罚

中国传统家庭的惩罚是家庭文化的一部分，是维系家庭的不成文制度，是实行家庭教育的一种手段。

在传统家庭，上辈人可以对下辈人惩罚。家族的族长可以对族内犯错误的人员惩罚，父母对子女有打骂的权利。

家庭的惩罚在家庭中是合法的，是天经地义的。

孩子犯了错，就会挨打。成语"一天不打，上房揭瓦"。意思是说：孩子就是在打骂中成长的，不打就会犯错误。相传鲍氏有两个儿子，鲍氏因为事务繁忙，没空管理孩子，结果三天后孩子上房揭瓦。

在父母的观念之中，父母生育了你，就有权利教育、打骂你。"孩子不打不能成人。""我的父母这样打过我，我也可以这样打孩子。""棒打出孝子。"

传统家庭的惩罚方法有轻有重。

1. 轻的惩罚

罚站，或面对墙壁，一站就是几个小时。

下跪，跪几个小时，膝盖跪疼。边跪边思过，跪着是很伤自尊心的。

揪耳朵，拧耳朵，有时拧脸，家庭惩罚很少打脸的。如果说谎话、乱说话，有可能会被打脸。

打屁股。人身体的各个部位中，打屁股是最不会致命的，屁股上没有生命的要害器官。但打屁股会致疼，有可能会被打得皮开肉绽。屁股是人的隐私部位，打屁股是一种羞辱。

打手心。手犯的错，就打手。如，不洗手就吃东西，偷拿别人的东西。

敲脑壳。犯错时不动脑筋，知错而再错，通过打脑袋，让犯错者"长记性"。

关进小黑屋，禁闭反思。

不给饭吃，饿几天。

罚体力劳动，干重活。

2. 重的惩罚

赶出家门，不让回家。

编家谱时，不编入家谱中。在家谱中除名。

对于那些屡教不改的浪子，对于不守妇道的女子，要当众教训，甚至沉入水塘之中淹死。

有的家族规定：子孙骂祖父母者绞；子孙殴祖父母者斩，杀者凌迟处死；骂亲伯叔父母姑母者，杖二百。因此，没有人敢不尽孝。

这些惩罚，都是家庭或家族的习惯性做法，并没有成文的条款遵守。在有些家规之中，对惩罚有明确记载。惩罚的级别与形式公之于众，内容很透明。

惩罚主要是肉体行为，兼有精神折磨。

惩罚的意义，是要让受罚者增加对错误的害怕，不敢再犯错误。同时，让其他的人受到警诫。因此，父母总是在公开场合打骂孩子，丝毫不觉得不合适。

受罚的一方总是被动的，有理也得不到申诉。甘心受打受罚，受罚之后不能记在心上，更不能滋事或复仇。

有些乖巧的孩子，很少受惩罚。有些倔强的孩子，总是吃亏。

父母对孩子的惩罚，有时是简单的，有时是粗暴的。以打骂为主，以口头教育为辅。孩子对父母有恐惧感，父亲的一个眼神、一声咳嗽，儿子都感到害怕。

父母对孩子惩罚，有时并不是孩子犯了错，而是自己心情不舒畅，就在孩子身上出气，孩子成了受气包。鄂西北山区有一种民俗，宴请客人时，如果客人不接受敬酒，家长就要孩子跪下来求客人喝；如果客人仍然不喝，父母甚至打孩子，逼着客人喝，以此种方式表示对客人的热情。

在古代社会，家庭或家族施行家法，地方政府官员是默许的。只要是不闹出太大的动静，不导致人命，衙门对各个家里的事情都不干涉。

家庭里有人犯了国法，触及社会安全，家里人就会受到牵连。如唐律规定："诸谋反及大逆者，皆斩……男夫年八十及笃疾者，妇女年六十及废疾者，并免。伯叔父、兄弟之子，皆流三里，不限籍之异同。"

六、丧葬传统

中国人特别重视生死。在家庭中，最大的悲事莫过于减少了人口。亲人去世，就有丧俗。满了花甲的老人去世，有的地方称为白喜事。

亲人病危时，家里赶紧把家人尽量召回，守候在床前并服侍。亲人弥留，家人跪在床前送终，亲人未断气前，不能放声大哭；去世后，请人给死者梳洗并穿上寿衣。举行"供饭"和"点灯"等仪式，祈求死者保平安。请通晓习俗的人选定葬地和日期，并向亲友报丧。

在家里的大厅设灵堂或把灵堂设在祠堂里，棺前摆香桌，挂白布，在桌上放置遗像或灵位牌，子孙披麻戴孝，道士在门旁奏哀乐。有的地方举行招魂仪式，手持寿衣反复呼叫死者名字，含有最后一次挽留死者的意思。

出殡时沿途撒纸钱，鸣爆竹。汉族流行土葬，用棺木盛尸，在事先选择好的墓地挖穴掩埋，其上堆砌坟头作为标记。人去世后的第七日到四十九日中，每七天有一祭，称作"做七"。第二年的春社日要祭坟，俗称"挂社"，还有农历七月十五日的中元节傍晚时烧包给死者在地下享用。①

先民讲究丧葬风水，认为风水关系家庭的吉凶。风水把人的葬地称为阴宅。徽州的人家特别重视阴宅，选择墓地要"土厚，水深，无砂，无蚁，土色以黄为正，坚而不燥，光润而不湿者吉。须使他日不为城郭、沟池、道路，不为贵族所夺、耕犁所及，又避村落，远井窑"。休宁人赵吉士在所著的《寄园寄秘寄》卷十一《故老杂记》中记载：其父母早在康熙十三年（1674年）已安葬，但他总觉得风水不佳，直到康熙四十九年（1710年）还在找风水宝

---

① 曹庆琳：《江西合兴村调研报告》，载于王玉德等主编的《长江流域耕读文化调研报告》，安徽师范大学出版社2019年版。

地,"因不惜重价成事。阖郡堪舆家二十余人,纷纷点穴不定,予用称土法,择土之重者用事,及开金井,土如紫粉,光润异常,登山者咸贺得地"①。

有些地方流行二次葬。《隋书·地理志下》记载了今南方一些地方的丧礼情况,"始死,即出尸于中庭,不留室内。敛毕,送到山中,以十三年为限。先择吉日,改入小棺,谓之拾骨。拾骨必须女婿,蛮重女婿,故以委之。拾骨者,除肉取骨,弃小取大。……既葬设祭,则亲疏咸哭,哭毕,家人既至,但欢饮而归,无复祭哭也"。

中国传统家庭的丧俗,如果与现代丧俗相比,突出的特点是:守宗法,重祭祀。先民相信人有来世,相信天地间有阴间,把丧事看成极大之事。先民讲究面子,办丧事一方面是抒发感情,另一方面是做给活人看的,往往大操大办。先民选阴宅,建坟冢,颇多浪费,且有许多禁忌,担心风水影响子孙。丧事过程中,流行民间宗教,道教与佛教参与超度活动。在西方,流行基督教文化,人们认为死者到上帝那去了,上帝会保佑死者。西方人以相对平静的心态对待死亡。

中国传统家庭的民俗还有许多内容,婚俗在"两性关系"一节已作陈述,以上不过是略举大端。家庭的民俗,是家庭的传承文化,由人们的心理起作用,体现在日常生活的实践中,是丰富多彩的万花筒。这些民俗是人们长期生活经验的总结与认同,是特有的文化形态。随着社会的发展,家庭民俗正在传承中趋新,以适应文明的新进程。

---

① 赵华富:《徽州宗族研究》,安徽大学出版社 2004 年版,第 197—199 页。

第十章　家庭与国家

家庭是社会或国家的一个微小单元。单元虽小，一滴水可以反映大海，无数滴水可以影响整体的水质。家庭与社会的关系，本书在家风部分有所论述。这里专门论述家庭与国家的关系。

一、家国观念有正轴

家和国，关系十分重要，是中华先民思想的主轴。先民是如何认识与处理这两者的关系的？有必要作一番回眸，这对于当下或许有些启示。

在人类进入文明社会之前，即进入国家之前，是没有家国观念的。

家，先秦流行的意思是成家、安家或定居。《诗经·豳风》："予未有室家。"《楚辞·离骚》："及少康之未家兮，留有虞之二姚。"《史记·乐毅列传》："乐羊死，葬于灵寿，其后子孙因家焉。"

家是社会的基本单位，社会的人数是以家作为单位统计的。《诗经·周颂·桓》："天命匪解，桓桓武王，保有厥土，于以四方，克定厥家。"《庄子·徐无鬼》："舜有膻行，百姓悦之，故三徙成都，至邓之虚而十有万家。"

在儒家学说看来，早期的家是大同的家，是人们共同劳动、共享生活的家。《礼记·礼运》记载了孔子的观点：

> 昔者仲尼与于蜡宾，事毕，出游于观之上，喟然而叹。仲尼之叹，盖叹鲁也。言偃在侧，曰："君子何叹？"孔子曰："大道之行也，与三代之英，丘未之逮也，而有志焉。大道之行也，天下为公，选贤与能，讲信修睦。故人不独亲其亲，不独子其子，使老有所终，壮有所用，幼有所长。矜、寡、孤、独、废疾者，皆有所养。男有分，女有归。货，恶其弃于地

也，不必藏于己；力，恶其不出于身也，不必为己。是故谋闭而不兴，盗窃乱贼而不作，故外户而不闭。是谓大同。"

随着私有观念的出现和私有制的发展、健全，家庭日益成为社会的独立单元。

所谓国，有一个渐进发生的过程。国，本是个会意字，从"口"，表示疆域，指城邑。在先民眼中，"国"起初是大的生活单位，人们在其中共处，并很安逸。老子的《道德经》论述说："小国寡民，使有什伯之器而不用；使民重死而不远徙。虽有舟舆，无所乘之；虽有甲兵，无所陈之。使民复结绳而用之。甘其食，美其服，安其居，乐其俗，邻国相望，鸡犬之声相闻，民至老死，不相往来。"

随着时间的推移，社会逐渐动荡不安，于是家庭与国家都不安宁了。《史记·五帝本纪》记载："轩辕之时，神农氏世衰。诸侯相侵伐，暴虐百姓，而神农氏弗能征。于是轩辕乃习用干戈，以征不享，诸侯咸来宾从。"这表明在进入文明门槛之时，中华大地逐渐出现了邦国与邦国的纷争。

进入到夏商周时期，中国人有了家国观念。家族血缘关系与国家政治纠缠在一起，成为中国传统文化的一大特色。

夏朝的先贤大禹把天下传给儿子启，开启了家天下的政治，王位由家族世袭，天子之家就与天下王权捆绑在了一起。在启的眼中，家就是国，国就是家。对于普通民众而言，家是家，国是国。

商朝实行嫡长子继承制，家族统治天下。自从甲骨文破释之后，商王的世系就一代一代很清楚了。

夏商周有许多小国，多是一些分封的诸侯国，或政治形式不同的邦国。这时的国，不等于天下，国只是一个权属单位，国是有土地、人民、主权的政体。人们没有强烈的国家观念。人们可以爱出生之地的国，也可以不爱出生之地的国。一国之人，可以到其他国去实现自己的事业。"家"，一度特指大夫的封地，跟诸侯的封地"国"相对。《尚书》记载："始于家邦，终于四海。"邦国无非是家的放大，从属于四海之天下。《周礼·地官·司徒》记载："惟王建国，辨方正位，体国经野，设官分职，以为民极。"

周代的天子认定"普天之下，莫非王土；率土之滨，莫非王臣"。天下都是天子家族的天下，所有的土地、所有的臣民都是天子的。周代已经出现"家国"一词，《逸周书·皇门》记载："是人斯乃谗贼媢嫉，以不利于厥家国。"《道德经》云："六亲不和，有孝慈；国家昏乱，有忠臣。"

周代实行家国一体的分封政治，奠定周代基业的杰出人物是周文王姬昌，他活了97岁，家庭人丁兴旺，有19个儿子，分别是伯邑考、周武王姬发、管叔鲜、周公旦、蔡叔度、曹叔振铎、郕叔武、霍叔处、卫康叔、冉季载、郜叔、雍叔、毛叔郑、滕错叔、毕公高、原叔、酆叔、郇叔、赖叔颖。

伯邑考早夭，按嫡长子继承制原则，姬发继位，是为周武王。周武王发动牧野之战，消灭了商朝。为了巩固政权，周武王分封家庭成员到全国各地，形成家天下。《荀子·儒效》记载："（周公）兼制天下，立七十一国，姬姓独居五十三人。"分封的地点大致在河南、河北、山西、山东、安徽、陕西等地。

周武王慎终追远，派人找太伯、仲雍的后代，找到仲雍后裔周章，周章当时已经是吴君，周武王便将他仍封于吴，另封其弟虞仲建立虞国（今山西平陆县北）。

武王尊重长辈，封文王之弟虢仲于制邑（今河南荥阳市汜水镇），建立虢国，史称东虢国。封文王之弟虢叔于雍邑（今宝鸡陈仓区虢镇），建立虢国，史称西虢国。武王讲究孝悌，封弟姬奭于燕，奖励他曾参加"牧野之战"。封弟姬武于郕，建立郕国。封弟叔绣于滕，建立滕国。封三弟叔鲜于管（今河南郑州管城区），建立管国。封四弟周公旦于鲁国。因周公旦要留在镐京辅佐年幼的周成王，于是便派儿子伯禽就封，周成王则下令将奄国和"殷民六族"同时赐予伯禽。封五弟叔度于蔡（今河南驻马店上蔡），建立蔡国。封六弟叔振铎于曹，建立曹国。封八弟姬处于霍（今山西霍州一带），建立霍国。封十四弟叔绣于滕（今枣庄滕州西），建立滕国。封同母少弟康叔于卫，建立卫国。

周武王还利用女儿强化家族统治，他封舜帝的嫡裔妫满到陈国，并将长女太姬嫁给了他，让其奉承舜帝的宗祀。

西周的帝王一直坚持以家族为核心的分封制，周成王为感谢周公旦的辅佐，封周公旦第四子姬苴于商代邢国旧地（今河北邢台）。周成王八年（前1035年），周公旦率军平定唐国叛乱。周成王十年（前1033年），将周武王之子、周成王之弟叔虞分封于唐国。叔虞去世之后，其子燮继位后改国号为晋。周宣王将自己的幼弟姬友封于镐京附近，国号为郑。

后世的王朝，传承周代的分封制。如：汉高祖刘邦建立西汉王朝，对子弟们进行了分封。刘邦还与众臣定下白马之盟："非刘氏而王者，天下共击之。"明太祖朱元璋建立明朝，传闻他有26个儿子，分别封为秦王、晋王、吴王、楚王、齐王、潭王、鲁王、蜀王、湘王、豫王、隶王、辽王、庆王、宁王、岷王、谷王、韩王、沈王、安王、唐王、郢王、伊王等。中国古代的王朝就是通过实行家国体制，实现家天下的政治格局。

在儒家经典《论语》中，我们很少看到家庭或家族的记载，也很少看到国的情怀与家的情怀。孔子是鲁国人，但他可以周游列国，可以帮衬其他国家。不论是哪个诸侯国愿意重用孔子，孔子都愿意效力。孔子关心的是天下，天下比"国"要大。《论语·季氏》记载："丘也闻有国有家者，不患寡而患不均，不患贫而患不安。"《论语·颜渊》记载：仲弓问仁。孔子回答说："出门如见大宾，使民如承大祭。己所不欲，勿施于人。在邦无怨，在家无怨。"

周代各诸侯国的文化有明显差异，《春秋》记载："夷狄入中国，则中国之；中国入夷狄，则夷狄之。"中原华夏文明核心圈的文化走在了前面，因此周人对周边民族或国家有轻视的观念。

战国时期的孟子、韩非子等有识之士都离开了自己的国家，到其他国家发展，实现了人生抱负。人们不以自己出生的国家为唯一安身立命之处，而是随时到其他地方施展自己的才华。

楚国的伍子胥有强烈的家国观念，认为家比国更加重要。伍子胥的父亲与哥哥被楚王冤杀，他为了报家仇，到吴国去发展，借用吴国力量报复楚国，大伤楚国元气。伍子胥的这种做法，在当时的人看来，并不是卖国行为，但为后人所诟病。因家而伤国，伍子胥做得太过分了。

楚国的屈原有强烈的爱国思想，认为国比家重要。他执着地爱楚国，爱楚国的社稷与人民。楚国当时有三姓（屈、景、昭），屈原认为家族利益要从属于楚国利益，士人应当舍小家为大家。虽然屈原的爱国思想有区域性，但有普遍教育意义，值得推广。屈原的家族世代在楚国为官，受楚国恩赐很多，屈原忠心热爱楚国，希望楚国富强，他是一位既爱家又爱国的士人。

春秋战国是天下分裂的时代。周天子有名无实，如楚国国君竟敢带甲百万，饮马黄河，问鼎中原，"胆量"不小。战国时的周天子只有很小的地盘，连名义上的天子地位都不保了。数以百计的小国在争战中逐渐化合为"纵横"七国。大国之中有消失掉的无数个小国，国家之中有无数的小家，小家的成员对国家没有严格的从属观念。

战国时期，"天下国家"是个流行词。《孟子·离娄上》记载孟子语："天下之本在国，国之本在家，家之本在身。"这是先贤对家国关系的最早阐述。家是最小的国，国是千万家，国家与家庭两者密不可分。国家是由家组成的，如果家都流失了，没有人口了，国家就不可能强大或存在。荀子提出过"四海之内若一家"。

在一定程度上，家庭的状况取决于国家。家庭与国家之间，有一个参照系数。如果国家没有大的灾害，政治较为清明，没有战争与动荡，普通的家庭就会安逸一些，人民就会幸福一些。反之，如果国家状况恶劣，大多数家庭生存就艰难。天下失政，百姓倒悬。家庭相当于国家的镜子，可以折射出国家政治是否清明，看出国家的治理好坏。换言之，如果百姓家庭普遍贫穷，官员家庭普遍腐败，这就意味着国家的失序、混乱、无能。

秦朝统一前，李斯撰《谏逐客令》，把秦国从狭隘的秦国观念转变到天下观念。秦朝统一天下，中国开始了大一统帝国时期。秦始皇不允许天下还有残余的诸侯国观念，把各国旧贵族迁徙到咸阳。司马迁在《史记·秦始皇本纪》中记载，秦始皇下令"堕坏城郭，决通川防，夷去险阻"。这实际上是消解各霸一方的诸侯国，使天下归于一统。

流传于汉代的《礼记·大学》对家国有一套完整的论述：欲治其国者，先齐其家；家齐而后国治，国治而后天下平。这就把家与国密切联系起来了，形成一条文化生态链。汉武帝之后流行儒家学说。儒家倡导修身齐家治国平天下。家是国的基础，国是家的放大。社会上提倡在家讲孝，在国尽忠。

汉代有封国，吴王发动七国之乱，社会不安，使人们增加了对封国的反感。这些封国，与我们通常所说的国家概念有很大的不同。封国无非是王朝在地方上的地主大庄园和政治势力。

东汉，少年陈蕃独居一室而龌龊不堪。其父之友薛勤批评他，问他为何不打扫干净来迎接宾客。他回答说:"大丈夫处世,当扫除天下,安事一屋?"薛勤当即反驳道:"一屋不扫,何以扫天下?"意为治家定邦非常重要,是治天下的组成部分。

魏晋南北朝时期,天下动荡不安,人们按家族迁徙,盛行家族门阀观念。天下有割据的国家,人们并不固守国家观念。晋李密的《陈情表》明显地把家摆在国家之上。有道是,人先要尽孝,然后尽忠。

南北朝时,人们向往美好而安定的国家,并且有憧憬。《魏书·释老志》记载人世间:"有过去、当今、未来,历三世。"又说:今生过去种,未来今日修……山河石壁,皆自消灭,多是平原,海水平静,土地肥沃,多有自然乐园。一年四季,风雨调顺,百花开放,万类和宜,产物丰收,果实甘美,产天然粳米,没有糠皮,滋味香美,如果成熟,不炊可食,人食长寿,毫无疾苦。无任何灾难,人心皆为大善,没有贪、嗔、痴、慢、疑……更无杀、盗、淫、妄、酒……等一切不良的思想言行。人人皆知修习身、口、意三业清净的妙行,人心平等,不起分别,无有争执,相见欢悦,多以善言互相勉励,人行万善,无诸恶业,饮食无忧。其衣裳,不需人工纺织,地长天衣树,树上会生各式各样的细软衣裳,任人采取穿著;房屋宫殿,亦多以法化而成,地上没有污浊不净。人欲大小便溺,地厕自开,便后自合。地上多产各类宝物,随手可拾。城中有罗刹众,名叫叶华,于深夜出现,为人类服务,除去秽恶,打扫清洁,又以香水遍洒于地,非常香净。龙神鬼类,都为人类工作,但绝对不须祭拜,那时间已无迷信祭拜之事。人民和顺,极其自由,逍遥自在,平等安乐。

宋朝人讲究气节,重视国家与天下。宋朝杨家将,倾家报国,忠于宋朝之"国",把忠国与忠君融为一体。文天祥是宋朝的"爱国主义"典型。对于元朝而言,文天祥有强烈的宋朝情结,所谓一士不事二君。宋代士人把国家摆在家庭之上,认为国之不存,家何安之?当时的汉族有强大的凝聚力。王安石曾感慨道:"家家养子学耕织,输与官家事夷狄。……汝生不及贞观中,斗粟数钱无兵戎。"[①] 宋代陆游《示儿》:"死去元知万事空,但悲不见九州同。王师

[①] 王安石:《临川先生文集》卷一《河北民》。

北定中原日，家祭无忘告乃翁。"这首诗是陆游的绝笔。他在弥留之际，还是念念不忘中原领土和人民，盼望祖国的重新统一。

历史上，朝廷按人丁或土地收税，最终是以家庭作为收税单位，并安排劳役。家中有人犯罪，全家人受牵连。个人服从家庭，家庭服从国家。

明朝中晚期，世界开始进入到早期工业时期，全球由分散封闭走向整体开放。人们有了近代意义的国家概念，戚继光的抗倭有了近代意义的爱国主义内涵。明代中期以降，世界逐渐有了近代国家的雏形，国家观念独立出来。这时，家庭观念仍是传统的，而国家观念已有新内涵。

清代，中国面临西方列强的侵略。林则徐禁烟，举国响应，这是因为西方列强要用鸦片毒害中国人，鸦片要亡中国，因此，禁烟有爱国主义内涵。

历史发展到晚清，康有为撰写了《大同书》，这是中国近代以来，大一统思想的代表作。康有为自称早在1884年就开始"演大同主义"，1885年就"手定大同之制，名曰《人类公理》"。康有为在《大同书》中把人类历史分为三个阶段，即由"据乱"进为"升平"（小康），由"升平"进为"太平"（大同），太平时的人们都成为快活无比的"神圣"。在太平之世，人人平等，没有什么臣妾奴隶，也没有什么君主统领，更没有什么教主教皇，人人和睦相处，过着平等而富裕的美好生活，差别虽有，可是并不悬殊。太平世以开人智为主，最重学校。自慈幼院之教至小学、中学、大学，人人皆自幼而学，人人皆学至二十岁，人人皆无家累，人人皆无恶习，图书器物既备，语言文字同一，日力既省，养生又备，道德一而教化同，其学人之进化过今不止千万倍矣。"大同无邦国，故无有军法之重律；无君主，则无有犯上作乱之悖事；无夫妇，则无有色欲之争，奸淫之防……刑杀之祸；无宗亲兄弟，则无有望养、责善、争分之狱……无私产，则无有田宅、工商、产业之讼。"[①]

康有为设想的"太平"时代，破除九界。一去国界，消灭国家；二去级界，消灭等级；三去种界，同化人种；四去形界，解放妇女；五去家界，消灭家庭；六去产界，消灭私有制；七去乱界，取消各级行政区划，按经纬度分度自治，全球设大同公政府；八去类界，众生平等；九去苦界，臻于极乐。康有

---

① 康有为：《大同书》，华夏出版社2002年版，第332页。

为主张"去家界",认为"有害之家大于太平"。"因有家之故,必私其妻子而不能天下为公。""因有家之故,养累既多,心术必私,见识必狭,奸诈、盗伪、贪污之事必生。""人各私其家,则不能多得公费而治道路、桥梁、山川、宫室,以求人生居处之乐。"①

梁启超认为,康有为的《大同书》最关键的,在于毁灭家族。康有为谓佛法出家,求脱苦也,不如使其无家可出。谓私有财产为争乱之源,无家族则谁复乐有私产?若夫国家,则又随家族而消灭者也。有为悬此鹄为人类进化之极轨。梁启超1920年在《清代学术概论》中概括出十余条《大同书》的主要内容:①无国家,全世界置一总政府,分若干区域。②总政府及区政府皆由民选。③无家族,男女同栖不得逾一年,届期须易人。④妇女有身者入胎教院,儿童出胎者入育婴院。⑤儿童按年入蒙养院及各级学校。⑥成年后由政府指派分任农工等生产事业。⑦病则入养病院,老则入养老院。⑧胎教、育婴、蒙养、养病、养老诸院,为各区最高之设备,入者得最高之享乐。⑨成年男女,例须以若干年服役于此诸院,若今世之兵役然。⑩设公共宿舍、公共食堂,有等差,各以其劳作,自由享用。⑪警惰为最严之刑罚。⑫学术上有新发明者及在胎教等五院有特别劳绩者,得殊奖。⑬死则火葬,火葬场比邻为肥料工厂。

晚清发行的《万国公报》自1891年起刊载《百年一觉》。② 谭嗣同在《仁学》中写道:"君主废,则贵贱平;公理明,则贫富均。千里万里,一家一人。……若西书《百年一觉》者,殆仿佛《礼运》大同之象焉。盖国治如此,而家始可言齐矣。"康有为说:"美国人所著《百年一觉》书,是大同的影子。"梁启超在《读西学书法》中评《百年一觉》时说:"亦小说家言,悬揣地球百年以后情形,中颇有与《礼运》大同之义相合者,可谓奇文矣。"

民国年间,日本帝国主义入侵中国,要把中国纳入到所谓的大东亚共荣圈

---

① 康有为:《大同书》,华夏出版社2002年版,第225—226页。
② 美国人爱德华·贝拉米著《百年一觉》(译为《回顾》),其中描述人人平等,工作勤奋,物质极大丰富,社会文明有序,既无犯罪和监狱,也没有军队,家庭仍然是社会的基本单位。

中，实质是企图消灭中国。中华民族的抗日战争，就是抵抗外来侵略的爱国战争。1941年，著名作家苏雪林写了一篇文章《家》，谈到了文人的家国观念："我们每人一天少不了一个家，但是我们莫忘记现在中国处在是什么时代？整个国土笼罩在火光里，浸渍在血海里，整个民族在刀锋枪刺之下苟延残喘。我们有生之年莫想再过从前的太平岁月了。我们应当将小己的家的观念束之高阁，而同心同意地来抢救同胞大众的家要紧。这时代我们正用得霍去病将军的那句壮语：'匈奴未灭，何以家为？'"[1]

近现代以来，中国传统的家国观念发生了很大的变化，家庭的意义也逐渐发生了变化，与传统农耕社会的家庭观念也有了许多不同。古代的农耕社会是建立在农耕家庭基础之上的，而近代社会的基层单元已不仅仅是家庭或家族，还有企业，还有许多社会组织。家庭的社会作用有所消散，影响力正在缩小。国已不是家的放大，家也不是国的缩小。传统的国是建立在传统的家的基础之上的，而近代意义的国不是建立在近代意义的家之上的。尽管如此，但中华民族有一个普遍的意识：无国无以为家，无家不能成国。家是国的基础，国是家的延伸，千千万万个家庭是国家发展、民族进步、社会和谐的重要基点。

1978年之后，中国逐渐进入到改革开放时期。费孝通先生于1997年在北京大学社会学人类学研究所开办的第二届社会文化人类学高级研讨班上首次提出文化自觉，倡导各美其美、美人之美、美美与共、天下大同。这四个倡导体现了中国人协同发展、共享美好的思想，亦是家与国关系的思想。各美其美，就是要知道自己的文化长处与精华，把自己的美奉献给人类。美人之美，就是要海纳百川，以有容乃大的胸怀，看到其他文化的优点，赞扬之、学习之。美美与共，就是文化共存和文化多元。不论主流文化还是亚文化，不论是强势文化还是弱势文化，文化要共生共荣。天下大同，这是讲的文化前途。大同是文明昌盛、人民幸福的目标，是社会前进的方向。在大同社会，文化并不是单一的，否则文化就单调，就死亡。

---

[1] 张胜友、蒋和欣主编：《中华百年经典散文·吾国吾民卷》，作家出版社2004年版，第180页。

在人类未来的文明发展过程中，国与家还将长期存在。家是社会的组成部分，国家是多元复合的文化共同体。家与国的存在是历史的必然，自有其积极作用。中国人普遍认为，每个人都要爱父母、爱孩子、爱家庭，这是天经地义的事情。但是，作为一个中国人，如果你因为某些原因不爱家了，不爱自己了，不爱老婆了，但不能不爱自己的历史文化、不爱自己的民族、不爱自己的国家。人可以改变自己的国籍，改变自己的职业，唯一不能改变的就是自己的爱国赤子之心。人要有国家意识、民族意识、社会意识、大局意识、天下意识，做新时代的主人。

许多学者在反思中国传统的家国观念，特别是家国同构的观念。古代的家庭管理中讲究亲疏远近、长幼尊卑，这无可厚非。然而，古代的政治家把这种理念运用到了国家治理中。统治者根据人与人的亲疏与好恶行事，导致裙带关系和门阀观念盛行，处理政务时就有可能失去公平、公正。家庭中一人说了算，君主专制的国家中也是一人说了算，权力高度集中，不利于民主风气，影响大事的决策。

学者们还反思当下世界流行的国家主义，对极端的国家主义提出质疑。极端的国家主义限制了人们的天下视野，并把特定区域的人们变成狭隘的国家主义者或极端的国家主义者。这种极端的国家主义不利于人类的整体发展与进步，狭隘的观念不利人类文明共同体的演进。

有一种理想主义的观点认为，人类社会的终极，将长期保留"家"，这是因为生育与血缘所致，但未必有"国"。随着人类社会的发展，国可能会消解，而家还会长期存在。有家无国的社会是怎样的？只能作为一种憧憬！

二、忠心报国耀家族

中华传统社会是宗法社会。宗法血缘观念讲究光宗耀祖，宗族以出了官员而荣耀，而官员也可以为家族带来许多好处。因此，家庭或家族是希望子女到社会上或国家机构中任职。如果朝廷赏赐修建牌坊，对家族是很有面子的事。

古代的读书人读圣贤书，受到"天下"思想熏陶，不甘心厮守在父母身边，不愿意默默无闻地种田。他们见贤思齐，走出小家，为社会做事，为民众服务，为国家尽忠，希望实现人生的最大价值。

中华先民倡导"天下一家"的思想，意在从小家观念拓展到大家观念，把和睦的思想传播到家庭之外的社会之中。这个思想是有积极意义的。然而，有的书籍解释"天下一家"，批评统治者把天下人都当作他的子民，乾纲独断。这个解释就有些偏颇了。

报效国家，以忠为荣，这个观念普遍地存在于许多家庭或家族之中。

明代郑太和撰的《郑氏规范》指出："子孙倘有出仕者，当早夜切切，以报国为务；抚恤下民，实如慈母之保赤子；有申理者，哀矜恳恻，务得其情，毋行苟虚，又不可一毫妄取于民。"这是以家规的形式要求子女报效国家，为民谋福。郑氏还规定：如果做官的子孙有贪赃纳贿而臭名昭著的，就应该在族谱上把名字除掉，死后不许把灵位放入祠堂。

明代大臣崔铣在进京当官前，向祖宗宣誓，要力尽忠孝，不欺君父，不结私党，不受贿赂，不逢迎所好，不失贤俊。

明代张居正出生于一个普通的家庭，他从小熟读经史，12岁考中了秀才，16岁中了举人，23岁经会试、殿试取中进士，并选为庶吉士，25岁升为翰林院编修，43岁进入内阁，当了大学士，48岁当了宰相。张居正并不以当大官为人生终点，而是要做一番报国的事业。他执政时，朝廷的外戚与宦官争斗，政治腐败，民生日困。张居正坚持变法，整顿吏治，发展经济，使明朝出现新气象。

报效国家，为了天下而舍弃小家的风气，在中国历史上有以下三种情况。

其一，为了推翻腐朽的王朝，发生过多次农民起义，有不同阶层参加，人们离开家乡，顾不了小家。元朝末年，许多江南宗族的有识之士投身到农民战争中，李善长、刘基等人放弃家庭中舒适的生活，成为朱元璋的谋士。

其二，汉族居住区的人们曾经在异族内扰时，舍家卫国、舍身护民，如宋朝的岳飞家族、杨业家族，为国家献出了不少家人的生命。明朝末年，满人入关，针对统治者的圈地与屠城，汉族地区也出现过舍家取义的家国事迹。

其三，近代以来，面对西方列强的入侵，面对晚清的腐败统治，中国人放弃家庭而投入到自强的斗争之中。为了社会的进步，许多人舍家舍身，义无反顾。如林则徐的名言："苟利国家生死以，岂因祸福避趋之。"谭嗣同的名言:"我自横刀向天笑,去留肝胆两昆仑。"有血性的社会精英,为了国家强盛,宁愿牺牲一切,包括家庭。如秋瑾为了救国,抛弃家庭,远渡东瀛,寻找真理。回国后,秋瑾在浙江组织反清起义,事泄被捕,英勇就义。秋瑾的名言是:"休言女子非英雄,为国牺牲敢惜身。"人们把家庭与皇家、国家区别开来。陈天华说:国家是"国民的公共产业","不是皇帝一家的私产"。①

晚清的林觉民在家与国面前,选择了牺牲家庭。他在参加广州起义之前,写了《与妻书》,给妻子陈意映说:国家有危难,"遍地腥云,满街狼犬,称心快意,几家能彀?""回忆后街之屋,入门穿廊,过前后厅,又三四折,有小厅,厅旁一室,为吾与汝双栖之所。初婚三四个月,适冬之望日前后,窗外疏梅筛月影,依稀掩映;吾与并肩携手,低低切切,何事不语?何情不诉?及今思之,空余泪痕。""以天下人为念,当亦乐牺牲吾身与汝身之福利,为天下人谋永福也。"②他勇敢地参加黄花岗起义,受伤被捕,英勇就义。

如果国家危亡,小家必然不保。民国年间北京大学校长蒋梦麟著有《西潮》一书,书中透视了近代的西潮涌动对传统社会的冲击。蒋梦麟出生于钱塘江边的一个小村庄——蒋村,生活在那里的蒋家在西潮的冲击下显得迟滞一些,故而蒋家可视为中国传统乡村社会的一个缩影。在蒋梦麟笔下,蒋家的乡村生活本来是安谧的,人们的观念是"勿欺心,勿负主、勿求田、勿问舍"。然而,西潮来了,它起初淹没了沿海五个通商口岸,"然后循着河道和公路向外伸展。五个商埠附近的以及交通线附近的村镇首先被冲倒。现代文明像是移植过来的树木,很快地就在肥沃的中国土壤上发芽滋长"。

爱国爱家,离不开爱家乡。家乡是家的所在地,近代刊物《湖北学生界》在 1903 年第 1 期发表程明超的文章《湖北调查部记事叙例》,提出"吾辈生于斯,长于斯,聚国族于斯","乡土之爱","足以发人爱国之精神"。

民国年间,许多富裕家庭的子女离开家庭,或背弃家庭,投身革命。

---

① 陈天华:《狮子吼》,《陈天华集》,湖南人民出版社 2011 年版,第 126 页。
② 普通高中教科书《语文》(必修下册),人民教育出版社 2019 年版,第 88 页。

说到家庭，值得推荐的小说有许多，巴金的代表作之一《家》讲述了家与国的故事：20世纪20年代初期四川成都的高家是一个传统的富裕家庭，长孙高觉新在中学毕业时被迫放弃了自己所爱的钱家表姐——钱梅芬，和父亲指定的姑娘结了婚。他在旧式的家庭中生活得很绝望与痛苦，通过一些事件，高觉新醒悟了，同二弟觉民一起，助三弟觉慧逃离了家。《家》反映了在新旧社会变革之时的家庭决裂，揭示了人们对家庭的新认识。作者巴金说："我不要单给我们的家庭写一部特殊的历史，我所要写的应该是一般的封建大家庭的历史，这里面的主人公应该是我们在那些家庭里常常见到的，我要写这种家庭怎样必然地走上崩溃的路，走到它自己亲手掘成的墓穴。我要写包含在那里面的倾轧、斗争和悲剧。我要写一些可爱的年轻的生命怎样在那里面受苦、挣扎而终于不免灭亡……我写《家》的动机也就在这里。"《家》于1931年在《时报》连载，开明书局于1933年5月出版首本《家》单行本。

巴金的小说不仅在写家，还是在写国，批判古代中央集权的专制制度。巴金曾经在《谈〈家〉》一文中说：高老太爷就是封建统治的君主，他还有整个旧礼教作他的统治理论基础。高老太爷掌握着家里的经济大权，甚至掌握着家庭中人的生命。这，就是传统的大家庭。通过读巴金的《家》，使我们认识到：家族是社会的浓缩，读懂了中国传统家族，就读懂了中国传统社会。中国古代以家庭为本位，不是以个人为本位，个人服从于家庭，国家文化是家庭文化的放大，家中有专断，国家有集权；家中有秩序，国家有等级；家中有敬畏家长，国家的民众就崇拜君主。在推翻清朝封建帝制之后，更艰巨的历史重任是改变我们固有的家族文化，使之不断更新。

在现实生活中，不乏《家》中的实例。民国年间，湖北黄麻一带产生了许多革命者、军事家，如王树声、吴焕先、韩先楚、陈再道等。他们为了国家而牺牲小家，甚至个人生命。红安县七里坪镇先后走出三支红军主力，他们赤胆忠心，保家卫国。如，吴焕先是广州农讲所毕业的，家有七八十亩田，他回家后，烧毁了田地契约，仅留四斗丘田，把土地送给了无地的农民。王秀松出生在黄安高桥区一个地主家里，后来到武汉读书，受到了新式教育，背叛了旧式家庭，与农民军一起打击了顽固的封建旧势力，带领农民投身革命。郑位三在武汉读书，放弃了富裕的生活，回到农村从事革命活动，成为黄麻起义的杰出领导人。① 他们这一代人，为了信仰，舍弃家庭财产，放弃富裕生活，不怕艰苦与牺牲，为中国人民的解放事业做出了卓越贡献，值得我们永远景仰！

爱国报国是我们时代的主题，也是我们的重要价值观。为了宣传爱国观念，小学语文教材有一节课《家》，其文："蓝天是白云的家，树林是小鸟的家，小河是鱼儿的家，泥土是种子的家。我们是祖国的花朵，祖国就是我们的家。"这里，让小学生对家有一个新的认识，即家的放大就是国。国与家一样，是我们中国人的归属，是依靠，值得我们珍惜与呵护。

三、家庭文化受挑战

中国传统家庭的灵魂是宗法观念，主要特色是父权家长制。在漫长的古代社会中，中国的家庭结构是比较稳定的，虽然有些局部性的变化，但其灵魂与特点一直延续了下来，并在封建社会解体以后仍有影响。

到了近代社会，中国传统的家庭模式发生了急剧的变化。家庭模式变化的原因是社会的变化。农耕社会解体，工商经济崛起，这是世界发展的趋势，任何国家与地区都不可能避开这个潮流，或早或晚都会卷入到世界近代化的过程之中，中国也是这样。国家体制由中央集权的封建专制转变为民主共和体制，取消了皇帝制度，人民当家做主。

近代社会转型，必然引起中国传统家庭发生大的变化。李大钊曾经撰写《由纵的组织向横的组织》，指出中国家庭从上下等级关系制的系统，向平等联合的横向系统转变。"从前是以家长统治家属，以父兄统治子弟，以夫纲妻，是纵的组织，现在子弟要脱离家长的势力，妻要脱离夫的势力，离开家庭，加入青年团体、妇女团体，就变为横的组织了。"② 人们离开了土地，到达了城市，经济生活方式发生了本质改变，不再采用小农生活生产方式，而是

---

① 中央电视台播出的《记住乡愁》第三季第43集《七里坪镇——丹心一片家国情》专门讲述了黄麻起义的故事，革命先烈的事迹十分感人。
②《李大钊选集》，人民出版社1959年版，第303页。

伴随着工业、商业生存。人们不需要依靠家长与家庭财产，而是靠自己的双手与技术，按市场经济规则生活。于是，人们对于家庭的依赖少了，对家庭承担的责任就少了，受家庭的约束相对就少了，个人的自由就增多了，权利就增多了。

近代家庭具有契约性质。法国思想家卢梭在《社会契约论》中曾经论述：婚姻是男女之间的一种契约关系。家庭的组成也是建立在契约关系上的：儿女小时依附父母，一旦长成，就取得了与父母同等的独立地位，可以拥有财产和意志自由。如果还与父母生活在一起，那就只是出于彼此的意愿。这时的家庭关系就成了一种由契约维持的关系了。①

近代社会转型，引发出许多家庭问题。这些问题，一则是由于历史上就存在过，二则是因为西方文化引起的。工业时代，在个人本位主义与自由民主观念的影响下，人们必然对传统的家庭文化进行反思。如家庭中的亲子关系问题、居丧问题、妇女地位问题、教育问题、婚姻问题、忠孝问题等。

民国初年，唐绍仪、蔡元培、宋教仁等发起社会改良运动，提出的许多问题都是家庭问题。如：不置婢妾；成年以后有财产独立权；个人自主，不依赖亲朋；男女平等；废止早婚；自主结婚；离婚自由；承认再嫁自由；不得歧视私生子；少生儿女；禁止对儿童体罚；废除居丧守制之形式；提倡公坟。②

吴虞年轻时，指责父亲的不良行为，被人们指责为不孝之子。他于1910年发表《家庭苦趣》，揭露家丑，结果被四川教育总会逐出教育界。③

清末民初，家庭文化出现新现象，许多年轻人自由恋爱，举行新式婚礼。有的青年男女不办任何手续，同居生活，追求男女平等，思想自由。这在封建社会都是不允许的，也是不可思议的。但这在民国年间，被认为是文明的象

---

① 章开沅、罗福惠主编：《比较中的审视：中国早期现代化研究》，浙江人民出版社1993年版。其中第五章有一节专讲《家庭结构的缓慢变化》（严昌洪教授执笔），对近代的中国家庭变化作了清晰论述。
②《社会改良章程》，《宋教仁集》下册，中华书局1981年版，第378页。
③《吴虞集》，四川人民出版社1985年版，第18页。

征,是时髦的新风气。康有为撰写了《请禁妇女裹足折》,士农工商各阶层纷纷响应,参加不缠足会的人数达30万,女性解放的思想蔚然成风。

四、家庭荣衰随潮流

人事有代谢,往来成古今。在时代的潮流中,家庭有荣有衰,有沉有浮。什么样的家庭就是兴荣?什么样的家庭就是衰败?兴荣的原因何在?衰落的原因何在?事实上,家庭的荣衰系于国家,系于社会,亦系于家庭本身。这里,说说中国人认定的家庭荣衰的表现。

1. 家庭之荣

中国人认定的家庭荣光,在于人,在于物,在于精神。

家里添人进口。在每个家庭,生了孩子,特别是生了儿子,都是高兴的事。每一个按父系血缘传承的家庭,都是按照儿子统计世系。儿子赓续香火,有几个儿子就有几个分支。有的分支再不断地再分支,有的分支因为没有儿子而中途打住。儿子娶媳妇,添了孙子,香火就再传了一代。子孙满堂,儿孙绕膝,三世或四世同堂,这是中国老人最大的天伦之乐。如果家庭只有女孩,女孩长大结婚,跟了夫家,娘家这一脉就中断了。因此,人丁兴旺是中国传统家庭最值得荣耀的事情。

家人身体健康。俗话说,身体是人的本钱。在家庭中,老人长寿,子女无病,就是家庭的平安与幸福。在医疗不发达的古代,无病就无灾,无灾就是苍天最大的照应。试想,如果家中有人长年生病,有人身体残缺不全,有人早夭,何谈荣光?

家里增加了财富。家中有稳定的财产,才能维系家庭的存在。家,古代文字的字形解读:屋子里面有猪,这就是家。家庭成员每天都在忙碌,农作物丰收了,经商赚钱了,手工业者把产品卖出去了,这就是家庭的喜事。家里盖了新房子,或改变居住条件,这表明生活条件有了改善,日子有了新奔头。家里添了新的家产,如牛马羊猪等牲畜下崽,买了地,买了车,物质条件有了新积累,是家庭荣耀的硬性指标。

家里的精神文化充实。人是文化中的人,有喜怒哀乐,有生活的旨趣。古代,家里有人参加科举,取得功名,那是最高兴的事。《儒林外史》中的范进中了举,竟然高兴得发了疯,精神失常,幸亏岳父大人鼓起勇气打了女婿一巴掌,才使其恢复为正常人。或者,某人在考试中取得优秀成绩,可以实现预定的目标,也是值得庆贺的。家里有人当官或升官,在政府部门工作,成为公职人员,家里人感到自己家比别人家更高一筹。家里有人立功,立功的表彰传到家里,邻里与有荣焉。家里有人为社会做了积德的善事,如修路、修桥、办学、施舍等公益事情,"积善之家,必有余庆"。家庭内部和睦,个个心情舒畅;家庭外部的人际关系良好,有亲朋好友时常走动;有良好的社会舆论,人们总是投来羡慕的眼光,说一些赞美的话,这都是每个家庭所期待的。如果有执政者恩赐,官府颁奖,更是求之不得的好事。中国人意识到,家庭精神的状况绝不亚于物质的存在。

家庭之荣,取决于个人,亦取决于全家人的共同努力,还取决于社会。每当社会安定,国家富强,政治清明,家庭就安定,就兴旺,人们的幸福感必然增强。

2. 家庭之衰

与家庭荣光相反的是家庭之衰。历史上,几乎每个家族都有荣有衰。俗话说"穷不过三代,富不过三代",意思是"风水轮流转,明年到我家"。

在古代,豪门大族相互联姻,在社会上形成盘根错节的关系,从地方到朝廷都有联络。他们可能富贵三代或五代,但最终仍有消散的时候。曹雪芹撰写的《红楼梦》对这种现象有深刻的描述,故事中的贾史王薛四大家庭,既富且贵,有婚姻关系。人称:贾不假,白玉为堂金作马;阿房宫,三百里,住不下金陵一个史;东海缺少白玉床,龙王来请金陵王;丰年好大雪,珍珠如土金如铁。当时的官员到地方上任,首先就得搞清楚大族名宦,以这些信息作为护官符,不仅不能得罪大族名宦,还要保护他们。《红楼梦》第四回借用守门人的口气说:贾史王薛四家皆联络有亲,一损俱损,一荣俱荣,扶持遮饰,皆有照应的。权贵家族得意时门庭若市,失意时门可罗雀。当贾家嫁到宫中的元妃去世之后,贾史王薛家族开始失势,加上家族中的不肖之人在社会上作恶多端,引起民愤,被官员举报,受到朝廷处分,四大家族如雪崩瓦解,作鸟兽散状。社会上早就对四大家族不满的人们纷纷落井下石,进行泄恨而得快意。

这，就是中国古代社会官宦大家族荣衰的真实写照。从秦汉到明清，有无数的实例，屡见不鲜。

历史上，家庭衰落的原因有以下这些因素。

政治或触法原因。家里有人犯了法，坐牢判刑。家人犯罪是家庭的耻辱，在社会上很没面子，被人看不起，影响社会的人际关系，甚至影响求职就业。古代，皇帝实行君主独裁，经常对官员实行严惩。有些官员确实渎职，或犯了罪，或因"莫须有"的罪名被灭门，株连九族。明清时期，皇帝鼓励下面的官员打小报告，大搞文字狱，许多家庭在一夜之间就被杀光，形成了恐怖的专制。

家人浪荡原因。家里的儿子放荡不羁，不善经营生业，或投资失当，或吸毒，或赌博，都会导致家庭衰败。纨绔子弟奢侈浪费，哪怕家业再大，家财终究要用完。苏州有一个著名的大型园林——拙政园，园主创业时，艰苦奋斗，留下了庞大的家产给儿子，而儿子却在一夜之间因赌博而输掉了拙政园。虽然园子还在人世间，但园子的主人却更名了。

无子或疾病原因。家里没有儿子传嗣，女儿出嫁了，家里的主人去世之后，这个家庭就中断了。或者，家里有人长期生病，生大病，把家庭拖得人财两空。病人不能从事劳动与生产，不仅不能创造财富，还消耗家财。病人还得有人照顾，会错失一些家庭发展的机会。

自然环境原因。每当社会动荡，出现严重的自然灾害，农作物没有收成，加上瘟疫流行，一些家庭不得不背井离乡，可能会导致妻离子散。俗话说：夫妻本是同林鸟，大难来时各自飞。

家庭之衰，与国家之衰的关系最密切。每当国已不国，政府担当不起爱民或护民的责任时，统治者甚至会加强盘剥百姓，这些都是家庭衰败的原因。

家国关系，大体为：大河有水小河满，小河有水大河不涸。家国一体，休戚与共，共荣共生。时代到了21世纪，中国人的家国观念已经属于现代的范畴。作为一名中国人，必须爱家爱国。不仅要有爱家爱国的思想，还要有相应的行动，言行一致，知行合一，这才是一名真正的中国人。

第十一章 传统家庭的类型与实例

家庭是个统称,家庭有不同的类型。社会的阶段性发展与多元形态,决定了中国传统家庭可以从不同角度分成不同类型的家庭。

中国传统家庭,按民族分类,可分为汉族家庭、少数民族家庭。按经济生产方式分类,可分为农耕家庭、手工业家庭、商业家庭、多种经营家庭等。按职业分类,可分为官宦家庭、教师家庭、医技家庭等。

我国古代的社会人群有分工,先秦时期的经典《穀梁传·成公元年》记载:古代把人民分为四类,有士民,有商民,有农民,有工民。这四类民众是社会自然形成的,每一类都不可或缺,自然就有士人家庭、商人家庭、农民家庭、工匠家庭。

事实上,四民还可细分,至少,士民可分为在职的官员和没有担任公职的读书人、文化人。商民、工民也可以细分,唐宋时期,我国就有三十六行的说法,宋代周辉在《清波杂录》中对三十六行有介绍,说三十六行是指酒行、肉行、米行、茶行、柴行、纸行、巫行、海味行、鲜鱼行、酱料行、花果行、汤店行、药肆行、宫粉行、成衣行、珠宝行、首饰行、文房行、用具行、棺木行、针线行、丝绸行、件作行、驿传行、铁器行、玉石行、顾秀行、扎作行、皮革行、纲罾行、花纱行、杂耍行、鼓乐行、故旧行、彩兴行、陶土行。行业有这样一些区分,就必然有相应的家庭。

在古代的四民之中,似乎没有提及社会上的一些闲杂人员或底层人员,如三教九流、五花八门中的一些人,如武士、医生、相命、丹青(卖画人)、妓女、杂耍、挑夫、艺人等。他们要讨自己的生活,传承世世代代的生活方式。这类人物群体,也有自己的家庭。

每个行业都有文化,都有以行业为生的家庭。民谚云:三十六行,行行出状元。民间有歌谣云：一耕二读三打铁，四五航船磨豆腐，六木七竹八雕花，九纺十织织布郎，十一裁缝做衣裳，十二是个修锅匠，十三卖杂货，十四打磨工，十五皮匠鞋子上，十六拉锯木匠苦，十七和尚做外场，十八尼姑清弹唱，十九道士唱凤凰，二十僮子数的土地堂，廿一叮当算命的，廿二相面看眼光，廿三打卦穿长衫，廿四渔鼓道情唱，廿五樵夫在山上，廿六郎中卖假药，廿七兴乐把戏唱，廿八打拳强身体，廿九做百戏的武艺强，三十下雨出门去修伞，卅一天晴出门磨剪刀，卅二最脏修屋的，卅三挑的八根系，卅四重丧花轿行，卅五是个剃头匠，最后一行看牛郎。上行下行三十行，行行总出状元郎，若问看牛哪一个？就是皇帝朱洪武。

每个行业都有存在的合理性，有其独到的优势。家庭成员选择哪个行业，这与家庭的历史传承有关，还与人们的认知有关，还与时代背景有关。《醒世恒言》卷十七《张孝基陈留认舅》记载：有个大官员身居尚书要职，生了五个儿子，他让长子读书，其他四个儿子分别从事农、工、商、贾。如果人人都做读书人，那社会上其他行业就不能延续，何况，不是每个人都适合做读书人的。老官人让两个儿子从事商贾，这反映了大官人所处的时代，商业地位有所提高，还说明他认识到"无商不富"，只有经商，才可能使家庭富裕。

中国传统家庭成员的就业，往往是全家人在相同的领域做相同的工作，如父亲是中医，儿子们就学医；父亲是泥工，儿子们就学泥工；父亲经商，儿子们就经商。在熟悉的行业，有熟悉的人脉，有熟悉的行道与经验，有很多的入行机会，家里人就容易进入父辈的行业，事半功倍。

家庭类型是不断变化的。如研究中国哲学史的泰斗冯友兰，其祖上是山西的商人，父亲冯台异在湖北崇阳县做过知县，冯友兰曾经随父亲到湖北生活过一段时间。冯友兰一生读书、教书、写书，是地道的学者。冯氏三代，有三个行业，经历各不相同，家庭类型不断变化。

笔者在这一章，将分别介绍中国传统社会各种类型的家庭，先作概述，再列举有代表性的家庭例子，如农耕家庭、游牧家庭、学者家庭、官宦家庭、手工家庭、商贾家庭、军武家庭、医药家庭。此外，还有艺人之家，如唱戏的艺人、表演杂技的艺人，他们有独特的生活本领，往往只把本领传给相中的徒弟，或只传给家里的儿子。这类艺人也应单独列出来。

一、农耕家庭

中国是一个古老的农业国,古代社会经济的主体是农耕自然经济,中华传统家庭主要是农业家庭。农耕民族一家一户地生活,亲族之间的交往是人际关系的主要方面,亲族是人们最重要的活动范围。人们注重亲族的远近与长幼关系。因此,传统家庭中的宗族关系与血缘关系最为浓厚。

中国之所以以农耕文明为主体,以农业家庭为主体,这是由特定的生态环境决定的。换言之,上苍赐给中华先民的生存环境,大部分地区适合从事农业,先民必然在特定的土壤上创造农耕文化。农耕文化的模式为:适合农耕的天然条件—农耕家庭—宗法社会—等级国家—君主专制—官方提倡的儒家伦理。

中国的地理条件,群山之间有大河,大河流域有湖泊和平原,天然就是从事农耕的区域。土肥水美,气候温和,人民可以男耕女织。从事农耕,没有游牧民族那样的颠沛流离,也没有下海打鱼或从事商业贸易那样的风险。

农耕社会有这么几个特点:一是农民一代又一代地依附于土地,以土地作为命根子。二是生产力低下,工具简单。三是手工业和商业是农业派生出来并为之服务的附属经济形式,农民以一家一户为生产单位和消费单位,把少量的剩余产品用于交换。商品交换活动少,"赶集"交换物只是少量的剩余产品。生产与生活的运行模式是生产—分配—消费—生产。四是农民生活的目标就是生产资料的再生产和家族人口的再生产。几千年来中国就是这样的社会:农民日出而作,日落而息,年复一年地进行着简单再生产。

农耕民族聚族而居,必然形成宗法文化。每个村庄由一个家族或几个家族组成,三代、四代同堂,婚姻关系错综复杂。宗族之内以男系血缘为基础,采取嫡长子继承制,提倡尊祖敬宗,族长是族内的最高首领,有严格的家规族约。中国古代社会组织结构的特点在于其血缘宗法制度,宗法制度是中国古代社会的特点,它给中国文化打上了极为鲜明的烙印。

由小家、大族发展为国家。国家是建立在农耕、宗法基础上的大家。君主就是大族长,君主一系是按照嫡长子继承制维系国统。家庭是国家的缩影,国家是家庭的扩大。家国同构是中国古代政治结构的首要特征,是形成中国封建社会中央集权体制的重要原因之一。

建立在农耕经济基础之上的小家大国,必然形成相应的伦理道德,以之作为精神支柱,维系农耕—宗法—儒家—等级专制社会。于是,春秋战国时期形成的儒家学说逐渐形成显学,在汉代被推为独尊的思想,并且在后世不断地被抬高、改造、充实。

中华农耕的历史特别悠久,可以追到上万年前的旧石器农业时期。由于历史久远,没有文字,文化失忆,因此,先民习惯于以周代的农业作为农耕文明的起点。农耕民族崇拜的农神,主要是周代的始祖后稷。传闻后稷名弃,出生于稷山(今山西运城稷山县)。他从小喜欢玩农业方面的游戏,好种树麻、菽,长大后在农业方面多有发明。古希腊神话中有农神萨图努斯,他是宙斯的父亲,土星就是以他的名字命名的。

耕读文化是中华传统文化最重要的组成部分。了解中华传统文化,关键就是了解耕读文化。所谓耕读,表层意思是一边从事农耕,一边读书。深层次解释:耕读文化是一种文化模式,"耕读"二字实是对中华传统农业文明的简约概括,包括物质文化与精神文化,代表了全部的中华农耕文化。耕读文化,是古代社会最基础、最根本的文化,是社会的底层文化,中华上层文化的构建是在耕读文化的基础上形成的。家庭与家族、等级与集权、慎终与追远等思想与现象都垒砌在耕读文化的大地上。

古代的统治者提倡农业,先秦经典《吕氏春秋》,其中有一篇《上农》。该文说:"古先圣王之所以导其民者,先务于农。民农非徒为地利也,贵其志也。民农则朴,朴则易用,易用则边境安,主位尊……民舍本而事末则其产约,其产约则轻迁徙,轻迁徙则国家有患,皆有远志,无有居心。民舍本而事末则好智,好智则多诈,多诈则巧令,以是为非,以非为是。"由此文可见,统治者提倡农业,不仅是为了经济上的原因,还是为了社会管理的原因。所谓"上农"就是"尚其志"。只有务农,民众才安定,民风才淳朴,民间才减少是非。如果人人都有商务之心,社会就不好管理了。

周代以降的农耕家庭有许多典型的例子,不胜枚举。农耕家庭,就是古代以农业为主要经济生活方式的家庭,虽为社会底层的普通民众,但也有不同凡响之处。

1. 义门陈与义门郑

中国传统的农耕家庭，最高的荣誉是"义门"二字。"义"字并不是义气的意思，而是指"孝义"。清代赵翼在《陔余丛考》中考证了历代义门家庭：北朝有12家，南朝有13家，唐朝以及五代十国有38家，宋代有50家，元朝有5家，明朝有26家。这个统计可能不完善，但说明古代社会是以"义门"作为家庭标杆的。

这里，主要介绍唐宋时期相继出现的义门陈氏家族与义门郑氏家族。

（1）义门陈

陈姓，历史悠久，出自妫姓，远祖为虞舜。据宋代郑樵《通志·氏族略》记载：周朝初年，封舜的后人"陈胡公妫满"在陈地（今河南淮阳），建立了"陈国"，以宛丘（今河南淮阳）为都。先秦时期，陈姓主要活动于河南、安徽、湖北地区。秦汉时期，陈姓发展到湖南、江苏、山西、山东等地。南朝时，陈姓已经成为福建的大姓。

陈姓是个大姓，名人辈出。秦末有陈胜，汉初有陈平，汉代有陈寔，魏晋时有陈群，南北朝时有陈霸先。陈霸先建立了南朝的最后一个朝代——陈朝。唐朝初，陈元光入福建，祖孙四代担任漳州地区的行政长官，后人尊陈元光为"开漳圣王"。

陈姓人口众多，有许多分支家族，其中有些家族特别固守传统，江右陈氏（或称江州陈氏）就是这样的一支。陈寔是颍川人，陈姓以颍川为总堂号，其次的堂号有广陵、河南、下邳、东海、汝南、武当、新安、庐江、冯翊、京兆等。

江西义门陈的历史，可以追溯到唐开元十九年（731年），陈霸先的后世子孙陈旺移家于江西省德安县车桥镇义门村，落籍于此，群族而居，孝义治家。其后历经332年，15代不分家，高峰时期人数有3900多口，和谐相处，在当时颇有盛誉。

为了表彰义门陈家所起的表率作用，唐中和四年（884年），唐僖宗亲笔御赐"义门陈氏"，并赠送了一副门联——"九重天上旌书贵，千古人间义字香"。至道二年（996年），宋太宗御封"真良家"，次年又赠"聚族三千口天下第一，同居五百年世上无双"一联。宋朝裴愈题写了"天下第一家"匾额。宋朝欧阳修、苏轼、黄庭坚等无不褒赞"义门陈"，使其名扬天下。

义门陈有一套"至公无私"的家族管理体制，几千人的大家族，有无数个小家庭，但"室无私财，厨无别爨"。全族人同锅同灶、财产共有、共同劳动、计划消费，没有多妻制，不允许收纳妾室。男婚女嫁的大事小务由族人管理。

义门陈重视读书。"八百头牛耕日月，三千灯火读文章"。孩子出生满月之后就交给家族统一抚养。婴幼儿的教育场所称之为"百婴堂"，像如今的幼儿园一样。儿童发蒙就进"书屋"，相当于现在的小学。有些愿意读书的青年可以进东佳书院。后世称东佳书院为中国最早的民办高等学校，其中藏有书帖，号称天下第一。

义门陈有严格的"家法三十三条"，核心思想是"均等""和同"，家法要求家族成员孝顺重亲、团结和睦、明德修身、禁绝非为，被奉为"齐家"的典范。

宋仁宗时，义门陈氏家族达到极盛，平纠纷，净争讼，知礼仪，忠国家，在宗法社会堪称楷模。义门陈的建筑有义门正宅、御书楼、东佳书院、东臬祠（旺公祠）、太公堂、祖训堂、德星堂、大学院、接官厅、刑仗厅、太圣院、得胜楼、九里殿、永清祠、都察院、百犬牢、秋千院、望仙亭、嬉戏亭、真君祠、五祖碑、百柱堂、廨院、义酒坊、公堂、鼓楼、洗米池、茶房、义碑及田庄、园林等三百多处。

义门陈以礼义称誉天下，其影响力甚至教化了牲畜。唐昭宗年间，义门陈有七百四十余口，每日设广席，长幼依次坐而共食。蓄犬百条，共食一槽，一犬不至，诸犬皆不食。

义门陈的这种集中居住现象，体现了宗法社会的公有制与和谐，但是，不利于调动小家庭的积极性，不利于生产力的发展。一旦遇到自然灾害，宗族共居的"共同体"就易出现生活不济的状况，引起社会矛盾，甚至需要朝廷解燃眉之急。南宋王象之《舆地纪胜》卷三十《江州》记载：五代时同居者七家，皆蠲复征役，旌表门闾，其犹著者陈氏也。其家有犬百余，一犬不至，群犬皆不食。至嘉祐时（1056—1063年），以岁歉乏食。知县邢其姓者，因讼勒其析居。是时，老幼见监分官来，皆恸哭。

宋代，义门陈有许多人在朝廷中当官，在江西九江的官场上有盘根错节的势力。嘉祐七年（1062年），文彦博、包拯等重臣上疏，认为义门朝野太盛，宜令分析，以保全之。建议陈氏分家，按宋太宗御赐的十二字"知守宗、希公汝、才思彦、承延继"，以第十五代人为分庄主，将义门陈人分迁全国72个州郡（144县），分迁至大小291个庄（另加43官庄，共334庄）。从此，义门陈姓遍布全国，一门繁衍成万户，万户皆为新义门。义门陈氏数千万，天下陈氏出义门。

陈氏源于宛丘（今河南淮阳），望于固始（今河南固始县），盛于颖川（今河南长葛），南开闽漳，今福建、台湾、广东、浙江等省是陈姓人口最集中的地区。陈姓也是海外华人的大姓，越南的第二大姓，全球约有9800万陈姓，有"陈林半天下"之称。据说，陈友谅、陈独秀、陈毅、陈云、陈寅恪、陈嘉庚都是义门陈氏的后人。

（2）义门郑

义门陈分家之后，中华大地又出现了一个义门郑。

义门郑即浙江浦江感德乡仁义里的郑氏家庭，从宋代到明清，依附于农业，不分家产，和睦相处，经常受到朝廷表彰，享誉天下。这个家族在皇帝钦定的《宋史》《元史》《明史》中都有连续的记载，几百年好评如潮。

浦江郑氏原出于河南荥阳，初迁于徽州歙县，后迁于婺州（今金华）浦江。宋代时，郑家九代人居住在一起，不分灶。四世孙郑德珪、德璋兄弟为仇家陷害，弟兄争着投监，德珪死在狱中，德璋待哥哥的儿子郑文嗣如同自己的儿子，以孝友为世人所知。《宋史·孝义传》记载："郑绮，婺州浦江人。善读书，通《春秋穀梁》学。以肃睦治家，九世不异爨。四世孙德珪、德璋，孝友天至，昼则联几案，夜则同衾寝。德璋素刚直，与物多迕，宋亡，仇家遂陷以死罪，当会逮扬州。德珪哀弟之见诬，乃阳谓曰：'彼欲害吾也，何预尔事？我往则奸状白，尔去得不死乎！'即治行。德璋追至诸暨道中，兄弟相持顿足哭，争欲就死。德珪默计沮其行，遂绐以无往，夜将半，从间道逸去。德璋复追至广陵，德珪已毙于狱。德璋闻之，恸绝者数四，负骨归葬。庐墓再期，每一悲号，乌鸟皆翔集不食。德珪之子文嗣，幼病偻，德璋鞠之如己子。"

到郑文嗣当家时，已十世同居，族人不敢私藏一文钱，元武宗旌表为"义门"。文嗣堂弟文融（太和）主持家政时，订立族规58条①，管理更严格，元朝政府因而豁免该族的赋役。《元史·郑文嗣传》记载："郑文嗣，婺州浦江人。其家十世同居，凡二百四十余年，一钱尺帛无敢私。至大间表其门。文嗣殁，从弟大和继主家事，益严而有恩，家庭中凛如公府，子弟稍有过，颁白者犹鞭之。每遇岁时，大和坐堂上，群从子皆盛衣冠，雁行立左序下，以次进。拜跪奉觞上寿毕，皆肃容拱手，自右趋出，足武相衔，无敢参差者。见者嗟慕，谓有三代遗风。状闻，复其家。部使者余阙为书东浙第一家以褒之。大和方正，不奉浮屠、老子教，冠昏丧葬，必稽朱熹《家礼》而行执。亲丧，哀甚，三年不御酒肉，子孙从化，皆孝谨。虽尝仕宦，不敢一毫有违家法。诸妇唯事女工，不使预家政。宗族里闾，皆怀之以恩。家畜两马，一出，则一为之不食，人以为孝义所感。有《家范》三卷，传于世。"

到了明朝，郑家已有几百口人，有人进入政界。郑濂以粮长到南京，朱元璋召见，询问他治家方法，表现出对这个家族的浓厚兴趣。胡惟庸案发之后，牵连到郑家，郑濂、郑湜兄弟争相赴狱。朱元璋知道后说，如此勇于担当、谦让的家庭，不会出叛逆，不用审问了，还进一步任用郑湜为左参议。

《明史·郑濂传》记载：郑濂，字仲德，浦江人。其家累世同居，几三百年。

郑氏历经宋元明三朝，和睦同居。明建文帝朱允炆在位时给郑家题写"孝义家"匾，明宪宗在位时重新表彰郑氏为孝义之门。郑文融编写的家规，经郑钦、郑铉、郑涛、郑湜等人修订补充，计得168项，名为《郑氏规范》，刊行于世，后来收入《学海类编》。

义门郑氏在几百年间是如何实行家庭管理的？从网上得知：

---

① 《丛书集成初编》卷九七五载有郑文融订立的《郑氏规范》，其中记载有婚嫁的制度："婚嫁必须择温良有家法者，不可慕富贵，以亏择配之义。其豪强逆乱，世有恶疾者，毋得与议。立嘉礼庄一所，拨田一千五百。别储其所，令廉干子弟专掌，充婚嫁费，男女各谷一百五十石为则。"

郑氏是有大量土地的家族，田产甚多，用作祭祀经费的田地就有150亩，用作婚嫁经费的田地多达1500亩。田租是郑氏经济的主要来源。郑氏还有商店、林木、畜牧等收入。凭借家族共有的财产，郑氏得以实现共同生活。

郑氏不允许私人有私产。族人如果私买田产，私存金银钱财，被家长知道后，叫到祠堂要受处分的，并没收所有私产。族人若不服从，会被告到官府，会受到不孝之罪的处决。至于子孙接受亲友的赠物，则要交给公堂，回赠礼品由公堂办理。众媳妇的娘家贫富不等，所得嫁妆及平时的馈予也就不同，于是妯娌之间的穿戴用物就会有差别，公堂为使贫者无怨，家长根据情况，会单给贫穷的家庭送些物资。

郑氏族人的衣着由专设的羞服长掌管，族人在4月领取夏衣衣料，9月支领冬衣料，以便换季。郑氏男女满一周岁开始领衣料，男子16岁以下的领布料，40岁以下的在布以外领取一部分帛，40岁以上的全部领帛，所有的人同时领取成衣费。男子到行冠礼的年龄特领礼服一套。姑娘到及笄之年，可以得到一副银首饰。族人除领衣服之外，四时祭祀完后的一天，妇女还从羞服长那里领取做鞋子的材料，以及头油、脂粉、针、花等针线和化妆用品。妇女需要染布时，也找羞服长给予安排，但各房染多少要统一，免得争长较短。

郑氏设有掌膳2人，专管众人的膳食，安排和督促伙房人员，及时做出饭食，以便族人到时进餐。人60岁以后，吃膳堂会单独做适合他们口味的饮食。掌膳的若不用心去做，要受到惩罚。30岁以下的男子不许喝酒，30岁以上的男子也只能少饮，如果酗酒喧哗，给以打板子处罚。妇女更不许饮酒，只有50岁开外才许喝一点。坐月子的妇女和病人，可以自做饮食。个人的亲友来了，膳堂备饭，但宴饮要早散，不能到一更天，如若超过10个人，便不许在夜间设宴。在学的未冠青年，不许吃肉，以便养成吃苦的习惯。

郑氏重视祭祖。族众公祭的日子很多，每月的初一、十五，岁时节日，四月初一日的始迁祖诞日都到祠堂祭礼，岁节和寒食节、十月初一日到坟茔扫祭，各房子孙在先人忌日自行祭奠，祭器、祭服是专用的，不得挪作他用。族人参加祭祀时，衣冠整洁，不嬉笑，不交谈，行礼时毕恭毕敬，不随意退席。遇先人忌日不饮酒吃肉，不听音乐，不与妻子同房。

郑氏的儿童、青年要接受家族的严格教育。儿童从5岁开始学礼，参加朔望的祠祀，8岁进家塾读书，12岁就外傅，如果取得功名，有权继续学习。到16岁以后，能背诵四书五经，并能讲解大义，就可以举行冠礼。学习的是儒家经籍，目的首先是懂礼义，其次是辞章。不许看非礼之书，凡是有淫亵言辞或妖幻符咒的书籍，不仅不能读，还要烧毁。

家族中青年男女的婚姻，由家长安排。选择婚嫁对象，不贪富贵，而看是否是温良之家，是否有遗传病史。结婚时，新郎穿戴特为他制作的深衣、头巾和鞋子。新娘进门三天拜祠堂，拜家长，家长向她讲家规。族人不许纳妾，到了40岁还没有儿子，可以娶一妾，但妾不能进公堂入座。女子出嫁，由她的父母同族中尊长议定。女儿女婿回门，公堂给见面礼，个人不得再送。族人丧事经费出自公堂，出丧不用乐，服丧期间子孙不饮酒，不吃肉，违犯者以不孝论处。

郑氏注重族人内部的尊卑关系。子孙对尊长，用正式的称呼，不能指名道姓；兄弟间称呼，用字，另加兄或弟的称号；夫妻、妯娌之间，均以字相称；未冠的青年人不能称字；子侄到了60岁才可以同伯叔坐在一起；卑幼要听从尊长的教导；尊长训诫子弟，也要实事求是，态度、语言都要讲究。

郑氏族中男子在如何做人行事方面有许多规矩要遵守。清晨，听到钟声就起床，在《夙兴簿》上签到，然后各干各的事情；公堂设有《劝惩簿》，记族人的功过，还有"劝"字牌、"惩"字牌，表彰或警告有功过的人。族人有错而不改，就打板子，再不悔过，则开除出族，宗谱上除名，同时送官府惩治，如果悔改了，三年后复归家族。

郑氏对于妇女也有规制。妇女凡犯"七出"之条的要受教训，甚至被休出家门；女子若管家庭外部事务，则被处罚；新妇进门，接受半年的教育，以便通晓郑氏家规；妇女轮流做饭，到60岁免除；新娘进门3个月之后开始参加厨房值勤；妇女白天在一起纺纱织布，做针线、刺绣，各尽所能；女子在自家房中养蚕，出丝归公堂，另外奖给生产者十分之一，用公堂丝、棉织成绢帛和布匹，也奖励织造者十分之一的产品，多余的由公堂出卖，作为成衣费；如果布织得不好，给本房作应发的衣料使用，以示惩罚；媳妇有双亲的，准许回娘家探视；每月初二、十六，妇女集合，听人讲解古代贤媛淑女的故事；妇女生了女婴，不许溺毙，违犯了要受罚；女孩子长到8岁，母亲就不再带她去外婆家；妇女理发，不能用剃头匠人，因为男女授受不亲；郑氏男女不同厕所，不同浴室。

郑氏宗族有一套处理亲友关系的原则。公堂设立知宾二人，负责接待客人的事务，预备茶饭、留宿。公堂备有客馆，就是至亲来了，也不留在内宅，一律住于客舍。对姻亲，一年送一次节礼，有红白喜事另送。亲戚不分贫富，礼物一个样。郑氏女出嫁生第一胎，到满月时，郑家馈赠礼物，再生就不送了。姻亲初见，以钱帛作为礼品相赠，不送金银及其制品，人家的厚礼也不接受。对于不属于同居共爨范围的郑氏宗人，公堂也有所关照。如果宗人贫穷无力，婚嫁给予资助；遇灾时，自春天起每月给六斗谷，到秋收时停发；设义学，免费接收宗人子弟读书；对无家可归的宗人，拨给房屋居住；对无子的宗人，帮助他确立后人，并予少量的经济支援；无冬衣的宗人，也要资助。

郑氏注意处理乡邻关系。设立义冢，供穷人埋葬；穷家生子，送去"助粥谷"；乡人缺食贷粮，不收利息；乡人有病，酌情施予药材；修桥铺路，以利乡人行走；对乡里人的赠礼，即使很微小的也不接受。

明天顺三年（1459年），郑氏群居的建筑遭到一场大火，族人不得不拆灶异居，结束了15世计330余年合食义居的家庭生活模式。

自南宋至明代，郑氏家族的生活，俨然就像史前的氏族社会。在这种家庭结构之中，每个人的"小我"服从家族的"大我"，人们安分守己，和谐相处，闭环发展，适合了儒家文化的理念，有利于古代社会的安定，满足了封建社会统治者的愿望。

现存郑氏宗祠，始建于元惠宗至元三年（1337年）。明朝与清朝时不断扩建，清康熙二十八年（1689年）扩建至五进两厢，计64间，号称"千柱落地"，占地3000多平方米。保存有元明清时期的碑刻、匾额20余方，古柏9株，相传为宋濂手植。1997年列为浙江省文物保护单位。

2. 变迁中的张谷英家（村）

这里，从比较与变迁的角度，介绍一个历代正史都没有记载的家族——张谷英家。

张谷英家在湖南岳阳县的张谷英村，一个家就是一个村庄。元末明初有个叫张谷英的人迁居此地，后子孙绵延，人才辈出，建筑有特色。2001年，张谷英古建筑群被国务院确定为全国重点文物保护单位。2003年，张谷英村被住房和城乡建设部、国家文物局授予首批全国"历史文化名村"称号。民间甚至有人称该村为"天下第一村"或"民间故宫"。①笔者两次考察张谷英家（村），记录如下：

1993年，笔者到张谷英村。行前，笔者给张谷英村写了联系信，村接待站的张飞儒先生回信说："张谷英村的先人在明洪武年间自江西洪州迁居渭洞，卜宅于此已六百余年，虽几经沧桑，仍保留近四万平方米的古建筑群，无论它的外部结构、内部装饰，还是通风通道、排水采光、抗洪防火，无一不独具匠心，既体现了我国江南传统民居的建筑风格，又迥异于传统民居的诸多共性，具有相当的探索价值，只要您能在百忙中抽空来我村考察，我们无比欢迎，扫塌以待。"当笔者拿着信出现在接待站时，一个乡村秀才模样的人站了起来，他就是张飞儒先生。张飞儒先生大约六十岁，面庞瘦黑，背微驼，眼光炯炯有神。他是张谷英的第21代后裔，从小读过私塾，是张谷英村中难得的懂旧学的人。笔者与张先生一见如故，谈得很投机。

张谷英是什么人？史书没有记载，张氏族谱对他的生殁也没有记载，但记载他的孙子张宣和孙媳王氏出生于明洪武二十六年（1393年），据此可知，张谷英是元末人。张谷英从江西来到渭洞，孑然一身，历经几百余年，发展为600多户3000多人的赫赫大族。

渭洞四面环山，层层屏障。张谷英村坐落在大墩坳之中，堪称世外桃源。村舍像一座连营，长达两华里，青瓦鳞节，屋脊起伏。溪水迂回曲折，青石板桥一个接一个。全村原有51000多平方米建筑面积，现存不足40000平方米。有房屋1482间、厅堂237个、天井206个（最大的天井达22平方米）、小桥46座。屋宇绵延，檐廊衔接。

如果用一个字评价张谷英村，那就是"群"。张谷英村是聚族而居的活化

---

① 1993年，笔者曾陪同日本东京都立大学的民俗学家渡边欣雄教授专程考察张谷英村，写了考察记。时隔25年后的2017年，笔者重访该村，又写考察记。此处从比较的角度，谈谈张谷英家族的历史变迁。

石，形成的是宗族社会，体现了抱团的宗族思想。建筑傍山依水，临溪而建，有主有次，每栋房屋挨得很紧，紧紧凑凑，仅有很窄的小巷子作为隔断。房连房，天井连天井，密密匝匝的门与路，到处都是相通的，如同迷宫。全村分布着60条巷道，直通10个高堂，人走在巷道中可"晴不曝日，雨不湿鞋"。这些建筑形成了一个紧密的"群"。祠堂是核心，是"群主"。在我国农村古老的砖木建筑中，这样完好保存的村庄已经不多了。

我们穿行在张谷英村，只见屋大人稀，成年男子下田干活去了，妇女在给婴儿喂奶，老人在墙角打盹，没有喧闹声，到处平静得近乎木然。家族尊卑有序，父慈子孝，妻贤母良，兄弟和怡，姑嫂宜顺，男耕女织，道不拾遗，夜不避户。

维系张谷英家族的精神纽带是血缘，是宗法观念，是家规族训。家训首列孝义：孝父母，友兄弟，端闺化，择婚姻；睦族姓，正蒙养；存心地，修行检；勤职业，循本分；崇谦洁，慎言语；尚节俭，存忍让；恤贫寡，供赋役。村里还有5条族戒：戒酗酒，戒健讼，戒多事，戒浮荡，戒贪忌。这些内容涉及家政管理、为人处世、子孙教育、工作生活、冠婚丧祭等方方面面。《张氏族谱》有文字云："忠孝吾家之宝，经史吾家之田"；"不求金玉富，但愿子孙贤"；"当大门"建筑前有"耕读继世、孝友传家"的对联，孝是支撑"张氏家族"的精神支柱。家族流传一篇《劝孝歌》，说是张家第17代孙张锦山作于1728年，有八章，共510韵，7140字。其开篇说："劝善书多皆切记，我劝为人从孝起，堂前父母大如天，须知万善孝为先。"这篇《劝孝歌》是研究民间孝道文化的第一手资料。村里还有许多关于孝道的故事，如道光年间的第19代孙张绍昆从小过继给伯父张魁元为嗣，继母生病，绍昆割大腿肉给继母吃，治好了继母的病。这类故事在明清时期特别多，以人肉治病，不值得宣传。

2017年7月，学校放了暑假，笔者再次到岳阳考察张谷英村。

张谷英村变成了4A级的著名景区。如同其他景区一样，有个门楼，表示景区的大门与范围，门楼右边设有售票处。为了方便游客，加强感观，景区的入口处打造成了乡村公园的样子，修了个大广场，有宣传栏、长廊、公厕。村前的池塘修了护坡，整个空间视野开阔，远眺葱绿的山体，近看池塘的荷花，空气清新，像个世外桃源。

顺着路进村，最先进入眼帘的是"当大门"建筑，就是原来的主屋，以前没有"当大门"三个字。"当大门"与风水术中的"石敢当"有相同的意思，强调建筑物在风水中的重要地位。主屋现在还是老模样，它居于建筑群中间的位置，门前有"玉带水"环抱。大屋的整体形状像一把打开的折扇。第一进的两侧有石条砌成的烟火塘，植荷养鱼，蓄水用于消防。右侧厢房变成了厨房，灶烟把木窗都熏黑了。拾级而上，步步高，每一处天井都很干净。堂屋的屋顶由大圆木柱支撑着，各进堂屋之间的屏门可闭可开。大木青砖，内空很高，屋里没有什么东西，空旷旷的。从这个中心建筑可以向两边的房屋穿行。

在导游的带领下，我们穿过老屋后门，登上"当大门"建筑后的龙头山俯瞰，只见屋宇绵亘，黑色的布瓦与一个个方井衔接，像一幅国画，颇有意蕴。一两里长的山体，密布着老屋。远处的景区广场，尽收眼底。从"当大门"建筑向西而行，并行排列几条其他的中轴线建筑，最大的一处建筑，现在被称作"王家塅"，堂屋两侧、天井回廊相互对称，四通八达，导游说它的平面布局像个"丰"字形。

村里新增了民俗馆，室外农具展厅展陈着水排、榨油机；溪边有了长廊，用于遮阳挡雨；小溪上，在不足百步的一段距离中，连续有三个石板桥，被称为"百步三桥"，让游客驻足留影。溪里的流水湍急，呈黄土色。时逢湖南近期连续大雨，湘江告急，到处湖泊漫溢，而张谷英村每家的天井都连接着小溪，下水道畅通无阻。

游览张谷英村，有穿越时空之感，感到传统与现代之间似难兼容。老屋之中，没有现代的卫生间、厨房，卧室的陈设很简陋。村民上厕所与洗浴很不方便。生活在老屋中，空间有分有合，冬暖夏凉，但厢房内的光线不太好，有些潮湿，生活并不舒适。村子是全国文物重点保护单位，不允许轻易改建，文物保护与旅游开发之间存在着矛盾。

通过了解，得知张谷英村曾经采用市场经济模式，由民营公司打造旅游，时间不长，公司就中途退出了。公司退出的原因，是没有经济效益。怎么办？张谷英村是国家级文化名村，是岳阳的一张文化名片，不可能放弃不管。于是，只好由政府来管理。县里能做的事，就是把村行政升格一级，作为乡镇级别，称为张谷英镇，设管理处。这种管理模式超出了政府的职守，增加了工作负担，实在是不得已而为之。在市场经济条件下，这种模式不是最佳选择。村里开了许多农家乐，有条件的家庭几乎都在开餐馆，"八仙过海，各显神通"。有的家庭没能力开餐馆，就卖土特产，诸如辣椒、干竹笋、油豆腐等，还从外面采购一些旅游产品如儿童玩具等出售。

为了发展旅游，村里注重发掘张谷英家族的故事。如张谷英的身世，有许多谜。有人说，张谷英是元末农民领袖张士诚的儿子，还有人说张谷英是明初的指挥使，还有人说张谷英是个风水先生，议论纷纷，莫衷一是。在我看来，张谷英就是元末"江西填湖广"的一个富裕农民，因族人读书、当官、经商，才逐渐修建了这么一个大村庄。

上次考察时在村前溪水中看到一些杂石，现在都清理走了，只留下一块直径约3米的大圆石。大圆石也有故事了，说是"龙珠"。传闻当年有两条大龙同时争抢这颗珍珠，结果被张谷英村大屋后面的龙形山的真龙抢到，张谷英村因此而人丁兴旺。

"王家塅"老屋也有了新故事。说此屋原来住过姓王的人，因为心肠不好，家道就衰败了。因此啊，人要多做善事，否则恶有恶报。张姓的村庄，怎么有一大片王家老屋？不得其详。据《张谷英风物史话》记载，王家塅是张谷英第16代孙云浦公于1802年所建，为什么云浦公修的房屋称为王家塅，村民都说不清楚。

笔者想去看望张飞儒先生，导游说他已经去世了。在张谷英村，真正了解家族史与村史的人已经不多，文化出现断层，这是值得重视的！

正是因为中国古代有千千万万个义门陈氏、义门郑氏、张谷英这样的家庭，才有了整体的中华农耕文明。农耕家庭是中国古代中央集权的基础，是传统文化的最大载体。然而，在现代社会，这样的农耕家庭逐渐减少。在广大农村，许多农民到城里打工，只有到了春节，农村才会瞬间热闹起来，也就那么几天，人潮又迅速退去，村里又回到了空壳的状态。农村有许多新房子，但房子好多是空空如也。有的农民甚至不从事农耕，让田地荒芜。有些村庄被搬迁，合并为新村。有的因需要开发而被一夜抹平，消失在工业化中。

二、游牧家庭

中华文明模式并不都是农耕文明模式。历史上,中华大地的北边、西边、东北,有大片的非农耕区,如新疆、西藏、甘肃、宁夏、内蒙古、黑龙江、吉林、辽宁等地有游牧民族或半农半牧的民族,有许许多多的游牧家庭。

关于农耕与游牧的区域,汉代司马迁在《史记·货殖列传》中有所论述,提出从碣石(今河北昌黎),西经桑干河到山西,是一条分界线。这一条分界线还可以以长城为标志,一边是农业社会,一边是游牧社会。一般说来,长江流域及以南地区是农耕经济文化区,黄河流域是游牧与农耕的混合经济文化区。北方大草原是典型的游牧区。

游牧民族家庭赖以生存的基础是草原与游牧业。中国北方盛行游牧业,丰茂的草原为发展养马养羊提供了天然条件。长城以外有广袤的草原,适宜于放牛养马。这里有较高的纬度,气温较低,全年平均气温仅在零下1°C至10°C,冬季寒冷,降水稀少,且分布不均,不适宜发展农业,于是居住着以游牧为主要生存方式的家庭。

区分农耕家庭与游牧家庭的一个重要标志是看其主要的食物。农耕家庭大多以黍、粟、麦、菽、稻为主食,而游牧家庭是以肉类为主食。牧民家庭放养牛羊,吃牛羊肉,用牛羊皮换盐巴,就可以生活下去了。

中国历史上的游牧民族有许多,如匈奴、肃慎、东胡、林胡、楼烦、月氏、先零、氐、羌、乌孙、乌丸、丁零、鲜卑、挹娄、夫余、柔然、吐谷浑、契丹、室韦、女真、蒙古、满族,有许多部落,也有许多家庭,不胜枚举,他们不断创造着独具特色的文明。

早在先秦时期,中华大地上就有活跃的游牧家庭。有个叫王亥的人在黄河北岸"服牛乘马",从事游牧贸易。卜辞记载商人的牲畜很多,有时达几百头,说明游牧在商代的经济生活中占有相当重要的地位。秦朝就是从游牧部族过渡到农业社会的王朝。最初,秦人活动在西陲的西戎中,今甘肃清水县北的秦水一带就是他们活动的中心之一,被称为秦人。

《史记·货殖列传》明确记载了匈奴族的游牧特征,游牧家庭没有城镇,没有农耕之田。但是，他们在放牧时，各有相对稳定的草地，不会引起家与家之间的矛盾。《史记·匈奴列传》对匈奴族的游牧生活作了补充论述，"匈奴，其先祖夏后氏之苗裔也，曰淳维。唐虞以上有山戎、猃狁、荤粥，居于北蛮，随畜牧而转移。其畜之所多则马、牛、羊……苟利所在，不知礼义。自君王以下，咸食畜肉，衣其皮革，被旃裘。壮者食肥美，老者食其余。贵壮健，贱老弱。父死，妻其继母；兄弟死，皆取其妻妻之。其俗有名不讳，而无姓字"。

从史书记载的匈奴族可知，游牧家庭逐水草而迁徙，以放牧为生。牧民家庭都有帐篷，他们每户都有自己的地盘，一家一群牛羊，少则几十只，多则数百或上千只。家里有相对固定的草场。男人要学习骑射，崇尚勇武。每年的夏天，他们要赶着牛羊转场至夏牧场，入冬前再赶上牛羊返回。他们的活动范围大，居无定所，没有经常居住的城郭，没有文字书籍。

汉魏晋南北朝时期，除了有匈奴族，还有乌孙、羌、乌桓等少数民族。《汉书·地理志》记载："自武威以西……地广民稀，水草宜畜牧，古（故）凉州之畜为天下饶。"鲜卑族民歌有"敕勒川，阴山下，天似穹庐，笼盖四野。天苍苍，野茫茫，风吹草低见牛羊"。与农耕家庭不同，游牧家庭需要依赖大面积的草场，才能维持放牧的需要。他们不能固定地生活在"一亩三分地"，必须随着牛羊逐水草而迁徙。

游牧家庭吃牲畜肉，穿牲畜的皮革，住牲畜毛发织成的帐篷，充分利用牛羊等牲畜提供的资源。牛羊如同农耕家庭的"土地"，土地生生不息，牛羊不断繁殖，生活资源无穷无尽。牧民总是先杀无法生育的母畜、难耐严冬的幼畜或数量比较多的公畜。牧民能熟练地宰杀牛羊，烧烤牛羊时撒上一些盐巴或孜然粉。一头牛或羊，可供一个家庭生活几天。

特别要说明的是，游牧家庭虽然吃牛羊肉，但每餐吃自己放牧的牛羊，就会减少牛羊的存量，入不敷出。由于草地和人力的原因，每家的牛羊都很有限。何况，春天的牛羊太瘦，夏天牛羊在上膘，不能轻易宰杀。有人计算，如果一个四口人的游牧家庭每三天吃一头羊，那一年至少要吃掉100只羊，普通家庭是负担不起的，因此，他们还需要不断地狩猎，随时打野生动物，如黄羊、野猪、狍子等动物，作为食物的补充。

在日常生活中，仅靠动物肉是不能满足游牧家庭生活的，他们还喝马奶、羊奶、牛奶等。随着社会的发展，他们还会把奶做成奶酪制品，奶酪制品成为牛羊的衍生产品，是游牧家庭饮食的一大宗。在半农半牧地区，有的游牧家庭还吃青稞，青稞是大麦的一个变种，耐寒，耐贫瘠，生长在海拔 3000 米以上的区域。我国的青藏高原是世界上最早栽培青稞的地区。用炒熟的青稞磨制而成糌粑，用青稞制成青稞酒，是游牧家庭的最爱。

游牧家庭会定期去赶集，他们以牛羊换取油盐或手工业用品，或者买一些小麦，满足日常所需。他们对定居的农耕民族有一定的依赖性，在生活资源方面需要从农耕区得到补给。

南北朝时，由于自然灾害的原因，北边的一些少数民族向南迁移，有的到洛阳定居，游牧家庭转变为农业家庭或商业家庭。《洛阳伽蓝记》卷三《城南》记载："自葱岭已西，至于大秦，百国千城，莫不欢附，商胡贩客，日奔塞下，所谓尽天地之区已。乐中国土风，因而宅者，不可胜数。是以附化之民，万有余家。门巷修整，闾阖填列，青槐荫陌，绿树垂庭，天下难得之货，咸悉在焉。"

游牧民族内迁之后，学会了定居，并且从事农耕。定居导致其文化改变，由游牧家庭变为农耕家庭。通观历史，许多游牧民族和家庭后来都消失了。比如历史上曾经有众多的羌人，但现存的羌人很少，大多在历史上已经分化或同化，有的向东，定居在今陕西、山西；有的向南，定居在今云南、贵州、四川。

游牧民族内迁，推动了内地经济的发展。特别是中原的土地大量荒芜时，游牧民族在内迁中补充了农业人口，从事着恢复农业的劳作，他们迅速地使经济繁荣起来。在我国现在的北方家庭中，有相当多家庭的祖籍可以追溯到游牧民族，他们已经世世代代居住在内地，成为农耕民族的一部分。

游牧家庭的人文与农耕家庭的人文有所不同：游牧地区主要处于北温带，气候寒冷，恶劣的条件培养了人们坚强不屈的意志，敢于冒险。游牧地区土地贫瘠，植被单调，人们勤劳俭朴，吃苦耐劳，朴实无华。游牧地区土地广阔，人们心胸开阔，粗犷奔放，爽朗彪悍，男子重义气，侠义忠心，重义轻利，重名轻实，将士勇猛，能征善战。女子热心快肠，风风火火，待人诚恳。如，蒙古族在高原上形成了热情豪爽的性格，藏族在高寒地区形成了坚毅吃苦的性格。游牧民族与农耕民族杂居，他们把豁达豪放的性格带到了内地。

游牧家庭在衣食住行娱等方面丰富了中华文化，如胡服、胡床、胡马都传到农耕地区。他们性格开朗，生活洒脱，热爱自然，乐于表达情感，因而能歌善舞。流行的乐器有胡琴、琵琶等。游牧家庭在辽阔的大草原上、蓝天白云之下，引吭高歌，自由地驰骋，自有其乐。

不过，游牧家庭也有生活的短板，他们不能享受定居的安逸，没有城市的公共文明场所与设施。他们没有学校，也很少著书立说。他们时常担心自然灾害，特别害怕干旱导致水草枯竭，也担心突然的风暴雪灾。他们羡慕农耕家庭的定居，但不习惯农民"面朝黄土背朝天"的劳作生活。

说到游牧家庭，有本小说《狼图腾》值得一读。1967 年，姜戎到内蒙古锡林郭勒盟东乌珠穆沁旗插队成为知青，在大草原生活了 11 个年头，创作了半自传体性质的小说《狼图腾》。其中的焦点对准了野生动物狼，间接反映了游牧民族家庭生活的艰辛，刻画了游牧民族的刚毅性格，是我们了解游牧家庭的读本。虽然这是一本小说，但作者想表达一种观点：草原文化是中华文化真正的根，正是由于游牧民族一次次强大的输血，才使中华民族得以保土保文保种坚持到近代。

中国网草原频道经常介绍草原文化，从中可知牧民家庭正在发生的生活转变和他们热爱草原的事迹。有一首脍炙人口的歌《草原人家》（作词：木西作词，绍兵作曲）描写了中华人民共和国成立后游牧家庭的生活状况，词云：蓝蓝的天空，绿绿的草原，这里就是我美丽的家园。雄鹰在飞翔，野花在开放，草原人家自由放牧牛羊。清清的湖水，温暖的帐房，这里就是那草原的天堂。酥油茶飘香，牧歌声悠扬，草原人家幸福快乐歌唱。草原上的人家，美丽的格桑花，无论走到哪里都是一幅画。

笔者有幸于 2023 年在新疆支教，课余时间到北疆塔城、伊犁、喀纳斯的一些牧民家里采风。看见牧民们白天骑着摩托车，把牛羊赶到草场，然后，在自办的农家乐接待游客，生活过得很滋润。几乎每个家庭都有手机、电脑、电视、小汽车，游牧民族享受着现代的文明。

三、学者家庭

传统家庭中有一类是学者家庭，或被称为学术、知识、文人家庭。

人类进入到国家文明形态之后，每个社会都有一批学人或学者，都离不开学术。学术有自然科学、社会科学。学术，指系统专门的学问。学术是文化的主体，影响文化的发展。学术的水平反映了文化的发展状况，文化反过来制约着学术。

学者家庭的特点是家庭之中的主要人物以治学安身立命，重视读书学习，许多人从事教职，熟悉专门的知识体系，有自己的思想，关注社会发展，在学术上有一定的建树。

"学术"是古代的流行词。明代李贽在《孔明为后主写申韩管子六韬》中说："各自成家，则各各有一定之学术，各各有必至之事功。""墨子之学术贵俭，虽天下以我为不拔一毛不恤也，商子之学术贵法，申子之学术贵术，韩非子之学术兼贵法、术，虽天下以我为残忍刻薄不恤也。"

中国传统的学者家庭，是有许多人从事儒学、文学、史学、艺术研究的。汉代史学家司马谈、司马迁父子有志于"通天下之志"，完成了不朽的纪传体通史《史记》。学者家庭与儒学家庭有某些联系，但其范围远大于儒学家庭。

中国的学者家庭，主要是传承儒家文化。儒家文化基于农耕社会的人伦观念，是传统伦理与学术的高度凝结。春秋战国时期，天下有许多学派，儒学是重要的学派之一。到了汉武帝时期，独尊儒学，儒家文化独领风骚，国家选拔人才主要依据儒家学说。直到晚清 1905 年废除科举制，儒家学说才逐渐退出主流的历史舞台。在这约两千年儒学盛行的时期，中国有许多儒学家庭。中国传统儒学家庭的特点：尊敬孔子，推崇仁义，重视教育，诗书传家。家庭成员，有的教书著书，有的入仕当官，报效国家，服务社稷，有一定的社会影响。

本书介绍过孔子家庭、胡宏家庭，都属于这个类别。学者家庭，以传承学术为己任，有数以万计的人数，从大儒朱熹、王阳明，到默默无闻的私塾教师，他们是古代的知识分子，吃文化饭，做文化事，构成了中国传统文化传承的中坚。他们宣传儒学，培养学生，著书立说，推陈出新，对中国社会影响巨大。本书接下来还要介绍的官宦家庭、学术家庭、商贾家庭等，大多受到儒学的影响，或多或少地体现了儒学之精神，读者可以参阅。

近代的著名学者王国维、陈寅恪、鲁迅、巴金、傅斯年、冯友兰、郭沫若都因治学而成名成家。他们在学校任教，或专事写作，终此一生。

学者家庭习惯于追述历史，以家庭先贤作为人生勉励。如王国维把其先世上追到《宋史》的王禀、王荀。靖康元年，王禀在太原抵抗金兵，守城御敌而殉国。王禀之孙王沆随宋高宗南渡，袭安化王爵，赐第盐官，遂定居于浙江海宁盐官。到王国维的父亲王乃誉，已是宋安化郡王三十二世裔孙。王国维对此深感自豪，撰有《补家谱忠壮公传》。王国维的父亲王乃誉博涉多才，治学精进不穷，尤于书法、画理用力最勤，著有《游目录》八卷、《古钱考》一卷及其他文稿，题画诗等数卷。王国维生活在这样一个富有文化修养的家庭里，从小就形成了读书的志向和兴趣。王国维著述宏富，通日、英、法诸国文字，在哲学、文学、戏曲史、甲骨古文、古器物、殷周史、汉晋木简、汉魏碑刻、汉唐史、敦煌文献及西北地理、蒙古史、元史、图书管理学、版本目录学等多学科多领域研究中做出了重大贡献。

杰出的学者，离不开家庭的影响。陈寅恪出生于湖南长沙的书香家庭，其祖父陈宝箴21岁中举人，父亲陈三立是大诗人。陈寅恪12岁时随兄长到日本留学。在这样的家庭背景下，陈寅恪的人生站位高，追求知识，不在意学位，提倡自由思想与独立精神，被称为民国年间最博学的人。

杰出科学家也离不开家庭的教育与熏陶。诺贝尔奖获得者杨振宁的祖父杨邦盛是清末秀才，早年一直在私塾教书。父亲杨武之获芝加哥大学硕士和博士学位，先后在厦门大学、清华大学、西南联合大学、同济大学、复旦大学担任教授。另一位诺奖获得者朱棣文也是出生于书香家庭，其祖父朱祝年是苏州太仓城厢镇的读书人。父亲朱汝瑾1940年毕业于清华大学化工系，1943年留美，就读麻省理工学院，获化工博士学位，成为化学工程和火箭专家；母亲李静贞出生于天津的名门之家，1945年清华大学经济系毕业后去美国麻省理工学院攻读工商管理。大姑妈朱汝昭早年留学日本；二姑妈朱汝华早年留学美国，任芝加哥大学化学工程教授，是中国第一代化学家；三姑妈朱汝蓉，1943

留学美国攻读化学，也是一名化学教授。外祖父李书田毕业于天津大学，1923年公费留美，回国后任国立贵州农工学院、天津大学校长及国民政府教育部部长。朱棣文父兄辈中至少有 12 位拥有博士学位或大学教授职位。

这里要重点介绍钱基博家庭。①

钱基博（1887—1957 年），字子泉，又字哑泉，别号潜庐，晚号老泉，江苏无锡人，20 世纪的国学大师、教育家、古文学家。

钱基博的家族史，可以从 1948 年钱基博编撰的《堠山钱氏丹桂堂家谱》中得到了解。此家谱分谱系、世表、行述、文征四部分。

唐朝贞观七年下诏征索天下氏族谱牒，有个叫钱元的人，他修录钱氏家谱呈送京师，使钱氏世系较为清晰。钱家在江浙一带是一个颇有声望的家族——他们都是五代时期吴越国国王钱镠的后代。浙江早在 1992 年就成立了钱镠研究会，编辑了不定期出版杂志《钱镠研究》。钱镠的后人将其平时的言行记录整理而成《钱氏家训》，其核心和精髓就是重教明理，推陈出新。其中有这样一句——"利在一身勿谋也，利在天下必谋之"。《钱氏家训》还记载：读经传则根底深，看史鉴则议论伟。能文章则称述多，蓄道德则福报厚。子孙虽愚，诗书须读。

据钱惟演撰的《钱氏庆系谱》和《钱俶贡奉录》等文献，五代时的钱俶有九子，钱惟演为第八子。钱惟演有子十一人，钱暄为第六子。钱暄有子十二人，钱影臻为第九子。钱影臻有四子，钱恤为第三子。钱恤有子三人，端瑀为第二子。钱端瑀生子筠。钱筠有三子：钱显祖为第三子。钱显祖有二子：钱逵与钱迪。钱迪居无锡梅里乡堠山之西，是为堠山钱氏开族世祖。

钱氏人丁兴旺。无锡钱氏有堠山、湖头两大支，钱基博为堠山城西支武肃王（五代时吴越国开国之君钱镠）第三十二世孙；钱穆（字宾四）则为湖头文林公支武肃王第三十四世孙。

从晚清到民国年间，钱氏大家族出了不少大学者，有国学大师钱大昕、钱玄同、钱基博、钱穆。科学院院士在国内外有 100 多人，分布于 50 多个国家。无锡钱家产生了 10 位院士和学部委员——台湾"中研院"院士钱穆，中国科

---

① 详见拙著《钱基博评传》（湖北人民出版社 2018 年版）。

学院院士钱伟长、钱锺韩、钱临照、钱令希、钱逸泰、钱保功，中国工程院院士钱易、钱鸣高，中国科学院学部委员钱俊瑞。2008年诺贝尔化学奖得主钱永健，就是钱学森的侄子。有人把钱家名人编成了绕口令："一诺奖，二外交家，三科学家，四国学大师，五全国政协副主席，十八两院院士。"科技界有三钱：钱伟长、钱学森、钱三强。钱氏家族产生的人才多是父子搭档，如钱基博、钱锺书父子，钱玄同、钱三强父子，钱穆、钱逊父子，钱学榘、钱永健父子，等等。

从堠山钱氏开族世祖钱迪之后，钱氏从没有断续。钱家传到钱奎时，他有丰富的藏书，还传有《北部吟稿》《规世格言文稿》等。

钱基博的祖父钱维桢（1811—1886年），字榕初，廪贡生，候选训导，以世父葵荪公官，诰赠朝议大夫。他在社会上有影响力，深得近代著名诗人和散文家陈三立的赏识和推仰，并撰有《钱榕初先生家传》。陈三立是陈宝箴的长子，陈寅恪的父亲。

以钱维桢为第三十世，钱家子孙的辈子依次排列有福、基、锺、汝、昌。

钱家的福字辈有五兄弟，另有一女。钱家的福字辈，在五行中可能缺火，因此在名字的第三个字中全加上了火旁。

大房钱福炜，乡试举人，曾为苏州府长洲县县学教谕。当地修宗祠、扩建学校、造桥修路，钱福炜都大力支持，受到社会好评。钱福炜儿孙满堂，多达37人。二房即次子福焕，1888年江南乡试副举人，就职直隶州州判。三房即三子福烦，为府学生员。五房即五子福炽。

四房钱福炯，字祖耆，1849年出生，1926年去世。钱福炯从小喜好读书，年轻时考得秀才，为副贡生，捐五品衔。他是钱基博的父亲，钱基博在《无锡光复志·自叙》有记述，称祖耆公以朴学敦行为家范，不许接宾客，通声气。诫基博杜门读书，毋许入学校，毋得以文字标高揭己，沽声名也。钱福炯有祖遗租田三四十亩，家庭不算富裕。他的岳父家为石塘湾孙家，是无锡当时最有势力的大地主家族之一。钱福炯有很强的宗族意识，他一人花费三年零七个月，于1907年10月完成了《续修堠山钱氏宗谱》，他在《序记》中自称"此虽炯一人之独断"，时年59岁。钱福炯热心公益事业，每遇荒乱，就不遗余力地赈灾。"某年，江南饥，谷价腾踊，钱福炯只身赴皖购赈米。"

钱家基字辈的堂兄弟至少有十五人。

钱福炯娶无锡石塘湾孙姓大地主的女儿为妻，生有六子四女，六子为：长子基成（子兰）、次基治、三基恒、四基默、五基博（子泉）、六基厚（孙卿），四女为：长素琴、次素英、三名佚、四月琴。基治、基恒、素英等早夭。

基成能文善诗，娶江阴做颜料生意的毛家女儿为妻。基成比基博年长14岁，故基博和后来的锺书都从小受业于基成。

钱基厚（孙卿），担任过小学教师、县议员，出任工商中学的校长，接替掌管无锡16载的薛南溟出任无锡第二任"市长"（市总董），管治安、财政、教育、卫生、实业、赈济、市政建设等诸多方面。1925年，第二次直奉战争波及无锡。苏督齐燮元的溃军乘火车来到无锡，四处打劫。上任仅两个月的钱基厚（时称市公所总董）果断下令全市五个城门紧闭，全市进入紧急状态。钱基厚带领地方民众化险为夷，赢得广泛好评。江苏省省长韩国钧特书"梓里蒙庥"四字匾额，由无锡县县长亲自送至七尺巷钱家悬挂。抗战前，钱基厚担任无锡县商会头面人物。1946年，为庆祝钱基博、钱基厚两兄弟的花甲之寿，由无锡众多名流发起，在鼋头渚风景区筑二泉桥表达敬意。时人认为两兄弟"产同胞，貌同型，幼同好，学长同，以学行树誉于时"，"子泉先生（钱基博字）贯彻经子，博览坟典，著述等身，弟子满天下，蔚然为东南国学大师；孙卿先生（钱基厚字）洞达时务，从政地方，为民众解痛苦，为邦国争献替。当世贤豪长者皆愿虚衷就教，晋挹风采则其树立。虽各有所诣而其为施利于公众，植名于方来则又似异而实同"。1948年底，钱基厚发起成立无锡县人民公私社团联合会，作为应变机构，自任第一召集人，使无锡在新旧政权交替之际得到完好保存。中华人民共和国建立后，他担任了江苏省政协副主席等职。

钱基厚有九子：锺韩、锺汉、锺毅、锺仪、锺鲁、锺彭、锺达、锺钱、锺泰，二女：锺元、锺华。锺韩，英国伦敦帝国理工学院研究生，1937年回国后任浙江大学工学院机械系教授，1939年起代理系主任一职，1945年，离开浙大，先后在西南联大、中央大学、南京工学院任教，1980年当选为中国科学院学部委员。锺汉，光华大学国文系毕业，经过江苏高等文官考试合格后当选为县参议员（1949年10后任无锡市副市长）。锺毅，上海交通大学土木工程系毕业。锺鲁、锺彭、锺泰相继毕业于上海交通大学机械工程系。锺仪毕业于同济大学机械工程系。锺元毕业于无锡国学专门学校。锺华毕业于无锡师范学校。

钱基博就出生在这样一个文化底蕴深厚、世代读书治学的家庭。钱家几代人均从事教师职业。钱锺书的夫人杨绛曾说，钱锺书只承认自己是一个清贫教师家的孩子，不愿意人们用门阀观念去追溯其家族渊源。钱家不少人有著述传世。钱基博的大伯父作有《魏征论》《独立图记》，二伯父作有《读论语》《宋太祖收藩镇兵权论一》《宋太祖收藩镇兵权论二》，老父作有《贾谊论戊戌示余儿作》等文。

钱基博5岁开始启蒙，读《孝经》，能背诵。9岁学习《四书》《易经》《毛诗》《周礼》《礼记》《春秋左氏传》《古文翼》等。10岁学习《战国策》，读《史记》、唐宋八大家文。11岁读完四书五经、《周礼》、《尔雅》、《古文观止》、《唐诗三百首》、《纲鉴易知录》。13岁读司马光的《资治通鉴》、毕沅的《续通鉴》、顾祖禹的《读史方舆纪要》。

钱基博从小不仅读书，还学习写作。钱家有买书、读书的传统。钱基博从小读书，坐拥书城。他在《自传》中说："暇则读书，虽寝室不辍，怠以枕，餐以饴，讲评孜孜，以摩诸生，穷年累月，不肯自暇逸。性畏与人接，寡交游，不赴集会，不与宴饮。"钱基博一生喜欢写作，文章古朴而有内涵。这个功夫是从小练出来的。他在《自传》中曾说："初年学《战国策》，喜纵横不拘绳墨。既而读曾文正书，乃泽之扬马，字矜句炼；又久而以为典重少姿致，叙事学陈寿，议论学苏轼，务为抑扬爽朗。"钱基博自评其文章"取诂于《许书》，缉采《萧选》，植骨以扬马，驶篇似迁愈"。通过大量的写作训练，钱基博提笔就能写出好文章。

为了扩大学术视野，父亲钱福炯为钱基博订了一份《申报》，每天晚上要求钱基博用朱笔点评报上论说一篇，作为课余。钱福炯写过一篇《贾谊论戊戌示余儿作》，说："吾闻良贾深藏若虚，大智外容若愚。富者未尝以富示人，智者不以智骄人，盖蕴蓄然也。人之于才亦然，有才必有量。夫所谓量者何也？斗之量足以受升，以斗受升，其迹泯然；斛之量足以受斗，以斛受斗，其迹泯然；推此而上，量愈大，其所受愈无迹，天下大物也，惟其量足以相容，而后可以治，可以安。"① 量就是气象，就是境界，就是胸怀，是成就大人物的前提。

钱基博没有接受过新式学堂教育，但他从不盲目否定西方文化。他12岁时就读了严复翻译的赫胥黎的《天演论》，对自然科学产生了较大的兴趣，认为"研究自然科学，必懂算学"。在没有老师讲授的情况下，钱基博和弟弟钱基厚自学了《笔算数学》《代数备旨》《八线备旨》《几何备旨》等数学专著。钱基博16—18岁期间，他自学日文，并利用稿费购买了一批日文图书。

钱基博的青少年时代，是"后科举时代"，是旧学崩溃而新学尚未完全建立起来的过渡时代。钱氏家族仍然恪守传统的家学，这是很务实的选择。钱基博接受的是旧学，采用的是自学。以这种学习方式作为起点，钱基博成为饱学之士，成为国学大师。

1909年，钱基博与通俗小说家王蕴章之妹结婚。王氏是王绰的孙女。王绰在光绪二年（1876年）曾钦任福建乡试副考官。王绰有孙王蕴章，是中国近代著名诗人、文学家、书法家、教育家，曾任孙中山临时大总统办公室秘书长，后担任《小说月报》《妇女》等杂志主编十余年，被聘为沪江大学、南方大学及暨南大学教授。

在中国传统社会，成功的男性背后大多有一位贤惠的妻子，然而，钱基博夫人王氏的资料传世很少。钱基博一生，婚姻简单。钱基厚的儿子钱锺鲁在《怀念我的伯父钱基博》一文中谈到钱基博的夫人，称为三伯母，"三伯母极其慈祥，我们兄弟非常尊敬和喜欢她老人家。伯父长期离家在外地，她是我们大家庭的操劳人，一家大小事务都由她掌管，又要侍奉年老的祖父，非常辛苦，与我母亲妯娌非常和睦。我堂兄能个个极出成长，应归功于劳苦功高的三伯母"。

钱基博有三子一女：锺书、锺纬、锺英、锺霞。钱基博家里的孩子受到历史文化的熏陶，个个熟悉《三国演义》《西游记》中的人物与故事，时常以之

---

① 钱福炯：《贾谊论戊戌示余儿作》，收入《堠山钱氏丹桂堂家谱·文征》，见《谱牒汇编》，华中师范大学出版社2016年版，第259页。

取乐。

长子钱锺书，是知名度大大高于钱基博的文化巨匠。锺书，字默存，号槐聚，1910年生于江苏无锡，因"抓周"抓到了一本书，故名"书"，"锺"是辈字。10岁前，锺书是跟着伯父基成生活，伯父教了他很多知识。钱锺书在《槐聚诗存》序文里回忆说："余童时从先伯父与先君读书，经、史、古文而外，有《唐诗三百首》，心焉好之。"

钱锺书10岁入东林小学，后来在苏州桃坞中学、无锡辅仁中学接受中学教育。这期间的钱锺书是由父亲钱基博直接管教。钱基博的弟子王绍曾教授说，钱锺书在中学读书时，其父在无锡国学专门学校教书，每星期五晚上两节课，即跟他父亲到国专随堂听课。钱锺书后来在《谈艺录》补订本（第346页）中说："余十六岁与从弟锺韩自苏州一美国教会中学返家度暑假，先君适自北京归，命同为文课，乃得知《古文辞类纂》《骈体文钞》《十八家诗钞》等书。绝鲜解会，而乔作娱赏，追思自笑，殆如牛浦郎之念唐诗。"

钱锺书19岁时被清华大学破格录取，其后就开始了脱离父亲约束的独立人生。不过，钱基博并没放松对钱锺书的管教。当钱锺书在清华大学崭露头角时，钱基博为了让钱锺书做人更加谨慎，将其字"哲良"改为"默存"。钱基博在1931年和1932年相继给儿子写出两封信，教他"汝头角渐露"，"须认清路头，故不得不为汝谆谆言之"。指出："汝与时贤往还，文字大忙"，"勿大自喜"，"汝才辩纵横，神采飞扬，而沉潜不如"，"独汝才辩可喜，然才辩而或恶化，则尤可危"。

钱锺书在1933年毕业于清华大学外文系，然后到上海光华大学任教。1935年，他与杨绛完婚，然后同赴英伦留学。两年以后，他以《十七十八世纪英国文学中的中国》一文获副博士学位。之后随杨绛赴法国巴黎大学从事研究。1938年，他被清华大学破例聘为教授。次年转赴国立蓝田师范学院任英文系主任，并开始了《谈艺录》的写作。1941年，珍珠港事件爆发，他被困于上海，任教于震旦女子文理学校，其间完成了《谈艺录》《写在人生边上》的写作。抗战结束后，任上海暨南大学外文系教授兼南京中央图书馆英文馆刊《书林季刊》编辑。在其后的三年中，其作品集《人兽鬼》、小说《围城》、诗论《谈艺录》得以相继出版。1949年，钱锺书回到清华任教。1953

年调到文学研究所，其间完成《宋诗选注》，并参加了《唐诗选》《中国文学史》（唐宋部分）的编写工作。1979 年，《管锥编》《旧文四篇》出版。1982 年起担任中国社科院副院长、院特邀顾问。1998 年，在北京逝世，享年 88 岁。

钱基博的第二个儿子锺纬学纺织专业，在南通纺织学院肄业后转赴英国波尔敦工学院留学并实习，回国后任职于申新第八厂、浙江建设厅，曾任纺织厂技师和筹备主任等，后任宝鸡毛棉厂厂长、申新第四纺织公司工程师和汉口纺织厂副厂长等职。

三子锺英毕业于光华大学外文系，曾任中央银行课员，后任交通银行仰光分行秘书兼文牍主任。

女儿锺霞工笔书法秀丽，有很好的文学修养。她与其母亲一样，是贤妻良母型的女性，默默承担着家务，有口皆碑。女婿石声淮，湖南长沙人，1938 年考入湖南省国立蓝田师范学院国文系，师从钱基博、马宗霍、锺泰诸先生，1943 年毕业留校任教。钱基博惜其才，将女儿嫁与他，称其为金玉良缘（钱为金、石为玉）。

在今无锡市有钱基博的故居，故居始建于 1923 年，有平房 28 间、大小 11 个庭院、3 口水井，主体建筑绳武堂面阔七间，是典型的江南庭院式民居，适合生活与读书。钱基博从小就生活在这个庭院中。钱锺书在其故居老屋撰有一副对联"文采传希白，雄风动射潮"，说的是钱氏家族有深厚的历史渊源。现在，故居已经成为名人纪念馆，介绍钱家的杰出人物文学家钱锺书、科学家钱锺韩、纺织家钱锺纬、银行家钱锺英、实业家钱锺汉、建筑家钱锺毅、革命烈士钱锺仪、机械工程师钱锺鲁、钱锺彭、教授钱锺华、计量家钱锺泰。

近代以来的家族繁衍史，钱基博家族可以作为一个个案，颇有典型性。钱家如同一棵大树，每代人不断"分叉"，一层一层分衍出杰出的子子孙孙。因为家族有读书的好传统，因此，产生了一批批有作为的人。从钱家可知，中国历史上的学者家庭，就是知识分子家庭、文化人家庭。这类家庭中不乏优秀学者，他们传承学问，彰扬学术，读书教书，著书立说，引导着时代，代表着文明前行的方向，是社会的精英。

四、官宦家庭

中国是一个人口大国，疆域辽阔，管理机构庞大，有大量的官员从事公务活动，因此历来有相当数量的官宦家庭。官宦，泛指做官的人。官员有不同类别，有文官、武官，有京官、地方官，有清官、贪官，有大官、小官，不可一概而论。

在官宦家庭，家庭的主要成员在官府中任职，家庭的一部分经济来源是俸禄。许多官宦家庭有田产，有租税。官员住在城镇，重视读书，有多重的社会关系，婚姻讲究门第，心理上比其他人群有优越感，但对职守有不安全感，家庭的兴衰与朝廷政治有密切关系。

清朝末年，中国大地有一支湘籍的官宦集团，成员有曾国藩、左宗棠、胡林翼、罗泽南、彭玉麟、曾国荃、郭嵩焘等人，他们的人际关系错综复杂，其中最有代表性的人物是曾国藩。曾国藩是晚清大臣、湘军的创立者和统帅。他注重网络社会关系，提携了李鸿章、容闳等人物，栽培了薛福成、张裕钊等弟子。他竭尽力量培养和重用家族成员，使得曾国藩的家族成为晚清典型的官宦家庭。

曾国藩出生于一个耕读之家，由耕读而官宦。曾国藩中科举入翰林后，他要求家中男子要学耕地施肥、种菜、养鱼、喂猪等，家中女子要学洗衣、煮菜、烧茶、制鞋、做小菜等。①

曾国藩是一名学人。他自幼勤奋好学，6岁入塾读书。8岁读四书五经，14岁读《周礼》《史记》。他27岁考中进士，36岁升任礼部侍郎。他一生不贪财，不好色，喜欢读书。他每天坚持读十多页书，从不间断。他常读《道德经》《庄子》《韩非子》《史记》《后汉书》。曾国藩喜欢写作，他钻研桐城学派的辞章之学，写得一手好文章。他曾说：昔姚先生论古文之道，有得于阳与刚之美者，有得于阴与柔之美者，二端判分，划然不谋。然柔和渊懿之中，必在坚劲之质，雄直之气运乎其中，乃有以自立。姚先生即姚鼐，是"清代

---

① 详见《曾国藩全集·家书·致澄、沅、季弟》，咸丰八年十一月十二日。

古文第一人"。曾国藩曾说:"老夫粗解文章,实由姚先生启之。"

曾国藩意识到家庭是生活的根基,关系到个人的荣辱与安危,关系到子孙的绵延,因此,他对家庭有许多论述。他在《家书》中有一些发人深省的观点:官宦之家,兴旺不过一代;商贾之家,兴旺不过三四代;耕读之家,兴旺不过五六代。孝友之家,兴旺十代八代。他说:细思凡天下官宦之家,多只一代享用便尽。这其中缘由就是官宦之家多纨绔,不思进取。曾国藩一生谨慎,虽身居高位,不以官宦自骄,却以做官发财为耻。咸丰六年,曾国藩给年仅9岁的次子纪鸿写信时说,不希望他以后为大官,只愿他做一个读书明理的君子。君子克勤克俭,习劳习苦才是正道。

曾国藩在《家书》中提倡宗亲之间要相爱。"至于宗族姻党,无论他与我家有隙无隙,在弟辈只宜一概爱之敬之。"

曾国藩对家族子弟有一套严格的家教。他总结传统的家教,结合实际情况,坚守儒家伦理,构建了曾氏家范。他在晚年给家人写信时说:余生平略涉儒先之书,见圣贤教人修身,千言万语,而要以不忮不求为重。忮者嫉贤害能,妒功争宠。所谓忿者不能修,忌者畏人修之类也。求者贪利贪名,怀土怀惠,所谓未得患得,既得患失之类也。忮不常见,每发露于名业相侔,势位相垺之人;求不常见,每发露于货财相接,仕进相妨之际。将欲造福,先去忮心;将欲立品,先去求心。

曾国藩对儿子曾纪泽谈论如何读书,他说:读书的诀窍在看、读、写、作四字紧密配合,每日不可缺一。……看,指的默观……读,指的高声朗诵……看书好比攻城略地,开拓土宇,读书则好比深沟坚垒,得地能守。二者不可偏废。……写,是指抄写。……作,是指的作诗文,作四书文,作试贴诗,作律赋,作古今诗体,作古文,作骈体文。①

曾国藩有许多家训,凝结了他一生的智慧,其中有许多名言警句,如:

三畏:畏人言、畏天命、畏君父。

---

① 转引自李树喜主编:《中国人才史》,中国国际广播出版社1992年版,第661—662页。

不为圣贤，便为禽兽；不问收获，但问耕耘。

慎独则心安。主敬则身强。求仁则人悦。

天下古今之庸人，皆以一惰字致败；天下古今之人才，皆以一傲字致败。

士人读书，第一要有志，第二要有识，第三要有恒。有志，则断不甘为下流。有识，则知学问无尽，不敢以一得自足；如河伯之观海，如井蛙之窥天，皆无见识也。有恒，则断无不成之事。此三者缺一不可。

唯天下之至诚能胜天下之至伪，唯天下之至拙能胜天下之至巧。

凡一家之中，勤敬二字能守得几分，未有不兴；若全无一分，未有不败。和字能守几分，未有不兴；不和未有不败者。

不贪财，不失信，不自是，有此三者，自然鬼服神钦，到处人皆敬重。

曾国藩是一名践行传统道德的旧式君子。对于做人，曾国藩提出了"八本"：读书以训诂为本，作诗文以声调为本，事亲以得欢心为本，养生以少恼怒为本，立身以不妄语为本，治家以不晏起为本，居官以不要钱为本，行军以不扰民为本。

曾国藩主张静修，自号"能静"，书斋命名为"能静居"。他一生奉行程朱理学，留下了近130万字的《能静居日记》。

曾国藩为人圆润老道。他曾说：作文与做官并不是一回事。作文以见深识宏为佳……当官则不同，世事纷繁，人心不一，官场复杂，尤为微妙，识见固要宏深，行事更需委婉，曲曲折折，迂回而进，当行则行，当止则止，万不可逞才使气，只求一时之痛快。历来有文坛上之泰山北斗，官场上却毫无建树，甚至一败涂地者，盖因不识此中差别耳。

曾国藩是一位忠君的护道者，不论朝廷是否腐败，不论世界潮流如何，不论民心如何背向，唯忠君而已。曾国藩一生，先是在京城做到了兵部侍郎一职，后来在长江流域与太平军博弈，几次差点丢命，最终攻下金陵，灭了太平天国。洪秀全当时打出的口号是"用夏变夷""誓扫胡尘"，而曾国藩之所以要训练湘军，与太平军殊死为敌，一方面是因为皇帝的诏令，另一方面是要维护孔孟伦理纲常。他在征讨太平军的《讨粤匪檄》中说洪、杨之乱荼毒生灵数百万，蹂躏州县五千余里，士不能诵孔子之经，而别有所谓耶稣之说，《新约》之书，举中国数千年礼义人伦，一旦扫地荡尽……凡读书识字，又乌可袖手安坐，不思一为也。当太平天国被灭之后，湘军一度达到20万，翻掌即可顺势灭掉清朝，曾国藩却俯首帖耳地解散了湘军，使腐朽的清朝又苟延残喘了一段时间。曾国藩的所想所为，代表了社会转型时期一大批保守官宦的取向。

曾国藩的著作被编为《曾文正公全集》，民国年间的官员几乎人手一套。毛泽东早年就崇敬湘人曾国藩。钱基博敬重曾国藩的为人，他评价曾国藩："综其一生，定位戒律，守之甚严，而持之有恒者，一曰不诳语，二曰不晏起。""不诳语"，就是不讲大话，不虚夸，"持己平实，不为矫激"。"不晏起"就是不睡懒觉，做事要勤。钱基博主张做人要"存心之厚"，他引用曾国藩的话讲："当今之世，富贵无可图，功名亦难就，惟有自正其心以维世道。所谓正心者，曰厚实。厚者，恕也。己欲立而立人，己欲达而达人。己所不欲，勿施于人。存心之厚，如此可以少正天下浇薄之风。"①

时下，社会上出现了曾国藩热。② 在官场上流行"做官要读曾国藩"，曾国藩成了中国传统官场的代表性人物。在笔者看来，当下的曾国藩热似乎过了一点儿。有人说他灭掉太平天国，了不起。其实，太平天国灭亡的根本原因在于太平天国内部，而不在于曾国藩的军事才能。曾国藩身处社会转型的时代，对腐败的清朝唯命是从，图得忠君的虚名，不是一个顺应时代的人物。对于世界的眼光，思想上远不及洪仁玕。有人说他在学术上有很大名声，是散文大家。但是，他精彩的文章并不多见。有许多人说他在家教方面有一套说理，把君子之学做到了极致。可以这么说，曾国藩热，热的焦点集中在曾国藩的家书与曾国藩的家庭思想，这些值得我们关注。

五、手工家庭

中国古代称手工业为"百工"。西周铜器令彝、伊簋铭文及《尚书·康

---

① 曹毓英选编：《钱基博学术论著选》，华中师范大学出版社1997年版，第85—86页。
② 唐浩明：《曾国藩》，人民文学出版社2012年版。

诰》有"百工"一词,指从事各种手工业的工奴,兼指管理工奴的工官。百工,主要指手工业者。《墨子·节用》记载:"凡天下群百工,轮车鞼匏,陶冶梓匠,使各从事其所能。"春秋战国时期,工商食官的格局已渐打破,出现了私人手工业者,《论语·子张》记载:"百工居肆以成其事,君子学以致其道。"

中华手工业家庭的基本特点是以一家一户为单位,使用私有的生产资料,以手工技艺作为生存本领,主要生活在城乡,分散经营,世代相传。不依赖土地,但与商业有较多联系。一般不雇佣工人,少数家庭雇佣辅助性的小工。

事实上,农业与手工业关系密切。当远古的农业发生之后,就需要有人制作农具,而定居的民族需要烧陶制器,盖房子,于是有了以手工业为特长的人群。手工业是伴随农业发展而发生的行业。

中华先民最崇敬的手艺人,上推到鲁班。鲁班,公输氏,名般,春秋时鲁国人。般与班同音,故称鲁班。鲁班曾创造攻城的云梯和磨粉的石具,又曾发明木作工具。旧时的建筑工匠,特别是木工,尊奉鲁班为祖师爷,历史上一直流传一些他的神话传说。《墨子·鲁问》记载:"公输子削竹木以为鹊,成而飞之,三日不下。"鲁班根据对飞禽的观察,模拟出飞行模型,甚至能控制模型的飞行。《论衡·儒增》记载:"鲁班作木车马,木人御者,机关具备,载舟其上。"

由鲁班的传说可知,我国春秋时期就有了独立的私人手工业。古代的手工业家庭很多,但像鲁班这样知名的手工业大师却很少传扬后世。历来的史书是记载达官贵人的,对从事陶器、冶金、建筑等手工业的人物,基本不记载。对从事手工业的家庭也鲜有记载,这是中国古代手工业文明的一个遗憾。

《史记·货殖列传》记载,战国秦汉之际,有卓氏闻名于天下。蜀郡卓氏本是河北的赵人,他在汉代以冶铁致富,名传千古。传说,秦灭掉赵国之后,怕他们将来造反,下命令把赵国的一些家族迁移到外地。被迁之大家都想迁到附近,避免路途辛苦。只要稍有余财,他们就都争先恐后地贿赂管事的官吏,最后都被迁徙到葭萌(今四川广元西南)。唯有蜀卓氏夫妇,他们到处打听能够有发展机遇的地方,卓氏说:"葭萌地方狭小,土地贫瘠。听说汶山(即岷山)之下有一片沃野,地里长着大芋,有这种东西充饥,可以使人终生不致挨饿。那里的人民又善于交易，很方便做买卖。"于是，他俩请求远迁，到达临邛（就是现在的四川省邛崃市）。在临邛那个地方，他们"运筹策"，利用原有的资金，"倾滇蜀之民"，开铁矿，铸造铁器，手下有几千人。由于积累了许多财富，使得他们"田池射猎之乐，拟于人君"。

有人认为，汉代大文学家卓文君的父亲卓王孙就是卓氏的后代。据说，程郑也是六国遗民，被秦朝从山东地区强行迁徙到四川，也经营冶铸业，并把铁器之类的商品卖给西南地区的少数民族，其富裕程度可与卓氏相提并论，而且与卓氏同住于临邛。

《史记·货殖列传》还记载："程郑，山东迁虏也，亦冶铸，贾椎髻之民，富埒卓氏，俱居临邛。宛孔氏之先，梁人也。用铁冶为业。秦伐魏，迁孔氏南阳。大鼓铸，规陂池，连车骑，游诸侯，因通商贾之利，有游闲公子之赐与名。然其赢得过当，愈于纤啬，家致富数千金。故南阳行贾尽法孔氏之雍容。鲁人俗俭啬，而曹邴氏尤甚，以铁冶起，富至巨万。"宛城孔氏的祖先是大梁（今河南开封）人，以冶铁为业。秦国攻灭魏国后，把孔氏迁徙到南阳，他便在这里大规模地经营冶铸业，并规划经营池塘，车骑成群结队，交结诸侯，并借以通商，获取巨利，并博得了游闲公子乐善好施的名声。这些从事手工业的家庭，不图眼前利益，而在于长远利益。他们发挥技术特长，利用地利，从事工业，以实业发家致富。

元代棉纺业以东南的松江为中心，当地有1000多户人家从事棉布生产，形成规模效应。元初黄道婆改进了从轧花到织布的工具，并采用新方法织染图案，对于纺织技术传播有重要贡献。中国历史上有先农、先蚕之祀，到元代又有了先棉之祀。《辍耕录》卷二十四《黄道婆》记载：国初有一名老妇人，名叫黄道婆，她自海南的崖州来，教人以仿造捍弹纺织之具，至于错纱配色，综线挈花，各有其法，人受其教，竞相作为。商人转货他郡，莫不感恩。人们还为她立祠，岁时享之。

清代出现了一位杰出的工匠雷发达，他的事迹和他的家族有各种传说。雷发达，字明所，江西南康府建昌县（今永修）人，生于明万历四十七年（1619年），后来迁居南京，卒于康熙三十二年（1693年），葬金陵。雷发达是著名的建筑技术大师，有《工部工程做法则例》《工程营造录》等传世。

传闻，雷发达的八世叔祖雷本端是一名杰出的木工。明洪武初年，雷本端参加了明皇都的建设。嘉靖年间的建筑大师雷礼，字必进，号古和，生于明弘治十八年（1505年），在工部任职十四年，亲自主持或参与督修的殿工、城工、河工不计其数。雷礼实施的重修三大殿、修治卢沟桥、修建十三陵、重建永寿宫等工程，对后来的"样式雷"有着直接的影响。

清代初年，雷发达与堂兄雷发宣，因以建筑工艺见长，应募赴北京修建皇室宫殿。在重建太和殿时，雷发达指挥若定，一举上梁成功。民间传闻，上梁之日，圣祖亲临行礼。金梁举起，卯榫悬而不下，工部从官相顾愕然，惶恐失措；所司乃私畀发达冠服，袖斧猱升，斧落榫合。礼成。上大悦，面敕授工部营造所长班。时人为之语曰："上有鲁般，下有长班，紫薇照命，金殿封官。"

雷发达担任宫廷"样式房"的掌案（总设计师），多次主持建造宫廷。每次在开工前，他首先用罗盘测定方位，确立中轴线，然后由近及远地排列建筑，由个体建筑组成庭院，由庭院组成建筑群。工整对称之中，有错综变化，山水林木相得益彰。他把宗族大户人家的房屋样式扩大发展成皇族建筑样，受到社会的认可。

雷发达有三个儿子：雷金玉、雷金鸣、雷金升。

雷金玉，字良生，生于清顺治十六年（1659年），继承父业，曾负责圆明园的营建。

雷金玉之子雷声澂的三个儿子雷家玮、雷家玺、雷家瑞先后参加了万寿山、玉泉山、避暑山庄、昌陵的工程。嘉庆时期，雷家瑞乘南行公务之机，回建昌（今江西省九江市永修县）祖籍重修了大成宗谱。

到光绪末年，雷氏已传到六代孙雷廷昌，掌管"存式"房有二百余年。他们参与设计的建筑物除皇宫外，还有四园：圆明园、颐和园、静宜园、静明园。雷氏的设计图稿一直保存至今，他们的建筑作品仍被当代人效仿。

江西省永修县新庄村是雷发达的祖籍地，是畲族少数民族村落，该村还建有"样式雷"村史馆。永修县将"样式雷"和"雷氏家训十条"作为教研样板，在全县各中心小学开设《走进"样式雷"》特色课程，让好家风、好家训融入青少年的日常生活。

中国传统的手工业门类繁多，许多工艺是中华文化的瑰宝。历史上，在建筑、冶炼、服饰、制砖、烧陶、髹漆、木器、玉器、竹器、刺绣等许多方面有世代手艺相传的家庭，他们创造了灿烂的物质文明。可惜的是，先民写的书籍中几乎不记载这些家庭，他们是有特色技术的劳动者，是平凡而伟大的无名氏！

六、商贾家庭

中国传统家庭是多元的，商业家庭占重要地位，对社会有很大的影响。

商业是人类最早的行业之一。我国的商业活动起源很早，《周易·系辞》记载上古之时的先民"日中为市，致天下之民，聚天下之货，交易而退，各得其所"，这就是最早的商业活动。起初是氏族，后来是家庭，人们把自己多余的物资拿到集市上，换回自己需要的东西。久而久之，商业就成了社会活动，成了人们经济生活中不可缺少的一部分。

商人是社会群体士农工商中的一部分，他们为别人代买代卖货物，或者自己到甲地买来货物，贩到乙地，从中牟取经济利益。由于商业是社会必不可少的行业，参与的人数众多，所以才成为与工人、农民、士民相提并论的一类人群。

中国古代的商人分为两类，一是商，二是贾。古代称行走贩卖货物为商，固定在一个地方，住下来出售货物为贾。"商贾"二字连用，泛指做买卖的人。《周礼·天官·太宰》记载："商贾，阜通货贿。"汉代学者郑玄注释说："行曰商，处曰贾。"行，即行走；处，就是据守。在古代，坐贾开设店铺，充斥于街巷之中，如布店、缎店、药店、盐店、鱼店、杂货店。他们有的就是当地人，有的是外地的商人，有的是行商与坐贾兼顾。在商业街上，坐贾往往是前店后家，便于生活与经营。

中国古代商业家庭的特点是家庭的主要经济来源为买卖商品所得。家庭成员的营利思想突出。商业不受政府重视，但商人注重与官员联络，在夹缝中生存。商业家庭主要是倒买倒卖，利用地区差或时间差，牟取利润。商人家庭因为有钱，受到其他群体的羡慕。有的商人在家乡有家，外出之后在经商之地也有家。

春秋末期的子贡出身于商人家庭，20余岁继承祖业开始经商。子贡，又名端木赐，他跟着孔子学习，并有从政的经历。《史记·货殖列传》记载："子贡结驷连骑，束帛之币以聘享诸侯，所至，国君无不分庭与之抗礼。夫使孔子名布扬于天下者，子贡先后之也。此所谓得势而益彰者乎？"子贡做的都是大生意，并把孔子的事迹介绍到了各地，充分发挥了商业的文化功能。他能及时掌握行情，"亿（预测）则屡中"，并"与时（及时）转货"。

春秋时期的范蠡一直是商家崇敬的代表性人物。范蠡帮助越国打败了吴国，然后选择了隐居。他带上妻子西施，浪迹于太湖之上。范蠡到齐国陶地，齐国人聘用范蠡为相。范蠡喟然叹道：居家则致千金，居官则至卿相，此布衣之极也。久受尊名，不祥。于是退回了相印，尽散其财，以分与知友乡党。范蠡又到了陶地，候时转物，逐什一之利。不久，范蠡又是赀累巨万，天下称他为陶朱公。

由于范蠡的熏陶，他的子孙们也精于商道，子孙修业而息之，遂至巨万。社会上凡是赚了钱的人，就称为陶朱公。

商人大多居住在城镇。南北朝时期的梁朝，建康有28万户人家，如果按每家5人计算，全城人口不下百万。建康的商业兴盛，城中有四个市，又秦淮河北岸有大市，还有小市十余所。建康之人率多商贩，市廛列肆，埒于二京（长安、洛阳）。《宋书·五行志》记载：建业（南京）"贡使商旅，方舟万计"。有一次江水突涨，使得上万艘商船被毁，说明沿江的商船很多。

元末明初商人沈万三，是江南第一富家。沈万三是湖州路乌程县南浔镇（今浙江湖州南浔）人，祖上迁居平江路（明改苏州府）长洲县（今江苏苏州）东蔡村。沈万三的父亲沈佑常年在外经商，沈万三受到父亲的影响，从小就对做生意产生了兴趣。时值元末社会动荡，沈万三跟着父亲搬到了周庄居住。

沈万三家以农耕为基础。周庄土地肥沃、气候温和、灌溉方便，历来是种植粮食、种桑养蚕的好地方。沈家在周庄耕种的是一片低洼地，只出产芦苇和茅草。但沈家勤于耕作，使之成了产量颇高的熟地。沈家从垦殖业入手，躬稼起家，有了立业的根本。

明代中晚期，民间有所谓"无黟不成镇，无徽不成商"的传闻。明代学者、江苏太仓人王世贞在《弇州山人四部稿》卷六一中曾经描述说："大抵徽俗，人十三在邑，十七在天下；其所蓄聚则十一在内，十九在外。"这就是说徽州的商人大多数在外面闯荡，他们积蓄的财产，有十分之一在家里，而十分之九都在流通之中。有人统计，明代中叶以后至清乾隆末年的300余年，是徽商发展的黄金时期。当时，经商成了徽州人的"第一等生业"，成年男子中，经商占70%。徽商的活动范围遍及城乡，东抵淮南，西达滇黔关陇，北至幽燕、辽东，南到闽粤。徽商的足迹还远至日本、暹罗、葡萄牙及东南亚等地区。

徽州地区的家庭以能赚钱为荣。明末小说形容徽州风俗，以商贾为第一等生业，科第反为次者。《二刻拍案惊奇·叠居奇程客得助》记载："徽人因是专重那做商的，所以凡是商人归家，外而宗族朋友，内而妻妾家属，只看你所得归来的利息多少为重轻。得利多的，尽皆爱敬趋奉；得利少的，尽皆轻薄鄙笑。犹如读书求名的中与不中归来的光景一般。"徽州人是务实的，如果一个商人赚不到钱，就会被人瞧不起。如果一个读书人多年在科举中没有取得功名，也是被人看不起的。不论是科举，还是经商，只要有成就，就受到乡亲的称赞与敬戴，都可能在衣锦还乡时受到热捧。

徽商虽然身藏万贯，但其家庭仍然厉行节俭，不露富，不挥霍。康熙《徽州府志》卷二《风俗》记载徽商家庭"为俭啬而务畜积"，能吃稀饭，就不吃干饭，即使客人来了也不讲排场。家里平时不养没有经济价值的动物，女人们每天不停地做着手工，以增加家中的财力。正是因为有这样的一种生活态度，所以商人走遍天下，都能发财致富。

明代徽州休宁商人叶权曾经到达广州经商，对广州的商家多有称赞。他在《游岭南记》中说："广城人家俱有生意，人柔和，价格平……若吴中非倍利不鬻者，广城人得一二分息成市矣。以故商贾骤集，兼有夷市，货物堆积，行人肩相击，虽小巷亦喧填，固不减吴阊门、杭清河坊一带也。"

清末，在浙北有一个南浔镇，这个镇上有一个儒商群体，人们称为"浔商"。他们利用便利的水陆交通，利用物产蚕丝，以经营湖丝为主，形成了巨大的财富。在浔商的草根实力人物之中，老百姓戏称他们是"四象八牛七十二条焦黄狗"（或说"三十二条金狗"）。《湖州风俗志》记载："象、牛、狗其形体大小颇有悬殊。以此比喻各富豪聚财之程度，十分形象。民间传说一般以当时家财达百万两以上者称'象'，五十万两以上不足百万者称'牛'，三十万两以上不足五十万两者叫'狗'。"其中的四象是指刘张庞顾四家，每家的资产都在一百万两白银以上。这个浔商集团垄断了中国的生丝出口业，并伺机投资缫丝业、纺织业、金融业、盐业、房地产等行业。

南浔的首富刘镛，祖籍上虞，清康熙时始迁南浔，居住在泰安桥边的丝行埭。清道光二十六年（1846年）六月，刘镛东凑西借，与同乡邢赓星等合伙开起了丝行。他与邢合伙业丝近二十年，他都是亲自管理，从无遮掩，合作十分默契。邢赓星死后，刘镛不忘邢家的恩德，仍亲理出纳，邢家只是坐享其成。刘镛曾训诫其子女说：汝于钱财出入，寸宜宽，尺宜紧。寸不宽，则所得者分，而必为众怨之的；尺不紧，则所失者寸，而即为启侮之由。谚云：贪小失大。又云：无思无算第一穷，常言均有至理，汝其毋忽。

刘镛的二儿子刘锦藻曾经担任工部主事。1899年，刘镛去世后，刘锦藻回南浔，继承了家族事业。刘锦藻继续从事生丝出口贸易、扬州的盐场和典当业，同时在上海大做房地产生意，先后买下了南京东路鸿承里、福州路上会乐里、福州路上杏花楼所在地、淮海路上兴业里等租界里黄金地段的房地产，或自家居住，或出租生利。刘锦藻还经营淮盐，设扬州盐场，为淮盐的大盐商。1905年浙江铁路公司成立，刘家中以个人名义或以堂号名义认购股权1万元以上者达20人，为该公司集资近100万元。

刘锦藻的长子刘承乾是著名藏书家。刘承乾拥有巨大的财产，唯书是嗜。他建了一座嘉业堂藏书楼，藏书达60万卷，其中有许多善本书，因此他被称为"民国藏书第一人"。

儒家亚圣孟子曾说："君子之泽，五世而斩。"（《孟子·离娄章句下》）此句意为一个家庭的富裕是超过不了三代或五代的。商贾家庭亦如此，风险最大。经商受社会环境影响很大，徽商在历史上经营盐的买卖，但清政府控制了盐之后，徽商的生意就萧条了。浙商经营丝绸，但晚清外国列强参与丝绸贸易之后，浙商的日子也不好过了。因此，古代的商人都要买田购房，以防不测，即万一经商失败还能够依靠土地生存。传统商家，大多兼有地主身份，这是传统商家一个很大的特点。

七、军武家庭

每个社会都有军人、武士，也有从戎与习武的家庭。

中华军武家庭的特点：学习武艺，重视传承；师徒父子，义字当先；强身健体，有勇有谋；钻研军事，为国分忧；争强好胜，不怕牺牲。

尚武之人崇尚孙子。孙子是春秋时的兵学家，字长卿，齐国人。他擅长军事，被吴王阖闾任为将，率吴兵攻破楚国。有《孙子兵法》传世，为中国最早的杰出的兵书。

中国古代的科举有武举，朝廷自下而上地选拔有武艺的人才，奖以名誉，委以军事重任。习武之人平时练武，战时出征，以保家卫国为己任。

传统家庭处在冷兵器时代，武术尤其重要。中华武术，又称中国功夫，名师多有家传，父传子，子再传子，如太极拳就是在家传中不断地提升拳艺。习武之人，也可归到艺人一类，民间常称武术为武艺。这是因为武术有艺术的韵味，不是简单地挥拳动腿。

中国古代的习武之人，少数人做镖师，大多数人到军队中发展。军营中的将士必须练习武术，还要学习征战。郑观应在《盛世危言》中说："古之为将者，经文纬武，谋勇双全；能得人，能知人，能爱人，能制人；省天时之机，察地理之要，顺人和之情，详安危之势。凡古今之得失治乱，阵法之变化周密，兵家之虚实奇正，器械之精粗巧拙，无不洞识。如春秋时之孙武、李牧，汉之韩信、马援、班超、诸葛亮，唐之李靖、郭子仪、李光弼，宋之宗泽、岳飞，明之戚继光、俞大猷等诸名将，无不通书史，晓兵法，知地利，精器械，与今之泰西各国讲求将才者无异。"

中国古代不乏军武家庭，他们往往以家庭为核心组成一支军队，形成以家庭命名的劲旅。如，杨业家庭组成杨家将，岳飞家庭组成岳家军，戚继光家庭组成戚家军。此处对这三位军武家庭作简要介绍。

宋朝的杨家将在当时就名冠天下。杨业的父亲杨信，曾任后汉的麟州刺史（今陕西神木）。雍熙三年（986年），宋太宗派三路大军征讨辽国，其中潘美为西路军主将，杨业为副将。战斗中，杨业的儿子杨延玉，部将王贵、贺怀浦等都力战而死，杨业被擒后绝食三日而死。杨业的长子杨延昭镇守边防二十几年，屡建奇功。杨延昭的儿子杨文广智勇双全，受到安抚陕西的范仲淹的欣赏，把他带在身边。杨家几代人皆为名将，号称无敌。民间传闻，杨家有杨门女将。文学作品中杨业的妻子佘太君辅佐丈夫训练将士，穆桂英为丈夫杨宗保报仇，挂帅出征，遭遇埋伏，被敌军射杀，事迹很感人。

南宋时期的抗金名将岳飞，在中国历史上家喻户晓。

岳飞（1103—1142年）出生于河南汤阴一个贫穷的农民家庭，从小就养成了勤劳节俭的品质，他一生特别能吃苦，有坚忍不拔的意志。农闲之时，岳飞就学习刀枪之法，武艺"一县无敌"。岳飞生有神力，不满20岁时就能挽弓三百宋斤，开腰弩八石，"时人奇之"。金人入侵，岳母姚氏深明大义，勉励岳飞"从戎报国"，为岳飞后背刺上"尽忠报国"四字为训。岳飞曾经率军收复宋朝的失地，位列南宋"中兴四将"之首。岳飞率领的"岳家军"号称"冻死不拆屋，饿死不打掳"，金军有"撼山易，撼岳家军难"的评语。

岳飞爱兵如子。出征时，岳飞命妻子李娃遍访将士家属，嘘寒问暖，以金帛周济；对伤病员，岳飞亲自慰问，甚至亲手调药；对战死者则吊唁尽哀，抚育孤寡。

岳飞生活俭朴。虽然岳飞多次立有军功，但他丝毫不放纵自己，从不追求奢侈的生活。宋高宗曾打算在杭州为岳飞建上等府邸，岳飞援引西汉名将霍去病的典故，辞谢说："北虏未灭，臣何以家为？"岳飞全家都穿粗布衣衫，妻子李娃有次穿了件缯帛的衣裳，岳飞便道："皇后与众王妃在北方过着艰苦的生活，你既然与我同甘共苦，就不要穿这么好的衣服了。"自此李娃终生不着绫罗。

岳飞不贪钱财。在北伐收复失地的战争中，岳飞将自己家"宅库"里的所有物品，除了皇帝"宣赐金器"外，全部变卖，交付军匠，造良弓两千张以供军用。有人曾问岳飞："天下何时太平？"岳飞回答："文官不爱钱，武官不惜命，则太平矣。"

岳飞对母亲很尽孝。他把母亲姚氏接到军营中后，侍奉唯恐不周，每晚处理好军务，便到母亲处问安。当母亲生病时，岳飞亲尝汤药，跪送榻前，连走路都微声屏气而行，生恐吵扰了母亲的休息。凡遇率军出征，必先嘱咐妻子，好好侍奉母亲。姚氏病故后,岳飞与长子岳云赤足亲扶灵柩近千里,自鄂州归葬于江州庐山。岳飞认为:若内不能克事亲之道,外岂复有爱主之忠?

岳飞不纳妾,也不要女使侍奉。有人曾送一姑娘给岳飞为妾,岳飞把姑娘连同嫁妆全退了回去,说:如今国耻未雪,岂是大将安乐时耶?

岳飞对子女教育很严。要求他们每天做完功课后,必须下地劳作。除非节日,不得饮酒。岳飞的长子岳云 12 岁即随父亲征战四方,身先士卒,屡建奇功。

岳飞北伐中原即将成功,受到小人谗害,宋朝统治者却以莫须有的罪名杀害了赤胆忠心的岳飞、岳云这对父子。在民众的呼唤声中,岳飞后来得以平反昭雪。淳熙五年(1178 年),宋孝宗令太常寺为岳飞拟定谥号为"武穆"。当时的《武穆谥议》评价岳飞:为将而顾望畏避,保安富贵,养寇以自丰者多矣。公独不然,平居洁廉,不殖货产,虽赐金己俸,散予莫啬,则不知有其家。临战亲冒矢石,为士卒先,摧精击锐,不胜不止,则不知有其身。忠义殉国,史册所载,何以尚兹。

岳飞三子岳霖多方搜集父亲遗事,又委托国子博士顾杞整理出岳飞的传记。岳霖子岳珂受父亲临终之托,编成《鄂国金佗稡编》《鄂国金佗续编》,使岳飞的事迹得以光照后世。后世有人称岳飞为武将之最,《宋史纪事本末》张溥论云:"蜀汉之诸葛亮,唐之郭子仪,宋之岳飞,三人皆间世而一出者也。"

岳飞是军事家,他还擅长书法与诗词,可谓文武全才。他的家庭观念可圈可点,是中华军武家庭的典范。

明代戚继光(1528—1588 年)出生在一个军武家庭。他的祖上戚祥曾任朱元璋亲兵,跟随其多年。洪武十四年(1381 年),随傅友德、蓝玉远征云南时阵亡,子孙因此世袭明威将军(武职)。他的父亲戚景通历官都指挥,署大宁都司,入为神机坐营,有操行。他的妻子王氏,是万户南溪王栋之女,野史上说王氏"威猛,晓畅军机,常分麾佐公成功"。

嘉靖二十三年(1544 年),戚继光继承祖上的职位,任登州卫指挥佥事。嘉靖二十五年(1546 年),戚继光负责管理登州卫所的屯田事务,当时山东沿海一带遭受倭寇的烧杀抢掠,戚继光有心杀贼,写下了"封侯非我意,但愿海波平"的诗句。

戚继光一生，南征倭寇，北御鞑靼，屡有军功。他善于练兵布阵，创造了一种以 12 人为一作战基本单位的阵形（鸳鸯阵），对付倭寇，颇有成效。他在北方修建长城，并修有空心敌台。敌台之间互为犄角，配备有火炮。实战中，鞑靼的弓箭无法射到敌台里的士兵，骑兵在火炮的攻击下也不敢靠近长城。戚继光爱护士兵，军队能攻善战，戚家军威震天下。《明神宗实录》记载戚继光"血战歼倭，勋垂闽浙，壮猷御房，望著幽燕"。

戚继光的几个儿子都是军队的将领。长子戚祚国，任登州卫指挥佥事，后升济南府掌印都司。次子早夭。三子戚昌国于乙未年中武举，赠骠骑将军。四子戚报国，赠骠骑将军。五子戚兴国，赠昭勇将军。据《仙游县志》记载，戚继光有个儿子，在莆田作战时被任命为前锋，因触犯军令被戚继光斩首。民间传闻有戚继光斩子的故事，说明戚继光治军严明。

戚继光在戎马倥偬之际，撰写了《纪效新书》《练兵实纪》等军事著作，给后世留下了宝贵的军武遗产。

明代有内忧外患，海边有倭寇入犯，草原有游牧民族内扰，内地不断有农民起义。陈氏太极拳就是这时发明的。据陈式第 18 世陈绩甫在《陈式太极拳入门总解》的序中说：陈式家族于明洪武七年（1374 年）在族长陈卜率领下由山西洪洞县大槐树村移居到河南温县常阳村，并把此地改名为陈家沟。为了防匪自卫，家族人经常练武。陈氏第 16 代陈鑫在《陈氏太极拳图说》序中说：始祖陈卜，耕读之余，而以阴阳开合运转周身者教子孙以消化饮食之法，理根太极，故名太极拳。到清代，陈氏家族从未间断武术，第 9 代的陈王廷、第 17 代的陈发科成为太极拳名人。

太极拳还有武当太极、杨氏、武氏、吴氏、孙氏、和氏等派别。杨式太极拳的特点是匀缓柔和、舒展大方，起初一直在杨氏家族传承。杨露禅学拳于杨长兴，后传其子杨健侯，杨健侯传杨澄甫，后被杨澄甫广为推广。

孙式太极拳的特点是开合鼓荡，小巧紧凑，步活身灵。其宗师是孙禄堂。孙禄堂（1860—1933 年），河北顺平县人，在近代武林中素有武圣、虎头少保、天下第一手之称。他不仅武艺高超，还撰写了《太极拳学》《形意拳学》《八卦掌学》《拳意述真》《八卦剑学》《论拳术内外家之别》等。孙家武术的传承人有孙存周、孙剑云。孙存周再传给孙叔容、孙婉容、孙宝亨,孙宝亨传给孙愚、孙恝。孙剑云女士曾任孙氏太极拳研究会会长,武术传给孙伟、孙琦。孙家为光大中华武术做出了重要贡献。

清代以降,武术有多种流派,出现许多不同的武术世家。如,八卦掌创始人董海川(1797—1882年)、"千斤大力王"王子平(1881—1973年)、咏春拳发明人叶问(1893—1972年),都有家学传承,弟子众多,在中华武术界的名声如雷贯耳。如:王子平出生于武术之乡——河北沧州的一个武术世家,自幼习武,精练查拳、八极拳、龙泉剑。他曾在北京打败在中山公园设擂的俄国力士康泰尔,在济南击败日本柔道家宫本。他1923年创办中国武术社,1928年任南京中央国术馆少林门长,后任副馆长。他后来在上海以治伤正骨为业,在精武体育会、中华武术会等处教拳,著有《祛病延年二十势》《拳术二十法》等书。中华人民共和国建立后,他曾任中国武术协会副主席,并随同周恩来总理出国访问,为国争得荣誉。

在中国,军人的子女当兵,武术家的子女练习功夫,这种情况很普遍。这类家庭尚武崇德,修身养性,豪爽勇义,仗义济民,忠诚奉献,自强不息,是中华民族各类家庭中最具有阳刚基因的家庭。

八、医药家庭

有人群的地方就有从事医药的大夫,就有医药家庭。换言之,人生在世,难免生病,少不了专门从事治病救人的医者。古代称医生为医工、医者、郎中、大夫。中医的别称有岐黄、青囊、杏林、悬壶。在中国传统家庭中,医学世家特别多,并各有其贡献。

中华医药家庭的基本特点:以从事医技或医药为生,世代相传,钻研医理,注重临床实践,擅长治病与养生,施行仁道,热心社会公益。

早在原始社会,医巫不分,许多巫师有治病的特长,如巫咸就是著名的医者。氏族或部落的首领也多少懂得一些医药知识。神农尝百草,受到后世敬仰。黄帝精通医学理论,后人托名黄帝撰写了《黄帝内经》。

中国古代的医者,最推崇的是春秋战国时期的名医扁鹊,说他能起死回生。司马迁在《史记·太史公自序》中称赞："扁鹊言医，为方者宗，守数精明；后世修（循）序，弗能易也。"

东汉张仲景出身于名门望族，他从小饱读诗书。建安元年（196年）突然流行伤寒病，很多家族和村庄都被伤寒病吞噬。张仲景的家族有二百多人，在十年中因伤寒而死了三分之二。张仲景感到十分悲怆，深深体会到拯救人的生命比个人功名要重要得多。于是，他辞去了太守的职务，把全部精力投入到医学研究中。他博览医籍，遍访名医，认真总结临床经验，撰写了《伤寒杂病论》《金匮要略》。这两部书是理论与实践相结合的产物，在医学上有很大的突破，成为中医经典。张仲景因此被后人尊称为医圣。

汉末医学家华佗，对"肠胃积聚"等病创用麻沸散，给患者麻醉后施用腹部手术。华佗被后人称为"神医""外科圣手""外科鼻祖"，人们称高明的医师为"华佗再世"。

药铺业崇敬韩康。韩康，字伯林，一名恬林。东汉京兆霸陵（今陕西西安东）人。他常在山中采药，到长安市上出卖，三十多年口不二价。桓帝派人请他做官，他却逃到灞陵山中隐居。

唐代开始有"医生"一词，把医务人员分为师、工、生三级。孙思邈从小多病，因而对学医产生了兴趣。他总结了历代医家的医学理论和经验，收集了5300多个方子，800多种药物，著《千金要方》《千金翼方》，书中首列妇女、幼儿疾病，并倡立脏病、腑病分类，具有新的系统性，被后世尊称为"药王"。

宋代名医庞安时出身于世医家庭，自幼聪明好学，其父授以脉诀，他不以为足，后读黄帝、扁鹊的脉书，渐晓医理，悟出新意。他以医技为生，能急病人之急，常让来诊者在自己家里住下，亲自照料，直至治愈送走，开创了最早的家庭医院。他晚年撰成《伤寒总病论》六卷，主张把温病和伤寒区分开来，这对外感病学是一大发展，被誉为"北宋医王"。

清代的名医叶桂，字天士，江苏吴县人，祖父叶时和父亲叶朝采都是当地的名医。叶桂从小跟着父亲学医，年轻时声名远播。他是中医学上温病学派的创始人，名贯大江南北。其著作《温热论》一直被临床医家推崇备至。他对脾胃、儿科等病尤为擅长，著有《叶案存真》《末刻本医案》。

这里，重点说说李时珍的家庭与个人成就。①

李时珍是每个中国人都知道的明代医药学家，也是世界知名的伟大科学家。说到李时珍，有必要记住一些数字：李时珍（1518—1593 年），14 岁中秀才，23 岁开始学医。著《本草纲目》52 卷，190 多万字，载有药物 1892 种，收集医方 11096 个，插图 1160 幅，分为 16 部、60 类。收录植物药有 881 种，附录 61 种，共 942 种，加上具名未用植物 153 种，共计 1095 种，占全部药物总数的 58%。李时珍参考历代医药等方面书籍 925 种，按自然演化系统对植物进行分类，要比瑞典的分类学家林奈早 200 年。《中国中医古籍总目》收录 1912 年以前的《本草纲目》版本就有 82 种之多。1606 年，《本草纲目》首次传入日本；明万历二十一年（1593 年）金陵刊刻的《本草纲目》为最早的版本。李时珍的《本草纲目》在 2011 年被列入联合国教科文组织世界记忆名录。

李时珍之所以成为伟大的医药家，与家庭有关。

1518 年的一天，李时珍出生在蕲春县蕲州镇瓦硝坝的一个普通人家。李时珍的天资并不好，他在《自述》中曾说"臣幼苦羸疾，长成钝椎"。李时珍四岁时，身体瘦弱，时常生病，这或许是他后来学医的原因之一。一个经常吃药的人，必然对药物更加熟悉，并期盼能有神药治病。何况，他的祖父、父亲都是行医之人。

李时珍所处的那个时代，有王阳明那样的"心学"大思想家，也有袁宏道那样倡导"性灵"的大文学家，而李时珍对于这些依靠心机的学术思想文化没有太多的兴趣。他选择了做资料编排工作，做辛苦的田野调查，做有益于人们身体健康的医药工作。

李时珍从小有一段较好的起跑线。嘉靖十年（1531 年），14 岁的李时珍在父亲的陪同下，到黄州府首次参加科举考试"童试"，旗开得胜，取得了秀才的资格。后来，他连续几次参加"乡试"，都事与愿违。1537 年，李时珍生了一场大病，他成天咳嗽，身体乏力，卧床不起，奄奄一息。乡里的中医诊断为骨蒸病，认为难以治疗。得亏了父亲，使出全身解数，采用黄芩汤，精心治

---

① 详见拙著《医中鸿儒　本草巨擘——李时珍传》，华中科技大学出版社 2018 年版。

疗，保全了李时珍的生命。中医的神奇疗效，使李时珍对中医产生了极大兴趣。他敬佩自己的父亲，也感恩父亲，也想着要像父亲一样能做个治病救人的大夫。

在《本草纲目》的"黄芩"条，李时珍记载了这次生病的前前后后，说自己"骨蒸发热，肤如火燎，每日吐痰碗许，暑月烦渴，寝食几废，六脉浮洪"。这是当时生病的情况。针对病情，李时珍"遍服柴胡、麦门冬、荆沥诸药，月余益剧，皆以为必死矣"。李时珍服用了柴胡等各药都不见效，病情拖了一个多月，家人都以为李时珍一定会死的，新婚不久的妻子急得不行。这时，李时珍的父亲突然想到此病"宜一味黄芩汤，以泻肺经气分之火"。由于对病因判断准确，用药得当，结果，奇迹发生了，李时珍"次日身热尽退，而痰嗽皆愈"。奇妙的一剂汤药把李时珍从病魔的手中夺回，李时珍深深地感叹道："药中肯綮，如鼓应桴，医中之妙，有如此哉！"这是李时珍人生中，最早赞叹医药之妙的话。中医药太奇妙了，只要用药用对方，就可以起死回生。李时珍对药草、药方有了深刻的认识。

李时珍决定放弃科举，跟随父亲学医，写了一首诗表明心志："身如逆流船，心比铁石坚。望父全儿志，至死不怕难。"父亲为之感动，开始一对一地单传医技。嘉靖二十年（1541年），24岁的李时珍每天与父亲做伴，在蕲州的玄妙观行医。父亲为人问诊号脉，开处方，李时珍就在一旁学习，作记录，用心思考，向父亲请教，切磋病案。父亲教儿子，一定是全心全意地"竹筒倒豆子"，没有任何保存。儿子向父亲学习是主动地学习，"如饥似渴"，恨不得把父亲的医技马上学到手。这种父子相传的"师徒制"是古代传播技艺的最有效途径。从科举途中退下来的李时珍真可谓是"置之死地而后生"，学医进步神速。

嘉靖二十二年（1543年），26岁的李时珍成为父亲，长子李建中是这年出生的。李建中后来勤奋读书，中了举人，在科举仕途上比李时珍走得更远，圆了李言闻的心愿，那是后话。不过，李建中的成就，远远不能与父亲李时珍相提并论。

如果说1540年之前的李时珍人生是学习与科举考试时期，那么，接下来的日子就是李时珍的学医、从医、著述时期。后一时期长达52年之久，李时珍把人生全都奉献给了中国的医药事业。他全身心地投入到医药的学习、践行与研究之中。他除了向父亲学医之外，还读古代的医书，并向其他名医学习，向社会学习。

在当时那个社会，一个读书人长期没有在科举上获得功名，就会被社会上的人看不起，在家族也很没面子。考场失意者，要么颓废，要么换一个途径发奋，重新证明自己的能力与价值。李时珍就是后一种人，他不示弱，不气馁，而要绝地重生，要从医学上干出一番事业来。这种信念变成强大的力量支撑着他前行，他更加努力了，近乎痴迷。经过几十年的努力，李时珍终于完成了不朽的名著《本草纲目》，为中华医药学做出了巨大贡献！

附带要说的是，与李时珍同时期的明代名医万全（字密斋），是黄冈地区人。其家世医，祖父兰窗公，号杏坡，豫章（今江西南昌）人，以小儿科闻名乡里，可惜早卒。父亲万筐，号菊轩，也为小儿医。成化十六年（1480年），万家迁到鄂东的罗田，悬壶济世，人称万氏小儿科。万全踵继祖业，行医五十多年，以儿科、妇科、痘诊科享有盛誉，享誉天下。万全著有《万密斋医学全书》108卷，子目有《万氏儿科》《妇科发挥》等十多种，是中医必读之书。鄂东流行一句话"万密斋的方，李时珍的药"，说明万全与李时珍一样在医学领域有重要贡献。可以这么说，李时珍与万全是鄂东的双子星座，撑起了明代医学的最高峰。万密斋有十子一女。十个儿子都跟着父亲学医，有医名，分别是长子邦忠、次子邦孝、三子邦正、四子邦治、五子邦宁、六子邦和、七子邦成、八子邦靖、九子邦瑞、十子邦化。孙辈中也不乏从医者，如第四子邦治的儿子万机，号有范，善治痘症，著有《痘症始终方》两卷，是万氏家族中有声望的人物。邦正的曾孙万达，生于明末，在清顺治年间辑刻《万密斋医学全书》，使万氏家族的医学遗产得以光大。

第十二章　家庭文化转型的反思

中国正处于走向现代化的过程中，现代化是人类社会发展的必然过程和趋势。实现现代化，要求家庭文化与社会文化同步配合。家庭文化是社会文化的基本组成部分，直接关系到现代化是否能够顺利实现。现代社会离不开现代的家庭，家庭中的人是现代的人，不是传统中的人。在这样的新时代，我们有必要重新认识家庭存在的意义，并对传统家庭的弊端进行反思，对过去有关家庭的思想进行冷静分析，对时代的任务有更新的认识。

一、人生的意义与家庭的意义

家庭是历史的产物，已经存在上万年，还将长期存在于人类。人类为什么需要家庭？家庭的存在有什么意义？

1. 人生的意义

家庭是由人组成的，人生的意义与家庭的意义是密切联系的。

人生的意义，时下已有无数的书、无数的文章、无数的演讲在解说，然而，越解说，越让人不明白。其实，人生的意义，无非两点。

一是作为生物属性的人，要延续其物种。如果人一生下来就死掉，人类就会灭绝，这是造物者所不情愿的事情。迄今为止，地球上活过的人难以统计，他们默默无闻地来，默默无闻地走，活过的价值就在于让人类繁衍下来了，适应了自然的要求，完善了地球的生态与活力。

二是作为社会属性的人，要传承与丰富其文化。人类社会不能总是停在蒙昧野蛮阶段，时代需要文化，文明需要不断进步。来到这个地球上的人，每个人都有其使命，传承先人已经创造的文化，增加新的文化，为现实社会或未来社会留下一些有价值的东西。

这第二点，对于每个人来说尤其重要，尤其难得。

来到过人世间的人，每个人都享受过先人留下的文化，并自觉不自觉地传承了文化。尽管绝大多数人都不知道文化是什么东西，但文化就在我们身边，无时无刻无处不在。然而，在地球上走过一次的人，不是每个人都能有突出的文化贡献。最大限度地做出人生贡献，这是我们每个人活着的真正价值。

人生价值体现在哪些方面，我们的老祖宗说过三立：立行、立言、立德。这三点基本上指明了我们人生应当努力的方向。

立行，务农，做工，经商，栽一片树，开一条河，修一段路，造一处景点，都是通过实际行动实现人生价值。

立言，教书育人，著书立说，阐明思想，发表有益的见解，从言语与思想上为社会做贡献。

立德，表现出优良的道德品行，展示崭新的精神面貌，如家庭的孝子、民族的英雄、单位的模范、尽职的公务人员、乐善好施的企业家，都可以立德。

"三立"之间相互渗透，不是截然分开的。人的贡献有大有小，贡献大小是相对的。有"立"就是人生活着的价值。为了实现人生价值，必然需要有家庭。家庭是为了实现人生价值而产生的。家庭存在的价值就在于人生价值的需要。

说到"三立"，许多有识之士都很推崇明代王守仁，把他称为"三立"完备之人。王守仁（即王阳明）是官二代，父亲做过南京吏部尚书，但他不满足于家庭的富贵，而是努力实现个人的价值。弘治十二年（1499年），王守仁中进士，开始在社会上践行立德、立行、立言。他当官，能够勇担责任，平定了复杂的社会动乱；对于朝廷腐败，他敢于直言，因触怒刘瑾而被杖四十，谪贬至贵州龙场（修文县）。他担任龙场驿栈驿丞，以四德相规学生，一曰立志，二曰勤学，三曰改过，四曰责善。他对子女的家教极严，有家规传世（详见本书的前文）。他撰有《传习录》《大学问》等著作，泰州学派即是王学之余绪。王守仁出生于富贵之家而不"躺平"，也不颓废，而是积极进取，发扬心学思想，反对束缚人性，引领了明朝后期的思想解放潮流。他的人生，为家族争了光，更是为后世留下了宝贵的精神财富，因而受后人敬仰与称誉。

2. 家庭的意义

家庭是一个简单的词，但这两个字承载的东西实在太多。笔者在写这一小节时，注意到网上有许多关于家庭的阐述，涉及家庭存在的意义。金句妙言，弥足珍贵，故摘录下来，稍作改编，以飨读者：

家，是什么，又不是什么。家这个词，可以很大，也可以很小。家，不仅是一个地址，还是一种文化。有房子不是家，房子里有人才是家；豪宅不是家，宅里有温暖才叫家。

家是浓浓的爱语。一砖一瓦不叫家，有情有爱才叫家，家中有欢乐才叫家，家中有家人才是家。

家是每个人的归属。家，拥有它时，平凡如柴米油盐酱醋茶；失去它时，掏心掏肺也找不回。家是你和你家人情感的全部，庭是房屋等物质的总和。

家是风雨中的一间小屋。家是一个屋檐，家是一张柔软的床。家是一个当你想回去而别人不能拒你于门外的地方。家是让人汲取温暖且享受呵护的窝，金窝、银窝，不如自家的草窝。

家是一页一页翻过去的琐碎的日子。家是一段时光。家是冬日的阳光，在失望时带来温暖。家是阳光下的倾诉，是夕阳里的搀扶。因为有了家，生命才不会因无根而枯萎。

家是一盏灯，帮我们照亮前行之路。家是一把伞，帮我们遮风挡雨。家是坚固的小船，在困难时驶向彼岸。家是人生旅途歇息的驿站，是最安全的港湾。

家是拂面的春风，在懦弱时带来希望。家是大雪天里的一杯热酒，是一次次失败后的鼓励。人若是一棵树，家就是脚下的土地。人若是一只鹰，家就是广阔的蓝天。家是夕阳西下时可供飞倦的鸟儿歇息的地方，是游子日思夜梦的地方。

家是心与心的依靠，不是嘴与嘴的争吵。男人爱女人，家才和睦；女人疼男人，家才甜蜜。家有一老，如有一宝。家是父母投资、儿女欠债的地方。父母在哪，家就在哪。父爱如山，海纳百川。母爱如河，承载夙愿。父爱如天，支撑家园。母爱如地，滋养温暖。

家是人生一生的所在，家中有最爱的伴侣，有可爱的孩子，有其乐融融的亲情。大事商量着，小事原谅着。一起过日子，互相珍惜着。吵架不冷战，说笑不翻脸，再苦不发火，再累不抱怨。困了就睡，累了就歇，难过就哭，开心就笑。家不是战场，而是放松的地方。家不是负担，而是甜蜜的归宿。家不是赌局，无须争个输赢。

人有家庭才活得完整，活得充实，活得愉快。子女需要有家庭的保护，仅有社会管理不行，社会功能不可能取代家庭功能。

有了家庭，人类才会有无微不至的关爱，社会才会进行有序地延续，文明才能持久地发展。社会是由无数家庭单元组成，没有了家庭，就没有了完整的社会。

总之，家庭存在的意义还可以进行无穷无尽地解读，并且要结合时代做新颖的解读。同时，对传统的家庭观念要进行反思，推动家庭文化新构建。

二、传统家庭文化的弊端

反思传统家庭，不难发现有许多文化已经过时。现代社会的家庭文化中有许多旧的传统，传统中会有一些糟粕，应当剔除其弊端。

1. 人与人之间不平等

在传统家庭中，父子之间、男女之间是不平等的，社会上长期流行男尊女卑、家长独尊的观念。

子女不孝，是为大罪。父母不慈，男子家暴，却没有法律处治。尽管父母不慈的情况很少，但毕竟还是存在，如轻视女儿、体罚子女、强迫子女服从家长意志，这些都认为是合乎情理的。有一种落后的观念认为："老子养了你，命是我给你的，你就得无条件地听我的。"家庭中的人际关系是建立在强权意志的压力下，缺乏尊重、和谐、民主的空气。

中国传统社会，丈夫打老婆，父亲打儿子，婆婆打媳妇，是常有的事，甚至认为是合乎情理的。在现代社会，这就是家暴，是对人权的践踏。每个人都有自己的尊严，都不应当随意受到其他人的肉体打击。然而，在古代，家庭长期流行夫权、男权，丈夫稍不如意，就打老婆。老婆是"嫁"到丈夫家的，嫁鸡随鸡，嫁狗随狗，只能忍气吞声。儿子在成长过程中，总会有些淘气或贪玩，父亲认为不打不成人，打是爱，骂也是爱，儿子挨了打，只好忍。何况，父亲打得有一定的道理，确实是儿子不听话。媳妇嫁到婆家，婆婆按照家里的老传统，要求媳妇任劳任怨，不能做错一点事，甚至不能有看不顺眼的地方，于是，虐待媳妇。过去这些被认为合情合理的家务事，现在都必须重新认识了。男尊女卑，女子受侮，被丈夫任意欺负，这些现象绝不能再延续下去了。时下，由于社会上有妇联等组织参与管理，法律也有相应的条文，使得传统家暴得到了有效制止。

对于家庭中的不平等关系和暴行，近代维新志士谭嗣同在《仁学》卷二中说过："至于父子之名，则真以为天之所合，卷舌而不敢议。不知天合者，泥于体魄之言也，不见灵魂也。子为天之子，父亦为天之子，父非人所得而袭取也，平等也。"在谭嗣同看来，子女的身体是父母给的，但思想却不应从属于父母，子女的思想与父母的思想处于平等地位，因此，子女不应"卷舌而不敢议"，而应大胆发表意见。家庭中，子女的身体是父母给的，子女是父母养育长大的，但是，子女不是父母的私有财产，不是任父母摆布的器物，不应被父母扼杀人生，而应受到应有的尊重。

2. 人的个性受到压抑

传统家庭，祖宗至上，家长至上，泯灭个性。作为独立的个体人，家庭成员都被束缚着，失去个人的尊严。父为子纲，夫为妻纲。"上以事宗庙，而下以继后也。""不孝有三，无后为大。"重男轻女，以多子为福。

其一，传统家庭倡导逆来顺受。先民经常以先秦时期的舜为例，称赞他是能忍而成圣的楷模。传闻：五帝之一的舜从小就死了生母，父亲娶了继母，继母生了个孩子叫象。家里人总是虐待舜。一天，父母要舜修补粮仓，舜上了房顶，弟弟却抽掉梯子，父亲放火烧房，舜赶紧跳到邻居家逃生，后忍痛回家。父母又把舜派到历山种地，不允许田里有一棵杂草。舜耕种六十亩地，又累又饿，朝天大哭，苍天为他的孝心所感动，派来大象和鸟帮助他劳动，人们纷纷传扬舜的事迹。尧帝听了舜的传闻，心想：我有九个儿子都不孝，如果能够得到舜这样的孝子就好了。于是，尧到历山，微服私访。尧帝见到舜，发现舜果然谦和有礼，且有四个瞳孔，就把他带回了都城，把女儿许配给他。舜虽然荣华富贵，却惦记着父母弟妹，就回家探望。父母夺了他的财物和妻子，并让舜下井掏泥，舜有事从井中出来，而舜的父亲和弟弟以为舜还在井中，就落石井中，要砸死舜，要杀人灭口。舜不仅没有怪罪他们，反而劝他们不要自责，以免伤了身子。元代郭居敬编的《二十四孝》，其中的第一篇就是舜的故事，说的是："虞舜，瞽瞍之子。性至孝。父顽，母嚣，弟象傲。舜耕于历山，有象为之耕，鸟为之耘。其孝感如此。帝尧闻之，事以九男，妻以二女，遂以天下让焉。"

舜是否受到继母如此多的虐待，无从考实。但是，民间宣传舜的逆来顺受，并作为做人的表率，这在今天是不可取的。

其二，传统家教扼杀人的自由思想。先民认为不能随意地说话与随意地想问题，而应时刻约束自己，要以先秦的范武子作为表率。

先秦时期流行的《国语·晋语》记载了范武子的故事。大意为：一天，范文子退朝回家迟了，父亲范武子问原因，文子说："今秦国来了一个客人，在朝中讲了一些隐语，大夫们没有人能对答，我就回答了。"武子很生气地说："大夫们之所以不回答，是对客人的谦逊，你这个臭小子太不懂礼节了，怎么能在大夫面前表现聪明？如果不是我在晋国，像你这样早就没命了。"武子举起手杖打了文子一顿，文子从此变乖了。

类似范武子教子的故事，在中国传统家庭中还有许多。父母要求子女在公共场所，特别是在官场少说话，要察言观色，要多考虑别人的感受，要考虑说话引起的后果，这虽然可以避免一些矛盾，但实际上扼杀了人的思想自由与言论自由。

其三，传统家教主张一味忍让。先民认为在公共场合要表现出最大限度的克制，甚至做到"唾沫自干"。《新唐书·娄师德传》记载了这个故事，大意为：唐代娄师德在官场上混出了一套经验，当他弟弟被任命为代州刺史时，他问弟弟怎样处理与同僚的关系，弟弟说："人家即使往我脸上吐唾沫，我也只是擦掉而已。"娄师德很担忧地说："那怎么可以擦呢？人家吐唾沫，是恨你，如果擦了，就会加重别人的怒气。你应让唾沫自干，还应笑着接受才是。"

娄师德凭着这种超人的忍性，当了三十年宰相，真是"宰相肚里可撑船"。但是，他没有个人的尊严，忍气吞声地做官，缺少了个人尊严。

其四，传统家庭的教育理念某种程度上造成了国民性的软弱可悲。由于长期的压抑，人们缺少阳刚之气，没有血性，在明清时期，反映得最为严重。

明代倭寇入侵时，沿海的许多中国人怕倭寇。一听说倭船来了，人们赶紧躲避，有时乡村为之一空。清初，汉人怕满人。扬州十日时，江南居民只要遇见一个满洲兵，"南人不论多寡，皆垂首匍伏，引颈受刀，无一敢逃者"。一个清兵，遇见近五十名青壮年，清兵横刀一呼："蛮子来！蛮子来！"这些人便战战兢兢，无一敢动。此清兵便押着这些青壮年赴屠场，其间无一人敢反抗，无一人敢跑。至刑场后，清兵喝令："跪！"呼啦啦全部跪倒，任其屠杀。

农耕民族这样的软弱民性，是旧式家庭长期熏陶的结果。在弱肉强食、适者生存的当代，确实值得反思。

3. 人的愚昧思想浓厚

传统家庭有许多愚昧之处，不值得提倡，甚至应当制止、批判。

汉代郭巨为了养老母，竟然准备活埋女儿以节省口粮。窦娥为了守节守贞，誓不改嫁。王祥为了破冰取鱼以奉母，小小年纪躺在冰上，用身体融化冰层。吴猛为了不让蚊子咬父亲，自己光着身子睡觉，让蚊子咬自己。明清流行割身上的肉熬汤给父母治病，实际上愚不可及。

父母辞世，子女应当妥善安排好后事。但是，民间过于强调"事死如事生"，耗费巨资选阴宅，大办丧事，守坟三年，浪费钱财。有的人放弃学业与事业，终日哭哭泣泣，伤了身体，断送了前程。有的家族为争坟地而斗殴，导致死人伤人，使社会产生不安。北周皇甫遐的父母去世后，哀病不能自拔，每天在坟边挖洞不止，数年间挖出了几百平方米的大地洞，吃和睡都在地下，竟然受到郡县表彰。这类孝道表彰，以愚蠢为荣耀，抬高了孝子，实际上是害了孝子；重视了亡人，实际上让亡人背上了罪过。

民间还有人为了尽孝，做出适得其反的行为。《清史稿·孝义传》记载了孝子徐大中的事迹：徐大中为了给母亲寻一个风水宝地，把母亲的遗体长期搁置于家，不料发生了洪灾，母亲的遗体被冲得支离破碎，惨不忍睹。徐大中这种人竟然被列为《清史稿》中的孝子，实在是取材不当。

这样的愚孝，在春秋晚期曾有讨论。孔子的学生宰我认为：父亲死后，在家守丧三年，时间太长了。孔子听了很不高兴，批评宰我不仁。《论语·阳货》记载孔子语："子生三年，然后免于父母之怀。夫三年之丧，天下之通丧也。予也有三年之爱于其父母乎？"孔子的观点是：父母哺育了你三年，你才学会吃穿。因此，你父母去世后，你应回报三年，这就是守孝。孟子也赞成这种观点，坚持不改三年之丧，甚至主张厚办丧事。

基于孔孟的守丧思想，中国古人一直流行为去世的父母分别守丧三年的民俗。士人实行奔丧守丧制度，三年不从政，不外出。明代宰相张居正的父亲去世，他因为朝政走不开，被迫夺情。然而，政见不同的朝官就攻击他，说他是不孝之人，不应继续为官。历史上，许多年轻人因为守丧三年而耽误了科举考试，耽误了在官场上服务的大好时光。这种僵化的丧礼，还有许多禁忌：仕者解仕，士子辍考，在丧不饮酒，不食肉，不处内，不入公门，不与乐事，不娶妻妾，这些禁忌扼杀了人的思想与事业，是违背情理的。《北史·崔逞传》附录记载了一个在三年守丧中摧残了身体的例子：子聿的弟子约在5岁时死了父亲，从此不肯吃肉。后来又死了母亲，悲伤过度，哀毁骨立。当时有俗语说："崔九作孝，风吹即倒。"

4. 人的观念狭隘

家庭观念，如果过于拘泥，就有可能导致人的观念狭隘，失去正道。

狭隘的家庭观念，表现之一是不顾国家或社会，把家庭摆在超越社会或国家的位置。如，先秦时期楚国的伍子胥为报家仇，带领吴国军队攻打楚国，劳民伤财，使楚国元气大伤。伍子胥只顾个人情感，损人利己，伤国伤民，最终导致个人与家庭的声誉受到影响。如果把家庭利益看得高于社会，实际上是个人主义私心的放大，对社会会直接或间接地造成危害。

狭隘的家庭观念，表现之二是过于爱家，谋私，不讲原则，不顾底线。如，明代的宰相张居正，坚持改革，使朝政振兴。但是，他为了儿子能顺利地获取科举功名，不惜以权谋私，从而受到官员的指责与攻击。

家庭是港湾，是人们躲避风雨的地方。对于贪腐分子，家庭港湾就是社会的死角。男人在外面当官，女人在家受贿。《史记·汲郑列传》记载："始翟公为廷尉，宾客阗门；及废，门外可设雀罗。"官场上一向有趋炎附势之风，为官者顺风时，送礼者多，门庭若市，家庭成了藏污纳垢的地方。好在中国传统的绝大多数家庭中，家风都是求安求稳的。没有哪个父母愿意子女做贪官，更不愿子女做坏事或坐牢。人心向善，家庭的主流是合乎正道的。

由于长期的压抑，有的人甚至失去自我。人们受到家庭观念的约束，难免碌碌无为，甚至耽误事业，不利于社会的发展。20 世纪初有人呼吁改变家庭观念，主张多想国，少想家。《江苏》杂志在 1904 年第 7 期发表一篇《家庭革命说》，指出："中国二千年来，家庭之制度太发达，条理太繁密，父子、兄弟、夫妇之间爱情太笃挚，家法族制、丧礼祀曲、明鬼教孝之说太发明；以故使民家之外无事业，家之外无思虑，家之外无交际，家之外无社会，家之外无日月，家之外无天地。"顾了家，就忘了国，这实际是自私自利的表现。如果每个人都安心做家庭的奴隶，为了求得孝子的美名，不关心民族和国家的事业，那么，这种孝道是不可取的。在国家与小家的关系上，每个人都应以国家利益为重，牺牲小我，成就大我；放却小孝，成就大忠。

当代的中国人，对传统家庭各有不同的认知。有人以出身于传统家庭而自豪，认为自己有严格的家教，很自律。反之，有人以出身于非传统家庭而自豪，认为自己受父母的约束少，个人较为自信、自尊、自强、独立。其实，这正说明了一个问题的两个方面，传统家庭与非传统家庭各有特色与优势，也各有短板。传统家庭的子女相对保守一些，自主性欠缺。非传统家庭的子女较为任性，不太重视经验的传承。社会的文明在于人性的自由与张扬，如果传统家庭中的积弊仍然影响并危害着社会，最终必然会拖累时代前行的脚步。

三、传统家庭观念的歧见

关于传统家庭，有些观念需要重新思考，需要认真辨析，不能简单地抛弃。此处提出若干个观点，供讨论。

1. 如何看待"多子多福"

古代的中国人，如果想把家庭在社会上撑起来，就需要诸多因素。主要有两点：

一是多生儿子。多子多福，"子"包括了子女，主要指儿子。先民认为，儿子多，香火就旺，子子孙孙，绵延发达。生了女儿，家里多了一些人气，但女儿终归是要出嫁的，是别人家的人。不过，如果女儿嫁个好人家，有良好的姻缘，也有益于家庭兴旺。最怕的是家中没有后人，断子绝孙了，这样必然在社会上会被人看不起，甚至被人诬为前世做了坏事，今生受到报应。古人不知道生育的科学道理，只能从善恶报应方面作解释。

二是要有官家作依托。如果家里有人在朝廷当了官，当官就荣耀，当官就有特权，当官就会受到本地官府的官官相卫，不会或少受别人欺负。如果没有当官的背景，有钱财也行，有钱能使鬼推磨，只要有钱，没有事情办不成。但是，有钱终究没有当官好，毕竟当官也可以有钱，民谣有"三年清知府，十万百花银"，此谣在许多官员身上是有验证的。

在古代，只有男人才能当官，儿子多，当官的概率就多。邻里之间有纠纷，儿子能够顶事。儿子成家立业，喜事就多。老人生病了，心理上会有更大的安慰。对于社会而言，人丁兴旺，终是有利于繁荣的因素。

现代中国家庭已经淡化了多子多福观念。孩子生得多，父母越辛苦。特别是母亲，付出极大。如果孩子听话，父母还舒坦一点儿。如果孩子不听话，学习不好，好逸恶劳，烂交朋友，与父母对怼，父母就会非常伤心。生有劣子，与其生孩子，不如不生孩子。生孩子，责任特别大，学习跟不上，就要上培训班，培训班花钱花时间，还不一定有好效果。因此，许多年轻人不愿生孩子，更不愿多生孩子。宁愿自己生活轻松些，生活质量高一些，也不愿有养子之苦。

由于淡化了生育，爷爷辈的老人是很着急的。老人们认为，人的一生，到了什么时候就应当办什么事，结了婚怎能不生孩子？不生孩子，你老了怎么办？没有孩子，当父母的，哪有完整的人生？没有孩子作羁绊，小家庭岂不是容易离婚？没有孩子，家里不就断了香火？没有孩子，家庭哪有乐趣？没有孩子，亲朋好友怎么看？这可都是问题呀！

年轻人不生孩子，国家也着急。国家的人口减少，将来的劳动力一定会减少，税收也减少，征兵也会困难，意味着国运不昌呀！因此，政府想方设法地鼓励年轻人生育，出台一些政策帮助年轻夫妇养育孩子。

传统家庭中的老人，认为老了就得靠子女，只有亲生子女才靠得住，其他人都不可信任。我养了你，财产也都由你继承，不靠你，靠谁？然而，在现实生活中，许多老人已经逐渐转变了依靠孩子养老的观念。孩子工作太忙，他（她）们有自己的工作压力，有自己的孩子，哪可能把全部心思放在老人身上。因此，老人要照顾好自己，尽量不生病，不给孩子添麻烦。

2. 如何看待"男主外，女主内"

中国传统家庭的突出特点之一：男主外，女主内。《周易·家人》云："女正位乎内，男正位乎外。男女正，天地之大义也。"

家外之事，男人多担当；家内之事，女人多担当。这是由古代社会经济生活方式决定的，也是男女的身体条件所决定的。汉代班固在《东都赋》云："女修织纴，男务耕耘。"人们从事生产，男耕女织。男性在田间地头从事劳作，女性在家织布做饭带孩子。这种分工，符合了男女的身体与体能。如果反过来，让男的做纺织，女的到田里耕作，那就违背身体所能了。

"男主外，女主内"，这是古代男尊女卑观念所导致的。先民认为，男人就要像男人的样子，社会既然以男人为尊，男人就应当在家庭中起主导作用，要有担当，大事与外面的事情由男性决定。女性不便于在家外抛头露面，以免引起是是非非。何况，女人从小不读书，社会交往少，见识短，不宜决定大事，只能处于服从、次要的地位，或者在男人的背后发挥作用，但不能走到前台。

当代家庭是否仍要采取男主外、女主内？回答是不宜绝对化，而应根据各个家庭的具体情况而定。家庭中的大事应当由两个人商量着决定，男人应当多承担一些家庭责任，照顾女性，尊重女性。内与外，是相对的。在现代社会，内事与外事不可能完全分开。男人能做的事，女人也能做，在某些领域某些事项上有可能女人做得更优秀一些。有些女性乐意做家内事，做全职太太，也无可厚非。如果妻子在家照看孩子，丈夫在外面工作也更加放心。女性不到社会上抢工作岗位，男性的就业率就更高。

3. 如何看待"长幼有序"

中国是礼仪之邦，传统的宗法文化注定了家庭具有繁杂的礼仪。人们时时处处讲礼仪，《论语·颜渊》记载孔子语："非礼勿视，非礼勿听，非礼勿言，非礼勿动。"传统家庭文化非常强调长幼有序，以之作为礼制文化的重要组成部分。

所谓长幼有序，就是家庭中的成员要有规矩。每个人在家庭中都有特定的位置，针对其他人而言，你是独立的存在，然而，如果你是一位男性，你一定是父母的儿子,也是你孩子的父亲。你是妻子的丈夫,也是爷爷的孙子。如何在家庭中做好自己的角色,这就需要长幼有序。

当下有人认为,每个人都应自由发展,充分展示自我。长幼有序作为一种传统礼仪文化,对家庭成员有束缚,也会有很强的负面作用。

我们认为,在新时代,这种反思是必要的,如果在家庭中过于强调规矩,以僵化的观念或制度扼杀人性、束缚人的发展,则是不可取的。

其实,长幼有序的本质是尊老爱幼。在家庭之中,老人爱护小辈,小辈尊重老人,平辈之间相互尊重。年长的对年幼的要关爱,年幼的对年长的要尊敬。家长有地位,有威信,有魅力,更要有担当,有格局,有气度,有修养。每个成员都应讲礼貌,守规矩,友善而信任。通过长幼有序的文化,形成家庭的向心力和凝聚力,这对于维系家庭是有积极作用的。

值得注意的是,由于独生子女制度的出现,一家只能生一个孩子,每个父母都把孩子看得特别贵重。全家人以孩子为中心,老人都要让着孩子,好食物让孩子先吃,使孩子形成了养尊处优的心理,而老人被忽略,被任意使唤,这不是家庭应有的好风气。

时代的发展和社会的转型,要求我们重新认识传统的家庭礼仪,要重新整合礼制,以推动新型的文明礼仪。如:家族中存在烦琐的送礼之风,婚丧、添子、升学、当官、生病、盖房、节日都要送礼,超出了承受能力,导致许多家庭不堪重负;家庭的称呼中,称夫人为"贱内"或"堂客",称儿子为犬子,看起来谦逊,其实是对家人的不尊重。在家庭中,摆架子,发脾气,在现代社会中也是不合适的。

须知,古代习以为常的事、天经地义的事,在现代社会却可能是不合适的事、不能容忍的事。礼仪不是静态的,而是动态的,是需要与时俱进的。礼仪不仅是个人行为,还是社会行为,是对别人的尊重。尊重别人,才能让别人尊重自己,社会才可能变得美好。

4. 如何看待中外传统家庭文化的差异

说到传统家庭,人们常常认为西方的家庭文化胜过中国的家庭文化。[①]

---

① 此部分由石河子大学历史系李菲老师撰写。

普遍的观点是西方家庭教育崇尚自由和个性，培养孩子独立自主的好习惯。如，美国比尔·盖茨父母的家庭教育就很开放，同意比尔·盖茨半途辍学研究电脑软件，充分释放孩子的潜质，使其能够展示其才华，成就了一番事业。

其实，传统是个普遍的概念，不是只有中国才有传统。中国人的家庭教育注重家庭的感觉、集体的感觉以及社会的感觉，外国人的家庭同样也有强烈的家庭传统，有荣誉，有继承。

因此，不要一概而论，说中国人的家庭观念比外国人强。在国外，日本、韩国的家庭观念也是特别浓厚的。意大利人的家庭观念不比中国人差，他们在自己的姓名中嵌有亲人的名字，以示不忘怀亲人。他们经常举行家庭聚会，认为全家人在一起是最快乐的事情。美国电影《绿皮书》就有反映家庭节日的聚会和人们重视亲情的片段。

中国传统家庭的为人处世，有五个特点：

第一，重名节。中国人重视名节、名誉、贞操，特别重视周围的人怎么看自己，重视死后的名声，重面子。中国人心中的君子或贤人都是"完人"，不像西方，圣贤与神仙都是可以有缺点的。

第二，重伦理。中国人以伦理道德评判人物，儒家经典成为重要的依据。不像西方，以法律贬褒人物，不太注重个人生活品行。

第三，重内修。中国人追求内圣外王的个人修行境界。见贤思齐，唯恐不及。圣人以聪慧、宽容为特征。儒家提倡内方外圆、内在的超越。

第四，重表现。中国人谨慎行事，时时约束自己，不轻易发表自己的观点，尽量从众，依附家长，处处忍让，和合应事。平时，注重姿势和收敛，站有站相，坐有坐相，笑不露齿。感情内敛，倾向于保守。不像西方人，重视眼前的享受，张扬个性。讲话自信，语言幽默，好争辩。西方人可以当着岳父母的面与妻子亲吻，这在中国古代是绝不可能的。

第五，重家庭。中国人以家庭利益为重，个人服从集体。先有家，才有个人。不像西方，个人为先，个人利益至上。英语中有许多以 self 为后缀的词，说明他们是很强调个人地位的。西方人签名，先写个人名，后写父名。西方人认为先有个人才有社会。

西方人主张人际关系简单化。人与人之间交往不可太多礼节，太麻烦了会很累。西方人对姐妹、兄弟、叔叔、阿姨只有几个简单的单词，儿子可以直呼父母名，学生可以直呼老师名。中国人的称谓是一门大学问，如妯娌、嫂子、堂兄、表弟、姨妈等，很复杂。古代的西方人认为天文家（占星士）是贱人，教师是卖艺人。他们奇怪的是中国的天文学家可以当大臣，教师可列为天地君亲师。西方人认为阉人可以名正言顺地当大官，而中国把身体不全的阉人看成贱人。西方人不轻视残疾人，甚至认为只有阉人才有资格当大官。

特别要说明的是，外国人的家庭也有传统性与保守性，落后的旧势力与旧观念也会极大地束缚人的个性，不利于社会的进步，要挑战传统需要极大的勇气与代价。例如，印度电影《女仁医》，讲述了传统与现代冲突的故事，说的是22岁的印度女孩阿南迪于1886年在美国宾夕法尼亚女子医学院获得医学学士学位。然而，她的成长历程是一直与传统家庭做斗争，她的父母反对她学习文化，认为女子只要在家孝敬父母、照顾好丈夫与孩子就可以了，如果女子学习，就会使她明晓事理，想到外面去工作，想着去找情人。然而，阿南迪在丈夫的坚决支持下，终于出洋留学，成为印度历史上第一位西医医生，她的精神鼓舞了无数的女孩子走上了自立自强之路。其实，这个电影的名字改为《女医梦》更合适。

西方的传统家庭也有负面的文化，挪威戏剧家易卜生在《玩偶之家》中所描写的西方家庭就有许多恶德：自私自利、依赖性、奴隶性、假道德、装腔做戏、懦怯、没有胆子。

西方人的家庭生活以个人为本位，子女对父母亲的依赖较少，对父母的责任意识也相应淡薄一些。子女成人之后，父母对子女再没有必要尽义务，子女是社会的人，不是父母的人。陈独秀在《东西民族根本思想之差异》中说："西洋民族之重视法治，不独国政为然，社会家庭无不如是。……父子昆季之间，称贷责偿，锱铢必较，违之者不惜诉诸法律……夫妇关系乃法律关系、权利关系，非纯然爱情关系也。约婚之初，各要求其财产而不以为贪，既婚之后，各保其财产而不以为吝。……西俗成家之子，恒离亲而别居，绝经济之关系。所谓吾之家庭者，必其独立生活也，否则必曰吾父之家庭，用语严制，误必遗议。……社会各人，各守分际，不相依赖，人自为战。以独立为生计，成独立之人格，各守分际，不相侵渔。"①

四、传统家庭面临的反思与挑战

从20世纪开始，我国已经逐渐过渡到工业社会，工业社会的基础不再仅仅是土地，而是日益发挥重要作用的资本与科技，带来的变化是现代家庭的出现。现代家庭与传统家庭有明显的不同之处，是一次脱胎换骨的转型。

1. 经济基础的变化

传统家庭的经济基础是农耕，在传统家庭之中，男耕女织，男主外，女主内。经济基础是家庭或家族的，不是个人的。在农耕社会，人们按家族或家庭居住，厮守一亩三分地，离开土地就不能生活。在工业社会，文化由家族本位转换到以个人为本位，以社会为本位。个人的生存不必依赖于家庭经济，社会给个人的生活提供了广阔的空间与多种途径。一旦家庭不是依赖家中的田产，每个人的思想与地位必然发生变化。

2. 保守与开放的变化

传统家庭是一种封闭性系统，而不是敞开性系统。家庭以自给自足的自然经济为基础，家人与外界的交往有亲疏之别。人们对外面的世界知之甚少，信息闭塞。有的人，一生没有到过县城；有的家庭婚姻，人际关系不出六十里，为的是便于亲戚走动。在工业社会，家庭不仅是家族的家庭，还是社会的家庭，家庭与社会有更加密切的关联。

3. 伦理与法理的变化

传统家庭以伦理为基础。农耕社会以血缘关系为纽带。家族作为社会单元，有祠堂，有私塾，有由来已久的农耕文化土壤，必然宣传旧有的家规家训。家庭以亲子关系为中心，男子是家庭生产的主要劳动力和财产的主要占有者，成家的主要目的是传宗接代。就子女而言，敬养父母和继承父业是他们责无旁贷的义务。在工业社会，人人都要遵守法律，受法律约束，并接受社会的监督，家庭中的伦理让位于法律。

---

① 《新青年》第1卷第4号。

4. 专断与民主的变化

传统家庭以家长专制为原则，而不是以民主平等为原则，长辈享有绝对的权威，晚辈必须循规蹈矩。男子恪守父母之命，女子从一而终，女子在家从父，出嫁从夫，夫死从子，没有个人自由。在工业社会，人们追求自由民主，倡导公平公正，家庭中的专断受到抵制，家庭成员对家长的霸凌很反感。每个人都希望受到尊重，过着平等互助的生活。

从农业社会到工业社会，面对前所未有的变化，从民国初年，就有学者对传统家庭进行反思。

清朝灭亡之后，到了五四新文化运动时期，人们认识到在推翻封建专制集权国家的同时，必须对传统的社会基础——家庭文化进行扫荡。传统家庭是传统国家的细胞，两者之间是相适应的。集权、等级、专制，在家庭与国家之中都存在，仅方式不同而已。既然推翻了上层建筑的传统国家，就不可能完全承袭广泛存在的基层家庭文化传统。例如，古代的家国之间有所谓君为臣纲、父为子纲、夫为妻纲的三纲思想，三纲是一个整体，相辅相成。推翻了旧式的国家，抨击了君为臣纲的思想，就必然要清算旧式的家庭，抨击夫为妻纲、父为子纲的思想。必须在中国来一场家庭革命，作为政治革命的一部分。

据《家庭革命：清末民初读书人的憧憬》一书的研究①，1920年，北京大学成立了家庭研究社，推出了《家庭研究》刊物，其中有"旧家庭写真"栏目，专门揭露家庭的丑态，意在重新认识家庭，让人们认识到家庭并不是什么"避风港"，有些腐朽没落的大家庭其实就是黑暗冰冷的"活地狱"，扼杀人性，"万恶家为首"。有人提出不要眷恋家庭，而应"为国破家"。有人提出要革家庭的命，"废婚毁家"。要摆脱家庭的束缚，获得做人的自由。有人提出，在破坏传统家庭的同时，要向西方学习，确立家庭中人人平等的准则，重构新式家庭。有破有立，破不忘立，边破边立。

呼喊家庭革命的，多是年轻人，多是知识精英。在广大的乡村，人们还是习惯于传统的生活方式，安身于几千年的陈规旧俗。有些知识精英，因为受到富裕家庭的束缚不能自由恋爱，不能自由选择职业，因而痛恨自己的家庭，切

---

① 赵妍杰：《家庭革命：清末民初读书人的憧憬》，社会科学文献出版社2020年版。

身感受到要毁掉旧式家庭。有些人是看到其他家庭的种种祸端，因而强烈要求家庭革命。有些人是看到家庭观念太浓厚，必然导致国家观念淡薄，因家而忘国，因家而忘个人。"家本位"限制了人的思想，不除掉传统家庭观念，中国人就难有大的作为。家庭中最听话的人，往往就是最麻木的人。家庭中最顺从的人，或许就是奴性最深的人。

针对传统家庭，晚清的康有为在《大同书》中提出了一些改良方案，他设想用公立社会机构取代家庭的一些功能，建设一些公立医院、公立养老院、公立恤贫院、公立养病院、公立化人院，削弱家庭的社会作用，从而达到家庭革命的目的。

民国初年的施存统从小想当一名孝子，后来看到家庭中一些不好的传统存在（母亲受尽父亲虐待而濒临死亡），他悲愤不已，时逢新文化运动思想传播到他家乡，他便对传统孝道产生了怀疑，他在浙江第一师范读书时写出了《非孝》一文，发表在《浙江新潮》1919年第2期。施存统的孝道观有些偏激，但他的本意是要用重槌响鼓唤醒人们麻木的孝道观念，以达到校枉过正的目的。

民国年间的林语堂对中国古代的家族制度有深刻反思。他说："家族制度是中国社会的根底，中国的一切社会特性无不出自此家族制度。""家族制度的影响于吾人，就恰恰在于私人的日常生活中。它使吾们手中剥夺了订婚权，而以之授予我们的父母。"传统的家族制度使中国人受到种种限制，限制了远游与运动，限制了个人主义。"麻痹了我们的神经而发展了吾们的耐性……吾们是以在很小的年龄就已养成了端庄性，它使吾们的青年人恪守本分；它过度保护我们的孩子，不知道怎么倒很少有孩子们反抗家庭而出走的。凡父母太以自己为中心而太专制，它时常剥夺了青年的事业心和发明天才。著者认为这一点是家族制度所施于中国人的特性最恶劣的影响。"①

任何事物都有两面性。与施存统、林语堂等人不同的是，孙中山对传统家庭有所肯定，曾说："中国人最崇拜的是家族主义与宗族主义。所以，中国人

---

① 林语堂：《吾国与吾民》，陕西师范大学出版社2006年版，第163、166页。

只有家族主义与宗族主义,没有国家主义。"① 确实,在中国千千万万个的传统家庭中,也不一定都是一样的文化,有的家庭尔虞我诈,有的家庭和睦勤勉,有的家庭重视孝道。有钱人的家庭、读书人的家庭、贫苦人的家庭,文化是有差别的。

到了 21 世纪,对于传统家庭,仍然有许多问题值得新的思考。如何构建新式的家庭,国人似乎还没有作好思想准备,在实践中还有差距和失误,文化的抉择远远不适应家庭文化的转型。针对家庭问题,需要我们从文化、经济、教育上重新审视。

文化上,从 20 世纪初到"文化大革命"时期,我们对传统文化扫荡太多。特别是在西方文化传入的过程中,国人对传统文化采取了虚无主义。还有长期的阶级与阶级斗争,使人与人之间的关系变得淡薄、冷酷了。

经济上,在以经济为中心的时代,人们一切向钱看,见面就谈恭喜发财,仰慕有钱人,比车、比房、比存款、比享受。自私自利,个人中心主义流行,淡化了伦理道德。

教育上,现代教育是流水线式教育,统一的教学模式,一体化的人才产品,缺乏个性。改革开放之后,户籍制度放开了,农民离开土地,全中国"自由行"。农民工长期在城市生活,受到新风气的影响。留守儿童靠爷爷奶奶带着生活,缺少父母的直接教育。在农耕社会,农民要定期到祠堂接受精神洗礼,到了现代社会就没有这个环节了。人生是需要不断教育的,对于每个人来说,外面的世界很精彩,是有诱惑的。每个人都有短板,有软肋,有虚伪,导致产生各种问题的概率增多。干部有特权,更容易出问题。国人一般没有宗教信仰,且摆脱了以前的宗法观念约束,对于政治学习不感兴趣,难免为所欲为。

大体而言,传统文化的解体或许是社会进步的表现,人们不必再以个人服从于家庭,不必坚持"父为子纲"。另一方面,传统文化解体带来了社会混乱,人心不古,亲情丧失,社会上出现许多社会病。因此,社会有必要重建新型的家庭与文化。新文化需要强化,需要推动,投入力量才可能以文化人。

---

① 《孙中山全集》第九卷,中华书局 2011 年版,第 185 页。

五、当下家庭出现的新问题

我们处在前所未有的大变革时代，成就巨大，问题多多，传统家庭文化正在崩溃，需要重建。环视周围，不能不承认这样的现实：社会的基本细胞——家庭出了许多问题，家庭教育也出了问题。正因为这样，所以许多电视台策划了与婚姻相关的栏目，如江西卫视的《金牌调解》、天津卫视的《爱情保卫战》等，影视剧《中国式离婚》《过年》等也反映了当代家庭的各种问题。

1. 家庭纠纷有增无减

在现代社会，人们的素质普遍提高了。但是，这并不意味着家庭的安定与社会的进步成正比例。社会是进步了，但家庭的纠纷并没有减少。传统的家庭往往是风平浪静的，或者用"一潭死水"来形容。市场经济背景下的现代家庭，人们的观念特别看重金钱，个人的私利凸显，使得家庭纠纷面临的新问题特别多，当下的家庭纠纷以经济方面为多。由于住房价格飞涨，使得不少家庭为了房产或遗产出现矛盾，兄弟反目，夫妻相斗，婆媳相争，老少不和。对一些人来说，家庭是个不安宁、不愿落脚的地方。有的家庭成员之间，多年不往来，形同陌生人。

2. 离婚率有增无减

传统家庭很少有离婚现象，离婚是天大的事情。现代社会，离婚是很平常的事情。有人多次离婚，有人闪结闪离，有人甚至骗婚，有人恐婚。网上公布的民政部的数据显示：结婚人数连年下降，离婚人数年年上升。2018年上半年，中国有540万对新人结婚，193万对夫妻离婚，每天有超过1万对夫妻离婚。2018年，中国的离婚率高达38%。最高人民法院的数据显示：2016—2017这两年的全国离婚案中，老婆要离婚的占73%。浙江高级人民法院的数据显示：2018年，全省所有离婚案件中，离婚原因排在第一位的，不是出轨，不是家暴，不是穷，而是"生活琐事"！一些年轻人，因为一些很小的事情就离婚，如看电视选台、玩手机、不做家务等。年轻人对待婚姻，如同儿戏。

社会上"一人户"家庭越来越多。调查显示20岁到39岁的年轻"一人户"接近2000万户。年轻人的个性越来越强，越来越自我，不愿意妥协和包容。面对婚姻，经营一段感情很艰难，经营一辈子感情更难。有些人把"不婚主义"挂在嘴边，崇尚自由和个人价值，身边会有固定或不固定的异性伴侣同居，不排斥生育后代，但不会以婚姻的形式将伴侣关系确定下来。

一般说来，人应当有个完整的家，有了完整的家人的精神才愉悦。鲁迅在《坟·寡妇主义》中说："因为不得已，而过着独身的生活者，则无论男女，精神上常不免发生变化，有着执拗猜疑阴险的性质者居多。"

3. 不孝劣迹有增无减

随着社会老龄化的加剧，老人逐渐增多，而不孝的子女也在增多。

不孝之子，有一些是成年人。他们不能继承祖辈事业，没出息，且品行差。他们非常任性，强占父母财产，让父母当佣人，做牛做马。稍不如意就不理父母，甚至虐待父母，打骂父母。偶尔还有虐父弑母的案子，惨不忍睹。

不孝之子，即是不肖之子，多是年少的孩子。有的孩子太任性，很顽劣。有些家长说，早知如此，真不该生孩子。其中，单亲家庭的孩子更容易出问题，父母闹离婚，孩子容易在心里上出现阴影，孩子因缺少父母的爱护与教育容易出现心理问题。有些家庭，父母工作忙，只顾"赚钱"，对孩子放任不管，这样孩子也容易学坏。

笔者曾造访过一个问题学校，这个学校收的都是一些问题学生，所有学生都有通"病"，就是不听家长的话，不好好学习，沉溺于游戏而不能自拔；过早恋爱，甚至堕胎；抽烟喝酒，打架赌博。家长拿他们没办法，只好送到问题学校封闭起来管教。校长告诉我：这些学生没有什么能耐，最大的"本事"就是与父母作对、烦父母、恨父母，他们来到世间好像就是为了做父母的克星。家长忧心如焚，生活都没有希望了。这样的问题学生越来越多，值得关注。

在城市里有许多官二代和富二代，多是啃老族或坑爹族。官二代利用父亲的地位做坏事，贪赃枉法，坑爹害民。平时就像"赵衙内"，为所欲为。富二代享用家业，生活堕落，他们好多是暴发户子女，不知道创业艰辛，挥金如土，赌博吸毒。有些富二代是拆二代，靠拆房子而成百万富翁，买豪华轿车，在公路上飙车，扰乱社会。

在农村，村庄里多是空巢老人，二代之中的不孝之子是不少的。一些农民工把小孩丢给年迈的父母养，长期不给父母打电话，也不给养育费，也不管小孩，既不慈，也不孝。即使春节回家，也不过是喝酒与赌博。

还有一些子女，没有爱心，没有信仰。不知工，不知农，不能吃苦。梦想一夜成名，一唱成名，一脱成名，迅速蹿红或致富。人心不古，即不纯朴了。人心浮躁，即不安静了。

社会在发展，家庭问题在增多。社会向哪个方向发展？中华民族的希望何在？这些问题引起了整个国家的注意，引起了学者的注意，人们都在探索家庭文化的新路径。

"家庭既是一个人成长、成才的基础，更是国家发展、民族进步、社会和谐的重要基点。"2022年3月召开的两会上，有一名全国人大代表提交了《关于在高等学校开设"家庭家教家风"必修课的建议》。其中指出：近年来，我国的家庭环境正在发生一些变化，比如离婚率居高不下，家庭人口数不断减少，不少家庭存在亲子沟通、隔代教养冲突等问题。目前学校关于家庭家教家风的教育基本处于空白状态。中学时代，学校和家庭重智轻德、重知轻能的现象普遍存在；大学时代也没有开设相应的课程，一些学生与人沟通、交往的能力相对欠缺，一些学生不懂得如何恋爱、如何择偶，更不懂得未来如何经营家庭及教育小孩。建议将"家庭家教家风"列入高校必修课程，大学一年级侧重教会学生如何与人沟通、交往；大学二年级侧重引导学生如何处理家庭关系；大学三年级侧重引导学生如何教育子女，学会建立良好的亲子关系。同时，建议高校发挥其教育和科研优势，加强家庭教育以及家庭伦理学科的专业研究，在机制建设、课程开发、教材编写、学科教学等方面形成学科建设体系。

笔者所在的华中师范大学很重视家庭文化与教育，成立了家庭教育学院，旨在关注社会问题，强化人才培养，拓展新的学术领域。还有一些学校已经开设了家庭史、家庭教育的课程。这些说明，家庭问题已经引起社会与教育部门的重视了。

六、家庭文化要向感恩文化引领

构建新时代的家庭,需要重新制定新的家规与家训,需要重新梳理家庭观念,这方面还有许多工作要做。最重要的是思想上要有创新,即倡导感恩思想,把家庭文化向感恩文化引领。

1. 许多人不知道感恩

许多年轻人不知道世界上还有"感恩"二字。以大学生为例,有些大学生认为,到大学学习是交了学费的,学校就应当提供全方位的服务。其实,国家培养一个大学生,不是那一点点学费所能解决开支的,政府每年至少还得人均投入两万元以上用于办学。老师上课,与学生之间不是一种金钱雇佣关系,教育的开支也不是学费所能负担得起的。据媒体报道,某市总工会与女企业家协会联合开展"金秋助学"活动,19位女企业家与22名贫困大学生结成帮扶对子,承诺4年内每年向每生资助1000元至3000元不等。入学前,该市总工会给每名受助大学生及其家长发了一封信,希望他们抽空给资助者写封信,汇报一下学习生活情况。但一年过后,部分受助大学生的表现令人失望,其中三分之二的人未给资助者写信,有一名男生倒是给资助者写过一封短信,但信中只是一个劲地强调其家庭如何困难,希望资助者再次慷慨解囊,通篇连个"谢谢"都没说,让资助者心里很不是滋味。第二年,市总工会再次组织女企业家们捐赠时,部分女企业家表示"不愿再资助无情贫困生",结果22名贫困大学生中只有17人再度获得资助。市总工会为此十分尴尬,感觉部分贫困生心理上有问题,有的学生竟以为"成绩好,获资助是理所当然的",缺乏起码的感恩之心。

据闻,有个学校曾经布置一篇作文,要求学生写一封感恩妈妈的信。可是,学生不知道如何下笔,到网上发帖求助。老师很奇怪,感恩妈妈的信,这种事还有必要求助吗?"世上只有妈妈好",只要用真实的语言、发自内心的感情写,就可以挥笔写成最好的信。也难怪,这些学生从来就没有想到过要对父母感恩,所以就不可能写出感恩的信。请别人帮忙代写的感恩作文,肯定读起来乏味。

2. 感恩是中华民族的优秀传统

环视我们周围的社会，有一个突出的问题就是感恩意识淡薄，感恩对象错位。笔者一直主张把感恩列入家庭文化。何谓"感恩"？《现代汉语词典》的解释是"对别人所给的帮助表示感激"，而《牛津字典》亦云"乐于把得到好处的感激呈现出来且回馈他人"。《说文解字》解释"感"：动人心也。从心，咸声；"恩"，惠也。从心，因声。

其实，我国历史上有感恩的传统。感恩是中华民族的优秀文化，感恩是中华民族由来已久的文化特点。两千多年前的周代就有不少这样的文献，如《诗经》有："投我以木瓜，报之以琼琚。匪报也，永以为好也！投我以木桃，报之以琼瑶。匪报也，永以为好也！投我以木李，报之以琼玖。匪报也，永以为好也！"[①] 民间有许多关于感恩的话语，如："吃水不忘挖井人。""知恩图报，善莫大焉。""谁言寸草心，报得三春晖。"[②] 一言以蔽之，就是要以更多的分量报答别人的恩德。

许多年前，笔者到云南丽江参加徐霞客学术研讨会。明代，徐霞客游历到丽江时患了重病，卧床不起，幸亏纳西族的木府家派人抬着他，不远千里，送到湖北黄冈，沿江而下，辗转回到江苏，救了他一命。如果没有纳西人相助，徐霞客也许命丧云南，或许没有《徐霞客游记》的问世。在开会期间，我问坐在身边的木府木老爷的后代：纳西人为什么对徐霞客这么好？木老爷的后代告诉我：纳西人永远感恩父母，感恩客人，感恩大自然的赐予，这是纳西人的传统！为什么要感恩父母？因为关系到血脉与文化传承。为什么要感恩客人？因为客人带来了人气、信息、文化。为什么要感恩自然？因为大自然的赐予太多。于是，我明白了，纳西人的价值观是"感恩"二字。因为感恩，这个民族变得非常伟大。

3. 感恩有利于新式家庭文化构建

为什么在构建家庭文化的过程中，应当多提倡感恩呢？这是因为：

[①] 袁愈安译：《诗经全译》，贵州人民出版社1981年版，第94页。

[②] 叶光辉等：《中国人的孝道：心理学的分析》，重庆大学出版社2009年版，第73页。

感恩是做人的根本。感恩是人类天经地义的事情，世界上不论是哪一个国家或民族，不论是什么肤色，都倡导感恩思想。法国思想家卢梭曾说："没有感恩就没有真正的美德。"人的感恩之心，一刻也不能少。无论你是何等的尊贵或卑微，无论你有着怎样特别的生活经历，你胸中都应常怀感恩之心。

感恩是激活其他美德的基本要素。社会上有许多美德需要激活。有感恩之心的人，就有可能激活人内心的良知。人们一旦真正知道了感恩，就会放弃私心，就知道善良，就会诚信，就会勤勉！感恩可以带动其他道德范畴的传承，是全部道德的根本！

感恩是不竭的活水源泉。人的成长，企业或单位的发展，都是受到各种恩惠的，因此，人与单位永远有感恩的动力，有取之不尽的感恩理由。感恩是持续、永远的。如果感恩观念缺失，社会一定没有活力。

感恩使人变得思想强大。生活中有顺境，也有逆境；有君子，也有小人。我们感恩生活，不仅要感恩君子，感恩顺境，还要感恩小人，感恩逆境。如何看待感小人之恩、感逆境之恩？这是从反面的角度说的话。没有小人，哪有君子？小人是一面镜子，让人看到了反面的表演，从丑陋中学会美丽。没有冬天，哪有春天？没有磨砺，哪有成长？如果我们善于从小人身上感恩，从逆境中成长，我们将是不可战胜的。

感恩有利于家庭与社会的和谐。感恩父母，父母就会温暖。感恩同志，就会与同志友善。

我们应当经常唱《感恩的心》：我来自偶然，像一颗尘土，有谁看出我的脆弱。我来自何方，我情归何处，谁在下一刻呼唤我？天地虽宽，这条路却难走，我看遍这人间坎坷辛苦。我还有多少爱，我还有多少泪。要苍天知道我不认输！感恩的心，感谢有你。伴我一生，让我有勇气做我自己。感恩的心，感谢命运，花开花落我一样会珍惜，我来自偶然，像一颗尘土，有谁看出我的脆弱。

让我们经常唱这首歌，净化我们的心灵。让我们宣传感恩思想，培养新家风，建设崭新的家庭文化，使世界变得更加美好！

七、用马克思主义的家庭观研究中国传统家庭

马克思主义是放之四海而皆准的真理,在研究中国传统家庭文化时,能不能用马克思主义作为指导?笔者在撰写拙著时,再次阅读恩格斯的经典著作《家庭、私有制和国家的起源》,认为是完全可以的,马克思主义的家庭观至少可以从实践观、继承观、唯物观、辩证观四个方面作为我们的指导。

1. 马克思主义的实践观与中国传统家庭

马克思主义不是纸上谈兵,它源于生活,指导生活。在家庭问题上,马克思与恩格斯在他们的生活实践中为我们做出了榜样。

马克思与恩格斯和我们一样,也有自己的家庭。他们有亲情,有人生的选择。1818年,马克思诞生在德国特里尔城的一个富裕的资产阶级家庭,家中排行老三(有一兄一姐)。在马克思出生的那一年,家里的长兄不幸夭折,于是,马克思就成为家里实际上的长子,受到父母的期待。马克思的父亲叫亨利希·马克思,是一位才能出众的犹太律师,收入颇丰;母亲罕丽达·普勒斯堡出身荷兰犹太裔贵族。显然,马克思在踏入社会之前,是生活在经济富裕、衣食无忧的家庭。

然而,马克思并不以小家庭的幸福而满足,他早在中学时代,就树立了为人类的幸福而工作的远大志向,并开始脚踏实地地努力。1835年,17岁的马克思进入德国波恩大学法律系学习,他非常勤奋,在图书馆阅读了哲学、历史学、法学等大量书籍,探寻人类社会发展的奥秘。

天有不测风云。在马克思毕业前,父亲不幸去世了,母亲又没有工作,马克思还有六个弟妹,经济状况出现困窘。母亲希望马克思放弃理想,去做一些赚钱的工作,但马克思醉心于学习与各种政治活动,一气之下,被母亲剥夺了遗产继承权(直到1848年,马克思才获得了父亲的一份遗产)。毕业后,马克思又与母亲发生了争吵,从而被取消了一切家庭的经济援助。马克思心中想的不是小家,而是天下的大家。他一旦确定了自己的信仰,就坚定不移地为之奋斗。

恩格斯比马克思小两岁,1820年出生于莱茵省巴门市,是当地一个富有

工厂主的长子，家里生意做得很大。恩格斯很早就被父亲定为接班人，要他辍学经商。恩格斯一方面学习工厂管理，一方面研究工人的生活状况。他既满足了父母的愿望，也实现了自己的精神追求。他深入社会底层，深入了解了广大人民群众的生活，为日后构建无产阶级的学说获得了第一手的实践真知。

1844年8月28日，马克思和恩格斯在巴黎的摄政咖啡馆第一次见面。两人交谈之中，彼此的感觉是相见恨晚，接着又畅谈了十天之久。马、恩决定共同写一本书来清算自己之前的青年黑格尔派思想，从而确立已经共同承认的唯物主义和共产主义观点，这就有了他们合写的第一部著作——《神圣家族》。《神圣家族》1845年在法兰克福出版单行本。书中的"神圣家族"是对青年黑格尔派的鲍威尔及其伙伴的谑称，讽喻这个神圣家族自以为超乎群众之上，实际是专门从事主观唯心主义的说教。①

为了天下人的幸福，为了无产阶级的解放事业，马克思没有到公司或学校谋职，而是全身心地投入到学术研究中。他与燕妮组成小家庭之后，家里没有固定的经济来源，日子过得捉襟见肘，入不敷出。他在生活中是贫困户，在精神上却是富有者。燕妮很理解丈夫，知道马克思正在做伟大的研究工作，非常支持马克思的人生选择。一次，家里实在是揭不开锅了，燕妮就琢磨着让两个闺女劳拉和埃莉诺找个地方打工去。当恩格斯得知这个情况后，马上把省吃俭用存的钱都送到了马克思家里。

对于马克思和恩格斯来说，金钱都是身外之物。当恩格斯遇到困难时，马克思也是同样倾囊相助。有一次，恩格斯逃亡到瑞士，因出门急，连吃饭钱都没带。马克思知道此事时正生着病，但他很快把家里所有的钱全部寄给了恩格斯。这就是两位伟大人物之间的家庭友谊，令我们敬佩，值得后人学习。

在我国的传统家庭之中，诚如拙著所叙述，有些现象值得反思：有些人只顾小家，不顾国家，更没有天下的大家。有些人满足于父母留下来的财产，从

---

① "神圣家族"原是意大利文艺复兴时期画家曼泰尼雅一幅名画的标题，画的是圣母玛利亚抱着圣婴耶稣，旁边围着一群天使和神父。马克思、恩格斯把鲍威尔比作耶稣，把其他同伙一帮人比作他的门徒。

小就没有个人的理想与抱负，好逸恶劳。有些人只顾盲目服从父母，不思进取，没有高尚的精神追求。有些人只希望别人帮助自己，而自己决不帮助别人。哪怕是拔一毛而利天下的事，都不愿意做。有些商人或企业家，心中只有赚钱、牟取暴利，心中没有人民。有些官员，有私心而无公心，贪赃枉法，损公利私。这些人，与马克思、恩格斯的家庭观相隔甚远，有天壤之别。当下，我们在构建与时代发展一致的新型家庭，应当见贤思齐，学习马克思、恩格斯的人生观，树立正确的家庭理念，尽可能最大限度地实现人生价值。

2. 马克思主义的继承观与中国传统家庭

人类的文化与文明是在传承中发展的。马克思、恩格斯开展家庭史的研究，实际上是继承了之前人类学家的学术研究，主要是受到摩尔根的影响。1877年，美国民族学和人类学家摩尔根的《古代社会》一书出版。马克思认真阅读了《古代社会》，并撰写了《摩尔根〈古代社会〉一书摘要》（有中译本，人民出版社1965年版）。恩格斯在整理马克思关于读摩尔根的《古代社会》笔记的基础上，结合自己的人类学研究写成了《家庭、私有制和国家的起源》。《家庭、私有制和国家的起源》的副标题为"就路易斯·亨·摩尔根的研究成果而作"，于1884年首次出版。

摩尔根（1818—1881年）是一位进化论学者，他曾深入到印第安人生活的地区作调查，到纽约州易洛魁人的部落与土著人交朋友。他从印第安人亲属称谓体系的分析入手，研究已被破坏了的易洛魁人的家庭与社会，著有《易洛魁联盟》（1851年）。他1881年出版《美洲土著的房屋和家庭生活》，确立了民族学研究的基础。他的代表作是《古代社会》（1877年），这是一部研究氏族社会的经典，从家族与财产观念的发展等方面论述了社会的进化，书中提出了人类社会先后经历了蒙昧时代、野蛮时代，最后达到文明时代。他以用火和捕鱼为蒙昧中期的标志，使用弓箭为蒙昧后期的标志；陶器制作的发明为野蛮初期的标志，驯养动物为野蛮中期的标志，铁的冶炼为野蛮后期的标志；文字的发明则是人类进入文明阶段的标志。

马克思和恩格斯对摩尔根的研究成果评价很高，恩格斯说：摩尔根是第一个具有专门知识而想给人类的史前史建立一个确定的系统的人。① 恩格斯采用摩尔根的历史分期方法,将人类历史划分为蒙昧时代、野蛮时代和文明时代。前两个时代又各分为低级、中级和高级三个阶段。恩格斯考察了各个历史时代及其不同发展阶段家庭形式的历史变迁,指出家庭作为经济细胞和社会生活的组织形式之一,不是从来就有的,它的产生、存在和发展是受一定的社会经济关系的制约的。人类社会的家庭形式随着习俗和生产的发展依次经历了四种形式:血缘家庭、普那路亚家庭、对偶制家庭、专偶制家庭。

研究中国传统家庭,要用继承的观点、开放的观点。马克思曾说:"与外界完全隔绝曾是保存旧中国的首要条件,而当这种隔绝状态通过英国而为暴力所打破的时候,接踵而来的必然是解体的过程,正如小心保存在密封棺材里的木乃伊一接触新鲜空气便必然要解体一样。"② 这段话,马克思一针见血地指出了中国传统社会的积弊,并寄托着很大的希望。

确实,中国传统社会是一个保守的社会,人们隔绝地生活在"小国寡民"的村庄中,守着一亩三分地,故步自封,陶醉于小农经济的生活圈子中。直到明代中期在南方出现资本主义萌芽,晚清西方列强入侵中国,中国的传统社会才出现解体。清末民初以降,新的工业经济逐渐取代旧有的农耕经济,相应的,传统的家庭模式也逐渐发生改变,随着时间的推移,旧式家庭面临着挑战,家庭文化也有所改变。

时代在发展,学术要传承,在研究传统家庭的过程中,我们一方面要充分吸收和消化已有的学术成果,批判性地继承前人的智慧,实事求是地认识与总结中国传统家庭文化;另一方面要用新的观念、新的方法开展研究,在理论上有提升,在观点上有创新,构建中国独特的学术体系,为人类社会的学术贡献我们的中国力量。

3. 马克思主义的唯物观与中国传统家庭

马克思主义重视物质的第一性,强调存在决定意识。马克思和恩格斯从人

---

① 《马克思恩格斯选集》第4卷,人民出版社2009年版,第17页。

② 马克思:《中国革命和欧洲革命》,《马克思恩格斯文集》第2卷,人民出版社2009年版,第609页。

类学的角度研究历史上的家庭，从而揭示社会发展的规律与本质。

在《家庭、私有制和国家的起源》中，恩格斯将生活资料的生产和人自身的生产看作是制约人类社会发展的核心要素。生产本身又有两种：一方面是生活资料，即食物、衣服、住房，以及为此所必需的工具的生产；另一方面是人自身的生产，即繁衍。在生产力水平低下的原始社会早期，决定人类社会制度的主要因素是血缘关系，但随着生产力的发展和社会分工的复杂化，社会制度越来越多地受劳动的发展阶段和所有制的支配。

在《家庭、私有制和国家的起源》中，恩格斯坚持历史唯物主义观点，阐述了一条清晰的认知路径：文明进程、社会组织形式的演进受制于原始公有制到私有制转变的逻辑。人类从蒙昧、野蛮走向文明，家庭从血缘家庭、普那路亚家庭和对偶制家庭走向专偶制家庭，社会组织形式由氏族变成国家，都是原始公有制向私有制转变的外部表现。在生产力发展的基础上，生产关系从公有制到私有制的改变，促成了社会形态、家庭形式和社会组织形式的转变。

研究中国传统家庭，必须尊重历史，采用历史唯物主义。中国传统家庭，其主体基础是农耕经济，这个物质基础决定着社会上层建筑，决定着家庭文化。正如马克思所说："不是人们的意识决定人们的存在，相反，是人们的社会存在决定人们的意识。"马克思接着又说："物质生活的生产方式制约着整个社会生活、政治生活和精神生活的过程。"[①]

中国的先民，选择了独特的社会模式、独特的家庭模式，这种模式一度被马克思称为亚细亚方式。[②] 亚细亚方式的客观存在，有其必然性，也有其合理性，不为尧存，也不为桀亡，是历史发展的自然过程。因此，我们对传统家庭文化要给予充分的肯定，中华传统家庭文化是中华传统文化的重要组成部分，对于中华五千年文明是有贡献的。基于这个态度，我们在评价传统家庭文化时，要有文化自信，不能自卑，不能自暴自弃，不能采取虚无主义的态度。我

[①] 马克思：《序言》，《马克思恩格斯文集》第 2 卷，人民出版社 2009 年版，第 591 页。

[②] 1859 年，马克思在《〈政治经济学批判〉序言》中说："大体说来，亚细亚的、古代的、封建的和现代资产阶级的生产方式可以看作社会经济形态演出的几个时代。"

们还要坚定地继承优秀的传统文化,并发扬光大。

4. 马克思主义的辩证观与中国传统家庭

马克思主义提倡要辩证地看待问题,不要孤立片面地看待研究对象。研究家庭文化,要发展、辩证地分析。马克思与恩格斯研究家庭文化,不是把它看作为固定的静止的文化,而是从不同形式、不同内容进行研究。

在《家庭、私有制和国家的起源》中,恩格斯探讨了家庭的四种形式——血缘家庭、普那路亚家庭、对偶制家庭和专偶制家庭,揭示家庭形式的演变及演变的关键与基础。围绕着家庭的相关问题,恩格斯还论述了家庭的形式、婚姻状态的历史性转变、家庭的分工、私有制与制度变革等诸多问题。

在《家庭、私有制和国家的起源》中,恩格斯探讨了母权制向父权制的转变、男女家庭地位及社会角色的变化。恩格斯从氏族制度中共产制与母权制间的内在关联,母权制的解体、母权制向父权制的演变,以及父权制与私有制间的本质关联等方面,辩证地展示了家庭内部男女关系的变化与社会经济制度间的历史性关系。

在《家庭、私有制和国家的起源》中,恩格斯探讨了女性问题。恩格斯认为,女性参与社会事务的程度直接决定了女性在家庭中的地位。女性地位的最终改变仍需要通过女性更多地参与社会事务的方式来实现,而现代生产体系为女性参与社会生产提供了条件。女性参与社会生产及生活的状况,为未来社会中女性地位的彻底变革提供思想基础。

研究中国传统家庭,很重要的内容就是要从不同角度研究动态变化中的传统家庭。马克思曾说:"人们自己创造自己的历史,但是他们并不是随心所欲地创造,并不是在他们自己选定的条件下创造,而是在直接碰到的既定的从过去承继下来的条件创造。"①

时移世易,与时偕行。我们在学术研究中,要坚持辩证法,既要看到传统家庭文化中有优秀的内容,也要注意其中的糟粕;既要看到传统家庭文化有落

---

① 马克思:《路易·波拿巴的雾月十八日》,《马克思恩格斯文集》第 1 卷,人民出版社 2009 年版,第 470—471 页。

后的方面，也要注意化腐朽为神奇；既要看到传统家庭文化在历史长河中有变化，也要注意其中的保守性；既要看到传统家庭文化在现代社会需要继承，也要注意创新的紧迫性。

　　总之，马克思与恩格斯的经典著作值得反复学习，恩格斯的《家庭、私有制和国家的起源》对我们研究中国传统家庭有特别重要的价值。马克思主义的基本原理与方法是科学研究的成果，是有鲜活生命力的。我们要把马克思主义的基本原理同中国的具体实际相结合，同中华优秀传统文化相结合，用马克思主义指导、研究中国的传统家庭文化，构建出有中国特色的社会主义的新型家庭文化！

后 记

家庭文化是历久弥新的话题，永远有话说，有说不完的话。学术界完全有可能从不同的角度，写出几十本有关中国传统家庭文化的书籍，从广度、深度、多维角度探寻家庭文化的无限魅力。

英国学者裘斯顿（Johnston）说过："要了解中国这奇异的安定及长久不坠的社会制度，没有比这个事实更重要的了：即社会与政治的单位是同一的，而这个单位不是个人而是家庭。"① 由此可知，中国传统家庭文化是非常值得研究的领域，然而，现在从事这项研究的学者少之又少。原因是从事历史学研究的学者认为传统家庭文化应当归社会学研究，而从事社会学研究的学者认为传统家庭文化应当归历史学研究。因此，在中国历史教科书中基本上不介绍中国传统家庭，而社会学教科书上基本也不介绍传统家庭文化。中国传统家庭文化处在学术研究领域的边缘。

记得2020年的某一天，湖北省炎黄文化研究会的副会长兼秘书长李子林先生对笔者说：希望笔者所在的耕读分会在完成《中国耕读文化》之后，再撰写一本中国家庭文化方面的书籍。他说，家庭文化太重要了，中央非常重视，社会也非常需要，我们应当尽快走进这个领域，从事这方面研究。李子林先生还对如何写好这本书提出了一些很好的建议，这瞬间调动了笔者对家庭文化研究的兴趣。恰逢笔者退休有闲空，想做一些力所能及的事情，于是欣然接受了这项任务。

2021年，笔者全力投入此书的写作。作为年近古稀之人，生活有阅历，对传统家庭文化多少有些体悟。回顾起来，笔者以前做过的一些学问，多少与

---

① 张树栋、李秀领：《中国婚姻家庭的嬗变》，浙江人民出版社1990年版，第1页。

中国传统家庭文化有些关系。例如《长江流域的民居》《孝经与孝文化研究》《国家级文化名村——黄陂大余湾》《李时珍传》《钱基博评传》等书籍为撰写《中国传统家庭文化概论》提供了前期基础。

写作中，笔者经常想起林语堂的著作《中国人》(My Country and My People)。林语堂一生提倡"以自我为中心，以闲适为格调"的小品文，1934年他用英语写出《中国人》。该书全面叙述了中国人的性格、心灵、理想、生活、政治、社会、艺术、文化，并与西方文化作了比较，通俗易懂，大体反映了中国传统文化，是中西文化比较的经典，受到海内外欢迎。但是，到了21世纪的今天，我们应当有一本更好的了解中国人与中国传统家庭的书。

此书初稿完成后，发送给李子林先生审读，他建议我们今后继续深入地研究传统家庭，如：传统家庭的历史地位；古代家、国、天下三者的关系；家庭对文明史的推进作用；传统社会、政治、经济、教育对家风、家教、家庭的具体影响；不同地域、不同民族、不同业缘对传统家庭的影响；现代市场经济对家庭有哪些冲击影响，特别是个人主义、享乐主义、拜金主义、奢侈生活对家庭有什么影响；应当继承、弘扬传统家庭的哪些东西，现代家庭如何守正或创新，对优秀传统家庭文化的回归应当采取哪些措施……我想，李子林先生的这些建议正是我们今后应当继续努力研究的方向。

从2022年下半年开始，笔者作为教育部"银龄计划"的支教老师，到石河子大学历史系工作，一边从事教学，一边从事这本书的写作，夫人赵秀琴协助我做史料核对，终于按时完成书稿。这里要感谢石河子大学季国良等几位老师的支持与帮助。特别要说明的，拙稿得到了湖北省炎黄文化研究基金的支持，中州古籍出版社的杨天荣编辑付出了特别的辛劳，在此一并表示感谢！

王玉德

2023年夏于石河子大学